Das Richtige digitalisieren

Markus Pertlwieser

Das Richtige digitalisieren

Eine ‚Masterclass' zur digitalen Transformation der Wirtschaft

Markus Pertlwieser
Bad Soden am Taunus, Deutschland

ISBN 978-3-658-35446-6   ISBN 978-3-658-35447-3 (eBook)
https://doi.org/10.1007/978-3-658-35447-3

Die Deutsche Nationalbibliothek verzeichnet diese Publikation in der Deutschen Nationalbibliografie; detaillierte bibliografische Daten sind im Internet über http://dnb.d-nb.de abrufbar.

Springer Gabler
© Der/die Herausgeber bzw. der/die Autor(en), exklusiv lizenziert durch Springer Fachmedien Wiesbaden GmbH, ein Teil von Springer Nature 2022
Das Werk einschließlich aller seiner Teile ist urheberrechtlich geschützt. Jede Verwertung, die nicht ausdrücklich vom Urheberrechtsgesetz zugelassen ist, bedarf der vorherigen Zustimmung des Verlags. Das gilt insbesondere für Vervielfältigungen, Bearbeitungen, Übersetzungen, Mikroverfilmungen und die Einspeicherung und Verarbeitung in elektronischen Systemen.
Die Wiedergabe von allgemein beschreibenden Bezeichnungen, Marken, Unternehmensnamen etc. in diesem Werk bedeutet nicht, dass diese frei durch jedermann benutzt werden dürfen. Die Berechtigung zur Benutzung unterliegt, auch ohne gesonderten Hinweis hierzu, den Regeln des Markenrechts. Die Rechte des jeweiligen Zeicheninhabers sind zu beachten.
Der Verlag, die Autoren und die Herausgeber gehen davon aus, dass die Angaben und Informationen in diesem Werk zum Zeitpunkt der Veröffentlichung vollständig und korrekt sind. Weder der Verlag noch die Autoren oder die Herausgeber übernehmen, ausdrücklich oder implizit, Gewähr für den Inhalt des Werkes, etwaige Fehler oder Äußerungen. Der Verlag bleibt im Hinblick auf geografische Zuordnungen und Gebietsbezeichnungen in veröffentlichten Karten und Institutionsadressen neutral.

Lektrot/Plannung: Guido Notthoff
Springer Gabler ist ein Imprint der eingetragenen Gesellschaft Springer Fachmedien Wiesbaden GmbH und ist ein Teil von Springer Nature.
Die Anschrift der Gesellschaft ist: Abraham-Lincoln-Str. 46, 65189 Wiesbaden, Germany

Vorwort

Dieses Buch wendet sich an alle Mitarbeiter in Unternehmen, in denen die digitale Transformation bevorsteht oder bereits begonnen hat. Es spricht vor allem jene an, die Führungskräfte werden wollen oder bereits Führungsverantwortung haben, sei es als angestellter Manager oder im eigenen Unternehmen. Es will ihnen dabei helfen, in der Digitalisierung beruflich das Richtige zu tun.

Dieses Buch ist das Produkt aus mehreren Faktoren: meinen Jahren als McKinsey-Berater, als Chief Digital Officer einer Bank und Gründer von Deutschlands wohl prominentester „Digitalfabrik"; aus meinem Wissen über digitale Unternehmensstrategie und meinen Erfahrungen als Architekt vieler digitaler Produkte. Es versammelt meine Erkenntnisse aus dem In- und Ausland, wie in Deutschlands Unternehmen die Digitalisierung angepackt oder eben auch liegen gelassen wird. Und es ist die Frucht vieler Gespräche mit Unternehmern aus unterschiedlichen Branchen, aus dem intensiven Dialog mit Gründern, Risikokapitalgebern und Wissenschaftlern verschiedenster Fachrichtungen und nicht zuletzt der Lektüre einschlägiger Bücher zum Thema.

Was leistet mein Buch für Unternehmer und Führungskräfte, die ihre Unternehmen ins digitale Zeitalter führen müssen? Und was leistet es nicht?

Beginnen wir mit dem Letzteren. Ich habe keinen Abgesang auf Deutschland in der Digitalisierung geschrieben. Im Gegenteil: Ich bin fest davon überzeugt, dass Deutschland sehr gute Voraussetzungen hat, auch diese „industrielle Revolution" zu meistern und das Wasser der Digitalisierung auf seine Mühlen zu leiten.

Ich habe auch keine Enzyklopädie der Digitalisierung verfasst nach dem Motto „Ich weiß zwar nicht, was wichtig ist, aber ich habe keinesfalls etwas vergessen". Die Leser bekommen von mir eine Auswahl der Dinge vorgestellt, die ich in der Digitalisierung für entscheidend halte. Wie anders könnte ich das vermitteln als durch meine persönliche Brille? Ich traue mir zu, den Lesern zu zeigen, was wichtig und richtig ist.

Auf den folgenden Seiten geht es um die technologischen, unternehmerischen und gesellschaftlichen Grundlagen der Digitalisierung, ihre Wirkmächtigkeit, ihre schumpetersche Kraft und darum, wie Unternehmensleitungen und Führungskräfte die Digitalisierung analysieren, verstehen und zum Vorteil ihrer Unternehmen nutzen können.

Im Buch hantiere ich an einigen Stellen mit mächtigen Begriffen wie Ökosystemen oder der Plattformökonomie, und an einigen großen Modellen komme ich ebenfalls vorbei, etwa einer Vision 2030 und dem Ziel, Deutschland bis dahin zum Netzwerkweltmeister zu entwickeln. Aber: Ich mache mir die Mühe, die Dinge in verdauliche Teile zu zerlegen, ihre Bedeutung anschaulich zu erklären und das Ganze in Anregungen für das unternehmerische Handeln zu gießen.

Ich teile anhand von Beispielen aus der Praxis meine Erfahrungen darüber, was bei der Digitalisierung von Unternehmen funktioniert, und gebe Gründe für meine Einschätzung, was nicht funktionieren wird. Ich biete Anleitungen für Verantwortliche und Führungskräfte, wo sie bei der Digitalisierung ihrer Unternehmen anfangen müssen, welche Strategie, welche Aufstellung und welche Maßnahmen Erfolg versprechen. Im Journalismus hieße das „Nutzwert".

Ich versuche mich auch an einer Momentaufnahme, wo Deutschland, wo wir als Wirtschaftsstandort als Ganzes bei der Digitalisierung stehen, wo wir aufholen müssen, wo wir Vorsprung haben und vor allem, worauf wir aufbauen können.

Schließlich plädiere ich für einen Rahmen, den wir einer digitalen Wirtschaft geben müssen. Ich wende mich an die Politik mit dem Appell, dass sie die unzweifelhaft auch bedrohlichen Kräfte der Digitalisierung mit Leitplanken der Ethik und der Gesetze einhegen sollte. Ich argumentiere dafür, dass den Bürgern privater Datenbesitz ermöglicht und eine faire Teilhabe an den enormen Profiten der Datenvermarktung gesichert wird.

Mit dem, was ich im Buch zusammengetragen habe, spreche ich jedoch vor allem die Verantwortlichen in den Unternehmen an, die heute und in naher Zukunft vor der Aufgabe stehen, ihre Unternehmen schnell und weitgehend zu digitalisieren.

Wer also nach der Lektüre das Buch aus der Hand legt, sollte wissen, wo und wie er in seinem Unternehmen in puncto Digitalisierung ansetzen kann. Und wenn er sich – und das sollte er – inzwischen schon auf den Weg gemacht hat, digitaler zu werden, ist er besser in der Lage zu beurteilen, ob er denn in die richtige Richtung unterwegs ist. Nicht mehr, aber auch nicht weniger.

Mein herzlicher Dank gilt allen Freunden und Kollegen, die mich bei der Arbeit an diesem Buch mit Rat und konstruktiver Kritik inspiriert und unterstützt haben. Einige haben das sehr intensiv getan: Dr. Shivaji Dasgupta, Dr. Harald Fanderl, Lars Fetzer, Holger Friedrich, Rene Keller, Jürgen von der Lehr, Dr. Michael Ollmann, Prof. Dr. Geoffrey Parker, Frank Pohlgeers, Mirjam Pütz, Markus Steiff und Frank Strauss.

Ich danke besonders meinem Ko-Autoren Christoph Blumenthal. Seiner ausdauernden Mitarbeit und Redaktion ist es zu verdanken, dass dieses Buch hoffentlich nicht allein umfassend und kenntnisreich informiert, sondern auch gut zu lesen ist.

Bad Soden am Taunus, Deutschland   Markus Pertlwieser
im Sommer 2021

Über dieses Buch

„Mächtige Unternehmen, seit Jahrzehnten am Markt erfolgreich, könnten am Übergang ins digitale Zeitalter scheitern: Solange diese Unternehmen sich ein neues digitales Geschäftsmodell noch leisten können, glauben sie nicht, dass sie es brauchen. Und wenn die Unternehmen schließlich überzeugt sind, dass sie es doch brauchen, glauben sie, dass sie es sich nicht mehr leisten können. Es ist dieses vermeintliche Paradoxon, das überwunden werden muss."

In vielen deutschen Unternehmen gehören die folgenden Aussagen auch im Jahr 2021 noch zum festen Repertoire: „Mit dem Digitalen verdienen wir doch auf absehbare Zeit keinen Euro", „Digitale Wetten werden nur gemacht, wenn sie sicher funktionieren", „Für Digitalisierung bin ich nicht zuständig, das macht der Chief Digital Officer".

Ich bin mir sicher, viele Leser haben das so oder ähnlich schon einmal gehört. Vielleicht selbst im Stillen so gedacht. Und meiner Erfahrung nach stimmt eine große Zahl gestandener Führungskräfte – wenigstens hin und wieder – jenen zu, die sagen: „So heiß, wie es gekocht wird, wird das mit der Digitalisierung schon nicht gegessen. Warum dafür etwas riskieren? Ja, hier und da müssen wir Prozesse digitalisieren. Aber sonst? Läuft doch bei uns. Wir machen gute Gewinne. Und unsere Produkte, unsere Leistungen sind Weltspitze, das macht uns so schnell keiner nach."

Ich könnte gar nicht aufzählen, wie oft ich diese Sätze in den vergangenen Jahren gehört habe oder, besser gesagt, zwischen den Zeilen gelesen. Denn so unverblümt hat mir gegenüber selten ein Manager seine Zurückhaltung, Befürchtungen oder auch seinen Widerwillen vor Aufgaben im Kontext der Digitalisierung formuliert.

Um keine Missverständnisse aufkommen zu lassen: Die Beweggründe derer, die so denken und reden, sind nachvollziehbar. Wer wollte es den heutigen Unternehmern und Managern verdenken, dass die fremdeln, wenn ihnen mit der triefgreifenden technologischen Veränderung und ihren Folgen, die wie im Zeitraffer um uns herum heranbrausen, ständig neue Technologien und Fachbegriffe um die Ohren fliegen, die alles andere als selbsterklärend sind. Technologien und Fachbegriffe, die sie rasch evaluieren und sich aneignen sollen, und zwar zusätzlich zu ihren Aufgaben im angestammten Geschäft des Unternehmens, für das sie arbeiten oder das sie führen.

Und auch ich weiß: Wer heute ein Unternehmen leitet, dort in verantwortlicher Position arbeitet oder in eine solche Position aufsteigen möchte, wird meist nicht dafür bezahlt, sich neugierig und ungeduldig in die Chancen und Möglichkeiten der Digitalisierung einzuarbeiten. Und er macht sich keine Freunde, wenn er wie die Kassandra in der griechischen Mythologie beständig die Gefahren beschwört, die womöglich dem seit vielen Jahrzehnten, vielleicht seit Generationen etablierten Geschäftsmodell des Unternehmens durch digitale Angreifer drohen.

Mit meinem Verständnis ist aber niemandem geholfen, am wenigsten den Unternehmern und Managern von Unternehmen an oder bereits jenseits der Schwelle zur Digitalisierung. Die objektiven Schwierigkeiten der Verantwortlichen in deutschen Unternehmen, die Mechanismen, die Tragweite und die Geschwindigkeit des digitalen Wandels zu erfassen und einzuordnen und daraus die richtigen unternehmerischen Schlüsse zu ziehen, sind für einige Wirtschaftszweige des Landes inzwischen zu einer echten Hypothek geworden. Der Rückstand, den Deutschland mittlerweile in nahezu allen Feldern der digitalen Wirtschaft auf die Vorreiter USA und China hat, gefährdet Wachstum und Wohlstand und kostet Arbeitsplätze. Und das Problem liegt dabei nicht darin, dass die klugen Köpfe dieses Landes nicht in der Lage wären, neue Technologien und den damit einhergehenden wirtschaftlichen Wandel zu adaptieren und verloren gegangenes Terrain zurückzuerobern. Das Problem liegt darin, dass die Digitalisierung viel zu lange nicht ernst genommen wurde – zum Teil wird sie das noch heute nicht.

Während ich das schreibe, scheinen mich die Ereignisse zu überholen. Mitten in der beispiellosen Krise der Corona-Pandemie des Jahres 2020/21 sieht es so aus, als stehe die Digitalisierung in Deutschland endlich vor dem Durchbruch. Medienberichte und Studien erwecken den Eindruck, als sei die Pandemie der Katalysator, den das digitalisierungsträge Land gebraucht habe, um auf diesem Feld endlich voranzukommen.

Die Euphorie erstaunt. Es gab schließlich auch vor der Krise viel Aufmerksamkeit, ja sogar Begeisterung für das Digitale. Entsprechende Strategien und Unternehmenseinheiten für digitale Innovation jedenfalls gehören seit einigen Jahren zum Standard-Repertoire vieler deutscher Unternehmen. Kaum eine Analystenkonferenz und kaum ein Investorentag ohne Schwerpunkt Digitalisierung. Dennoch und wohl gerade deshalb liegen die Ergebnisse weit hinter den Erwartungen.

Richtig ist, dass sich in der Pandemie die Konsumenten weiter in Richtung digitalen Handels und digitaler Medien sowie ein erheblicher Teil unserer Arbeitsplätze dank Internet in die eigenen vier Wände bewegt haben. Das schon als strukturellen Schub in Richtung Digitalisierung des Landes zu werten, folgt jedoch eher dem Prinzip Hoffnung. Und wie trügerisch diese Hoffnung ist, zeigt allein der Blick in die analogen Klassenzimmer während der zweiten Ausgangs- und Kontaktbeschränkungen („Lockdown") am Ende des Jahres 2020 und zu Beginn des Jahres 2021.

Ich teile auch nicht die Erwartung, dass in Zeiten der Krise die Weichen automatisch in Richtung Zukunft gestellt würden. In der jüngsten Vergangenheit jedenfalls haben die Staaten und Unternehmen der westlichen Welt stets versucht, während einer Krise die Substanz zu konservieren und bestehende Strukturen zu stützen. Stabilisierung und eben nicht kreative Zerstörung schienen in den Augen von Politik und Wirtschaft geeignet, die akuten Probleme zu lösen. Gut ablesen lässt sich das an den Rettungspaketen für Industriekonzerne, deren Geschäftsmodelle bei näherem Hinsehen wenig zukunftsfähig erscheinen. Treten strukturelle Probleme in der Krise rascher und deutlicher zutage, führt der Druck, schnell Ergebnisse zu liefern, bei vielen Unternehmen eben nicht dazu, dass sie die Strategie neu kalibrieren. Vielmehr versuchen sie, kurzfristig und taktisch zu sparen, und gefährden damit ihre Wettbewerbsfähigkeit in der Zukunft.

Für die deutschen Unternehmen ist deshalb in Wirklichkeit im Jahr 2020 der Abstand zur digitalen Weltspitze größer geworden. Denn profitiert haben von dem veränderten Verhalten der Kunden in der Pandemie fast ausschließlich jene Unternehmen, die bereits vor der Krise digital führend waren. Unter den weltumspannend tätigen digitalen Plattformen sucht man deutsche oder europäische Spieler vergebens. Diese Plattformen sind ausnahmslos in den USA oder China zu Hause. Das gilt auch für Schlüsseltechnologien und die Infrastruktur des digitalen Zeitalters. Damit sind mittlerweile die Wettbewerbsfähigkeit und die digitale Souveränität des Exportweltmeisters Deutschland strukturell in großer Gefahr.

Wer diese Defizite anspricht, bekommt häufig zu hören, dass die Digitalisierung deutscher Schlüsselindustrien noch am Anfang stünde und dort die Ausgangssituation viel besser sei. Das stimmt. Allerdings macht das den Grad an Veränderung keineswegs kleiner, den diese Unternehmen auf dem Weg vom dritten ins vierte industrielle Zeitalter erreichen müssen.

Das industrielle Zeitalter der Mechanisierung wird auch als erstes industrielles Zeitalter (Industrie 1.0) bezeichnet. Das Zeitalter der Massenproduktion als zweites (Industrie 2.0), das der Automatisierung als drittes (Industrie 3.0) und das der Digitalisierung oder Vernetzung als viertes (Industrie 4.0). Der Übergang vom dritten ins vierte industrielle Zeitalter wird dabei auch als Übergang vom Material- ins daten- oder wissensbasierte Zeitalter bezeichnet.

Und ob sich die Manager dieser Unternehmen mit dem geforderten Wandel leichter tun als ihre Kollegen in den Branchen, die die Digitalisierungswalze bereits überrollt hat, wird sich erst noch zeigen müssen; Zweifel sind da mindestens erlaubt. Ein Blick in bereits stark digitalisierte Branchen zeigt, dass Unternehmen, die im dritten industriellen Zeitalter führend waren, im vierten nicht mehr an der Spitze stehen. Der Druck, der zurzeit auf der Automobilindustrie lastet, weil neue Geschäftsmodelle und Wettbewerber in den Markt drängen, sollte jedem Unternehmer und jeder Führungskraft Mahnung und Ansporn zugleich sein.

Nun kennt wohl fast jeder mindestens einen Digitalexperten, der unermüdlich darauf hinweist, wie wichtig jetzt entschlossenes Handeln sei, und der leuchtende Augen bekommt, wenn er vom enormen Potenzial der Digitalisierung spricht. Und fast jeder hat auch erlebt, dass dieser Experte nur selten zu den Managern durchdringt, die operativ Verantwortung tragen. Das Bekämpfen der Krise fordert deren volle Aufmerksamkeit, das nächste Effizienzprogramm im Kerngeschäft muss angeschoben werden. Und schließlich sind diese Manager in der Vergangenheit auch nicht schlecht damit gefahren, wenn sie zunächst abgewartet und Risiken vermieden haben. Die Empfehlungen des bedauernswerten Digitalexperten verpuffen also – und die digitalen Innovationseinheiten am Rande des Kerngeschäftes digitalisieren dann eben nur den Rand des Kerngeschäftes.

Was daraus folgt ist eine gewisse Ernüchterung. Die Skeptiker und Kritiker resümieren in unternehmensinternen Diskussionen dann gerne, dass die Digitalisierung maßlos überschätzt sei und außer Kosten wenig bis nichts zum Ergebnis beitrage. Im Einzelfall ist diese Analyse bislang sogar nicht einmal falsch. Aber sie erinnert doch stark an jemanden, der das Pferd falsch herum sattelt, beim ersten Aufsitzen prompt im Dreck landet und daraus folgert, dass mit dem Reiten könne gar nicht funktionieren. Kurz: Es wäre fatal, sich aufgrund der Erfahrungen aus halbherzig aufgesetzten Digitalprojekten in die überlebten Erfolgsrezepte der Vergangenheit retten zu wollen.

Es ist entscheidend, aus den Enttäuschungen, Versäumnissen und Fehlern der vergangenen Jahre die richtigen Schlüsse zu ziehen. Und diese Schlüsse dann in druckvolles Handeln münden zu lasen. Dazu brauchen wir Neugier, Mut und Ungeduld.

Damit der in puncto Digitalisierung während der Corona-Pandemie um sich greifende Optimismus nicht nur guttut, sondern auch Gutes tut, werden wir die Weichen neu stellen müssen, und zwar nicht wegen, sondern trotz und bereits während der Krise. Die Pandemie hat die Notwendigkeit für eine neue Strategie weit weniger verändert als die Dringlichkeit und womöglich auch die Bereitschaft dazu.

Das Buch zeigt, dass ein großer Teil der klassischen Industrien, die das Wirtschaftswachstum der vergangenen Jahre getragen haben, vor einem fundamentalen Umbruch stehen, der die Struktur ihrer Geschäftsmodelle verändern wird. Dieser Umbruch wird bewirkt von neuer Technologie, die am Ende dazu führt, dass sich das Verhalten der Kunden ändert und völlig neue Architekturen der Wertschöpfung entstehen. Damit verbunden sind neue Werteversprechen, neue Märkte und neue Ökosysteme.

▶ **Ecosystem** oder **Ökosystem** ist ursprünglich ein Begriff aus der Biologie und bezeichnet das Beziehungsgefüge von Lebewesen untereinander und mit ihrem Lebensraum. Übertragen in die Digitalisierung meint Ökosystem ein Zusammenspiel unterschiedlicher, miteinander korrespondierender und sich gegenseitig fördernder Marktteilnehmer, die zum Vorteil des Kunden Produkte und Dienstleistungen anbieten und verbessern.

Den Anfang gemacht haben vor gerade einmal einem guten Jahrzehnt das Smart Phone und die digitalen Plattformen in den Bereichen elektronischer Handel („E-Commerce"), Unterhaltung und Soziale Medien. Und die digitalen Vorreiter programmieren heute mit schier unerschöpflich scheinenden Mitteln schon an den nächsten Bausteinen der Revolution: *Smart Car*, *Smart Home* und *Smart Factory*, um nur drei Beispiele zu nennen. Mit digitalen Technologien wie Cloud-Computing, Künstlicher Intelligenz und 5G schaffen die Pioniere im digitalen Zeitalter eine Infrastruktur für ein gänzlich neues Rückgrat von Wirtschaft und Gesellschaft. Und Daten steigen neben Kapital, Arbeit und Umwelt auf zu einem zentralen Produktionsfaktor. Damit verbunden rücken im digitalen Zeitalter ganz neue Fragen in das Zentrum von Politik, Wirtschaft und Gesellschaft: Wie regeln wir eigentlich den Besitz an Daten, und wer hat am Ende teil und profitiert an deren Wert?

Mit meinem Buch möchte ich Unternehmern und Managern die notwendigen Kenntnisse an die Hand geben, die Mechanismen, die Tragweite und die Geschwindigkeit des digitalen Wandels zu erfassen und einzuordnen. Und ich möchte ihnen zeigen, wie sie daraus die richtigen unternehmerischen Schlüsse ziehen und in ihren Unternehmen die notwendigen Schritte gehen, damit sie die enormen Chancen des kommenden digitalen Zeitalters auch wirklich nutzen können.

Wenn wir die Zuschauertribüne verlassen wollen und in der Arena die Zukunft unserer Wirtschaft und der Gesellschaft gestalten möchten, benötigen Führungskräfte und Entscheider, digital aufgeklärte Bürger und Mitarbeiter …

… ein solides Grundverständnis, welche Kräfte genau in der Digitalisierung auf Gesellschaft und Wirtschaft wirken, wie deren Schlüsseltechnologien funktionieren und warum die kritische digitale Infrastruktur so wichtig für die Strategie ist.

… detailliertes Wissen über die Wettbewerbsdynamik in den neu entstehenden Ökosystemen und Schlüsseltechnologien, einen klaren Blick auf und eine gehörige Portion Selbstkritik für die eigene Wettbewerbsposition.

Das Revolutionäre der Digitalisierung liegt nicht allein in der Technologie, sondern steckt gerade in der Strategie eines Unternehmens oder auch einer Gesellschaft. Zu Beginn eines neuen industriellen Zeitalters oder eines neuen Innovationszyklus ist es ungemein wichtig „die richtigen Dinge zu tun", anstatt alle Energie darauf zu verwenden, „die Dinge richtig zu tun", wie es im tradierten Geschäfts- oder Gesellschaftsmodell angemessen war.

Unternehmer und Manager, die heute Verantwortung tragen, haben die Erfahrung gemacht, dass es am Ende eines Innovationszyklus zum Erfolg führen kann, Produkte und Prozesse immer weiter zu perfektionieren. Es ist genau das, worin es viele der traditionellen Industrien in Deutschland zu wahrer Meisterschaft gebracht haben. Dadurch konnten bestehende Geschäftsmodelle noch effizienter und kurzfristig noch profitabler gemacht werden. Das bewährte Geschäftsmodell wurde so zudem zu einem Exportschlager, der immer weitere Märkte erschlossen hat.

Zu Beginn eines neuen Innovationszyklus oder industriellen Zeitalters ist das jedoch nicht mehr der richtige Weg. Die Effizienz in der Automobilproduktion oder die Steigerung des Wirkungsgrades des Verbrennungsmotors ist für das künftig führende Mobilitätskonzept so wenig entscheidend wie eine optimierte Rentabilität der Bilanz für das rasch wachsende Geschäftsfeld Mobiles Bezahlen („Mobile Payment").

Wenn sich die Strategie der Unternehmensführung darauf konzentriert, das Bestehende zu sanieren oder das Bewährte schrittweise weiter zu verbessern, dann machen die Führungskräfte oberflächlich betrachtet zwar alles richtig. Viel Richtiges machen sie aber eben nicht. Der Preis, den das Unternehmen dafür zahlt, dass die Strategie nicht entschlossen angepasst wird, ist zu Anfang eines industriellen Zeitalters schmerzhaft hoch. Das gilt in der Digitalisierung umso mehr, weil hier die Ersten auf einem neuen Markt häufig fast eine Monopolstellung erreichen können – man spricht vom „Winner-takes-it-all"-Phänomen.

Wer also die Möglichkeiten des digitalen Zeitalters nutzen möchte, muss die richtigen Dinge tun. Das geht nur – für Deutschland wie für jedes Unternehmen des Landes –, wenn wir die richtige Strategie und die richtige Einstellung haben. Sonst könnte es uns passieren, dass wir unsere Zukunft nicht mehr selbstbestimmt gestalten können. Der Preis, den der Jahrzehnte lange Exportweltmeister zu zahlen hätte, wäre das Verpassen der Digitalisierung. Schlimmstenfalls würde das Land zur künftigen Werkbank der digitalen Champions aus Übersee degradiert und quasi nebenbei zum digitalen Importweltmeister.

So weit muss es nicht kommen. Ich bin überzeugt davon, dass Deutschland und seine Unternehmen genügend Potenzial haben, die Lücken zu schließen – mit der richtigen Strategie. Und für die müssen wir endlich eine neue und selbstbewusste Vorstellung dafür entwickeln, wie wir unsere digitale Zukunft selbst gestalten wollen und welche Schritte wir dafür zu gehen bereit sind. Den Anfang machen sollte eine ausformulierte Ambition, welche Rolle Deutschland als Teil Europas im digitalen Zeitalter einnehmen möchte. Wie wäre es mit *„Die am besten vernetzte Wirtschaft 4.0"*? Notwendig ist es auch, dass wir uns klar darüber werden, welche Position wir in den neuen Branchen und Ökosystemen im Wettbewerb mit den „digitalen G2", den USA und China, anstreben und in welchen Schlüsseltechnologien wir weltweit führend sein können und wollen. Gerade die USA und China formulieren ihre Ziele und Ansprüche mutig und entschlossen – und sind damit Anziehungspunkt für Talente und Kapital aus aller Welt.

Wie für Deutschland als Ganzes stellt sich auch für die Unternehmen die Frage nach einer Ambition und einer Strategie für die Digitalisierung. Jedes Unternehmen muss hier sein eigenes Ziel definieren und ausrufen, aber verbindend sind doch die Parameter und die zu lösenden Aufgaben auf dem Weg dorthin. Etablierte Unternehmen werden sicher ihr traditionelles Kerngeschäft digitalisieren müssen, aber das wird aller Voraussicht nach nicht genügen.

Neue digitale Geschäftsfelder und Geschäftsmodelle versprechen besonders hohe Wertschöpfung. Das ist umso mehr der Fall, je konsequenter das Unternehmen es wagt, sie mit dem heutigem Kerngeschäft in einen fairen Wettbewerb um die Gunst des Kunden zu bringen. Dann steht der Kunde einmal wirklich, wie oft vollmundig versprochen wird, im Mittelpunkt. Und welchen glaubhaften Nachweis könnte man sich vorstellen, dass das Unternehmen eben nicht allein kurzfristigen Aktionärsinteressen dient, sondern auch Kunden, Mitarbeitern, Geschäftspartnern und nicht zuletzt unserer Umwelt verpflichtet ist?

Eines muss jedem klar sein: Die Digitalisierung ist kein Projekt. Sie ist eine ganzheitliche Aufgabe für das Unternehmen und sie ist gekommen, um zu bleiben. So wie Ende des 19., Anfang des 20. Jahrhunderts die Elektrifizierung das gesamte Geschäftsmodell und das Unternehmen in allen seinen Teilen verändert hat, so geschieht es auch heute: Kontakt zum Kunden, Vertrieb und Produkte, IT und Operations, Finanzen, Risiko und Revision – kein Teil ist ausgenommen.

Wenn das Kerngeschäft digitalisiert werden soll, dann muss die Digitalisierung auch im Kern beginnen. Damit ist Digitalisierung Chefsache. Verantwortung kann nicht delegiert werden, Zuständigkeit und Verantwortung müssen deckungsgleich sein. Besondere Digitaleinheiten können wertvolle Unterstützung leisten, mehr aber nicht. Es wäre ein Kardinalfehler – und häufig ist es das auch –, die Digitalisierung in separate Unternehmenseinheiten quasi abzuschieben. Verantwortung für die Digitalisierung der Geschäfts- und

Infrastrukturbereiche müssen die Linienmanager des operativen Geschäfts haben. Wer als Linienmanager im Unternehmen tätig ist, der muss auch die Verantwortung für die digitale Transformation seines Bereichs nehmen!

Die Digitalisierung des Kerngeschäfts ist also eine Aufgabe, der sich Unternehmer oder Manager intensiv widmen sollten. Auf einem Bein steht es sich jedoch auch im digitalen Zeitalter schlecht. Ich plädiere deshalb dringend dafür, dass Unternehmen jenseits ihres angestammten Betätigungsraums neue digitale Geschäftsfelder und Geschäftsmodelle aufbauen, idealerweise als Ausgründung („Corporate Venture"). Wer das hinbekommt, schafft für seine Gesamtunternehmung neben dem Kerngeschäft neue strategische Möglichkeiten, die das Kerngeschäft strukturell nicht erbringen kann.

Ich will niemandem etwas vormachen, eine solche Ausgründung erfordert das Bohren dicker Bretter: Unternehmer und Manager brauchen dafür nichts weniger als visionäre Kraft und Risikoappetit, Freiheit im Denken und Handeln, eine Kultur des Scheiterns sowie Zugang zu externen Talenten und Kapital. Scheitern ist integraler Bestandteil einer solchen Entwicklung, ein Portfolio mehrerer gleichzeitiger strategischer Wetten der beste Ansatz. Nur so wird das Unternehmen von der Ungewissheit profitieren und es werden wirklich neue Möglichkeiten geschaffen. Erfolgreich kann dieses Corporate Venture nur sein, wenn die Ambition ausreichend groß ist und auch externe Investoren Anteile halten. Nur dann wäre ein Scheitern für die Gesamtunternehmung wirklich schmerzhaft und nur dann wird das Corporate Venture wirksam immunisiert gegen zu viel reflexhafte Aufmerksamkeit aus den klassischen Strukturen und Steuerungsmechanismen.

Der jeweils unterschiedliche Nährboden, den das „Klassische" und das „Neue" brauchen, schließt ein evolutionäres Knospen des „Neuen" aus dem „Klassischen" nahezu aus. Sie müssen beide Pflanzen strikt trennen oder, etwas weniger metaphorisch ausgedrückt, die digitale Strategie klassischer Unternehmen erfordert keine Entscheidung zwischen einem Entweder-oder, sondern für ein klar getrenntes Sowohl-als-auch.

Keine Strategie und keine Umsetzung ohne das notwendige Wissen und Können sowie die richtigen Fähigkeiten der handelnden Personen. Wie bei vielem im Leben, zählt auch bei der Digitalisierung die richtige Einstellung. Das gilt für den Einzelnen ebenso wie für die Wirtschaft und Gesellschaft als Ganzes. Konstruktive Kritik ist eine wesentliche Zutat des Fortschritts, sie verkürzt den Weg ins digitale Zeitalter. Dagegen wird der Weg regelrecht versperrt vom Verlangen nach Perfektion, von Schadenfreude oder der Unterstellung von Inkompetenz, wenn etwas scheitert. Innovation und die Köpfe, die sie vorantreiben, brauchen Anerkennung und Unterstützung – im eigenen Unternehmen wie in der breiten Öffentlichkeit unseres Landes. Das Rollenmodell des Erneuerers als gefeierter Held und gefragte Führungskraft sollte das Leitbild sein.

Alles wäre vermutlich etwas leichter, wenn es in der Digitalisierung genügte, Strukturen und Prozesse neu zu fassen. Aber da muss ich meine Leser enttäuschen. Auch die Rolle der Führungskraft wird im digitalen Zeitalter neu umrissen. Führungskraft in der Digitalisierung zu sein heißt, weniger mit der Kraft der Hierarchie zu entscheiden und dafür deutlich mehr über Inhalt und Empathie zu führen. Die Zeit geht zu Ende, in der bei Entscheidungen letztlich die Meinung der am besten bezahlten Person im Raum den Ausschlag gab; die sogenannte HIPPO (= Highest Income Paid Person's Opinion; vgl. McAfee und Brynjolffson 2017, S. 45) hat ausgedient. Führungskräfte in der Digitalisierung arbeiten mehr mit und Mitarbeiter führen mehr. Wer sich jedoch als Führungskraft oder Mitarbeiter davon nicht schrecken lässt und die Chancen dieses Rollenwechsels sieht, dem bietet sich eine, in seiner Karriere womöglich einmalige Chance, in der Digitalisierung die Zukunft selbst zu gestalten.

Dafür brauchen Unternehmenslenker oder Manager im Prinzip nur einige wenige, bislang vielleicht etwas in den Hintergrund gedrängte Eigenschaften und eine andere Mentalität: Langsames Denken gehört dazu, also weniger Raum für die Hektik des Tagesgeschäft und mehr echte Strategie; und viel überlegter zu entscheiden und nicht aus dem Bauch heraus, womöglich die eigene Intuition überschätzend. Notwendige Eigenschaften sind auch das bewusste und kontrollierte Eingehen von Risiken sowie die grundsätzliche Annahme, dass die Mitarbeiter in der Lage und willens sind, die an sie gerichteten Erwartungen zu erfüllen. Das wäre einmal „German Zuversicht" anstelle von „German Angst". Ungeduld ist dann keine Schwäche mehr, sondern eine wichtige Tugend; und Neugier ständiger Antrieb dafür, Neues zu lernen und Veränderungen offen zu begegnen.

Einen gewissen Nachweis ihrer Neugier haben die Leser bereits erbracht, indem sie mein Buch zur Hand genommen haben. Wenn jemand nach der Lektüre daran geht und in seinem Unternehmen die Strategie für die Digitalisierung weiterentwickelt und umsetzt, fände ich das ein starkes Indiz für Zuversicht und positive Ungeduld.

Den Aufgaben und auch den Zumutungen der Digitalisierung ist der Leser dann allemal gewachsen.

Literatur

McAfee, A., Brynjolffson, E. (2017): Machine Platform Crowd – Harnessing our digital future, New York 2017.

Inhaltsverzeichnis

Themenblock I Die Digitalisierung codiert die Wirtschaft neu

1 Wirtschaft: Digitale Plattformen brauchen neue Strategien 9

2 Technologie: Neue Schlüsseltechnologien als Rückgrat einer neuen Infrastruktur 25

3 Gesellschaft: Teilhabe am Wert der eigenen Daten ist mehr als Ökonomie . . . 51

Themenblock II Wir liegen zurück, können unsere Zukunft aber noch selbst gestalten

4 Mit *Smart Car, Smart Home* und *Smart Factory* aufs globale Spielfeld der Plattformökonomie 73

5 Bedrohlicher Rückstand in nahezu allen Schlüsseltechnologien und Kerninfrastrukturen 119

Themenblock III Die richtige Strategie für Deutschland: vom Exportweltmeister zum Netzwerkchampion

6 Zukunft Deutschland 4.0: Was es jetzt braucht 159

Themenblock IV Die richtige Strategie für Unternehmen: Kerngeschäft digitalisieren und neue digitale Geschäftsmodelle aufbauen – strikt getrennt und konkurrierend

7 Neuer Daseinszweck, Beidhändigkeit und das Handwerk der Strategie 181

8 Digitale Unternehmensstrategie für das Kerngeschäft – Be relevant, be smart und go beyond 211

9 Digitale Unternehmensstrategie für den Aufbau neuer Geschäftsfelder – „It's a corporate venture!" 247

10 Kannibalisieren Sie sich! 257

Themenblock V   Die richtige Einstellung: Was Führung im digitalen Zeitalter ausmacht

11   Erneuerer und Innovatoren werden zu gefragten Führungskräften und zu gefeierten Helden 263

12   Neues Selbstbild und Rollenprofil 267

13   Bewusst genutzte Fähigkeiten und ein veränderter Mindset 275

Themenblock I
Die Digitalisierung codiert die Wirtschaft neu

„In der Vernetzung liegt das nie Dagewesene, das unser Jahrhundert prägende Phänomen" (Steingart 2020, S. 148).

Digitalisieren bedeutet vernetzen. Digitalisierung meint das Vernetzen von Menschen, von Maschinen und Gebäuden, von Autos und Fabriken, von Wertschöpfungsketten und Prozessen.

Wie tiefgreifend die Digitalisierung unsere Wirtschaft verändern wird, welche Umwälzungen unserer Lebensumstände ihr zugetraut werden, zeigt ihre Einstufung als viertes industrielles Zeitalter. Von der Industrie 4.0 ist die Rede. Sie folgt auf die Zeitalter der Mechanisierung (Industrie 1.0), der Massenproduktion (Industrie 2.0) und der Automatisierung (Industrie 3.0) (vgl. Klein 2019). Der Übergang vom dritten ins vierte industrielle Zeitalter, der bereits begonnen hat, erscheint besonders einschneidend, denn er markiert nach Ansicht vieler den Schritt von der Ära der Bearbeitung physischer Materialien in das Zeitalter der Daten und des Wissens (vgl. Harari 2019).

Wer das Wesen der Digitalisierung verstehen und das Kommende gestalten will, der braucht eine umfassende Sicht auf alle ihre Facetten und ein gutes Verständnis davon, welche Kräfte in ihr wirken: in Wirtschaft (Kap. 1), Technologie (Kap. 2) und Gesellschaft (Kap. 3); auf Aktionäre und Mitarbeiter, Kunden, Geschäftspartner und auf die Bürger unserer Gemeinwesen.

Geschäftsmodelle und Technologie sind auch im digitalen Zeitalter ein Mittel zum Zweck. Mit ihnen werden Wünsche erfüllt, die Interessen unterschiedlicher Gruppen bedient und Notwendiges angepackt. Dazu zählen in immer stärkerem Maße auch die Belange der Umwelt und des Klimaschutzes. Strategien zur Digitalisierung (vgl. auch Themenblock III und IV) müssen sich deshalb auch immer daran messen lassen, welche ökologischen Ressourcen sie beanspruchen und welchen Beitrag sie zum Schutz der Umwelt leisten. Insgesamt bietet der Themenblock I dem Leser einen Digitalisierungs-Crashkurs.

Wie verändert die Digitalisierung die Architekturen der Wertschöpfung und ihre Prozesse? Welche neuen Produkte und Dienstleistungen macht sie möglich? Worin ist das Geschäftsmodell einer Plattform klassischen Modellen überlegen? Und warum sollte sich jedes Unternehmen die Gretchenfrage der Strategie stellen: Wie positionieren wir uns in der Plattformökonomie (vgl. Kap. 1)?

In den ersten Jahren des digitalen Zeitalters hat das Geschäftsmodell der digitalen Marktplätze (sog. Plattformen) viele der Business-to-Consumer-Industrien (B2C) von Grund auf transformiert (Unterhaltung, Medien, Reise) oder sogar komplett neu erfunden (Soziale Medien, E-Commerce).

Digitale Plattformen wischen dabei eine ganze Reihe von Gesetzmäßigkeiten klassischer Geschäftsmodelle vom Tisch, die viele Jahrzehnte lang galten (vgl. Abschn. 1.1). Produkte und Dienstleistungen digitaler Plattformen bestechen durch größtmögliche Relevanz und Netzwerkeffekte, welche die Zahl der auf ihnen vertretenen Nutzer und Anbieter exponentiell in die Höhe schießen lassen (vgl. Abschn. 1.1). Die wirtschaftliche Attraktivität ihrer Geschäftsmodelle machte die führenden Plattformanbieter in nur wenigen Jahren zu den wertvollsten Unternehmen der Welt (vgl. Abschn. 1.2 und auch Themenblock II, Abschn. 4.1).

Während Prozesse im Zeitalter der Massenproduktion standardisiert und in der Automatisierung dann elektrifiziert wurden, bietet die Ära der Digitalisierung nicht nur die Chance für den nächsten Effizienzsprung, sondern bringt gänzlich neue Versprechen an die Kunden in die Geschäftswelt (vgl. Daugherty 2018, S. 5). An die Stelle des Besitzes rückt der Zugang, an die Stelle des Produktes die Dienstleistung. Das ist heute bereits die Wirklichkeit in vielen Business-to-Consumer-Branchen (B2C) und drängt immer dynamischer in die Business-to-Business-Welt (B2B).

Das *Smart Phone* ist der im wahrsten Sinne des Wortes in allen Händen befindliche Impuls- und Taktgeber der neuen Versprechen an die Kunden sowie für die Vernetzung von Milliarden von Menschen. Bis jetzt, muss man hinzufügen. Denn mit der Vernetzung von Autos und Maschinen, Wohnhäusern, Bürogebäuden und Fabriken im sogenannten Internet der Dinge (Internet of Things IoT) steht der nächste Entwicklungssprung unmittelbar bevor. Er bringt voraussichtlich eine ganze Phalanx neuer digitaler Produkte und Dienstleistungen wie *Smart Car*, *Smart Home* oder die *Smart Factory*. Dabei lehnt sich die Nomenklatur des Neuen unübersehbar ans *Smart Phone* an – als Gattungsbegriff, der die entstehenden Plattformen und Ökosysteme bezeichnet. Und so, wie die Geschäftsmodelle, die mittels *Smart Phone* geschaffen wurden, weit über das ursprüngliche Mobiltelefon hinausgehen, so werden voraussichtlich das *Smart Car* und das *Smart Home die Gattungsgrenzen des Autos und der* eigenen vier Wände sprengen (vgl. auch Themenblock II, Kap. 4). Heute erscheint es mehr als wahrscheinlich, dass das Internet der Dinge auch die klassischen Industrien wie den Maschinen- und Anlagenbau in die Plattformwirtschaft überführen wird (vgl. Abschn. 1.3 und auch Themenblock II, Abschn. 4.4).

In allen Ökosystemen besetzt das Geschäftsmodell der Plattform konsequent den Zugang zum Kunden, ist ausgelegt auf den unmittelbaren Dialog mit dem Kunden. Wer mit dem Kunden im Dialog ist, versteht am besten seine Bedürfnisse und Wünsche und kann diese am umfassendsten kommerziell bedienen. Für Unternehmen mit integriertem Geschäftsmodell aus Produktion und Distribution stellt sich deshalb immer drängender die

Frage, wie sie sich künftig positionieren wollen und welches Wertversprechen sie geben können: Wollen sie den Kunden Zugang bieten zu den besten Produkten oder wollen sie selbst Produzent des besten Produktes, der perfektesten Dienstleistung sein? Beides in sich zu vereinen, wird im Digitalzeitalter nahezu alle Unternehmen auf die Dauer überfordern. Einfach abzuwarten oder dieser Entscheidung aus dem Weg zu gehen, führt zwangsläufig in eine Position im strategischen Niemandsland der Plattformökonomie. Wie eine strategische Grundsatzentscheidung im echten Leben aussehen kann, zeigt das Buch das beispielhaft für die drei Industrien Automobil, Versorger und Banken (vgl. Abschn. 1.4).

Welche Schlüsseltechnologien und Infrastrukturen prägen das digitale Zeitalter? Warum ist Spitzen-Know-how unverzichtbar, damit die digitale Souveränität erhalten bleibt? Und wie verändern sich Aufgaben und Tätigkeiten im Zusammenspiel von Mensch und Maschine (vgl. Kap. 2)?

Für den amerikanischen Ökonomen Jeremy Rifkin charakterisieren drei Elemente oder Infrastrukturen das Entstehen eines neuen industriellen Zeitalters (vgl. Rifkin 2014): ein neuer Modus der Kommunikation, neue Quellen der Energie sowie neue Wege für Transport und Mobilität. In der ersten industriellen Revolution waren dies der maschinelle Buchdruck und das Telegramm, die Dampfmaschine und die Eisenbahn. Das nächste Zeitalter wurde geprägt vom Telefon, vom Öl und der Elektrizität sowie vom Automobil. Im heutigen digitalen Zeitalter sind es nach Meinung von Rifkin das Kommunikationsinternet, das dezentrale Energie- sowie das dezentrale Mobilitätsinternet. Das dezentrale Kommunikationsinternet arbeitet bereits. In ihm kann jeder Nutzer über Soziale Medien ein beliebig großes Publikum zu Grenzkosten von nahezu null erreichen. Das dezentrale Energieinternet und das dezentrale Mobilitätsinternet sind im Entstehen. Rifkin ist davon überzeugt, dass diese Netze ineinander verschmelzen und zur Infrastruktur des digitalen Zeitalters werden.

> Dadurch kann nach Jeremy Rifkins Vision jedes Geschäft, Haus, Viertel zum potenziellen Stromerzeuger werden, der seinen Überschuss mit anderen in einem intelligenten Energieinternet teilt. Bestands- und Neubauten werden somit zu smarten Netzwerkknoten im Internet der Dinge (sog. IoT). Das dezentrale Mobilitäts- und Logistikinternet, bestehend aus autonom fahrenden, mit grüner Energie betriebenen Elektro- und Brennstoffzellenfahrzeugen lösen dann die drei großen Schmerzpunkte des heutigen Verkehrs. Weniger Staus dank geteilter Mobilität, weniger Unfälle dank autonom fahrender Fahrzeuge und weniger Umweltverschmutzung dank grüner Energiequellen (vgl. Rifkin 2019, S. 80).

Die Schlüsseltechnologien der digitalen Infrastruktur sind das mobile Internet und 5G, „Cloud Computing" sowie Künstliche Intelligenz (vgl. Abschn. 2.1 bis Abschn. 2.3). Künstlicher Intelligenz trauen Experten sogar das Potenzial zu, die Universaltechnologie des 21. Jahrhunderts zu werden. Wenn zudem digitale und physische Welt fortgesetzt ineinander verschmelzen, dann zählen digitale Identitäten ebenfalls zur Infrastruktur des digitalen Zeitalters (vgl. Abschn. 2.4).

Wenn deutsche Unternehmen, die deutsche Wirtschaft auch in Zukunft wettbewerbsfähig bleiben wollen, dann brauchen sie führendes Know-how in allen diesen Schlüsseltechnologien und sie brauchen freien Zugang zu allen genannten Infrastrukturen. Ohne dieses Know-how und ohne diesen Zugang wird es unmöglich sein, die Zukunft selbstbestimmt zu gestalten. Ein einfaches Beispiel macht deutlich warum: Würden das heutige Straßennetz und die Regeln, nach denen man Zugang erhält, von wenigen Monopolisten aus Übersee kontrolliert, kämen die Weltmarktführer der Automobilwirtschaft sehr wahrscheinlich nicht aus Deutschland (vgl. auch Themenblock II, Abschn. 5.5).

Eine Spitzenposition in einer einzelnen Schlüsseltechnologie der Digitalisierung lässt sich auch mit noch so viel Forschung und Entwicklung nur schwer erreichen. Dafür sind die Schlüsseltechnologien der Digitalisierung längst zu interdependent. Nähme man sich etwa vor, in Künstlicher Intelligenz weltweit führend zu werden, müsste man dies auch im Cloud-Computing schaffen, denn Kapazitäten für die Entwicklung der Künstlichen Intelligenz sitzen bereits heute in der Cloud. Das heißt für eine mögliche Aufholjagd: Die Verfolger müssen sowohl in der Spitze als auch in der Breite der Schlüsseltechnologien Boden gutmachen. Mit dem Fortschritt, den die Marktführer in diesen Technologien haben, wachsen also quasi täglich die Eintrittshürden und die Einsätze steigen.

Die führenden Technologie- und Plattformanbieter der Welt entwickeln nicht allein diese neuen Technologien, sondern auch ihre Geschäftsmodelle aus einem Guss. Eine solche Symbiose beim Aufbau von Know-how sollte idealerweise auch jene Unternehmen leiten, welche die digitale Infrastruktur „nur" nutzen wollen. Der Umbau des Geschäftsmodells und die dazugehörige Technologie brauchen eine Strategie, die das Ganze im Blick hat (vgl. auch Themenblock III und Themenblock IV). Die Trennung von Geschäft und Technik ist spätestens mit dem Digitalzeitalter überholt.

Neue Technologien sind nicht nur die Grundlage dafür, einzelne Elemente der Wertschöpfungskette effizienter zu machen, sondern sie haben das Zeug dazu, ausgehend von der Nachfrage des Kunden gänzlich neue Wertschöpfungsketten zu kreieren. So hilft das Internet der Dinge, die Abläufe in heutigen Produktionsstätten zu verbessern (sog. Fabrik 4.0), und ist zugleich die Grundlage neuer Dienstleistungen und Geschäftsmodelle (sog. *Smart Services*). Es wirkt auf die Strukturen so wie die Ablösung der Dampfmaschine durch Diesel- und Elektroaggregate. Letztere erzeugten Energie erstmals dezentral und öffneten damit die Tür zu neuartigen Wertschöpfungsketten und Prozessen in der industriellen Massenfertigung (vgl. McAfee und Brynjolffson 2017, S. 20).

Der Einsatz neuer Technologien und die Vernetzung intelligenter Maschinen werden mit der Zeit die Tätigkeiten von Menschen im Kern verändern. Bestimmte menschliche Fähigkeiten werden an Bedeutung verlieren, andere wichtiger werden. Wurde die körperliche Arbeitskraft im Zeitalter der Mechanisierung durch die Maschine ersetzt, übernehmen Maschinen im Zeitalter der Vernetzung zunehmend komplexere kognitive Aufgaben. Nach dem Übergang vom „Physical" zum „Knowledge Worker" steht der Mensch nun an der Schwelle vom Knowledge zum „Relationship Worker" (Colvin 2015, S. 48). Ihn werden Fähigkeiten wie Empathie und Urteilskraft, Kreativität und Geschicklichkeit kennzeichnen. Für die Zukunft von Wirtschaft und Gesellschaft ist die Losung aber nicht Mensch oder Maschine. Die Zukunft ist Mensch und Maschine (vgl. Abschn. 2.3).

Die Frage, wie jeder Mensch am enormen Datenschatz und dem Einsatz digitaler Technologien fair partizipieren kann, ist eine der zentralen Fragen. Sie richtet sich nicht an die Technologie, sondern muss von Politik, Wirtschaft und Gesellschaft über Normen und Regeln beantwortet werden.

Warum muss der Datenbesitz nicht nur aus wirtschaftlichen, sondern besonders aus gesellschaftlichen Gründen dringend zukunftsgerichtet geregelt werden? Wie könnten die Demokratisierung des Datenbesitzes und dessen Kommerzialisierung aussehen? Und wie kann ein faires und verantwortungsvolles Versprechen von Unternehmen für den Umgang mit Daten an Kunden und Nutzer ausgestaltet sein (vgl. Kap. 3)?

Je wertvoller Daten werden, umso höher wird der ökonomische Wert des Nutzers als „digitale Arbeitskraft", die für die Plattformunternehmen zu null Kosten den wertvollen Rohstoff Daten erzeugt. Bislang fehlt Nutzern und Bürgern in der Regel jedoch die Möglichkeit zur Kommerzialisierung der eigenen Daten. Im Unterschied zum Besitz und der Entlohnung von Kapital und Arbeit ist dies für den Produktionsfaktor Daten nicht angemessen geregelt. Das hat zur Folge, dass Einkommensmöglichkeiten, die sich aus der Verwertung von Daten ergeben, von Individuen nicht genutzt werden können. Mit dem unerwünschten Effekt, dass sich Ungleichgewichte bei der Verteilung von Einkommen in der Gesellschaft noch verschärfen könnten (vgl. Abschn. 3.1). Je mehr die Allgemeinheit den wirtschaftlichen Wert von Daten erfasst, desto größer wird die soziale Sprengkraft einer unfairen und unentgeltlichen Ausbeutung des Produktionsfaktors Daten.

Die Besitzkonzentration am Produktionsfaktor Daten ist einzigartig im historischen Kontext. Sie hat ein Ungleichgewicht erreicht, das heute für Kapital oder Arbeitskraft mindestens inakzeptabel erscheint. Mitverantwortlich für diese Konzentration ist ein Paradoxon im Verhalten vieler Nutzer: Gefragt nach ihrer Bereitschaft, Daten bewusst Dritten preiszugeben, ist die Neigung dazu bei den meisten gering. Tatsächlich und häufig unbewusst teilen viele Menschen ihre Daten aber überaus großzügig mit Dritten (vgl. Abschn. 3.2).

Dabei ist den Menschen weitgehend unklar, von wem ihre Daten zu welchem Zweck eingesetzt werden. Nur in Einzelfällen gibt es transparente Datenkonten, auf denen Nutzer ihre Daten, wann immer sie möchten, einsehen können, ganz abgesehen von der Möglichkeit, Dritten willentlich und zeitlich befristet Zugang zu gestatten. Eine politische Diskussion einer branchenübergreifenden Lösung – vergleichbar der Regelung für Banken (sog. PSD2 = Payment Services Directive 2) – erscheint mehr als notwendig (vgl. Abschn. 3.3). Bürger können über den Einsatz ihrer Arbeitskraft oder ihres Kapitals frei verfügen. Das Gleiche sollte für ihre Daten gelten.

Technologische und wirtschaftliche Innovationen erzeugen neue Notwendigkeiten und erfordern parallel gesellschaftliche Innovationen: „Invention is the mother of necessity" (https://de.wikipedia.org/wiki/Melvin_Kranzberg; 2. Kranzbergsches Gesetz). Digitaltechnik ist weder gut noch böse, aber sie ist auch nicht neutral (https://de.wikipedia.org/wiki/Melvin_Kranzberg; 1. Kranzbergsches Gesetz). Politik, Gesellschaft und Wirtschaft müssen den Umgang mit ihr gestalten und mit Normen regeln. Andernfalls könnten die Freiheit und das gesellschaftliche Leitbild des Humanismus den Schritt ins digitale Zeitalter nicht überleben.

Für Unternehmen ist die neue Datenfülle mit neuer Machtfülle verbunden. Unternehmen werden quasi zu „Daten-Banken", die verantwortungsvoll mit den Daten umgehen und sie vertraulich verwahren müssen.

Die gesellschaftliche Diskussion zum Produktionsfaktor Daten hinkt der zum Produktionsfaktor Umwelt noch einige Jahre hinterher. Unternehmen, die vorausschauend planen, sollten aber nicht zuwarten, bis Gesetze ein Korsett schnüren, sondern dem aufgeklärten Bürger und Nutzer ein explizites Versprechen bezüglich des fairen Umgangs mit seinen Daten geben. Ein solches Versprechen an den Kunden kann Bestandteil von Vision und Unternehmensstrategie sein und liefert damit einen richtungsweisenden Beitrag zur Transformation der Gesellschaft in das digitale Zeitalter (vgl. Abschn. 3.4 und auch Abschn. 8.4).

Umweltschutz, soziale Standards und die Regeln guter Unternehmensführung sind mittlerweile ganz oben auf der Agenda von Politik, Wirtschaft und Kapitalmarkt angekommen, zeigt der Exkurs Er diskutiert am Beispiel der Bankenindustrie, wie tiefgreifend „grüne" Nachhaltigkeit den Zweck von Unternehmen und ganze Branchen verändern kann, und skizziert, welchen Beitrag nach Ansicht von Experten die Digitalisierung zum Klimaschutz zu leisten imstande ist (vgl. Exkurs).

Auch wenn im Jahre 2020/2021 die Corona-Pandemie die Welt fest im Griff hat, sind der Klimawandel und seine Folgen für das Leben und Zusammenleben auf absehbare Zeit die mit Abstand wichtigsten Themen. Die Notwendigkeit, das Problem rasch und entschlossen anzugehen, ist bereits heute riesengroß, denn die Gefahr, dass die globale Erwärmung selbsterhaltend wird, nimmt von Tag zu Tag zu.

▶ Das Abschmelzen der Eiskappen der Arktis und Antarktis reduziert den Anteil an Sonnenenergie, der in den Weltraum zurückgestrahlt wird, und erhöht damit die Temperatur noch weiter. Der Klimawandel vernichtet mutmaßlich den Regenwald im Amazonasgebiet und andere Regenwälder, womit einer der wichtigsten Prozesse verschwindet, durch den Kohlendioxid aus der Atmosphäre beseitigt wird. Der Anstieg der Meerestemperatur könnte große Mengen Kohlendioxid freisetzen. Beide Phänomene würden den Treibhauseffekt und damit die globale Erwärmung insgesamt verstärken (vgl. Hawking 2021, S. 172).

Eine immer größere Zahl von Wissenschaftlern sieht diesen „Point of no Return" sogar bereits überschritten. Fachleute glauben, dass sich mit dem Bau einer vernetzten, intelligenten Infrastruktur der ‚CO_2-Ausstoß' maßgeblich reduzieren und die Erderwärmung abbremsen lässt (vgl. Rifkin 2019, S. 49). Gleichzeitig gibt es Kritik an politischen Programmen wie dem New Green Deal der EU wegen der Kosten des ökologischen Umbaus. Ein Teil der Antwort liegt darin, dass die „Ressource Erde" noch adäquater und fairer in den Preis von Waren und Dienstleistungen einfließen sollte. Wie Preise für knappe Güter gefunden werden, zeigen heute Kapital- und Arbeitskosten. Neben Kapital und Arbeit (und potenziell Daten) wird die Ressource Umwelt zum zentralen Produktionsfaktor in der Wirtschaft und Gesellschaft 4.0 (siehe auch Abschn. 7.1).

Inwiefern unser Zeitalter in der Rückschau als Ära der Digitalisierung oder der Nachhaltigkeit gewertet werden wird, ist noch nicht ausgemacht. Bereits heute ist jedoch klar zu sehen, dass Umweltschutz im Besonderen und Nachhaltigkeit im Allgemeinen immer bestimmender für den Unternehmenszweck sowie die Unternehmensstrategie werden. In diesem Rahmen gestaltet die Digitalisierung die Unternehmensstrategie aus und darin wird sie auch umgesetzt.

Ohne eine Einbettung in das Meta-Thema Nachhaltigkeit würde man der Sache für die Zukunft nicht gerecht, wenn man über das wirtschaftliche Aufholen im digitalen Zeitalter spricht und darüber, was es für Kunden und Mitarbeiter von Unternehmen, für die Bürger und die Gesellschaft als Ganzes bedeutet.

Literatur

Colvin, G. (2015): Humans are Underrated – What High Achievers Know That Brilliant Machines Never Will, o. O. 2015.
Daugherty, P. (2018): Human + Machine, München 2018.
Harari, Y. N. (2019): 21 Lektionen für das 21. Jahrhundert, München 2019.
Klein, O. (2019): Was ist Industrie 4.0? unter: https://bdi.eu/artikel/news/was-ist-industrie-4-0, abgerufen am 08.09.2021.
Hawking, S. (2021): Kurze Antworten auf große Fragen, Stuttgart 2021.
McAfee, A., Brynjolffson, E. (2017): Machine Platform Crowd – Harnessing our digital future, New York 2017.
Rifkin, J. (2014): Die Null Grenzkosten Gesellschaft – Das Internet der Dinge, kollaboratives Gemeingut und der Rückzug des Kapitalismus, Frankfurt am Main 2014.
Rifkin, J. (2019): Der globale Green New Deal, Frankfurt am Main 2019.
Steingart, G. (2020): Die unbequeme Wahrheit – Rede zur Lage unserer Nation, München 2020.

Wirtschaft: Digitale Plattformen brauchen neue Strategien

1

Digitale Plattformen gelten als das bislang dominierende Geschäftsmodell des digitalen Zeitalters. Auf ihnen ruht der Erfolg der weltweit wertvollsten Unternehmen. Sie zwingen klassische Industrien zunehmend dazu, neue Strategien für die Plattformökonomie zu entwickeln.

Was sind eigentlich Plattformen? Worin liegen die Besonderheiten ihrer Strategie und Struktur (vgl. Abschn. 1.1)? Wer betreibt die weltweit führenden Plattformen? Und welches Potenzial hat dieses Geschäftsmodell heute und in Zukunft (vgl. Abschn. 1.2)?

Die global führenden Plattformen sind bislang insbesondere in den „Business-to-Consumer"-Industrien beheimatet (vgl. auch Abschn. 4.1). Werden die Plattformgeschäftsmodelle auch in den „Business-to-Business"-Industrien der Zukunft stark wachsen (vgl. Abschn. 1.3)?

Das Geschäftsmodell Plattform ermöglicht zum einen ganz neue Dienstleistungen und Versprechen an die Kunden und erschüttert zum anderen klassische Wertschöpfungsketten und Wertschöpfungsanteile bestehender Geschäftsmodelle. Über kurz oder lang müssen sich Unternehmen nahezu aller Branchen für ihre Positionierung in der Plattformwirtschaft entscheiden. Welche möglichen Positionen sind das, etwa für Automobilhersteller, Versorger und Banken (vgl. Abschn. 1.4)?

Für Erfolg im digitalen Zeitalter und für die Entwicklung der eigenen Plattformstrategie ist es entscheidend, die Plattformökonomie und ihre Geschäftsmodelle zu verstehen.

© Der/die Autor(en), exklusiv lizenziert durch Springer Fachmedien Wiesbaden GmbH, ein Teil von Springer Nature 2022
M. Pertlwieser, *Das Richtige digitalisieren*,
https://doi.org/10.1007/978-3-658-35447-3_1

1.1 Plattformökonomie stellt Prinzipien klassischer Geschäftsmodelle auf den Kopf

Marktplätze, auf denen Handwerker oder Landwirte ihre Produkte verkaufen, gibt es seit Jahrtausenden. Für klassische wie für digitale Marktplätze gilt, dass es zum Tausch von Waren oder Dienstleistungen zwischen Anbietern und Nachfragern, zwischen Produzenten und Kunden kommt.

Mit der Zahl der Anbieter und Nachfrager nimmt die Attraktivität eines Marktplatzes zu. Vergrößert die steigende Präsenz der einen Seite das Wachstum der anderen, spricht man von Netzwerkeffekten. Der Nutzen der bisherigen Marktteilnehmer erhöht sich durch einen weiteren Marktteilnehmer nicht anteilig, das heißt linear, sondern exponentiell. Ein gutes Beispiel für exponentielles Wachstum des Nutzens ist das Telefon. Je höher die Zahl derer, die ein Telefon besitzen, desto höher ist die Zahl möglicher Verbindungen und damit der potenzielle Nutzen. Wenn nur eine Person ein Telefon besitzt, ist es nutzlos. Bei zwei Personen gibt es eine Verbindung, bei drei Personen drei, bei vier Personen sechs, bei fünf Personen zwölf, bei 1000 Personen sind es schon 499.500 mögliche Verbindungen usw. Die Anzahl der möglichen Verbindungen errechnet sich als $n*(n-1)/2$, wenn n die Anzahl der Personen repräsentiert (abgeleitet aus der Gaußschen Summenformel).

Exponentielles Wachstum oder Netzwerkeffekte gab es bereits vor dem digitalen Zeitalter. In der Digitalisierung können diese jedoch viel schneller und effizienter erreicht werden. Digitale Technologien revolutionieren Marktplätze in ihrer räumlichen und zeitlichen Ausbreitung, in Erreichbarkeit und Komfort sowie in der Effizienz ihrer Produkte (vgl. Parker et al. 2016).

Digitale Plattformen wachsen oft besonders schnell und effizient,

- wenn es sich um digitale Produkte handelt. Sie können meist zu Grenzkosten von null in beliebiger Anzahl und gleich bleibender Qualität jederzeit reproduziert und von überall aus konsumiert werden.
- weil sie die Ressourcen für Wachstum nicht selbst besitzen müssen. Die Ressource ist in vielen Fällen der sogenannte Prosument, der in Personalunion Produzent und Konsument der jeweiligen Dienstleistung ist. Dies können der Vermieter oder Mieter einer Unterkunft sein, der Verkäufer oder Käufer auf Marktplätzen wie etwa eBay, der Entwickler und Nutzer von Apps im App Store, der Autor und Leser von Posts, der Ersteller und Konsument von Videos und grundsätzliche alle Nutzer irgendeiner Form Sozialer Medien.

Technisch möglich wurde das Aufkommen der digitalen Plattformen durch das Mobile Internet. Dieses verbindet Milliarden von Menschen jederzeit und überall und erschafft völlig neue Produkte und Dienstleistungen, die dank der entstehenden Datenmengen und der immer besseren Datenanalyse laufend relevanter und individueller gestaltet werden.

Technologisches Fundament sind die beinahe Verdopplung der maschinellen Rechenleistung alle zwei Jahre (sog. Moore'sche Gesetz; vgl. Schanze 2016) sowie das Entstehen der Cloud-Infrastruktur (vgl. Abschn. 2.2), mit der Rechenleistung dezentral, zu geringen Kosten verfügbar ist und ein Netzwerk von Nutzern entsteht, die in Echtzeit miteinander verbunden sind.

Mit dem Geschäftsmodell der digitalen Plattform verlieren zahlreiche der seit Jahrhunderten gültigen Prinzipien und Erfolgsfaktoren klassischer Geschäftsmodelle ihre Gültigkeit (vgl. Parker et al. 2016):

- Klassische Geschäftsmodelle – am Ende des ‚Innovationszyklus' – profitieren von Synergien auf der Angebotsseite. Plattformen – zu Beginn des ‚Innovationszyklus' – profitieren von Synergien auf der Nachfrageseite, sogenannten Netzwerkeffekten.
- Der Besitz klassischer Infrastruktur ist kein dauerhafter Wettbewerbsvorteil mehr. Der einzige beständige Vermögenswert eines Unternehmens ist die Kundenbeziehung.
- Nicht die effiziente Allokation interner Mittel, sondern die effektive Orchestrierung externer Partner ist entscheidend. Die Kontrolle von Beziehungen rückt an die Stelle der Kontrolle von Ressourcen.
- Heutige Wettbewerber werden zu Partnern und heutige Partner zu Wettbewerbern (man spricht von „Coopetition", einer Kombination aus den englischen Begriffen „Cooperation" und „Competition").
- Die implizite Annahme, dass Wettbewerb ein Null-Summen-Spiel ist, gilt in der Plattformökonomie weit weniger, weil durch neue Dienstleistungen und Geschäftsmodelle der „Kuchen" häufig größer wird.

Anders ausgedrückt: Wer an den alten Prinzipien festhält, wird keine Plattform etablieren können.

Zu den neuen, für Plattformen gültigen Prinzipien gehören aus Sicht der Vordenker der globalen Plattformökonomie, den amerikanischen Wissenschaftlern Geoffrey G. Parker und Marshall von Alstyne, besondere Erfolgskennziffern (vgl. Torrance und Staeritz 2019):

- Zu Beginn sind dies die Anzahl der Nutzer, Anbieter und Interaktionen auf dem Marktplatz, die die Grundlage für Netzwerkeffekte sind. Kennziffern wie Ertrag und Profitabilität sind in der Frühphase irrelevant, weil sie Wachstum hemmen und damit sogar kontraproduktiv wirken.
- Mit fortschreitender Entwicklung und dem Übergang der Plattform in die Wachstumsphase rücken andere Parameter in den Vordergrund: die Zahl der Kunden in den attraktiven, werthaltigen Zielgruppen, die Konversionsraten von Nutzern in zahlende Nutzer sowie die Konversionsraten zwischen Angebots- und Nachfrageseite.
- In der dritten, reifen Phase konzentriert sich alles auf die Entwicklung werthaltiger Innovationen auf dem Marktplatz sowie die Gefahr, die von Wettbewerbern ausgeht.

Maßstab über alle Lebensphasen einer Plattform hinweg ist die Anzahl der zufriedenen und wiederkehrenden Nutzer auf beiden Seiten, Angebot und Nachfrage. Denn der Mechanismus des Netzwerkeffektes funktioniert auch in die entgegensetzte, negative

Richtung. Dieser negative Netzwerkeffekt entsteht immer dann, wenn Marktplatzteilnehmer infolge des Fehlverhaltens anderer dem Marktplatz den Rücken kehren. Viele Marktplätze haben daher entsprechende Mechanismen der sogenannten Kuratierung etabliert, also eine Qualitätssicherung, entweder durch den Marktplatzbetreiber oder die Marktplatzteilnehmer selbst.

Parker und van Alstyne sind überzeugt davon, dass nahezu alle Industrien das Potenzial haben, sich in Richtung eines Plattformmodells auf Datenbasis zu entwickeln:

- Die erste Welle digitaler Plattformen entstand in den Branchen Medien, Kommunikation, Unterhaltung, E-Commerce und Social Media.
- In den Sektoren Transport und Mobilität, Finanzdienstleistungen, Ausbildung und Gesundheit entstehen momentan mit zunehmender Dynamik Plattformangebote.
- Auch im Maschinen- und Anlagenbau sind Ansätze klar zu erkennen (sog. Industrie 4.0) und auch einige Versorger haben den Weg in Richtung Plattformökonomie eingeschlagen (vgl. auch Abschn. 4.3 und 4.4).

Grundsätzlich unterscheiden sich die Modelle digitaler Plattformen von klassischen Geschäftsmodellen dadurch, dass sie relativ wenige Ressourcen benötigen, höchst dynamisch wachsen und ihr Markt potenziell weltumspannend ist. Es sind auch genau diese Faktoren, die den global führenden Plattformanbietern ihre hohe Marktkapitalisierung bescheren.

1.2 Plattformunternehmen dominieren Rennlisten der wertvollsten Unternehmen

Die Liste der nach Marktkapitalisierung zehn größten Unternehmen ist seit einigen Jahren fest in der Hand der großen Plattformunternehmen. Es sind die als GAFAM bezeichneten Google, Amazon, Facebook, Apple und Microsoft sowie ihre chinesischen Gegenstücke Baidu, Alibaba und Tencent (sog. BAT).

Diese Dominanz ist wesentlich in den vergangen zehn Jahren entstanden. Vergleicht man die heutige Liste mit denen aus den Jahren bis 2010, so gab es damals in der Spitzengruppe der wertvollsten Unternehmen einen deutlich breiteren Branchenmix mit Banken, Ölproduzenten und Industriewerten. Einzig Microsoft war schon damals als Technologieriese ganz vorne mit dabei. Erweitert man die Perspektive um jene Firmen, die auf die Spitzengruppe folgen, so stößt man dort heute auf weitere, dynamisch wachsende digitale Plattformen wie Uber, AirBnB oder Netflix (vgl. auch Abschn. 4.1). Wer Anbieter aus Europa in diesem exklusiven Club sucht, der wird kaum fündig. Lediglich das Software-Unternehmen SAP und der Musikstreaming-Dienst Spotify sind europäische Leuchttürme in einem amerikanisch-asiatisch geprägten Feld.

Nach einem vom World Economic Forum im Januar 2019 veröffentlichten Report mit dem Titel „*Is your business model fit for the Fourth Industrial Revolution?*", operierten 70 Prozent der Unicorn-Start-ups – junge Unternehmen mit einem Markt von über 1 Milliarde US-Dollar – mit dem Geschäftsmodell der digitalen Plattform (vgl. Torrance und Staeritz 2019). Obwohl dieses Geschäftsmodell auf den vorderen Rängen nach Marktkapitalisierung heute bereits dominant ist, verfolgt insgesamt bislang nur kleiner Teil aller Unternehmen ein Plattformgeschäftsmodell. Experten sind aber davon überzeugt, dass das Potenzial dafür auch in der Breite der Wirtschaft sehr groß ist. So zeigt der World Economic Forum Report, dass zwar weniger als 2 Prozent aller Unternehmen digitale Plattformen sind, schätzt aber zugleich, dass Plattformen im Jahr 2030 für 30 Prozent der weltweiten Geschäftsaktivitäten verantwortlich sein werden.

Diese 30-Prozent-Schätzung setzt nicht nur den fortgesetzten Plattformsiegeszug in Business-to-Consumer-Sektoren voraus, sondern auch eine deutliche Verbreitung des Plattformgeschäftsmodells in den Business-to-Business-Branchen. Die Infrastruktur, die das möglich macht, ist das Internet der Dinge („Internet of Things", IoT). Es basiert unter anderem auf den Technologien des mobilen Internets, Cloud-Computing und der Künstlichen Intelligenz (vgl. Kap. 2 und auch Kap. 5).

1.3　Internet der Dinge kann Industrie in Plattformwirtschaft führen

Die Digitalisierung vernetzt nicht nur Menschen, sondern auch Maschinen und Geräte, Fabriken und Gebäude sowie Unternehmen und ihre Kunden und Zulieferer.

Die Zahl der mit dem Internet verbundenen Geräte soll von rund 30 Milliarden auf fast 75 Milliarden bis Ende 2025 anwachsen (vgl. Mauchline et al. 2019). Das von Maschinen produzierte Datenvolumen wird dann das von Menschen bei Weitem übertreffen. Ein während des World Economic Forums 2020 in Davos veröffentlichter Bericht schätzt, dass Ende 2025 gut fünf Milliarden Geräte über den neuen Mobilfunkstandard 5G mit dem Internet verbunden sein werden und damit doppelt so viele wie private Mobilfunknutzer (vgl. Tamsons 2020).

Die Vernetzung der Maschinen zum Internet der Dinge erfolgt mittels modernster Sensoren, Mobilfunk und der Cloud-Infrastruktur (vgl. Abschn. 2.1 und auch Abschn. 5.1). Physikalische, biologische oder chemische Signale und Prozesse werden mithilfe von Sensoren in elektrifizierte Daten umgewandelt, mobil übertragen und in der sogenannten Cloud gespeichert sowie verarbeitet (vgl. Abschn. 2.2).

Dank großer Fortschritte in der Nanotechnologie und der Mikroelektronik sind die Kosten für Sensoren in den vergangenen Jahren deutlich gesunken, ihre Leistungsfähigkeit und Verbreitung dagegen enorm gestiegen. Sensoren werden dabei nicht nur in neuen Maschinen und Gebäuden integriert, sondern auch in bestehender Infrastruktur verbaut. Ein Teil der Dinge, die das Internet der Dinge vernetzt, sind schon viele Jahre oder gar Jahrzehnte im Einsatz. Für den Exportweltmeister Deutschland und Ausrüster des dritten industriellen Zeitalters kann dies ein wichtiger Vorteil im Wettbewerb um Kunden und Daten im digitalen Zeitalter sein.

Die Sensoren erfassen zum einen die unmittelbaren Verbrauchs-, Leistungs-, Verschleiß- und Produktionsdaten. Zum anderen messen sie wertvolle Umwelt- und Umfelddaten wie das Wetter, die Boden- und Straßenverhältnisse, Geräuschkulissen oder Luftzirkulation. Während erstere insbesondere zur Digitalisierung von bestehenden Wertschöpfungs-, Fertigungs- und Lieferketten genutzt werden (sog. *Smart Factory*), bieten letztere die Möglichkeit, neue, digitale Geschäftsmodelle zu entwickeln (sog. *Smart Services*) (vgl. auch Abschn. 4.4). Zusammen sind sie der Rohstoff für die Industrie 4.0.

▶ Eine eindeutige Definition bzw. Abgrenzung von *Smart Products* vs. *Smart Services* sowie des Umfangs einer *Smart Factory* vs. digitaler Plattformen im Bereich Industrie existiert nicht. Zur Begriffsabgrenzung des Bundesverbandes der Deutschen Industrie vgl. Klein 2019.

Die Übermittlung der Daten erfolgt über Mobilfunk. Algorithmen optimieren auf dieser Basis Bestellmengen, Durchlaufzeiten, Wartungsintervalle, Lagerbestände etc. oder ermöglichen neue „as-a-Service"-Geschäftsmodelle. Für das Funktionieren wachsender Netzwerke in Echtzeit, bei gleichzeitig stark steigenden Datenmengen, werden die Cloud sowie Verfahren auf der Basis Künstlicher Intelligenz zur Infrastruktur des Internets der Dinge oder der Industrie 4.0 (vgl. Abschn. 2.2 und 2.3).

Sobald der neue Mobilfunkstandard 5G etabliert ist, werden sich die Anwendungsmöglichkeiten nochmals deutlich verbreitern (vgl. Paulsen und Klingholz 2020) (vgl. Abschn. 2.1). Die Vorteile von 5G gegenüber 4G oder LTE liegen in den höheren Bandbreiten oder übertragbaren Datenvolumina und der deutlich geringeren Reaktionszeit (sog. Latenz) (vgl. Tamsons 2020). Das macht die Maschinen-zu-Maschinen-Kommunikation in Echtzeit und dadurch eine Vielzahl neuer Anwendungen wie etwa autonomes Fahren möglich.

Das Internet der Dinge und die darauf aufbauende Industrie 4.0 sind jedoch nicht allein eine technologische, sondern vor allem eine geschäftliche Revolution. Das World Economic Forum (WEF) veröffentlichte im Rahmen seines Forums in Davos im Jahr 2020 eine Schätzung für die globale Wertschöpfung durch das Internet der Dinge bis 2025. Vorausgesetzt, dass Politiker und Manager die Weichen richtig stellen, könnte diese Wertschöpfung durch IoT auf einen Wert zwischen 3,9 und 11,1 Billionen US-Dollar steigen (vgl. Tamsons 2020): Auch der Bundesverband der Deutschen Industrie (BDI) zeigt sich zuversichtlich und beruft sich auf Expertenschätzungen, wonach durch die Industrie 4.0 die Produktivität bis zum Jahr 2025 um 30 Prozent gesteigert werden könnte.

Eine aktuelle Studie des Branchenverbands der Informationstechnologie, Bitkom, unterstreicht, wie wichtig die Industrie 4.0 für die Zukunft des produzierenden und verarbeitenden Gewerbes in Deutschland ist (vgl. Paulsen und Klingholz 2020; Befragung von 552 Unternehmen mit mehr als 100 Mitarbeitern im Zeitraum Februar bis April 2020):

1.3 Internet der Dinge kann Industrie in Plattformwirtschaft führen

- Acht von zehn befragten Unternehmen setzen bereits auf Industrie 4.0. Knapp 20 Prozent haben sich noch nicht entschieden und lediglich 1 Prozent schließt eine Nutzung aus.
- Für 94 Prozent der Unternehmen in der Studie ist Industrie 4.0 entscheidend für die nachhaltige Wettbewerbsfähigkeit und 55 Prozent sehen darin einen entscheidenden Schub für Zukunft.

Mit dem Internet der Dinge erreicht die vierte industrielle Revolution endgültig den zweiten, deutlich größeren Teil der Wirtschaft, die sogenannten Business-to-Business-Sektoren (sog. Industrie 4.0). Die digitale Vernetzung wird die Wertschöpfungsketten in diesen Bereichen der Wirtschaft wenigstens so radikal verändern wie die Mechanisierung, Massenfertigung und Automatisierung in den vorherigen industriellen Revolutionen.

Die Revolution des Geschäftsmodells wird – sehr wahrscheinlich und vergleichbar zu den B2C-Industrien – darin liegen, bestehende Geschäftsmodelle zu optimieren (sog. *Smart Factory*) und neue, digitale Plattformmodelle zu schaffen (sog. *Smart Services*). Die Neudefinition bestehender Wertschöpfungsketten und Fabriken ist bereits im vollen Gange. Diese betrifft bislang weniger das „Was", sondern vielmehr das „Wie".

In einer smarten Fabrik werden der Aufbau und die Abläufe von Grund auf neu gestaltet, wenn die Maschinen direkt miteinander kommunizieren, wenn sie ihre Wartung eigenständig beauftragen, wenn sie Produktionsmengen durch die Vernetzung mit Kunden ohne Eingriff von Produktionsleitern festlegen oder wenn sie Bestellmengen und Bestellzeitpunkte einschließlich des Zulieferers automatisiert auswählen. So, wie Prozesse im Übergang von der ersten Mechanisierung zur späteren Massenfertigung verändert wurden – etwa durch die Fließbandarbeit in der Automobilindustrie –, werden die Arbeitsabläufe beim Übergang vom Zeitalter der Automatisierung ins Zeitalter der Vernetzung neu gestaltet. Die darin liegenden Produktivitäts- und Effizienzpotenziale wird jedoch nur der ausschöpfen können, der gleichzeitig die Technologie und Prozesse ins digitale Zeitalter überführt.

Wenn Geschäftsmodelle für das IoT entwickelt werden, dann müssen Produkte und Dienstleistungen (das „Was") konsequent von den Bedürfnissen der Kunden her neu gedacht werden. Die Fähigkeiten, die Offenheit und Neugier auf die Digitalisierung (das „Wie") ermöglichen dann das „Was" (Themenblöcke IV und V).

Vielversprechende neue Geschäftsmodelle, die auf dem Internet der Dinge fußen, sind beispielsweise die vorausschauende Wartung (sog. Preventive Maintenance) oder das Angebot der Maschinen- und Gerätenutzung (sog. Machine-as-a-Service, etwa als „Power by the Hour") anstelle des Produktverkaufes. Auch die Landwirtschaft unter Einsatz von Daten gehört dazu (sog. Precision Agriculture bzw. Smart Farming). In allen drei Industrien werden Probleme in der heutigen Wertschöpfung auf Basis von Daten gelöst. Preventive Maintenance erhöht die Produktivität der Maschinen durch reduzierte Ausfallzeiten. Machine-as-a-Service senkt den Kapitalbedarf und vermindert das operative Risiko. Und Precision Agriculture erhöht den Ernteertrag und die Effizienz in der Verwendung von Saat, Düngemittel und Fuhrpark.

Aufbauend auf diesen Lösungen bietet das IoT enormes Potenzial für neue Geschäftsmodelle bis hin zur Neudefinition ganzer Industriezweige. Das Beispiel *Smart Farming* macht das sehr schön anschaulich.

Ein solches *Smart Farming* wird u. a. vom US-amerikanischen Landmaschinenhersteller John Deere angeboten (vgl. Deere o. J.).

Landwirtschaftliche Maschinen erfassen mittels Sensoren Bodendaten wie Feuchtigkeit und Nährstoffgehalt, sie messen das Pflanzenwachstum oder sammeln Informationen zu den erwarteten Erntemengen. Die bestmögliche Auswahl und die richtige Menge von Saat, Dünger, Wasser etc. können mit diesen Daten berechnet werden. Nicht nur für jedes einzelne Feld, sondern für viele Parzellen. In der Folge steigt die Produktivität der Landwirtschaft und die Effizienz der eingesetzten Mittel wächst. Die Informationen, die landwirtschaftliche Maschinen dabei aus den Daten gewinnen, helfen nicht nur den Herstellern von Saatgut, Pflanzenschutzmitteln und Dünger, sondern sie sind auch für die Nahrungsmittelindustrie von Interesse, einschließlich der Zulieferer, Investoren und Kunden.

Für die Strategie stellt sich die Frage, wem die Daten gehören. Oder, anders formuliert, in welchem Geschäftsmodell werden die smarten Maschinen auf den landwirtschaftlichen Flächen eingesetzt. Erweitert der Hersteller der Maschinen deren Leistung um die Dimension der Daten, wird er dadurch zum Plattformanbieter für *Smart Farming*. Er kann dann die Saatgut-, Pflanzenschutz- und Düngerhersteller auf seiner Plattform aggregieren. Oder es erweitern die Saatgut- und Düngerhersteller ihr Angebot um smarte Maschinen, um dadurch auch den direkten Kontakt zu ihren Kunden, den Landwirten, zu behalten. Generell könnten sowohl die Hersteller der Maschinen als auch die Saatgut- und Düngerproduzenten in ihrem heutigen Modell zu letztlich austauschbaren Plattformproduktlieferanten werden. Ein Angebot der Maschinen als Dienstleistung (as-a-Service) bei gleichzeitigem Besitz oder Nutzungsrecht der Daten könnte für den Plattformbetreiber besonders attraktiv sein, unabhängig, aus welcher der beiden Industrien er ursprünglich kommen mag. Das Beispiel der Landwirtschaft illustriert, wie das Internet der Dinge in der Lage ist, Wertschöpfungsketten neu zu definieren.

Im Vergleich zu den B2C-Branchen liegen die B2B-Industrien in der Entwicklung von Plattformen und Dienstleistungsmodellen (as-a-Service, auch als Pay-per-Use bezeichnet) noch einige Jahre zurück. Hier schlummert die Chance für viele der heutigen Marktführer, die sie entschlossen und mit Neugier auf das Kommende ergreifen sollten (vgl. auch Abschn. 4.4).

Den handfesten Einfluss des Internets der Dinge oder der Industrie 4.0 auf die Zukunft ihrer Geschäftsmodelle bestätigen auch deutsche Unternehmen in der bereits zuvor zitierten Bitkom-Studie aus dem Jahre 2020. Von den befragten Unternehmen

- sehen 73 Prozent einen deutlichen Einfluss von Industrie 4.0 auf ihr jeweiliges Geschäftsmodell.
- erwarten 77 Prozent für die Zukunft die Co-Existenz klassischer und neuer Geschäftsmodelle.

- geben in der Teilgruppe der Geschäftsmodell-Innovatoren 45 Prozent an, „Pay-per-Use-Modelle" künftig betreiben zu wollen, also anstelle des Verkaufes einer Maschine ihre Nutzung als Dienstleistung anzubieten (definiert als: Das Unternehmen erstellt eine digitale Plattform oder beteiligt sich an einer solchen, um darüber Produkte zu vertreiben oder Lieferanten und Kunden zu vernetzen). 88 Prozent geben an, das Plattformmodell zu verfolgen, ob als Anbieter einer Plattform oder als Produktanbieter auf Plattformen.

Die Rolle des Plattformbetreibers unterscheidet sich sowohl strategisch als auch operativ fundamental von der des Produkt- und Dienstleistungsanbieters auf Plattformen. Worin diese Unterschiede im Einzelnen bestehen, zeigt Abschn. 1.4 beispielhaft für die Energiewirtschaft, die Automobilindustrie und die Finanzdienstleistungsbranche.

Denn die erste und wichtigste Frage, die Unternehmen beim Schritt in die Plattformökonomie für sich beantworten müssen, ist die nach ihrer Grundausrichtung. Wollen und können sie selbst Plattformbetreiber sein oder werden sie reiner Anbieter auf Plattformen? In der Antwort darauf liegt das Gerüst für die Strategie. Und für die Antwort braucht es Neugier und die Bereitschaft, Dinge grundlegend zu verändern.

1.4 Auf dem Weg in die Plattformökonomie – Jetzt ist die hohe Zeit der Strategen

In Abwandlung eines Satzes von Arthur Schopenhauer („Die Gesundheit ist zwar nicht alles, aber ohne Gesundheit ist alles nichts"): Die Strategie ist zwar nicht alles, aber ohne Strategie ist alles nichts.

So wie sich Fähigkeiten und Arbeitsabläufe eines Produzenten hochwertiger, differenzierender Premiumangebote unterscheiden von denen eines Herstellers letztlich austauschbarer, nicht differenzierender Mengenprodukte, so sind die Eigenschaften, die ein Plattformbetreiber braucht, gänzlich andere als die eines Produzenten, der seine Produkte und Dienstleistungen über eine Plattform anbietet.

Das Herz und Hirn des Plattformbetreibers ist sein Know-how, mit dem er für Anbieter und Nachfrager einen komfortablen und sicheren Zugang zu seiner Plattform offenhält und das Angebot auf der Plattform effizient kuratiert. Weil er aus dem direkten Kontakt mit den Kunden deren Bedürfnisse und Wünsche meist deutlich besser kennt als die auf der Plattform vertretenen Produzenten, kann er die Angebote auf seiner Plattform individualisieren und so laufend seinen Anteil an der Gesamtwertschöpfung ausbauen.

Eine Positionierung als Plattformbetreiber erfordert Exzellenz im Dialog mit den Kunden und die Öffnung der Plattform für Dritte, für Produkt- und Dienstleistungsanbieter. Für den Plattformanbieter kommt zuerst das Wachstum bei Nutzerzahlen und Angebot, dann erst die Effizienz beim Erbringen der Leistung.

Rein transaktional und wenig persönlich ist die Kundenbeziehung für Anbieter nicht differenzierender Mengenprodukte. Über den Kauf des Produktes entscheidet häufig der

Preis. Für das günstigste Angebot ist Effizienzsteigerung der entscheidende, strategische Hebel – das Skalieren der produzierten Volumina der Weg dorthin.

Zu dieser Kategorie austauschbarer Produkte zählen wegen der fortschreitenden Digitalisierung heute bereits Bank- und Versicherungsprodukte, Strom und Gas, Telefon- und Internetanschlüsse, Flug- und Urlaubsreisen. Die Anbieter von Mengenprodukten spüren durch die Plattformökonomie einen deutlichen Druck zur Konsolidierung. Dafür verantwortlich ist das Faktum, dass sich Plattformen gegenüber den Produzenten ein immer größeres Stück vom Wertschöpfungskuchen sichern können: Die sogenannte Distributionsmarge übertrifft immer mehr die Produzentenmarge. Das erklärt zu einem guten Teil auch die hohe Marktkapitalisierung der Plattformbetreiber.

▶ **Distributionsmarge** ist definiert als anteilige Gewinnspanne für die Wertschöpfungsstufen der Vermarktung sowie des Angebots und des Verkaufs von Produkten und Services. Komplementär bildet die **Produzentenmarge** die anteilige Gewinnspanne der Entwicklung, Produktion und Lieferung des Produktes bzw. Services ab. Je höher Aufwendungen für die Distribution über Dritte wie beispielsweise Plattformen ausfallen bzw. je größer der Preisdruck durch Vergleichsplattformen werden, desto kleiner wird die Gesamt- und potenziell auch die Produzentenmarge.

Um es klar zu sagen: Sich als Plattformbetreiber zu etablieren, kommt in jeder Branche für höchstens ein bis zwei Unternehmen infrage, zu ausgeprägt ist in der Plattformökonomie das „The-Winner-takes-it-all"-Phänomen. Umso mehr zählen zu Beginn der Transformation schnelles und entschlossenes Handeln des Managements.

Anders als die Lage der Anbieter nicht differenzierender Mengenprodukte ist in der Plattformökonomie die Ausgangsposition der Premiumhersteller. Dazu gehören aktuell noch große Teile der deutschen Wirtschaft, besonders aus den B2B-Industrien Maschinen- und Anlagenbau, der Medizintechnik oder der Chemie. Und ohne Frage auch die deutsche Automobilindustrie. Hier sind Verdienstmöglichkeiten noch auskömmlich, aber auch sie geraten nach und nach unter Druck. Wenn die Premiumhersteller ihre Position dauerhaft sichern wollen, brauchen sie eine stabile Präferenz ihrer Kunden und ein Höchstmaß an Innovation. Finanzkraft und Wandlungsfähigkeit sind zwei der Zutaten für künftigen Erfolg, eine dritte ist das tiefe Wissen um die Bedürfnisse und Wünsche der Kunden. Ein Grund dafür, warum Premiumanbieter immer stärker in die direkte Kundenbeziehung hineindrängen.

Ein gutes Beispiel für den Drang der Premiumanbieter zum Kontakt mit dem Kunden ist der Streaming-Dienst Disney+, auf dem der Disney-Konzern die eigenen Premiumprodukte wie „Star Wars", „Marvel", „Pixar" oder „National Geographic" teilweise exklusiv vermarktet (vgl. https://www.disneyplus.com/de-de/). Von der anderen Seite der Wertschöpfung kommt Netflix, das sich als Plattform zunächst im Verleih von DVD und dann für das Streaming von Videos etabliert hat. Mittlerweile produziert Netflix immer mehr eigene exklusive Inhalte, erhöht damit die Attraktivität der Plattform und behält vor allem sowohl die Produzenten- als auch die Distributionsmarge in den eigenen Händen.

Wie sich in der Plattformökonomie positionieren, fragen sich viele deutsche Unternehmen. Am drängendsten ist die Frage für diejenigen, die über kein Premiumprodukt verfügen oder deren Produkt in absehbarer Zeit immer leichter austauschbar werden wird. Sie haben das kniffeligste Strategie-Problem zu lösen: Sollen sie die Weichen stellen in Richtung Skalen-Champion in der smarten Produktion oder werden sie Betreiber eines digitalen Plattformangebots smarter Dienstleistungen? Für drei Branchen wird dieses Strategie-Problem im Folgenden exemplarisch vereinfacht beschrieben. Die dahinterliegende Logik lässt sich auf nahezu alle Branchen übertragen:

Beispiel 1: Vom Autokonzern zum Anbieter von Infrastruktur oder Mobilitätsdienstleistungen (Smart Car)
Automobilhersteller stehen vor der Entscheidung, ob ihre Zukunft in der Produktion und dem Verkauf von Fahrzeugen als zentrale Infrastrukturkomponente der Mobilität 4.0 liegt oder ob sie künftig den Zugang zu Mobilität anbieten wollen, also eine smarte Mobilitätsplattform betreiben wollen.

Aus Sicht des Kunden versprechen die drei Mega-Trends der Automobilbranche – Elektroantrieb, autonomes Fahren und geteilte Mobilität – Antworten auf die drei großen Ärgernisse: Umweltschädlichkeit, Unfälle und verstopfte Straßen.

Der Elektroantrieb nivelliert den Vorsprung an Effizienz und Qualität der Massenfertigung heutiger Weltmarktführer und ihrer Zulieferer. An die Stelle von Verbrennungsmotor und Getriebe rücken der Elektromotor und die Batterie. Die Parameter Verbrauch, Wirkungsgrad und Spaltmaß werden von Reichweite und Ladegeschwindigkeit abgelöst. Von den drei Mega-Trends in der Autoindustrie wird der Elektroantrieb am schnellsten in großem Umfang auf den Straßen Wirklichkeit werden. Das autonome Fahren und die geteilte Mobilität haben zwar bis zur Marktreife und Massen-Verbreitung noch eine längere Strecke vor sich als der Elektroantrieb, ihre transformierende Wirkung auf die Geschäftsmodelle der heutigen Autobauer ist sehr wahrscheinlich aber deutlich größer.

Für die Mobilität im vierten industriellen Zeitalter werden Status und Besitz durch Zugang und Verfügbarkeit abgelöst. Das Erleben von Mobilität wird für die Kunden auf eine neue Ebene gehoben: durch viel weniger gebundenes Kapital im nutzlos herumstehenden Auto und viel mehr Freizeit im autonom fahrenden Auto. Für Premiumhersteller, deren Kunden zumeist über mehr finanziellen Freiraum verfügen und denen Status wichtiger ist, mag die Entwicklung etwas später spürbar werden. Umweltschutz, „Shared Economy" und der Wechsel der Generationen verbieten jedoch eine Abfahrt von diesem Weg.

Der US-Hersteller Tesla bzw. die Alphabet-Tochter Waymo entwickeln das Auto von Beginn an mit Elektroantrieb und dem Ziel des autonomen Fahrens. Für sie ist ein Auto ein „Softwareprodukt umgeben von Blech" und nicht ein „Fahrzeug mit Elektronik". Sonderausstattungen und neue Funktionen werden via Cloud aktualisiert und nicht mehr vor dem Kauf im Autohaus ausgewählt und dann für immer gekauft. Herbert Diess, Vorstandsvorsitzender der Volkswagen AG, skizziert im „Morning Briefing" des Journalisten Gabor Steingart die Automobile als ein zukünftiges Netzwerk von Internet-Knoten (vgl. Steingart 2020). In diesem neuen Umfeld müssen sich aus seiner Sicht deutsche Autobauer bewähren und neue Fähigkeiten aufbauen. Die Zeiten des Skalenwettbewerbs sind demnach vorbei, die Skalen sind weitgehend ausgereizt. Vielmehr befinde sich die Automobilindustrie in einem Zeitwettbewerb, das Auto intelligent und CO2-frei zu machen.

Damit ist der Leistungsumfang des „Smart Car" im engeren Sinne umrissen, beantwortet werden muss noch die Frage nach dem Geschäftsmodell: Verkauf des Fahrzeugs als quasi Infrastrukturanbieter für die Mobilität 4.0 oder der Zugang zum Fahrzeug als Teil einer Mobilitätsplattform. Folgt man der Vorstellung vom „Softwareprodukt umgeben von Blech", dann wird ein erheblicher Teil der Wertschöpfung in den Daten aus dem Fahrzeug und den darauf aufbauenden Dienstleistungen liegen, die über die reine Mobilität hinausgehen. Das wird die Leistungsfähigkeit des *Smart Cars* im weiteren Sinne definieren.

Der Kapitalmarkt und Finanzinvestoren honorieren sehr den Kurs von Tesla, Waymo oder auch Uber. Tesla wurde am Kapitalmarkt zu Beginn des Jahres 2020 erstmals höher bewertet als Volkswagen, BMW und Daimler zusammen. Ende des Jahres 2020 war die Börsen-Bewertung von Tesla in einer gänzlich anderen Liga als die klassischer Hersteller.

Herbert Diess' Prognose, dass in fünf bis zehn Jahren das wertvollste Unternehmen der Welt wieder ein Automobilunternehmen und nicht ein reines Software-Unternehmen sein wird, erscheint aus heutiger Sicht gewagt. Ob Diess mit seiner Vorhersage recht behält, entscheidet sich auch daran, welche Bedeutung das Auto als Internet-„Device" für den direkten Kundenkontakt sowie für das Internet der Dinge erreichen wird. Und wie der Besitz der Daten geregelt werden wird, die es erzeugt. Das *Smart Car* wird dann mit *Smart Phone* und *Smart Home* konkurrieren. Was der Kunde davon besitzen und was als Dienstleistung nur zur Verfügung gestellt wird, das muss die Zukunft zeigen.

Beispiel 2: Vom integrierten Energiekonzern zum nachhaltigen Energieerzeuger oder Smart-Home-Anbieter

Stromanbieter stehen vor der Entscheidung, ob sie ihre Zukunft in der Stromerzeugung sehen und/oder im Angebot von moderner intelligenter Versorgung im Smart Home (siehe auch Abschn. 4.3).

Stromerzeugung ist eine Funktion von Effizienz und Nachhaltigkeit in der Produktion. Sie braucht spezifische Fähigkeiten und sehr große Investitionsvolumina: für das Management großer, fossiler oder nuklear betriebener Kraftwerke einschließlich deren Stilllegung über Zeit und für den Aufbau eines Netzes regenerativer Wind- und Sonnenparks einschließlich dezentraler Mikrokraftwerke. Das Produkt Strom selbst – sofern ökologisch nachhaltig produziert – ist austauschbar.

Wenn Stromanbieter eine differenzierende Versorgung auf der Grundlage von Daten auf die Beine stellen wollen, brauchen sie Daten-Know-how und müssen spezielle Technik wie etwa *Smart Meter* einsetzen (vgl. auch Abschn. 5.1). Vor allem brauchen sie ein genaues Wissen über und Verständnis von ihren Kunden. Ihr Leistungsversprechen an die Kunden kann das möglichst nachhaltige Management der Energie- und Ressourcenbilanz der Wohnung oder des Hauses sein. Woher der Strom kommt – vorausgesetzt, er ist umweltfreundlich erzeugt –, ist sekundär.

Dabei muss das für Produkte Dritter offene *Smart-Home*-Angebot nicht bei Strom oder Gas enden. Viele weitere hausnahe oder hausferne Produkte bieten sich an (vgl. auch Abschn. 4.3): Versicherungen, Alarmanlagen, die Vermittlung von Handwerkern für Reparatur und Wartung von Heizungsanlagen, Fenstern und Türen, um nur ein paar wenige zu nennen.

Das Ökosystem „Wohnen" bietet dem Kunden alles aus einer Hand und dem Betreiber der Plattform *Smart Home* eine Vielzahl von Geschäftsmöglichkeiten. Heute benachbarte Industrien wie Versorger oder die Hersteller von Heizungs- oder Alarmanlagen treffen sich im Wettbewerb um das *Smart Home*.

Für Strom und Gas haben sich Vergleichsplattformen bereits erfolgreich zwischen die Endkunden und Produzenten geschoben. Mit Amazon und Google sind zwei der weltweit führenden Plattformunternehmen bereits in den vier Wänden vieler Bürger angekommen (vgl. Lamarre und May 2019).

Den Wettbewerb um die „letzte Meile", also den letzten Metern in die Wohnung oder das Haus der Endkunden, kennen klassische Versorger aus den Verhandlungen mit Stadtwerken und Netzbetreibern. Er bekommt im Zeitalter der Digitalisierung eine neue Dimension. Die vertikale Integration der Wertschöpfungsketten für das Erzielen von Skaleneffekten, die im zu Ende gehenden dritten industriellen Zeitalter im Mittelpunkt der Strategie standen, wird die Digitalisierung gründlich aufbrechen. Auch in dieser Branche fordert sie von den Unternehmen eine Wahl: nachhaltiger Energieerzeuger oder *Smart-Home*-Anbieter.

Beispiel 3: Banken als smarte Produktfabrik oder Plattformanbieter für tägliches Bankgeschäft und mehr

Was für Automobilhersteller das Fahrzeug und für Stromanbieter das Kraftwerk ist, sind für Banken die Bilanz und der Zahlungsverkehr. Über Jahrzehnte waren sie der Kern des Geschäftsmodells, der über Erfolg und Misserfolg entschied.

Heute ist im Privatkundengeschäft einer Bank für die Kunden ein Privatkredit außer über den Zins kein Distinktionsmerkmal mehr. Das Gleiche gilt für Einlagenprodukte – sofern die Bank stabil ist – und zunehmend auch für Baufinanzierungen. Das klassische Geschäftsmodell aus Eigenprodukt und proprietären Vertriebskanälen gerät in die Defensive. Das Ergebnis unterm Strich wird immer kleiner, trotz wachsender Bilanzvolumina und trotz aller Anstrengungen zu mehr Effizienz.

Immer häufiger verlieren die Banken den unmittelbaren Kontakt zum Kunden und damit ihr wertvolles Wissen über den Kunden sowie wichtige Teile der Wertschöpfung. Ursache dafür ist die Entscheidung der Finanzinstitute, für die Distribution der Produkte stärker auf Partner wie Finanzvertriebe und Vergleichsportale wie Check 24 oder Interhyp zu setzen. Das kommt nicht von ungefähr. Triebfeder dieser Entscheidung ist das Eindringen von Technologieanbietern wie Apple oder Google ins Bankgeschäft, die sich erbarmungslos zwischen Kunde und Bank positionieren. Die oft zitierten Fintechs spielen hier kaum eine Rolle. Sie sind für Banken viel häufiger Partner als Wettbewerber.

Wer als Produzent im Bankgeschäft künftig profitabel arbeiten will, der braucht Skalen, höchste Prozesseffizienz vom Produktantrag bis zur Abwicklung sowie eine digitale Vernetzung mit den Vertriebspartnern und Plattformen: eine smarte Fabrik, ob für Finanzierungen, Anlagen oder auch den Zahlungsverkehr.

Banken, die keine Drittprodukte im Programm haben, werden den Nerv von immer weniger Kunden treffen und sich immer schwerer damit tun, die Schnittstelle zu Kunden zu verteidigen. Dabei spielt es keine Rolle, ob die Drittprodukte von anderen Banken, Technologieanbietern oder Fintechs bezogen werden. Kunden, die für digitales Bankgeschäft offen sind, wünschen sich mobiles Bezahlen per *Smart Phone*, Zugang zu den besten Produkten mit wenigen Klicks und alles bequem auf einen Blick. Die Kunden unterscheiden auch nicht wirklich zwischen Bank, Bausparkasse, Fondsgesellschaft und Versicherung, das tun nur die Anbieter und Regulatoren.

Und Finanzdienstleistungen bei den GAFA (Google, Amazon, Facebook, Apple) kommen ohnehin nicht in klassischen Produktkategorien daher, sondern sind Teil des digitalen Erlebnisses des Kunden. Bezahlen oder ein Ratenkredit ist nicht als Bankprodukt verortet, sondern fügt sich nahtlos ins Shopping-Erlebnis und wird für den Kunden im Kaufprozess möglichst nicht spürbar. Bereits heute stehen die Finanzinstitute im Geschäft mit Privat- und Geschäftskunden am Scheideweg: Wollen sie smarte Produktfabrik sein oder verfolgen sie die Strategie einer Öffnung zur Plattform?

Auch für die Plattformökonomie können die Banken mit einigen Stärken aufwarten. Für viele ihrer Kunden sind Banken dank Online- und Mobile-Banking noch immer täglich relevant. Mit neuen banknahen und bankfernen Dienstleistungen Dritter lassen sich die Relevanz weiter steigern und neue Ertragsquellen erschließen. Versicherungen, ein digitaler Safe oder die vorausgefüllte digitale Steuererklärung sind gute Beispiele für Dienstleistungen nah am klassischen Bankgeschäft, die Optimierung von Strom- und Gasverträgen, Abos für Musikstreaming-Dienste oder der Verkauf von *Smart Phones* sind Beispiele für bankferne Dienste. Nicht zuletzt können die Banken neben dem direkten Kundenkontakt auf Adressdaten und Bezahlverfahren bauen, die tief in ihrem Geschäftsmodell verankert sind.

Noch stärker drängt sich die Integration von banknahen oder -fernen Diensten für kleinere Firmenkunden auf, den sogenannten Geschäftskunden (vgl. Barua et al. 2019). Solche Kunden verbringen einen Großteil ihrer Zeit jenseits ihres Kerngeschäfts mit gefühlt „lästigen" Tätigkeiten wie Buchführung, Gehaltsabrechnung oder Reiseplanung. Wenn es der Bank gelingt, die dafür von den Kunden verwendeten Systeme ins eigene Online-Banking zu integrieren, machen sie sich mit einem großen Sprung in Komfort, Effizienz und Schnelligkeit bei den Kunden unentbehrlich. Der Clou daran: Die dafür notwendigen Instrumente müssen die Banken nicht einmal selbst bauen, dafür gibt es mittlerweile viele innovative Lösungen von Start-ups.

Solche Überlegungen verbreiten sich immer stärker, denn klassische Produkte für Geschäftskunden werden – wie für Privatkunden – austauschbar. Im Geschäft mit größeren Firmenkunden wie auch mit vermögenden Privatkunden (sog. Wealth Management) mag diese Entwicklung wegen individueller Bedürfnisse und komplexerer Produkte langsamer voranschreiten. Aber die Vorboten der Veränderung sind mit digitalen Vermögensverwaltungen für Wohlhabende oder offenen Plattformen für Unternehmenstreasurer im Markt bereits angekommen.

Für viele Bank-Manager sind solche Gedanken allerdings ähnlich irritierend wie für einen Ingenieur von Verbrennungsmotoren der Elektroantrieb oder die geteilte Mobilität. In falscher Sicherheit vor den Umwälzungen der Plattformwirtschaft sollte sich aber in den Finanzhäusern niemand wiegen. Aufgrund lang laufender Kreditverträge und der starken Konzentration von Vermögen in einer älteren und traditionelleren Klientel schlagen die strukturellen Veränderungen noch nicht mit voller Wucht auf die Bilanz sowie die Gewinn-und-Verlust-Rechnung (GuV) durch. Aber bereits heute ist absehbar, dass die Zahl der Produktfabriken und Plattformen erheblich kleiner sein wird als die Zahl der heutigen Banken.

Wer im Privat- und Geschäftskundensegment seine strategische Zukunft nicht im Plattformmodell sieht, der sollte sich in aller Konsequenz auf die Rolle des smarten Produzenten fokussieren. Die strategisch schwächste Position ist im strategischen Niemandsland irgendwo dazwischen.

Der Aufstieg der Plattformökonomie zwingt Unternehmen zu der fundamentalsten Strategie-Entscheidung der vergangenen Jahrzehnte: smarter Produktanbieter oder selbst zur Plattform werden. Jede Variante ist eine riesige Herausforderung. Beides auf Dauer parallel zu wollen, wird zur Überforderung fast jeder Organisation führen.

Die strategisch schlechteste Entscheidung ist die der Nicht-Entscheidung. Begründungen wie „Wir spielen in unserem Markt in einer eigenen Liga" sollten hellhörig machen und sofort zum Anlass für grundlegende Strategie-Diskussion genommen werden. Denn wer die Augen verschließt, ohne Neugier und Mut agiert und wer abwartet, bis er den neuen Wettbewerb spürt, um dessen Selbstbestimmtheit und Souveränität ist es geschehen.

Literatur

Barua, C., Gati, B., Havas, A., Lajumoke, T., Radnai, M., Taraporeva (2019): How bank can use ecosystems to win the SME market, unter: https://www.mckinsey.com/industries/financial-services/our-insights/how-banks-can-use-ecosystems-to-win-in-the-sme-market, abgerufen am 08.09.2021.

Deere, J. (o. J.): Only John Deere seamlessly connects machines, people, technology, and insights to give you an advantage, unter: https://www.deere.com/en/technology-products/precision-ag-technology/, abgerufen am 08.09.2021.

Klein, O. (2019): Was ist Industrie 4.0? unter: https://bdi.eu/artikel/news/was-ist-industrie-4-0, abgerufen am 08.09.2021.

Lamarre, E., May, B. (2019): Ten trends shaping the Internet of Things business landscape, unter: https://www.mckinsey.com/business-functions/mckinsey-digital/our-insights/ten-trends-shaping-the-internet-of-things-business-landscape, abgerufen am 08.09.2021.

Mauchline, S., Teerlink, M., Manohar, S. (2019): Die Zukunft von IoT, unter: https://news.sap.com/germany/2019/10/iot-chance-moeglichkeiten/, abgerufen am 08.09.2021.

Parker, G., Van Alstyne, M. W., Choudry, S. P. (2016) Platform Revolutions – How networked Markets are Transforming the Economy and How to make them work for you, New York 2016.

Paulsen, N., Klingholz, L. (2020): Industrie 4.0 – so digital sind Deutschlands Fabriken, unter: https://www.bitkom.org/Presse/Presseinformation/Industrie-40-so-digital-sind-Deutschlands-Fabriken, abgerufen am 08.09.2021

Schanze, R. (2016): Mooresches Gesetz, Definition und Ende von Moore's Law – Einfach erklärt, unter: https://www.giga.de/ratgeber/specials/mooresches-gesetz-defintion-und-ende-von-moores-law-einfach-erklaert, abgerufen am 08.09.2021.

Steingart, G. (2020): Der schwierigste Teil der Krisenbewältigung kommt noch, unter: https://www.thepioneer.de/originals/steingarts-morning-briefing/podcasts/der-schwierigste-teil-der-krisenbewaeltigung-kommt-noch, abgerufen am 08.09.2021.

Tamsons, A. (2020): How 5G and the Internet of Things can create a winning business, unter: https://www.weforum.org/agenda/2020/01/what-does-5g-and-the-internet-of-things-mean-for-business, abgerufen am 08.09.2021.

Torrance, S., Staeritz, F. (2019): Is your business model fit for the Fourth Industrial Revolution? Unter: https://www.weforum.org/agenda/2019/01/is-your-business-model-fit-for-the-fourth-industrial-revolution, abgerufen am 08.09.2021.

Technologie: Neue Schlüsseltechnologien als Rückgrat einer neuen Infrastruktur

Die Vernetzung von Menschen und Maschinen mittels Daten prägt immer größere Bereiche unserer Lebens- und Arbeitswelt. Was mit dem *Smart Phone* in Kommunikation und Information begann, setzt sich bei Mobilität und Energieversorgung fort. Vernetzte Autos werden ebenso Realität wie miteinander vernetzte Wohnhäuser und Fabriken. Zum Ökosystem *Smart Phone* gesellen sich *Smart Car, Smart Home* und *Smart Factory*. Eine Grenze für die intelligente Vernetzung scheint nicht in Sicht.

Alle diese Ökosysteme hängen an einer neuen Infrastruktur, einem Rückgrat aus neuen Technologien und daraus entstehenden neuen Wertschöpfungsketten. Kern dieser Wertschöpfungsketten ist die Arbeit mit Daten: Sie werden erzeugt, übertragen, gespeichert und ausgewertet; Querschnittsfunktionen sind die Identifizierung und Sicherheit.

Die Schlüsseltechnologien der neuen Infrastruktur sind intelligente Sensoren, Glasfasernetze und das mobile Internet, Cloud-Computing und Künstliche Intelligenz sowie kryptografische Verfahren und „Distributed-Ledger"-Technologien (Blockchain). Sie wiederum arbeiten mit Basistechnik wie Halbleitern, Nano- und Mikroelektronik. Technischer Fortschritt macht hier immer höhere Rechen- und Datenübertragungskapazitäten möglich (vgl. Artz 2019). Die Wissenschaftler erwarten den nächsten großen Entwicklungssprung hin zu ultraschneller Rechenleistung durch sogenannte Quantencomputer. Lange wurde in der Wissenschaft diskutiert, ob es Quantencomputer überhaupt geben kann. Das scheint mit Ja beantwortet, die Frage, wann es so weit ist, noch nicht (vgl. Meier 2020a, b).

In den unterschiedlichen Wirtschaftssektoren gibt es darüber hinaus branchenspezifische Schlüsseltechnologie oder spezifische Anwendungen dieser Technik: Für das intelligente Energieinternet sind es Speicher- und Batterietechnik, Fotovoltaik und intelligente Stromzähler (sog. *Smart Meter*); für die Branchen Gesundheit und Ernährung ist es die Gentechnik; für die Mobilität sind es autonomes Fahren und intelligente Leitsysteme und

Ampeln; im Anlagen- und Maschinenbau schließlich sind es physische Roboter, Funktionswerkstoffe und der -D-Druck (vgl. Manyika et al. 2013).

Für die wirtschaftliche Souveränität und die dauerhafte Wettbewerbsfähigkeit der europäischen Wirtschaft sind vier Technologien oder Infrastrukturen besonders wichtig: das mobile Internet und 5G; Cloud-Computing; Daten und Künstliche Intelligenz sowie digitale Identitäten.

Jeder der folgenden Abschnitte erklärt die Funktionen und die Leistung einer Technologie, zeigt, wie sie für die Strategie eingesetzt werden kann, und zwar in klassischen wie in neuen Geschäftsmodellen, und beschreibt, wie die Technologie eingeführt und genutzt werden sollte, damit sie im Unternehmen ein Erfolg wird.

Die rasante Entwicklung der Technik macht es wahrscheinlich, dass etwa die „Distributed-Ledger"-Technik oder der Quantencomputer rasch ähnlich wirkmächtig wird wie die vier hier beschriebenen – ob für sich alleine oder als zusätzlicher Turbo. Damit sich das Kapitel den vier Schlüsseltechnologien detaillierter und damit besser verständlich widmen kann, wurde aber davon abgesehen, hier weitere sich entwickelnde Technologien zu beschreiben.

2.1 Mobiles Internet und 5G – Datenströme Milliarden virtuell vernetzter Menschen und Maschinen

Am 4. April 2019 nahm Südkorea als erstes Land der Welt ein Mobilfunknetz mit dem neuen Standard 5G in Betrieb (vgl. o. V. 2019a). Nur kurze Zeit später startete das US-Unternehmen Verizon 5G-Dienste in Chicago und Minneapolis in den USA. Der Mobilfunkstandard der fünften Generation (5G) folgt auf den bisherigen Standard „Long Term Evolution" (LTE). Dafür nutzt er höhere Frequenzbereiche – in Deutschland etwa den Bereich zwischen 2 und 4 Mega-Hertz (vgl. o. V. 2019b). 5G öffnet eine neue Leistungsspannbreite und lässt die Technik von LTE weit hinter sich: Mit einer Datenübertragungsrate von 1-10 Gigabits pro Sekunde ist 5G etwa 100-mal schneller als der Standard LTE. Es hat eine mehr als 10-mal kürzere Reaktionszeit (sog. Latenz), die unter Laborbedingungen sogar unter 1 Millisekunde gesenkt werden kann. Und es kann die mehr als 100-fache Anzahl von Geräten verbinden (bis zu eine Million Geräte pro Quadratkilometer) (vgl. https://www.telekom.de/unterwegs/was-ist-5g; vgl. Burkacky et al. 2020).

Damit stößt 5G die Tür für viele neue Anwendungen in Echtzeit auf. Drei Archetypen sind Stand 2020 schon abzusehen: *„Enhanced Mobile Broadband"* (eMBB), *„Ultra-Reliable and Low-Latency Communications"* (uRLLC) sowie *„Massive Machine Type Communications"* (mMTC) (vgl. https://www.telekom.de/unterwegs/was-ist-5g; vgl. Burkacky et al. 2020):

- *eMBB* – Enhanced Mobile Broadband sind Anwendungen mit besonders hohen Breitbandanforderungen. Dazu zählen Video-Streaming mit 360-Grad- und Ultra-HD-Auflösung oder Virtual und Augmented Reality.

- *uRLLC* – Ultra-Reliable and Low-Latency Communications umfasst die Anwendungen mit geringster Latenzzeit und höchster Verlässlichkeit. Dazu zählen autonomes Fahren, die Kommunikation von Fahrzeugen untereinander (Car-2-Car-Kommunikation), der Einsatz von Drohnen und Robotern oder der per Fernbedienung operierende Chirurg.
- *mMTC* – Massive Machine Type Communications, dazu gehören Anwendungen, bei denen eine sehr große Zahl von Geräten oder Komponenten miteinander energieeffizient und über teilweise lange Strecken im Internet der Dinge (IoT) kommuniziert, etwa *Smart Cities*, Präzisionslandwirtschaft, Logistik und *Smart Factories*.

Nach Meinung von Experten werden sich die Technologien und Anwendungen von 5G in mehreren Wellen verbreiten. Das hängt wesentlich davon ab, wie sich die Fähigkeiten von 5G-Geräten entwickeln, wann das entsprechende Mobilfunknetz in Breite zur Verfügung steht und welchen Rahmen der Gesetzgeber für die neuen Anwendungen zimmert (vgl. Burkacky et al. 2020, S. 7).

Am schnellsten wird es wohl für die mobilen Breitbandanwendungen im B2C-Bereich gehen (eMBB). Schließlich sind die Innovationszyklen der *Smart Phone*-Hersteller kurz und wettbewerbsintensiv und auch die Mobilfunkbetreiber wollen die hohen Investitionen für den Kauf der Lizenzen und den Aufbau der Netze rasch amortisieren. Verglichen mit dem Start von LTE im Jahr 2009 werden die 5G-fähigen Endgeräte wohl deutlich schneller zur Verfügung stehen und verbreitet sein.

Der „Mobility Report" des schwedischen Mobilfunkausrüsters Ericsson aus dem Juni 2020 rechnete mit 190 Millionen 5G-*Smart Phones* bis zum Jahresende 2020. Bis Ende 2025 prognostiziert der Report sogar 2,8 Milliarden Geräte (vgl. Jonsson und Carson 2020). Damit wäre LTE im Jahr 2025 zwar noch immer der am weitesten verbreitete Standard mit geschätzten 4,4 Milliarden *Smart Phones*, aber der Höhepunkt für LTE läge der Prognose zufolge im Jahr 2021. Für das Jahr 2025 schätzen die Schweden, dass dann 74 Prozent der neuen Mobilfunkverträge in Nordamerika, 60 Prozent in Nordostasien und 55 Prozent in Westeuropa 5G-Verträge sind (vgl. Jonsson und Carson 2020, S. 13). Das Wachstum des mobilen Datenverkehrs schätzt Ericsson für die Jahre 2021 bis 2025 auf 30 Prozent, davon knapp die Hälfte durch 5G. Bis dahin wird die Dominanz des Video-Streaming am Breitband-Datenvolumen von etwas mehr als 60 Prozent auf 75 Prozent im Jahr 2025 weiter steigen.

Für Technologie und Betriebswirtschaft liegt der Schwerpunkt in den ersten Jahren auf den Business-to-Consumer-Anwendungen. Das war bei den vorherigen Generationen des Mobilfunkstandards ebenfalls so, denn Geschäftsvorfälle im breiten Endkundenbereich sind weniger komplex und leichter skalierbar.

Anwendungen von uRLLC sowie mMTC gibt es überwiegend für das Internet der Dinge und damit in den Business-to-Business-Industrien. Die Unternehmensberatung McKinsey & Company erwartet auf Basis umfangreicher Marktanalysen und einer Vielzahl von Experteninterviews ein beschleunigtes Marktwachstum für uRLLC und mMTC erst für die Jahre ab 2023 oder 2025 (vgl. Burkacky et al. 2020, S. 10). Noch fehlen von den Chip- und Geräteherstellern die technischen Entwicklungen für einen breiten

Markteinsatz. Gleichzeitig begrenzen die Kosten die Einsatzmöglichkeiten in den ersten Jahren; die Stückkosten der neuen Technologie übersteigen vermutlich die der ausgereiften Vorgängertechnologie. Entsprechend überschaubar ist laut McKinsey mit 180 Millionen US-Dollar für 2022 das Potenzial aus dem Verkauf von 5G-fähigen Modulen für das Internet der Dinge in den B2B-Sektoren. Bis zum Jahr 2030 gilt das Marktpotenzial mit zehn Milliarden US-Dollar hingegen als sehr attraktiv (vgl. Burkacky et al. 2020). Getragen wird das Wachstum besonders von Anwendungen für *Smart Factory*, *Smart Home* und *Cities* sowie *Smart Energy*.

Alle Anwendungen funktionieren letztlich nach dem gleichen Prinzip: Gegenstände, etwa Maschinen, werden mit modernen Sensoren ausgestattet. Sie übersetzen mechanische, chemische oder biologische Prozesse in elektrische Informationen und sind mit der neuesten Mobilfunktechnologie kabellos an das Internet der Dinge angeschlossen. Dadurch können der Betrieb, die Leistungsfähigkeit und der Ressourcenverbrauch über die Auswertung der Daten optimiert und damit ein wichtiger Beitrag für die Nachhaltigkeit von Wirtschaft und Gesellschaft geleistet werden.

Dies gilt für den unmittelbaren Energieverbrauch von Gebäuden und Fabriken, das Verkehrs- und Transportaufkommen oder auch die Effizienz von Liefer- und Wertschöpfungsketten. Das World Economic Forum hat aus Anlass des Treffens in Davos im Jahre 2020 ein sehr eindrückliches Beispiel für das Potenzial der Lieferkettenoptimierung veröffentlicht. Demnach könnte ein großer Teil jener 30 Prozent Nahrungsmittel, die jedes Jahr zwischen Erzeuger und Verbraucher english „from farm to fork" verloren gehen (fast 1,3 Milliarden Tonnen), durch eine Vernetzung und eine Steuerung der Lieferketten auf Datenbasis gerettet werden (vgl. Tamsons 2020).

Ein Großteil der möglichen Anwendungen muss nicht aufgeschoben werden, bis 5G flächendeckend zur Verfügung steht. Bislang wurde etwa das autonome Fahren auf der Grundlage der 4G-Standards fortentwickelt. 5G verbessert aber mittelfristig die bisherigen Anwendungen und Prozesse und wird ganz neue Anwendungen und Geschäftsmodelle Wirklichkeit werden lassen. Grundlage für beides ist der Austausch des wichtigsten Rohstoffs über das mobile Internet: die Daten. Gespeichert werden sie in einer „Datenwolke", der sogenannten Cloud.

2.2 Cloud-Computing ist die elastisch skalierende Basisinfrastruktur des digitalen Zeitalters

Zum ersten Mal belegbar verwendet wurde der Begriff Cloud im Jahr 1996. Nachzulesen im Magazin „MIT Technology Review", das vom Massachusetts Institute of Technology (MIT) in Boston herausgegeben wird (vgl. Regalado 2011). Zehn Jahre später war es besonders Eric Schmidt, damals CEO von Google, der für den Zugriff auf Software, Rechenleistung und Dokumente über das Internet den Begriff Cloud-Computing prägte (vgl. Schmidt 2006; vgl. Tamsons 2020). Im Jahre 2011 veröffentlichte das National Institute of Standards and Technology (NIST; https://www.nist.gov), eine nachgelagerte Bundesbehörde des US-Wirtschaftsministeriums, eine bis heute gebräuchliche Begriffsdefinition des Cloud-Computings, seiner Archetypen und wichtigsten Eigenschaften (vgl. Mell und Grance 2011).

Aus Anwendersicht bezeichnet Cloud-Computing die bedarfsgerechte Nutzung von IT-Leistungen wie Netzwerke, Server- und Rechenleistung, Speicherkapazitäten, Software und darauf aufbauend große Bandbreiten an intelligenten Diensten (sog. Microservices; vgl. https://www.nist.gov). Wesentliche Charakteristika sind die jederzeitige und ortsunabhängige Verfügbar- sowie Skalierbarkeit der IT-Dienstleistungen und die Möglichkeit, sie über viele unterschiedliche Endgeräte wie *Smart Phone*, Tablet, Laptop, Desktop-Computer oder Workstation zu nutzen.

Auf Anbieterseite werden die jeweiligen Ressourcen aus Rechenleistung, Speichervolumen, Bandbreiten und Anwendungen etc. in Abhängigkeit der variierenden Kundenbedürfnisse automatisch gebündelt und nahezu in Echtzeit und dynamisch zur Verfügung gestellt. Die Unternehmen, die so etwas anbieten, werden „Hyperscaler" genannt.

Das Leistungsspektrum von Cloud-Modellen wird in drei Archetypen kategorisiert (vgl. Mell und Grance 2011; vgl. Jones 2021; vgl. o. V. o. J.):

- *Infrastructure as a Service (IaaS)*: Der Anbieter stellt dem Nutzer vor allem Basis-Hardware-Dienste dynamisch zur Verfügung, bestehend aus Rechnern, Speicher und Netzen. Der Nutzer betreibt auf dieser Basis-Infrastruktur seine eigenen Programme und Anwendungen und ist für deren Funktionieren selbst verantwortlich.
- *Platform as a Service (PaaS)*: Der Anbieter gibt dem Nutzer Zugang zu einer Cloud-Umgebung und ist als Anbieter verantwortlich für Infrastruktur, Sicherheit und Betriebssysteme. Der Nutzer kann in dieser Cloud-Umgebung eigene Anwendungen entwickeln und betreiben oder eingekaufte Software Dritter einsetzen, und zwar mithilfe von Instrumenten, Programmen oder Diensten, die der Anbieter bereitstellt.
- *Software as a Service (SaaS)*: Die Software des Anbieters nutzt die Infrastruktur der Cloud. Die Anwendungen können vom Nutzer über unterschiedliche Zugangswege und Endgeräte ortsunabhängig und mobil genutzt werden. Der Nutzer betreibt dabei weder die Software noch die darunterliegende Hardware und ist einzig für ausgewählte anwenderspezifische Konfigurationen verantwortlich.

Betrieben werden kann die Cloud als sogenannte *Private Cloud*, als sogenannte *Public Cloud* oder als „*Hybrid-Cloud*" (vgl. https://azure.microsoft.com/de-de/overview/what-is-hybrid-cloud-computing), einer Kombination aus Private und Public Cloud:

- *Private Clouds* bieten die gleichen Vorteile hinsichtlich Skalierung wie Public Clouds, werden jedoch exklusiv für einzelne Unternehmen oder Organisationen betrieben und sind nur für autorisierte Nutzer etwa über das abgegrenzte Intranet oder ein privates internes Netzwerk zu erreichen. Dadurch bieten sie ein noch höheres Maß an Sicherheit, Flexibilität und Kontrolle. Zum Einsatz kommen sie, wenn es besondere Anforderungen an die Datensicherheit oder seitens der Regulierung gibt (https://azure.micro-

soft.com/de-de/overview/what-is-a-private-cloud). Der Eigenbetrieb der Private Cloud braucht jedoch deutlich mehr Personal und Aufmerksamkeit des Managements.
- *Public Clouds* sind über das öffentliche Internet erreichbar und nutzen die Infrastruktur des Cloud-Anbieters.

Der weltweite Cloud-Markt ist 2019 um rund 15 Prozent auf etwa 230 Milliarden US-Dollar gewachsen (vgl. Schmerer 2019). SaaS ist das größte Teilsegment mit rund 100 Milliarden US-Dollar. Marktführer sind hier die Unternehmen Salesforce, Microsoft, Adobe, SAP und Oracle. Das Teilsegment IaaS ist im Jahr 2019 um gut 25 Prozent auf fast 40 Milliarden US-Dollar besonders dynamisch gewachsen. Führend sind Amazon, Microsoft, Alibaba und Google (vgl. Costello und Goasduff 2019). Im kombinierten Markt für IaaS und PaaS führt zum ersten Quartal 2021 Amazon Web Services (AWS) mit einem kombinierten Marktanteil von 32 Prozent. Microsoft Azure mit 20 Prozent, Google mit neun, Alibaba mit sechs und IBM mit fünf Prozent folgen auf den weiteren Plätzen (vgl. Richter 2021). In der Markt- und Anbieteranalyse, jedes Jahr durchgeführt vom US-IT-Beratungsunternehmen Gartner, rangieren Amazon, Microsoft und Google im Juli 2019 unangefochten im Leader-Quadrant (vgl. Bala et al. 2019). Amazon gar das neunte Mal in Folge (vgl. Barr 2019).

Die marktdominierende Stellung dieser Unternehmen ist das Ergebnis weltweit führender Forschungs- und Entwicklungstätigkeit sowie einer ganzen Reihe von Akquisitionen. Allein im Zeitraum von 2013 bis 2018 haben Microsoft, Google und Amazon 60 Unternehmen mit Cloud-Bezug akquiriert (vgl. Brandt 2018).

Für die Jahre 2020 bis 2022 rechnet Gartner mit einem weiter dynamischen, in einzelnen Subsegmenten sich gar beschleunigenden Marktwachstum von jährlich 10 bis 15 Prozent (vgl. Statista Research Department 2021a). 2020 soll das Marktwachstum auf insgesamt 266 Milliarden US-Dollar klettern, mit der höchsten Wachstumsrate von plus 25 Prozent auf 50 Milliarden US-Dollar in IaaS (vgl. Schmerer 2019).

Stark verbreitet und häufig nicht mehr wegzudenken ist Cloud-Computing aufseiten der anwendenden Unternehmen. Flexera, ein weltweit führender Anbieter von Cloud-Management-Plattformen (https://info.flexera.com/CM-REPORT-State-of-the-Cloud-DE), zeigt 2020 in seinem *State of the Cloud Report* (https://info.flexera.com/CM-REPORT-State-of-the-Cloud-DE), dass von 750 (davon 554 private oder öffentliche Unternehmen mit mehr als 1000 Beschäftigten und 196 Klein- und mittelständische Unternehmen mit weniger als 1000 Beschäftigten) befragten Unternehmen 93 Prozent (86 Prozentpunkte davon als Hybrid-Cloud und sieben Prozentpunkte als Multi-Private-Cloud) eine Multi-Cloud-Strategie und sieben Prozent eine Single-Cloud-Strategie fahren. Im Schnitt nutzen die befragten Unternehmen 4,4 unterschiedliche Cloud-Dienste (davon 2,2 als Public Cloud und 2,2 als Private Cloud) und haben weitere 2,9 im Test (davon 1,2 als Public Cloud und 1,7 als Private Cloud). 88 Prozent der Befragten setzen dabei auf AWS, 77 Prozent auf Microsoft Azure und 60 Prozent auf Google Cloud. Zu den am stärksten wachsenden Diensten zählen Anwendungen im Internet der Dinge sowie Künstliche Intelligenz, die beide im Jahr 2019 von mehr als einem Drittel der Unternehmen genutzt wurden (vgl. Micijevic 2019; vgl. Janke 2019a, b).

Relevanz und Vorteile des Cloud-Computings liegen für die anwendenden Unternehmen grundsätzlich darin, einfach Zugang zur Basis-Infrastruktur des digitalen Zeitalters zu bekommen. Unternehmen können durch Cloud-Computing

- teure und unflexible IT-Infrastrukturen, die sie bisher in Eigenregie betrieben, durch kosteneffiziente und elastisch skalierbare IT-Leistungen as-a-Service ablösen. *Wichtig*: Spitzenlasten, die das x-Fache über der Grundlast liegen, gehören zu den Geschäftsmodellen von Anbietern von E-Commerce oder Suchmaschinen-Diensten. Dadurch waren heutige Hyperscaler bei der Skalierung ihrer ursprünglichen Dienstleistungen sehr früh gezwungen, entsprechende Fähigkeiten auszubilden, die heute Grundlage ihrer marktdominierenden Stellung im Angebot von Cloud-Diensten sind.
- kritische interne und im Markt nur schwer verfügbare Fähigkeiten wie im Bereich Cybersecurity oder Künstliche Intelligenz durch Know-how und Dienste des Cloud-Anbieters flexibel erweitern.
- langwierige und teure Anfangsinvestitionen deutlich reduzieren oder ganz einsparen, wenn sie etwa neue Geschäftsfelder erschließen oder Start-ups gründen wollen.
- agile, verteilte Formen der Organisation und Zusammenarbeit ermöglichen und strukturell ihre Innovationskraft und Arbeitsproduktivität steigern. *Wichtig*: Ohne Cloud wäre es in der Zeit der Ausgangs- und Kontaktbeschränkungen während der Corona-Pandemie unmöglich gewesen, dass Millionen von Menschen von zu Hause arbeiten und ganze Unternehmen Videokonferenzen abhalten.
- riesige Mengen an Daten in Echtzeit speichern, auswerten und für eine unbegrenzte Zahl an Nutzern ortsunabhängig zur Verfügung stellen. *Wichtig*: Für 2020 erwarten Experten, dass erstmals mehr Daten in der Cloud als auf lokalen Speichermedien abgelegt werden (vgl. Janson 2019).
- ganz neue Dienste oder Geschäftsideen verwirklichen: Navigationssysteme in Echtzeit, neue Mobilitätsdienste, intelligente Thermostate im *Smart Home* oder vernetzte Maschinen in der *Smart Factory*. Für die „Everything-as-a-Service"-Geschäftsmodelle ist Cloud-Computing für Skalierbarkeit und Datenmanagement eine Conditio sine qua non.

IT-Infrastrukturen – in Echtzeit skalierbar, von überall zu erreichen und zu nutzen, leistungsstark und mit mächtigen Speichern – sind die Grundvoraussetzung für smarte Dienste und für neue Geschäftsmodelle. Anders formuliert: Ohne Cloud-Computing hätten in den vergangenen Jahren viele Start-ups nicht gegründet werden und Plattformen nicht weltweit wachsen können.

Für die kommenden Jahre plant das Gros der im *State of the Cloud* Report befragten Unternehmen, seine Investitionen weiter und in Teilen sogar deutlich zu steigern (vgl. Luxner 2021). Selbstkritisch schätzen die 750 befragten Unternehmen, dass nur 70 Prozent ihrer heutigen Ausgaben zielgerichtet sind. 30 Prozent werden als „waste" bezeichnet, also verschwendet. Das IT-Marktforschungsunternehmen Gartner sieht für das Jahr 2020 bereits zum vierten Mal in Folge den Schwerpunkt der Investitionen auf dem Feld der Effizienzsteigerung existierender Cloud-Lösungen (vgl. Rimol 2020a). Geld nehmen die Unternehmen auch dafür in die Hand, laufende Anwendungen zu erweitern und deren Migration zu beschleunigen. Last but not least werden die Entwicklungsdienste auf Basis der Cloud verbreitet (vgl. Micijevic 2019; vgl. Janke 2019a, b).

Investitionen allein führen aber noch nicht zum Ziel. Erfolgreiches Cloud-Computing braucht weitere Zutaten: eine klar abgegrenzte Strategie und definierte Aufgabe, die richtige Auswahl von Geschäftsvorfällen, ein ausgewogenes Portfolio von Anbietern, eine sauber ausgerichtete Organisation und internes Können und Wissen.

- Cloud-Strategien müssen aus der Unternehmensstrategie abgeleitet und integraler Bestandteil des Geschäftsmodells sein – Gleiches gilt bei Strategien für Nachhaltigkeit, Digitalisierung und Daten. Die Cloud-Strategie muss auf einen messbaren, ökonomischen Nutzen hinauslaufen. Realistische Erwartungen und nicht Mythen (vgl. Rimol 2020b) sind der Wurzelgrund, auf dem sie gepflanzt werden sollte. Der Beitrag der Cloud kann aus der Transformation des Kerngeschäftes bestehen und darin, Produkte und Dienstleistung zu verbessern, er kann aber auch in ganz neuen digitalen Geschäftsmodellen und Unternehmensgründungen liegen. Es sollte festgelegt sein, welche Wertschöpfungstiefe und -breite die Cloud-Lösungen erreichen sollen: Geht es darum, IT-Infrastruktur-Dienste zu erbringen, oder sind Entwicklungsdienste (z. B. im Bereich KI) das Ziel oder sollen sogar komplette Softwarelösungen gebaut werden (z. B. im Bereich Customer Relationship Management)? Eine Cloud-Strategie ist kein Selbstzweck und auch kein Freifahrtschein für das Ergattern von Ressourcen oder Budgets. Cloud-Computing ist kein Projekt, sondern eine neue Realität wie Nachhaltigkeit und Digitalisierung. Die Cloud wird sicher zur Infrastruktur des digitalen Zeitalters, sie ist aber keine universelle IT-Lösung für alle Geschäftsvorfälle.
- Wie effektiv und effizient die Cloud wird, darüber bestimmt die Auswahl der geeigneten Geschäftsvorfälle und Anwendungen. Grundsätzlich erbringen Cloud-Lösungen immer dann einen deutlichen Mehrwert, wenn das Volumen der Geschäftsvorfälle stark variiert und schwer vorherzusagen ist (vgl. Rimol 2020b). Es gibt aber auch eine ganze Reihe von Gründen, die gegen Cloud-Computing sprechen können: der Schutz von sensiblem Know-how und geistigem Eigentum, erforderliches Spezialwissen im Betrieb von Alt-Systemen, ein Fehlen von leistungsstarken Anbietern in einzelnen Ländern oder regulatorische Anforderungen. McKinsey & Company schätzt, dass auch in den kommenden Jahren eigne Infrastruktureinheiten in privaten Datenstrukturen noch 65 Prozent der Arbeitspakete steuern werden. Solche privaten Lösungen können wirtschaftlich sogar der bessere Weg sein, wenn Zulieferer (Vendoren) strategisch gesteuert und angemessen internes Know-how sowie Kapazitäten aufgebaut werden (vgl. Atali et al. 2019).
- Die Wahl des richtigen oder der richtigen Cloud-Anbieter in einem Markt, den auf absehbare Zeit voraussichtlich wenige, dominante Firmen (vgl. Goasduff 2019) prägen,

ist für viele Anwender die Quadratur des Kreises: Der Erhalt der Unabhängigkeit (kein sog. locked-in) und das höchste Know-how in einem breiten Spektrum von Dienstleistungen sprechen klar dafür, dass mehrere Anbieter zum Zuge kommen. Ein möglichst geringes Maß an Komplexität in der Steuerung und Interaktion sowie möglichst hohe Kostensynergien legen es nahe, sich für wenige oder einen einzigen Anbieter zu entscheiden. Nach Gartner favorisiert die Mehrheit der Anwender das Modell der Hybrid-Cloud aus Private und Public Cloud mit in der Regel mindestens zwei Anbietern (vgl. Goasduff 2019: „In a recent Gartner survey of public cloud users, 81 % of respondents said they are working with two or more providers"). Für Unternehmen, deren Schritt in die Cloud erst noch bevorsteht, wird zu Beginn der Migration häufig eine Single-Cloud-Strategie mit einem Anbieter die geeignete Variante sein.
- Neben dem richtigen „Was" entscheidet das richtige „Wie" (vgl. Atali et al. 2019). IT-Infrastruktur-Teams wirken in einem neuen Modell der Zusammenarbeit als strategische Partner des Produktmanagements. Die IT-Infrastruktur-Teams müssen dabei lernen, sich stärker auf den Kunden einzustellen, die Prozesse „End-to-End" zu durchdringen und den Geschäftserfolg zum Maß der Dinge zu machen. In puncto Technologie ist Know-how in IT-Architektur sowie im Daten- und Cloud-Kapazitätsmanagement gefragt, kombiniert mit guter Kenntnis des Marktes für die Wahl der passenden Cloud Anbieter.

Cloud-Computing transformiert nicht allein die IT, sondern das Geschäftsmodell und die Organisation als Ganzes, und zwar umso mehr, je größer das Fähigkeitsspektrum der cloudbasierten Services wird. Mit der fortschreitenden Vernetzung von Mensch und Maschine und dem dadurch sehr dynamisch wachsenden Datenvolumen steigen die Fähigkeiten der KI. Mit steigenden Fähigkeiten der KI wird die Vernetzung von Mensch und Maschine weiter beschleunigt. So entsteht aus dem Zusammenwirken von Cloud und KI eine Symbiose. Führende Anbieter verfügen über hervorragendes Know-how in beiden Bereichen – bei Cloud und KI. Entsprechend wächst die Aufmerksamkeit von Anbietern und Anwendern für die sogenannten cloudbasierten Developer Services in KI. Die Gruppe der Hyperscaler um Amazon, Microsoft und Google, ergänzt um IBM rangiert im von Gartner Anfang 2020 veröffentlichten Special Report zu Cloud AI Developer Services im sogenannten Leader-Quadranten (vgl. Baker et al. 2020).

2.3 Künstliche Intelligenz (KI) als Universal-Technologie des 21. Jahrhunderts?

„Artificial Intelligence and the core technology of machine learning are likely to be a general purpose technology (GPT) of the scale and scope similar to electricity or even the steam engine before it – fundamentally revolutionizing many, many sectors of our economy" (o. V. 2018), Erik Brynjolfsson, Director of the MIT Initiative on the Digital Economy (IDE).

Künstliche Intelligenz (KI) und Maschinelles Lernen als Technologien, die eine Zäsur in der Wirtschaftsgeschichte anstoßen. So beschreibt es der Leiter der MIT IDE. Ähnlich sieht es Frank Riemensperger, Deutschland-Chef der Unternehmensberatung Accenture: „Ihr Einsatz stellt einen Quantensprung in der Geschichte der Digitalisierung dar und vielleicht auch einen Quantensprung in der Geschichte der Menschheit" (Riemensperger und Falk 2019, S. 38). Mehr Erwartung an das Potenzial einer Technologie geht nicht.

Was genau ist Künstliche Intelligenz und was nicht? Was kann sie und was (noch) nicht? Woher kommt nach Jahrzehnten herber Rückschläge und des öffentlich geäußerten Zweifels nun die große Zuversicht? Worin liegt das enorme Potenzial von KI? Was bedeutet KI für die Arbeit der Menschen – und sind deren Ängste und Sorgen berechtigt?

Die Antworten auf diese Fragen in den folgenden Abschnitten liefern ein Grundverständnis von Funktion und Wirkung von KI. Sie vermitteln zudem eine Idee davon, warum diese Technologie auch strategisch relevant ist für die künftige Wettbewerbsfähigkeit. Die Dynamik des Wettbewerbs und welche Position Deutschland zurzeit einnimmt, sind dann Gegenstand von Abschn. 5.3.

Wofür steht eigentlich der Begriff Künstliche Intelligenz?
Der Begriff Künstliche Intelligenz ist rund 70 Jahre alt. Zuerst verwendet wurde er von Marvin Minsky im Jahre 1956 am Dartmouth College im US-Bundesstaat New Hampshire (vgl. https://de.wikipedia.org/wiki/Marvin_Minsky). Die technische Leistungsfähigkeit von KI-Verfahren wie Maschinellem Lernen, Neuronalen Netzen und „Deep Learning" ist in den vergangenen Jahren stark gewachsen. Entsprechend verbreitet hat sich die Vielfalt ihrer Anwendungen und Begriffsinterpretationen.

Überraschenderweise gibt es keine allgemeingültige Definition von KI, die von allen konsistent verwendet würde (vgl. Bundesregierung 2018). Sehr weit verbreitet ist die Unterscheidung zwischen „schwacher" KI und „starker" KI:

- Die Vision der „starken KI" formuliert, dass KI-Systeme die gleichen intellektuellen Fertigkeiten haben wie der Mensch oder ihn darin sogar übertreffen können.
- Die Lösung konkreter Probleme mithilfe statistischer Verfahren und die Fähigkeit zur maschinellen Selbstoptimierung umreißen den Bereich der „schwachen" KI. Informationstechnologisch werden dabei elektronische Datenstrukturen nach den Prinzipien menschlicher Intelligenz gebaut.

Kern der statistischen Verfahren oder Algorithmen sind zum einen die Musteranalyse und Mustererkennung von großen Mengen an Daten; das können Zahlen, Text, Sprache oder Bilder sein. Zum anderen ist es die Ableitung (Deduktion) von Schlüssen oder Berechnung von Prognosen auf der Basis von Wahrscheinlichkeiten. Die Künstliche Intelligenz verbessert mit jedem weiteren Datensatz die Güte ihres Musters und dadurch die Qualität ihrer Prognose oder Aktionen, die etwa bei physischen Robotern auch mechanische Handlungen umfassen können.

2.3 Künstliche Intelligenz (KI) als Universal-Technologie des 21. Jahrhunderts?

Die Forscher sprechen von überwachtem Lernen, wenn die Daten, die analysiert werden, zu prognostizierende Parameter enthalten, wie zum Beispiel bei Fotos den Namen eines abgebildeten Tieres oder bei großen Datenkolonnen etwa eine Entscheidung über eine Kreditvergabe oder eine optimale Liefermenge. Als unüberwachtes Lernen (sog. unsupervised Learning) bezeichnet man diesen Prozess, wenn die Maschine ohne Vorgabe einer Zielgröße ein Muster erkennen soll.

Fast sieben Jahrzehnte KI – Visionen und Fiktionen, Sommer und Winter, Leuchttürme und Entwicklungssprünge
Die ersten intelligenten Maschinen, die es zu Weltruhm brachten, waren 20 Jahre nach Begründung des Begriffes KI die fiktionalen Roboter C3PO und R2D2 im ersten Film der „Star Wars"-Saga im Jahre 1977. Wären sie real gewesen, wären sie einer „starken KI" zweifelsohne sehr nahegekommen.

Der Schachcomputer Deep Blue, der 1997 den damals amtierenden Schachweltmeister Garry Kasparow bezwang, war real. Dank seiner sehr hohen Rechenleistung hatte Deep Blue die Möglichkeit, sämtliche Schachzüge zu simulieren. Und dank der Eindeutigkeit von Schachregeln konnte er in komplexen Spielsituationen die überlegenen Spielzüge einfach berechnen. Über Fähigkeiten oder Dialogmöglichkeiten jenseits des Schachbretts verfügte Deep Blue nicht. Wie alle bis heute bekannten Technologien und Anwendungen fällt er eindeutig in den Bereich der schwachen KI.

Der nächste Evolutionssprung in KI, der in der Öffentlichkeit für Furore sorgte, war der „Auftritt" des Supercomuters IBM Watson in der beliebten US-Quizsendung „Jeopardy". Dort besiegte Watson im Jahre 2011 mühelos zwei menschliche Gegner, die in der Sendung zuvor Rekordsummen gewonnen hatten. Zur Spracherkennung in der Show verwendete er Algorithmen. Und das Wissen zu den Fachgebieten, die in der Show abgefragt wurden, hatte man ihm vorher durch intensives Training mit sehr großen Datenmengen angefüttert. Während der Show selbst hatte er keine Verbindung zum Internet. Die Antworten gab Watson auf Basis der von ihm errechneten Wahrscheinlichkeiten für die Richtigkeit einer der jeweils vier möglichen Antworten.

Fünf Jahre später war das staunende Publikum beim asiatischen Brettspiel Go Zeuge, wie der Wettkampf Mensch gegen Maschine ein neues Niveau erreichte. Go gilt als das schwierigste Brettspiel der Welt (vgl. https://de.wikipedia.org/wiki/Go_(Spiel)). Im Vergleich zum Schach mit seinen 64 Feldern (8×8) müssen die Spieler bei Go die Zugmöglichkeiten für 361 Felder (19×19) vorausplanen. Ein Spiel, das gut 250 Züge dauert (gegenüber 80 beim Schach), beinhaltet mehr als 10^{170} mögliche Spielfeldkonstellationen (vs. 10^{50}). Die Künstliche Intelligenz AlphaGo, entwickelt von der Google-Tochter DeepMind, gewann 2016 gegen den damals weltbesten Spieler Lee Sedol mit 5:0. Für viele seinerzeit eine Sensation.

AlphaGo arbeitet mit einem sogenannten neuronalen Netz (vgl. Jiménez 2016), einem Netzwerk, das in seiner Konstruktion einem Gehirn ähnelt. Das Netzwerk besteht aus künstlichen Nervenzellen, die über eine Vielzahl von Ebenen aufgebaut und miteinander verbunden sind. Das System benötigt im Fall von Go die Spielregeln und Spielkonstellationen, ob aus früheren Spielen oder aus Trainings gegen sich selbst. Wie man am besten spielt und welcher Zug sich wann lohnt, hat sich AphaGo selbst beigebracht.

2017 besiegte die Nachfolge-Version AlphaGo Master weit weniger überraschend den damaligen Weltmeister Ke Jie mit 3:0 und wurde anschließend in den Ruhestand geschickt. Ende 2017 besiegte AlphaZero, die nächste Generation Künstlicher Intelligenz aus dem Hause Google DeepMind, nach wenigen Stunden des Selbsttrainings AlphaGo mit 100:0.

Brettspiele wie Schach oder Go sind Zwei-Personen-Nullsummenspiele mit perfekter Information ohne Zufallseinfluss (vgl. https://de.wikipedia.org/wiki/AlphaZero). Diesen, wenn auch in Teilen unvorstellbar großen, jedoch klar definierten Optionsraum haben Bilder, Gesichter, die natürliche Sprache oder auch der Straßenverkehr nicht.

In der einfachen Bild- und Spracherkennung sind die Fähigkeiten der KI aber mittlerweile ebenfalls exzellent. So lag im Jahre 2016 die Fehlerrate der ImageNet (vgl. https://en.wikipedia.org/wiki/ImageNet) Datenbank bei der Klassifizierung von 14 Millionen Bildern mit drei Prozent erstmals unter dem menschlichen Referenzwert von fünf Prozent (vgl. Perrault et al. 2019, S. 68). In der Spracherkennung erreichten 2017 IBM und Microsoft erstmals das menschliche Niveau mit einer KI, die auf Anfragen in Telefonzentralen trainiert war (vgl. Perrault et al. 2019, S. 69).

Bei komplexeren Aufgaben der Textverarbeitung gibt es ebenfalls verblüffende Fortschritte. Künstliche Intelligenzen schlugen erstmals im Juni 2019 die Leistung von menschlichen „Nicht-Experten" beim Verständnis von Text in den Kategorien der „General Language Understanding Evaluation Benchmark" (GLUE).

> GLUE tests single AI systems on nine distinct tasks in an attempt to measure the generaltext-processing performance of AI systems. GLUE consists of nine subtasks – two on single sentences (measuring linguistic acceptability and sentiment), three on similarity and paraphrase, and four on natural language inference (vgl. Perrault et al. 2019, S. 56).

Und auch beim Lesen von Texten und anschließender Beantwortung von Fragen arbeiten erste Künstliche Intelligenzen auf dem Leistungsniveau des Menschen.

> Stanford Question Answering Dataset (SQuAD challenge) is a reading comprehension dataset, consisting of questions posed by crowdworkers on a set of Wikipedia articles. The answer to every question is a segment of text, or span, from the corresponding reading passage, or the question might be unanswerable (vgl. Perrault et al. 2019, S. 59).

Ein weiterer Forschungsschwerpunkt ist das Erkennen von menschlicher Aktivität in Videos, etwas, das die Breite möglicher Anwendungen nochmals deutlich erweitern wird. Auch auf diesem Feld sind die Fortschritte beachtlich, aber noch weit entfernt von den Fähigkeiten bei Text- und Bildverarbeitung. So liegen die Erkennungsraten von menschlichen Tätigkeiten wie Kaffee trinken, Zigarette rauchen oder Marathon laufen bei gerade einmal 10 Prozent (vgl. Perrault et al. 2019, S. 55).

Die dominierende Technologie in den 1980er- und Anfang der 1990er-Jahre des vergangenen Jahrhunderts waren sogenannte regelbasierte Expertensysteme. Wie sie funktionieren, ist leicht zu verstehen – über sogenannte Wenn-Dann-Verknüpfungen – und sie sind auch heute noch im Einsatz, etwa in Banken bei der Kreditentscheidung oder in Versicherungen beim sogenannten Underwriting (vgl. Davenport 2018, S. 14). Übersteigt die Zahl der Regeln aber mehrere Hundert und widersprechen sich einzelne Regeln, dann stoßen diese regelbasierten Systeme an ihre Grenzen (vgl. Davenport 2018, S. 15). Ein weiterer Nachteil: Diese Technik kann nicht selbsttätig lernen und sich damit eigenständig verbessern (vgl. Davenport 2018, S. 15).

Die heute verwendeten Verfahren des Maschinellen Lernen (ML) sind statistische Verfahren, die auf Wahrscheinlichkeiten beruhen. Sie lernen aus jedem zusätzlichen Datenzufluss und verbessern die Qualität ihrer Ergebnisse laufend. Allerdings steigt mit der Güte der Ergebnisse die Komplexität der ML und die Nachvollziehbarkeit der Ergebnisse sinkt.

Andy McAfee und Erik Brynjolfsson vergleichen das Lernen in Expertensystemen mit dem Lernen einer Fremdsprache im Erwachsenenalter, dem Lernen von Grammatikregeln. Maschinelles Lernen dagegen ähnelt dem Erlernen einer Sprache im Kindesalter: zuhören, durch Ausprobieren Muster in der Sprache erkennen und Sprachgefühl entwickeln (vgl. McAfee und Brynjolfsson 2017, S. 67 und 69).

Eine komplexere und leistungsstärkere Form des Maschinellen Lernens sind sogenannte neuronale Netze. Maschinelles Lernen mithilfe eines besonders komplexen und vielschichtigen neuronalen Netzes wird als Deep Learning bezeichnet. Durch die extrem große Zahl an Input-Variablen und an modellierbaren Abhängigkeiten können diese neuronalen Netze eine besonders hohe Ergebnisqualität erreichen. Ein Einsatzgebiet von Deep Learning ist die natürliche Sprachverarbeitung, das „Natural Language Processing" (NLP). Es kann enorme Datenmengen verdauen und arbeitet nach dem „Brute-Force-Ansatz", will heißen, es probiert möglichst alle Kombinationen aus.

Es hat viele Jahrzehnte und mehrere sogenannte KI-Winter gebraucht, aber nun scheint die Technik die frühen Versprechungen und Erwartungen an eine schwache KI immer mehr einzulösen (vgl. McAfee und Brynjolfsson 2017). Der Turbo für diesen auch als „Robotic Cambrian Explosion" (vgl. McAfee und Brynjolfsson 2017, S. 94) bezeichneten Entwicklungssprung sind mehrere technologische Faktoren, die gleichzeitig wirken:

- Alle eineinhalb bis zwei Jahre verdoppelt sich die *Rechenleistung* der Maschinen (sog. Moore'sches Gesetz). Mit Quantencomputern steht womöglich ein weiterer großer Schritt unmittelbar bevor.
- Leistungsfähige Grafikarten (sog. *Graphic Processing Units*) sind nach Funktion und Aufbau für neuronale Netze besonders prädestiniert.
- Mit der *Cloud-Infrastruktur* werden Netze von Objekten möglich, die in Echtzeit miteinander verbunden sind, und die Kosten und die Dauer für die Entwicklung und das Training von KI sinken rapide.
- Mobiles Internet, *Smart Phones* und neue Sensor-Technologien schaffen laufend sehr große Datenmengen und damit Trainingsmaterial für die KI.

Der Artificial Intelligence Index Report 2019 der Stanford University stellt dazu fest (vgl. Perrault et al. 2019, S. 6):

- „In a year and a half, the time required to train a large image classification system on cloud infrastructure has fallen from about three hours in October 2017 to about 88 seconds in July, 2019. During the same period, the cost to train such a system has fallen similarly."
- „Prior to 2012, AI results closely tracked Moore's Law, with compute doubling every two years. Post-2012, compute has been doubling every 3.4 months."

Für Prognose und Klassifizierung des ML sind die Qualität und Menge der Trainingsdaten die entscheidenden Faktoren. *„There is no AI without IA* (information architecture)", schreibt Thomas H. Davenport (vgl. Davenport 2018, S. 36). Und Paul Daugherty, CTO von Accenture, schätzt, dass Menschen, die KI trainieren, bis zu 90 Prozent ihrer Zeit damit verbringen, die Daten aufzubereiten, und eben nicht damit, Algorithmen zu entwickeln (vgl. Daugherty 2018, S. 174).

Längst mehr als eine Vision: KI erreicht immer mehr Lebens- und Unternehmensbereiche

Bereits heute begegnet uns Künstliche Intelligenz im Alltag auf Schritt und Tritt, ohne dass wir uns dessen immer bewusst wären: im Gespräch mit smarten Sprachassistenten wie Alexa oder Siri, wenn wir Suchmaschinen im Internet verwenden, personalisierte Angebote im Online-Shopping erhalten, auf Videoplattformen weitere Empfehlungen bekommen oder Navigationssysteme im Auto oder auf dem *Smart Phone* uns sicher ans Ziel führen. KI macht um ihre Arbeit kein Aufhebens.

In den ersten, voll autonom fahrenden Autos wird den Passagieren die KI zunächst noch präsent sein, aber auch dort rasch selbstverständlich werden. Gleiches gilt für die industrielle Fertigung, in der smarte Roboter Hand in Hand mit Menschen arbeiten und neue *Smart Services* wie etwa „Preventive Maintenance" oder „Precision Agriculture" möglich werden.

Die Zahl der Einsatzbereiche und Anwendungsmöglichkeiten ist bereits heute sehr groß und wächst beständig. Thomas H. Davenport kategorisiert die Anwendungsmöglichkeiten in drei Bereiche (vgl. Davenport 2018, S. 41):

1. Automatisierung von strukturierten und wiederkehrenden Tätigkeiten durch den Einsatz physischer Roboter oder regelbasierter Expertensysteme als sogenannte „Robotic Process Automatisation" (RPA). Typische Anwendungen sind das Auslesen von strukturierten und unstrukturierten Daten, der Abgleich von Informationen, der System-Übertrag von Daten oder die standardisierte Beantwortung von schriftlichen Anfragen.
2. „Cognitive Insights": Neuartige Erkenntnisse mittels Maschinellem Lernen durch Analyse sehr großer Datenmengen. Dazu gehören
    a. im Bereich Business-to-Consumer: die Prognose- und Klassifikationsverfahren im Marketing (etwa die Analyse von Kaufabsichten, Verhinderung von Kundenabwanderung, Targeting und Personalisierung von Marketing Ads), die Geldwäsche-

Prävention, die Abwehr von Versicherungsbetrug, medizinische Diagnostik und künftig Individualmedizin etc.
  b. im Bereich im Business-to-Business: die Optimierung von Lieferketten, Lagerplanung, vorausschauende Wartung, Präzisionslandwirtschaft etc.
  c. im Bereich der Bilderkennung unter anderem Gesichtserkennung (etwa beim Log-in das *Smart Phone*), Erkennen von Waren im Einkaufswagen (Amazon Go) oder von Ampeln, Verkehrszeichen und Fußgängern beim autonomen Fahren. Die Analyse von menschlichen Emotionen, häufig öffentlich diskutiert, spielt in der Praxis noch eine zu vernachlässigende Rolle.
3. „Cognitive Engagement": Dialog mit Kunden oder Mitarbeitern durch Einsatz von NLP im Call-Center, bei internen Telefondiensten oder als Chatbot in digitalen Zugangswegen (z. B. Amelia von IPSoft).

In der Praxis sind die ersten beiden Kategorien heute noch deutlich verbreiteter als „Cognitive Engagement". Eine Studie von McKinsey & Company (vgl. McKinsey & Company 2019) von November 2019 zeigt, dass KI in nahezu allen Branchen zum Einsatz kommt und die Wahl der Technologien von der jeweiligen Wertschöpfungskette abhängt. Die Bedeutung der Technologie für die einzelnen Industrien steigt, ebenso die Investitionsvolumina (Abschn. 5.3).

Von einer starken KI sind bei allem Fortschritt selbst die am weitesten entwickelten und komplexesten Systeme noch sehr weit entfernt (vgl. Merck Group o. J.). Maschinen, die wie Commander Data in den Filmen der „Star Trek"-Reihe selbstständig Sachverhalte erlernen oder gar ein Bewusstsein anstreben, sind reine Fiktion. Ob so etwas technisch und biologisch je möglich sein wird, steht in den Sternen. Große Zweifel melden auch Philosophen an (vgl. Precht 2020).

So faszinierend oder je nach Standpunkt auch abschreckend und verstörend eine starke KI auch erscheinen mag, die Arbeitswelt in den kommenden Jahren wird von der Zusammenarbeit von Menschen und schwacher KI geprägt sein.

Die Zukunft der Arbeit ist ein Tandem aus Mensch und Maschine
2013 veröffentlichten Carl Benedikt Frey und Michael A. Osborne von der Universität Oxford ihre aufsehenerregende Studie, wonach in den USA von 702 untersuchten Berufen fast die Hälfte (47 Prozent) ein besonders hohes Risiko haben, bis zum Jahr 2033 der Computerisierung zum Opfer zu fallen (vgl. Frey und Osborne 2013). Bei weiteren 19 Prozent der Jobs sieht die Studie ein mittleres Risiko und nur 33 Prozent sind relativ sicher davor, von einer Maschine ersetzt zu werden. Besonders gefährdet durch die Automatisierung sind nach der Studie Büro- und Verwaltungstätigkeiten sowie Arbeiten im Kundendienst, Vertrieb und Verkauf (vgl. Frey und Osborne 2013, S. 37).

Das McKinsey Global Institute veröffentlichte 2017 eine Untersuchung aus 46 Ländern, wonach dort im Durchschnitt 15 Prozent der mehr als 800 untersuchten Berufe wegfallen werden (vgl. Manyika et al. 2017). Überdurchschnittlich hart treffen wird es entwickelte Länder, weil dort wegen höherer Löhne und Einsparpotenziale der Anreiz zu automatisieren deutlich größer ist (vgl. Manyika et al. 2017, S. 3). Für Japan, die USA und Deutschland schätzt das Institut einen Wert von ca. minus 25 Prozent, für China minus 15 und für Indien minus 10 Prozent. Berufe und Tätigkeiten stehen besonders dann zur Disposition, wenn sie einem oder mehreren der folgenden Kriterien entsprechen:

- einen hohen Anteil klar strukturierter, wiederkehrender Aufgaben umfassen
- keinen direkten Kundenkontakt beinhalten
- viel Zeit mit der Bearbeitung strukturierter, quantitativer Daten verbringen
- auf dem Einstiegsniveau sind

Stabilen oder wachsenden Bedarf erwarten die Unternehmensberater für die Berufe und Tätigkeiten, die persönlichen Austausch, kognitives Fach-Know-how sowie Geschick und Fingerfertigkeit erfordern: Gesundheits- und Pflegeberufe, Erzieher und Pädagogen, Naturwissenschaftler, Forscher und Ingenieure (auch dank wachsender Investitionen in die Infrastruktur von Verkehr und Energie), freiberufliche Dienstleistungen wie Anwälte, Künstler sowie sonstige kreative, kognitive Tätigkeiten.

Tiefgreifende Strukturbrüche im Mix menschlicher Arbeiten waren und sind zentraler Bestandteil im Übergang zweier industrieller Zeitalter. Mit der Mechanisierung (Industrie 1.0) und Massenfertigung (2.0) gingen viele der körperlichen Tätigkeiten vom Menschen auf die Maschine über. Auf den sogenannten Physical Worker (Landwirtschaft, Fabrikarbeiter) folgte der Knowledge Worker.

▶ Knowledge Worker (Wissensarbeiter) ist ein Begriff, den Peter F. Drucker erstmals 1959 in seinem Buch „Landmarks of Tomorrow" verwendet (vgl. auch Colvin 2015, S. 48).

Übernehmen Künstliche Intelligenz und Cloud-Computing Teile kognitiver Tätigkeiten des Menschen, dann wird dies wiederum zu einer Vielzahl veränderter und neuer Arbeitsprofile führen. Was wir bisher aus dem Einsatz digitaler Technologien wissen, zeigt, dass die Dichotomie Mensch ODER Maschine das Geschehen nicht richtig abbildet. Die richtige Lösung lautet Mensch UND Maschine.

Paul Daugherty, CTO von Accenture, sieht das große Potenzial von KI nicht in der Automatisierung bestehender Prozesse und Tätigkeiten, sondern darin, dass sie menschliche Arbeit ergänzt (sog. *Complementing*) oder erweitert (sog. *Augmenting*). Vermutlich ist der Titel seines Buches „Human + Machine" Ausdruck dieser tiefen Überzeugung und seiner praktischen Erfahrungen.

Daugherty und auch Thomas H. Davenport kommen zu dem Schluss, dass diejenigen Unternehmen in der Zukunft dominant sein werden, welche die Vorteile von KI früh erkennen und eine effektive Zusammenarbeit von Menschen und Maschine bestmöglich fördern (vgl. Daugherty 2018, S. 8; vgl. Davenport 2018, S. 59). Andrew McAfee und Erik Brynjolfsson halten es für wahrscheinlich, dass aus dieser engen Zusammenarbeit ein ähnlicher Produktivitätssprung und strukturell vergleichbarer Umbau von Wertschöpfungsketten hervorgehen könnte wie aus der Ablösung der Dampfmaschine durch die Elektrizität (vgl. McAfee und Brynjolfsson 2017, S. 24: „The successful companies of the second machine age will be those that bring together minds and machines, … very differently than most do today. Those that don't undertake this work, and that stick closely to today's technological and organizational status quo, will be making essentially the same choice as those that stuck with steam power or group drive. And eventually they'll meet the same fate").

Nach Ansicht von Studien liegt der Schwerpunkt des bisherigen Einsatzes von KI auf nicht darauf, dass Unternehmen ihre Kosten senken und Mitarbeiter abbauen. Der tradierte Ansatz, dass Menschen und Maschinen um die gleichen Aufgaben kämpfen, ist aus Sicht von Daugherty so alt wie falsch. Er und zahlreiche weitere Fachleute vertreten die These, dass Unternehmen, die Menschen durch Maschinen „nur" austauschen, im Wettbewerb zunächst stagnieren und dann zurückfallen werden (vgl. Daugherty 2018, S. 8).

Es könnte also helfen, wenn die natürliche Intelligenz differenzierter auf das Phänomen schaute: Dafür sollten heutige und künftige Tätigkeiten kategorisiert werden, und zwar in Arbeiten, die in Zukunft sehr wahrscheinlich Maschinen machen, in Arbeiten, die smarte Maschinen in Zusammenarbeit erweitern oder neu schaffen, und solche, die auch morgen noch Menschenhand oder Menschengeist ausführt.

Paul Daugherty hat in „Human + Maschine" dafür einen robusten und zukunftsfähigen Rahmen gebaut (vgl. Daugherty 2018, S. 8, S. 113 ff, S. 135 ff.). Es kategorisiert Tätigkeiten in „Human-only", „Machine-only" und in solche, bei denen Mensch und Maschine zusammenarbeiten. Die Zusammenarbeit von Mensch und Maschine nennt Daugherty die „Missing Middle" und skizziert dort sechs neue Tätigkeitsfelder. Drei Rollen, in denen Maschinen die Fähigkeiten von Menschen vergrößern (sog. *Augmenting*) – „Amplification, Interaction und Embodyment". Und drei Aufgabenfelder, bei denen Menschen die Arbeit der Maschinen ergänzen und unterstützen (sog. *Complementing*) – „Trainer, Explainer und Sustainer". Alle sechs Tätigkeitsfelder entstehen erst aus dem Einsatz von KI.

Durch „Augmenting" sind Produktivitätssteigerungen möglich, die, auf sich allein gestellt, weder der Mensch noch die Maschine vollbringen könnte: in der industriellen Fertigung, in der Produktionsplanung, in der vorausschauenden Wartung, aber auch in der Landwirtschaft, im Marketing oder bei der Auswertung medizinischer Studien oder auch im Kundendienst. Der Mensch punktet in solchen Beziehungen mit seiner überragenden physischen Geschicklichkeit und seiner geistigen Urteilskraft, die Maschine zeigt ihre Stärken bei der Arbeitskraft und der Rechenleistung (vgl. Harari 2019, S. 46 f.).

Damit die Künstliche Intelligenz einwandfrei funktioniert, braucht es den zweiten Bereich des „Missing Middle", das sogenannte *Complementing*. „Trainer, Explainer und Sustainer" kitzeln das Höchste aus den Technologien heraus und verhindern zugleich Fehlentwicklungen und Missbrauch. Sie überwachen die Qualität der eingespielten Daten (sog. Bias-in Bias-out), entscheiden darüber, wie die KI vernünftig eingesetzt wird – und überprüfen fortlaufend, ob die Ergebnisse korrekt und verständlich sind. Schließlich sorgen sie dafür, dass ethische Standards eingehalten werden, mit denen die Akzeptanz der Gesellschaft für KI steht und fällt.

KI verspricht dem Menschen zudem die Emanzipation von ungeliebten, langweiligen Tätigkeiten (vgl. Kollmann und Schmidt 2016, S. 47: „Denn wer seine Fähigkeiten intelligent für sich nutzt, kann sich von vielen lästigen Routinearbeiten befreien und gewinnt Zeit für Innovationen."). Die meisten von uns empfinden das Heraussuchen von Informationen aus Archiven, die Überwachung und Kontrolle von Routineprozessen oder das Beantworten von immer wiederkehrenden gleichen Fragen als pure Plackerei. Maschinen geht das wesentlich leichter und viel schneller von der Hand. Aus Sicht von Daugherty lässt KI die Menschen mehr wie Menschen und weniger wie Roboter arbeiten (vgl. Daugherty 2018; S. 20).

Das McKinsey Global Institute schätzt in seiner Studie „Jobs Lost, Jobs Gained: Workforce Transition in a Time of Automation", dass zwischen 3 bis 14 Prozent, das heißt 75 bis 375 Millionen der weltweiten Arbeitskräfte, angestoßen von neuen Technologien, vor einem Wechsel ihres Tätigkeitsfeldes stehen (vgl. Manyika et al. 2017, S. 11). Für die neuen Tätigkeiten seien insbesondere soziale und emotionale Fähigkeiten, Kreativität und höherwertige, kognitive Fähigkeiten notwendig (vgl. Themenblock V). Ist es dieser Mix von Können und Wissen, der eine möglichst große Zahl von Menschen nach den Zeitaltern des Physical Workers und Knowledge Workers in das Zeitalter des Relationship Workers führt (vgl. Colvin 2015)?

Künstliche Intelligenz wird zum Kunststoff des 21. Jahrhunderts
Daten werden gerne als das Öl des 21. Jahrhunderts bezeichnet. Als Rohstoff sind Daten für eine Vielzahl digitaler Dienstleistungen ebenso wichtig, wie Öl für Produkte des dritten industriellen Zeitalters ist. Raffiniertes Öl ist Energieträger und gleichzeitig Vorprodukt für die Herstellung von Kunststoffen, die sich in Konsumgütern, in elektrischen Bauteilen, in Lacken, Dämmstoffen, Verpackungen, Textilien usw. wiederfinden. Im Übergang vom Zeitalter auf Grundlage von Stoffen hin zum Zeitalter des Wissens hat KI das Potenzial zur Universal-Technologie und nicht zuletzt auch zur Steuerung der digitalen Infrastrukturen des vierten industriellen Zeitalters.

Denn Künstliche Intelligenz ist viel mehr als die Technologie oder das Verfahren zur Herstellung digitaler Produkte und Dienstleistungen. KI ist für Daten viel mehr, als es die Raffination oder Polymerisation für das Öl ist. KI ist in vielen Fällen die Dienstleistung selbst. Und KI verbraucht den Rohstoff Daten nicht, sondern produziert immer neuen; im Prozess der Verarbeitung wird die Ressource Daten vermehrt, während die Ressource Öl bei ihrer Verarbeitung unwiederbringlich verbraucht wird.

Das Verfahren der Polymerisation ist mittlerweile mehr als 100 Jahre alt. Erstmals beschrieben wurde es in einem Artikel des deutschen Chemikers und späteren Nobelpreisträgers Herman Staudinger aus dem Jahre 1920. Richtig Fahrt aufgenommen hat der Fortschrittszug bei den Kunststoffen in der jüngeren Vergangenheit – eine ganze Reihe von Innovationen hat ihr Leistungsspektrum spitzer und breiter werden lassen.

Von der im Gegensatz zur Polymerisation deutlich jüngeren Künstlichen Intelligenz erwarten die Experten, dass der Entwicklungsturbo in den kommenden Jahren zündet. Wachsende Investitionen, große Innovationsschritte bei den technologischen Grundlagen wie Cloud-Computing und die Aussicht auf Quantencomputer sind nur einige Argumente, die dafür sprechen. Welche Leistungsfähigkeit die KI zu ihrem hundertjährigen Geburtstag im Jahr 2050 hat und haben soll, dazu gibt es noch keine verlässlichen Prognosen.

Varianten mit unerwünschten negativen Auswirkungen auf die Nutzer oder die Umwelt sind bei KI – wie bei den Kunststoffen – nicht auszuschließen. Damit ein Vertrauens- und Reputationsschaden gar nicht erst eintritt, sollten möglichst bereits bei der Weiterentwicklung die Gefahren minimiert werden. Nationale Ethik-Kommissionen, die wie beim autonomen Fahren entsprechende Regeln und Grenzen formulieren, sind der richtige Rahmen für die KI-Entwicklung (Abschn. 5.3) (vgl. Ethik-Kommission 2017). Die Wahrscheinlichkeit ungewollter Verzerrungen in der Funktionsweise der KI lässt sich spürbar senken, wenn beim Team der Entwickler und bei den Daten streng auf Diversität geachtet wird.

Wachsamkeit fördert, die Angst vor möglichen Nebenwirkungen lähmt den Forschergeist und erstickt die Neugier. Fatal wäre, wenn „German Angst" dem Ausprobieren und dem Entwickeln im Wege stünde, wenn der Blick auf die langfristigen Chancen verstellt würde, weil wir zu kurzfristig denken und zu stark auf rasche Ergebnisse setzen. Dabei sollten wir im Hinterkopf behalten, dass die Heimatländer der weltweit führenden Technologieriesen, China und die USA, das langfristige Potenzial von KI eisern im Blick haben.

2.4 Digitale Identitäten – Vom Pseudonym zum digitalen Zwilling

Unsere physische Welt hat eine ganze Reihe von Verfahren entwickelt, die Identität eines Menschen eindeutig und rechtsverbindlich festzustellen. Sie arbeiten alle auf der Grundlage physiologischer Merkmale: Gesichtserkennung, Fingerabdruckidentifikation, Iris- und Handflächenerkennung, Handvenenstrukturidentifikation oder DNA-Analyse (https://www.dermalog.com/de/produkte/software/).

In der Philosophie sind diese physiologischen Eigenschaften, die größtenteils von Geburt an feststehen, jedoch nicht der Kern der Identität eines Menschen. Für sie ist der Mensch das Ergebnis seiner gesellschaftlichen Interaktionen, das sich im Laufe der Zeit entwickelt. So ist der US-amerikanische Psychologe und Soziologe Georg Herbert Mead überzeugt (vgl. Mead 1968, S. 177): *„Identität entwickelt sich. Sie ist bei Geburt anfänglich nicht vorhanden, entsteht aber innerhalb des gesellschaftlichen Erfahrungs- und Tätigkeitsprozesses, das heißt im jeweiligen Individuum als Ergebnis seiner Beziehungen zu diesem Prozess als Ganzem und zu anderen Individuen innerhalb dieses Prozesses."* Die Interaktion mit anderen Individuen sowie die Zugehörigkeit zu Gruppen von Individuen – Familie, Freunde, informelle Gruppen, Region, Nation oder auch Religion – präge die Zahl und Vielfalt der Identitäten und somit das Selbstverständnis eines Menschen während seines ganzen Lebens.

Die Digitalisierung führt zu einer bislang unvorstellbaren Explosion an digitalen Profilen und Sub-Identitäten. Social-Media-Plattformen, E-Mail-Dienste und Chat-Plattformen, digitale Karrierenetzwerke, Dating-Apps oder eGaming-Plattformen bieten unbegrenzte

Möglichkeiten der Interaktion und Vernetzung. Auf den Klarnamen wird von den Nutzern zum Schutz der eigenen Privatsphäre häufig verzichtet. Stattdessen wird ein Pseudonym als eine für andere Nutzer nicht eindeutig zuordenbare Sub-Identität verwendet.

Für den digitalen Einkauf von Büchern, Kleidung, Konzertkarten oder die Buchung von Restaurants genügen auf den jeweiligen Plattformen Identitäten in Form von frei wählbarem Benutzername und Passwort. Weil die Zahl solcher Anwendungen exponentiell wächst, geht der Trend bei den Authentifizierungsverfahren in Richtung universell einsetzbarer digitaler Identitäten (sog. Single-Sign-On; vgl. Luber und Schmitz 2017).

Angeboten werden solche Single-Sign-On (SSO)-Verfahren insbesondere von den global führenden Technologie- und Plattformgiganten (etwa Google- oder Facebook-ID) (vgl. o. V. 2020). Rund 1,5 Milliarden Menschen sind aktive Nutzer des Google E-Mail-Dienstes Gmail (vgl. Elias und Petrova 2019). Den Google-Dienst Youtube besuchen zwei Milliarden registrierte Nutzer regelmäßig (vgl. Statista Research Department 2021b) und Facebook versammelt sogar 2,9 Milliarden Nutzer auf seinen Diensten Facebook, Instagram und Whatsapp (vgl. Statista Research Department 2021c).

Single-Sign-On macht das Leben der Nutzer digitaler Plattformen leichter, sich neu zu registrieren oder sich bei vielen unterschiedlichen Diensten einzuloggen, ist damit deutlich komfortabler. Die Anbieter digitaler Dienste wiederum verlieren dank SSO weniger potenzielle Kunden im Registrierungsprozess und bekommen Zugang zu vielen wertvollen Informationen über die Identitäten ihrer Kunden. Die im SSO gewonnenen Informationen vergrößern den Vorsprung der Plattformgiganten im Wissen über die Identitäten, fördern zugleich die Relevanz des Angebots und tragen maßgeblich zum geschäftlichen Erfolg bei.

Ein Internetprofil bei einer der Plattformen anzulegen und dann als SSO zu verwenden, setzt bis heute keine formale, rechtsverbindliche Prüfung der Identität des Nutzers voraus. Zum einen war das für die Geschäftsvorfälle der bisher im Mittelpunkt der Digitalisierung stehenden Industrien und Branchen regulatorisch nicht erforderlich. Zum anderen hätte eine solche Prüfung den sogenannten Onboarding-Prozess des Kunden auf der ursprünglichen Internet-Plattform maßgeblich verlangsamt oder möglicherweise gänzlich verhindert, dass der Nutzer sie hätte verwenden können – und damit dem Ziel schnellen Wachstums bei den Nutzerzahlen im Wege gestanden.

Das wirtschaftliche und gesellschaftliche Potenzial rechtsverbindlicher, digitaler Identitäten ist nach einem Report des McKinsey Global Institutes *„Digital identification – A key to inclusive growth"* enorm. Solche Identitäten seien nicht weniger als der Schlüssel zu Inklusion und zu einem globalen Wirtschaftswachstum von drei bis 13 Prozent bis 2030 (vgl. White et al. 2017).

Die Chancen der gesellschaftlichen Inklusion liegen nach Überzeugung von McKinsey in der Stärkung politischer Rechte, dem Schutz vor Menschenhandel und vor Kinderheirat sowie in der Bekämpfung von Sklaverei und Ausbeutung. Die wirtschaftliche Inklusion birgt die Möglichkeit zum erstmaligen Zugang zu staatlichen Unterstützungsleistungen, zum Arbeitsmarkt sowie zu Finanzdienstleistungen – und das besonders für jene mehr als eine Milliarde Menschen, die über keinerlei rechtlich anerkannten Identitätsnachweis verfügen.

Für die wirtschaftlich stärker entwickelten Länder berechnet der Report das Wachstumspotenzial auf drei Prozent, für sogenannte Schwellenländer im Schnitt auf rund 6 Prozent. Basis dieser Schätzung sind mehr als 100 Anwendungsfälle. Dazu zählen der Kauf und Verkauf von Finanzdienstleistungsprodukten, Gebäuden und Grundstücken, digitalisierte staatliche Verwaltungsdienste – das Beantragen von Förderleistungen, Unternehmensanmeldungen oder Steuererklärungen – bei Wahlen die digitale Stimmabgabe oder voll digitale Geschäfts- und Vertragsabschlüsse. Wirtschaftlich lohnend ist das Ganze, weil sowohl Individuen als auch Institutionen mit diesen Anwendungen Zeit und Geld sparen oder auch den Schaden durch möglichen Betrug reduzieren.

Der relativ enge Kreis an Branchen und Industrien, den der Report berücksichtigt – im Wesentlichen Verwaltung und Banken –, wird sich mit dem technologischen Fortschritt und klaren Regeln für den Austausch und Besitz von Daten zügig erweitern. Eine digitale Identität – branchenübergreifend wiederverwendbar, rechtssicher und nicht zu kompromittieren – könnte diesen Prozess maßgeblich beschleunigen und zentraler Bestandteil der digitalen Infrastruktur werden.

Wer heute in Deutschland ein Konto eröffnet, einen Kredit aufnimmt oder eine Lebensversicherung abschließt, muss seine Identität unzweifelhaft nachweisen. Auch beim Abschluss eines Mobilfunk- oder Internetvertrages wird die Legitimation geprüft. Eine Identitätsprüfung ist Voraussetzung für den Kauf eines Pkw und für den Abschluss eines Leasingvertrages ebenso wie für das Abholen eines Mietwagens, bei denen der Autovermieter zudem die Fahrerlaubnis prüfen muss. Flug- und Bahnreisen lassen sich zwar bequem von zu Hause buchen, spätestens bei der Grenzkontrolle am Flughafen oder bei der Fahrkartenkontrolle im Zug muss der Reisende auch bei digitalen Tickets den physischen Identitätsnachweis zücken. Alles das gilt nicht nur für die erste Transaktion in der jeweiligen Kategorie, sondern bei jeder weiteren Transaktion aufs Neue. Die Vorschriften, die der Gesetzgeber den einzelnen Sektoren der Privatwirtschaft in Deutschland macht, sind, was das Sicherheits- und Vertrauensniveau betrifft, ganz unterschiedlich und damit nicht interoperabel, also zwischen den Instanzen, die Legitimation verlangen, nicht austauschbar.

Ganz besonders knifflig werden Legitimation und Authentifizierung bei der elektronischen Patientenakte (EPA), die in den kommenden Jahren eingeführt werden soll. Die EPA soll Befunde, Arztberichte, Röntgenaufnahmen, Impfausweis, Mutterpass oder das Zahn-Bonusheft umfassen, und der Patient soll nicht nur individuell über deren Einsatz entscheiden können, sondern auch darüber, welcher Arzt für welchen Zeitraum auf welche Dokumente temporär zugreifen kann (vgl. Afp 2020). Für einen späteren Zeitpunkt soll es dann auch die Möglichkeit geben, seine Daten individuell für Forschungszwecke freizugeben.

Für öffentliche Verwaltungsdienste innerhalb der Europäischen Union regelt die eIDAS-Verordnung die jeweiligen Vertrauensniveaus („Level of Assurance") und die dafür erforderlichen elektronischen Identifizierungsmittel. Das Vertrauensniveau besagt, wie sicher das jeweilige Verfahren die Identität des Nutzers verbürgt. Die Vertrauensniveaus werden klassifiziert in „niedrig", „substanziell" und „hoch" und jeweils einsetzbare Identifizierungsinstrumente sind in den Mitgliedsstaaten über entsprechende Notifizierungsverfahren anzuerkennen. Die eIDAS sieht dabei europaweit keine Vereinheitlichung von eID-Systemen vor, sondern regelt vielmehr deren Interoperabilität.

Ganz gleich, ob es um Anwendungen in der Privatwirtschaft, dem Gesundheitswesen oder in der öffentlichen Verwaltung geht, die Zahl bereits absehbarer, digitaler Identitäten ist groß und wird mit der Digitalisierung weiterer Lebens- und Arbeitsbereiche noch wachsen. Und obwohl die Anwendungen, für die der Gesetzgeber ein hohes Vertrauensniveau bei der Identifizierung fordert, oft in Materialität oder Kritikalität sehr relevant sind, so sind sie doch selten und damit im täglichen Leben fast irrelevant. Dagegen sind die am Markt bislang dominierenden, universellen Identitätslösungen tagtäglich für die Menschen relevant und überaus komfortabel zu nutzen.

Solange für Anwendungsfälle mit hohem Vertrauensniveau unterschiedliche Identitäten erforderlich sind, haben sie in der Praxis wenig Chancen, sich durchzusetzen. Denn Anreiz und Nutzen für Bürger und Verbraucher sind entsprechend gering, sich solche digitalen Identitäten zuzulegen, sie einzusetzen und für die Wiederverwendung aktuell zu halten.

Die für Strategie und Wettbewerbsfähigkeit vieler Industrien entscheidende Frage ist, wer eine solche übergreifend einsetzbare digitale Identität mit hohem Vertrauensniveau künftig zur Verfügung stellen wird. Und daran schließt sich die Frage an, welche Informationen und Merkmale sie transportieren soll, also nur Führerschein und Gesundheitskarte oder auch Konfektionsgröße. Die Antwort auf diese Fragen stellt die Weichen für die Vernetzung vieler weiterer Lebens- und Arbeitsbereiche sowie für die Wettbewerbsfähigkeit und die Souveränität von Unternehmen und Nationen.

In einzelnen Ländern sind sogenannte Identitätsplattformen durch unterschiedlich zusammengesetzte Gruppen privatwirtschaftlicher oder öffentlicher Initiatoren erfolgreich etabliert (z. B. BankID in Schweden, NemID in Dänemark oder e-ID in Estland; siehe hierzu Abschn. 5.4). Hierbei spielen unter anderem Finanzdienstleister eine wichtige Rolle, bei denen aus regulatorischen Gründen Identifikationsprüfungen integraler Teil des Geschäftsmodells sind.

In vielen Ländern sind Plattformen bereits für Identitäten höherer Vertrauensniveaus gestartet, allerdings mangelt es ihnen bei Nutzern und Anwendungen an kritischer Masse (vgl. Schmitz 2020; vgl. White et al. 2017) (vgl. Abschn. 5.4).

An einer deutlich besseren Startposition stehen hier die global führenden Technologie- und Plattformgiganten (vgl. Micijevic 2019; vgl. Janke 2019a, b). Sie haben über Milliarden verkaufter Geräte und durch Milliarden von Nutzern den direkten Zugang zum Kunden. Noch haben ihre digitalen Identitäten niedrigere Vertrauensniveaus, Experten sind sich aber einig, dass die Plattformriesen künftig mit Hochdruck daran arbeiten werden, die Vertrauensniveaus anzuheben (vgl. Micijevic 2019; vgl. Janke 2019a, b). Damit stärken sie noch einmal ihren Zugang zum Kunden und fügen ihrem Wissen über die Identität der Nutzer viele neue Dimensionen hinzu.

Wenn diese höherwertigen Identitäten zur kritischen Infrastruktur werden für die Bereiche der Verwaltung und des Gesundheitswesens, die Ökosysteme des vernetzten Fahrens (*Smart Car*) oder des vernetzten Zuhauses (*Smart Home*), dann wird der Besitz dieser Daten zu einem kritischen Wettbewerbsfaktor.

Exkurs: Gleiches gilt für die digitalen Identitäten von Maschinen. Umfasst dieser sogenannte digitale Zwilling Herstellungs-, Betriebs- und Leistungsdaten wie auch Informationen über Maschinen-zu-Maschinen-Interaktionen, dann wird der digitale Zwilling zur Kerninfrastruktur der *Smart Factory* und der *Smart City*, im *Smart Home* und im *Smart Car*.

Je bedeutender seine digitale Identität für die physische Identität eines Menschen wird, umso drängender wird das Problem des Besitzes und selbstbestimmten Einsatzes der Daten.

Literatur

Afp (2020): Spahn bringt Gesetz für elektronischen Patientenakte auf den Weg, unter: https://www.welt.de/newsticker/news1/article205476695/Internet-Spahn-bringt-Gesetz-fuer-elektronische-Patientenakte-auf-den-Weg.html, abgerufen am 09.09.2021.

Artz, S. (2019): Digitale Souveränität: Anforderungen an Technologien und Kompetenzfelder mit Schlüsselfunktion, unter: https://www.bitkom.org/Bitkom/Publikationen/Digitale-Souveraenitaet-Anforderungen-an-Technologien-und-Kompetenzfelder-mit-Schluesselfunktion, abgerufen am 08.09.2021.

Atali, A., Gnanasambandam, C., Srivathsan, B. (2019): Transforming infrastructure operations for a hybrid-cloud world, unter: https://www.mckinsey.com/industries/technology-media-and-telecommunications/our-insights/transforming-infrastructure-operations-for-a-hybrid-cloud-world, abgerufen am 08.09.2021.

Baker, V., Elliot, B., Sicular, S., Mullen, A., Brethenoux, E. (2020): Gartner Magic Quadrant for Cloud AI Developer Service, unter: https://www.gartner.com/en/documents/3981253/magic-quadrant-for-cloud-ai-developer-services, abgerufen am 09.09.2021.

Bala, R., Gill, B., Smith, D., Wright, D. (2019): Gartner Magic Quadrant for Cloud Infrastructure as a Service, Wordwide, unter: https://www.gartner.com/en/documents/3947472/magic-quadrant-for-cloud-infrastructure-as-a-service-wor, abgerufen am 08.09.2021.

Barr, J. (2019): AWS Named as a Leader in Gartner's Infrastructure as a Service (IaaS) Magic Quadrant for the 9th Consecutive Year, unter: https://aws.amazon.com/de/blogs/aws/aws-named-as-a-leader-in-gartners-infrastructure-as-a-service-iaas-magic-quadrant-for-the-9th-consecutiveyear/, abgerufen am 08.09.2021.

Brandt, M. (2018): Cloud Wars – Tech-Riesen attackieren amazon, unter: https://de.statista.com/infografik/15011/anzahl-der-zugekauften-unternehmen-mit-cloud-bezug/, abgerufen am 08.09.2021.

Bundesregierung (2018): Strategie Künstliche Intelligenz der Bundesregierung, unter: https://www.bmwi.de/Redaktion/DE/Publikationen/Technologie/strategie-kuenstliche-intelligenz-der-bundesregierung.pdf?__blob=publicationFile&v=10, abgerufen am 09.09.2021.

Burkacky, O., Hoffmann, A., Lingemann, S., Simon, M. (2020): The 5G era: New horizons for advanced-electronics and industrial companies, unter: https://www.mckinsey.com/industries/advanced-electronics/our-insights/the-5g-era-new-horizons-for-advanced-electronics-and-industrial-companies, abgerufen am 08.09.2021.

Colvin, G. (2015): Humans are Underrated – What High Achievers Know That Brilliant Machines Never Will, o. O. 2015.

Costello, K., Goasduff, L. (2019): Gartner says Worldwide IaaS Public Cloud Services Market Grew 31.3 % in 2018, unter: https://www.gartner.com/en/newsroom/press-releases/2019-07-29-gartner-says-worldwide-iaas-public-cloud-services-market-grew-31point3-percent-in-2018, abgerufen am 08.09.2021.

Daugherty, P. (2018): Human + Machine, München 2018.

Davenport, T. H. (2018): The AI-Advantage, Cambridge 2018.

Elias, J., Petrova, M. (2019): Google's rocky path to email domination; unter: https://www.cnbc.com/2019/10/26/gmail-dominates-consumer-email-with-1point5-billion-users.html, abgerufen am 09.09.2021.

Ethik-Kommission (2017): Automatisiertes und vernetztes Fahren, unter: https://www.bmvi.de/SharedDocs/DE/Publikationen/DG/bericht-der-ethik-kommission.html, abgerufen am 09.09.2021.

Frey, C. B., Osborne, M. A. (2013): The Future of Employment: How Susceptible are Computers to Computerisation?, unter: https://www.oxfordmartin.ox.ac.uk/downloads/academic/The_Future_of_Employment.pdf, abgerufen am 09.09.2021.

Goasduff, L. (2019): Why Organizations Choose a Multicloud Strategy, unter: https://www.gartner.com/smarterwithgartner/why-organizations-choose-a-multicloud-strategy/, abgerufen am 09.09.2021.

Harari, Y. N. (2019): 21 Lektionen für das 21. Jahrhundert, München 2019.

Janke, K. (2019a): „Wir haben noch 18 Monate, dann ist der Vorsprung verspielt", unter: https://www.horizont.net/tech/nachrichten/verimi-chef-roland-adrian-wir-haben-noch-18-monate-dann-ist-der-vorsprung-verspielt-176508?crefresh=1, abgerufen am 08.09.2021.

Janke, K. (2019b): Wie NetID Anfang 2020 durchstarten will, unter: https://www.horizont.net/marketing/nachrichten/log-in-allianzen-wie-netid-anfang-2020-durchstarten-will-179017?crefresh=1, abgerufen am 08.09.2021.

Janson, M. (2019): 2020 überholt die Cloud lokale Speichermedien, unter: https://de.statista.com/infografik/18231/cloud-vs-lokaler-speicher/, abgerufen am 08.09.2021.

Jiménez, F. (2016): So funktioniert das schwierigste Brettspiel der Welt, unter: https://www.welt.de/wissenschaft/article153070800/So-funktioniert-das-schwierigste-Brettspiel-der-Welt.html, abgerufen am 09.09.2021.

Jones, E. (2021): Cloud Market Share – a Look at the Cloud Ecosystem in 2021, unter: https://kinsta.com/blog/cloud-market-share/, abgerufen am 08.069.2021.

Jonsson, P., Carson, S. (2020): Ericsson Mobility Report June 2020, unter: https://www.ericsson.com/49da93/assets/local/mobility-report/documents/2020/june2020-ericsson-mobility-report.pdf, abgerufen am 08.09.2021.

Kollmann, T., Schmidt, H. (2016): Deutschland 4.0 – Wie die digitale Transformation gelingt, Wiesbaden 2016.

Luber, S., Schmitz, P. (2017): Was ist Single Sign-on?, unter: https://www.security-insider.de/was-ist-single-sign-on-sso-a-631479/, abgerufen am 09.09.2021.

Luxner, T. (2021): Cloud Computing Trends: 2021 State of the Cloud Report, unter: https://www.flexera.com/blog/cloud/cloud-computing-trends-2021-state-of-the-cloud-report/, abgerufen am 08.09.2021.

Manyika, J., Chui, M., Bughin, J., Dobbs, R., Bisson, P., Marrs, A. (2013): Disruptive technologies: Advances that will transform life, business, and the global economy, unter: https://www.mckinsey.com/business-functions/mckinsey-digital/our-insights/disruptive-technologies, abgerufen am 08.09.2021.

Manyika, J., Lund, S., Chui, M., Bughin, J., Woetzel, J., Batra, P., Ko, R., Saghvi, S. (2017): Jobs lost, jobs gained: What the future of work will mean for jobs, skills, and wages, an Report Jobs lost, jobs gained: Workforce Transitions in a Time of Automation, unter: https://www.mckinsey

com/featured-insights/future-of-work/jobs-lost-jobs-gained-what-the-future-of-work-will-mean-for-jobs-skills-and-wages, abgerufen am 09.09.2021.

McAfee, A., Brynjolfsson, E. (2017): Machine Platform Crowd – Harnessing our digital future, New York 2017.

McKinsey & Company (2019): Global AI Survey, AI proves its worth, but few scale impact, unter: https://www.mckinsey.com/featured-insights/artificial-intelligence/global-ai-survey-ai-proves-its-worth-but-few-scale-impact, abgerufen am 09.09.2021.

Mead, G. H. (1968): Geist, Identität und Gesellschaft aus der Sicht des Sozialbehaviorismus, Frankfurt am Main 1973.

Micijevic, A. (2019): Verimi-Chef: „Deutsche Wirtschaft will Abhängigkeit von US-Playern verhindern", unter: https://www.handelsblatt.com/technik/digitale-revolution/roland-adrian-im-interview-verimi-chef-deutsche-wirtschaft-will-abhaengigkeit-von-us-playern-verhindern/25125932.html?ticket=ST-2335495-MBMTo1415E4jPw5VhM5W-ap1, abgerufen am 08.09.2021.

Meier, C. (2020a): In den nächsten 20 Jahren wird der Quantencomputer Realität werden, unter: https://www.helmholtz.de/technologie/in-den-naechsten-20-jahren-wird-der-quantencomputer-realitaet-werden/, abgerufen am 08.09.2021.

Meier, C. (2020b): Wann werden Quantencomputer endlich nützlich? Unter: https://www.sueddeutsche.de/wissen/quantencomputer-anwendungen-1.4879057, abgerufen am 08.09.2021.

Mell, P., Grance, T. (2011): The NIST Definition of Cloud Computing, unter: https://nvlpubs.nist.gov/nistpubs/Legacy/SP/nistspecialpublication800-145.pdf, abgerufen am 08.09.2021.

Merck Group (o. J.): Wie weit sind wir von einer starken KI entfernt?, unter: https://www.merckgroup.com/de/research/science-space/envisioning-tomorrow/smarter-connected-world/strongai.html, abgerufen am 09.09.2021.

o. V. (o. J.): Why move to cloud?, unter: http://www.visiontechme.com/cloud-computing.php, abgerufen am 08.09.2021.

o. V. (2018): MIT's Erik Brynjolfsson On The Impact Of AI, unter: https://www.getsmarter.com/blog/career-advice/mits-erik-brynjolfsson-on-the-impact-of-ai/, abgerufen am 09.09.2021.

o. V. (2019a): Südkorea hat als erstes Land der Welt 5G, unter: https://www.faz.net/aktuell/wirtschaft/digitec/suedkorea-hat-als-erstes-land-der-welt-5g-16123914.html, abgerufen am 08.09.2021.

o. V. (2019b): 5G-Frequenzauktion ist beendet, unter: https://www.bundesregierung.de/breg-de/themen/digitalisierung/5g-auktion-beendet-1637030, abgerufen am 08.09.2021.

o. V. (2020): Virtueller Ausweis. So funktionieren digitale Identitäten, unter: https://www.bundesdruckerei.de/de/Themen-Trends/Magazin/Was-ist-eine-digitale-Identitaet, abgerufen am 09.09.2021,

Perrault, R., Shoham, Y., Brynjolfsson, E., Clark, J., Etchemendy, J., Grosz, B., Lyons, T., Manyika, J., Mishra, S., Niebles, J. C. (2019): „"The AI Index 2019 Annual Report", AI Index Steering Committee, Human-Centered AI Institute, Stanford University, Stanford, CA, December 2019, unter: https://hai.stanford.edu/sites/default/files/ai_index_2019_report.pdf, abgerufen am 09.09.2021.

Precht, R. D. (2020): Künstliche Intelligenz und der Sinn des Lebens, München 2020.

Regalado, A. (2011): Who Coined „Cloud Computing"?, unter: https://www.technologyreview.com/2011/10/31/257406/who-coined-cloud-computing/, abgerufen am 08.09.2021.

Richter, F. (2021): Amazon leads $150-Billion Cloud Market, unter: https://www.statista.com/chart/18819/worldwide-market-share-of-leading-cloud-infrastructure-service-providers/, abgerufen am 08.09.2021.

Riemensperger, F., Falk, S. (2019): Titelverteidiger – Wie die deutsche Industrie ihre Spitzenposition auch im digitalen Zeitalter sichert, München 2019.

Rimol, M. (2020a): 4 Trends Impacting Cloud Adoption in 2020, unter: https://www.gartner.com/smarterwithgartner/4-trends-impacting-cloud-adoption-in-2020/, abgerufen am 08.09.2020.

Rimol, M. (2020b): The Top 10 Cloud Myths, unter: https://www.gartner.com/smarterwithgartner/the-top-10-cloud-myths/, abgerufen am 08.09.2021.

Schmerer, K. (2019): Gartner: Umsatz mit Public Cloud wird im Jahr 2020 um 17 Prozent wachsen, unter: https://www.zdnet.de/88373121/gartner-umsatz-mit-public-cloud-wird-im-jahr-2020-um-17-prozent-wachsen/, abgerufen am 08.09.2021.

Schmidt, E. (2006). Google Search Engine Strategies Conference, unter: https://www.google.com/press/podium/ses2006.html, abgerufen am 08.09.2021.

Schmitz, P. (2020): Digitale Identitäten gehören zur Infrastruktur, unter: https://www.security-insider.de/digitale-identitaeten-gehoeren-zur-infrastruktur-a-941581/, abgerufen am 09.09.2021.

Statista Research Department (2021a): Prognose zum Umsatz mit Cloud Computing weltweit bis 2022, unter: https://de.statista.com/statistik/daten/studie/195760/umfrage/umsatz-mit-cloud-computing-weltweit/, abgerufen am 08.09.2021.

Statista Research Department (2021b): Social Networks mit den meisten Nutzern weltweit 2021, unter: https://de.statista.com/statistik/daten/studie/181086/umfrage/die-weltweit-groessten-social-networks-nach-anzahl-der-user/, abgerufen am 09.09.2021.

Statista Research Department (2021c): Monatlich aktive Nutzer von Facebook weltweit bis zum 2. Quartal 2021, unter: https://de.statista.com/statistik/daten/studie/37545/umfrage/anzahl-der-aktiven-nutzer-von-facebook/, abgerufen am 09.09.2021.

Tamsons, A. (2020): How 5G and the Internet of Things can create a winning business, unter: https://www.weforum.org/agenda/2020/01/what-does-5g-and-the-internet-of-things-mean-for-business, abgerufen am 08.09.2021.

White, O., Madgavkar, A., Manyika, J., Mahajan, D., Bughin, J., McCarthy, M., Sperling, O. (2017): Digital Identification: A key to inclucive growth, unter: https://www.mckinsey.com/business-functions/mckinsey-digital/our-insights/digital-identification-a-key-to-inclusive-growth, abgerufen am 09.09.2021.

3 Gesellschaft: Teilhabe am Wert der eigenen Daten ist mehr als Ökonomie

Immer tiefer und immer schärfer konturiert wird der digitale Fußabdruck, den wir beim Nutzen des Internets hinterlassen: unsere Profildaten und Chat-Verläufe in den Sozialen Medien, die im Browser aufgerufenen Websites und Suchhistorien, Online-Shopping-Einkaufslisten und Navigationsdaten bis hin zu Bank- und Gesundheitsdaten beim Verwenden mobiler Bezahlverfahren oder von Fitness-Trackern. Den Großteil der Daten produzieren wir über das *Smart Phone*. Sind erst unsere Autos, Wohnungen oder Häuser und selbst unsere Kleider vernetzt, dann wird aus dem digitalen Fußabdruck in Windeseile ein 3-D-Bild unseres Ichs.

Der Wert der Daten, die wir erzeugen, ist bereits heute enorm und wird weiter zunehmen. Daten werden in der Wirtschaft zu einem Produktionsfaktor vergleichbar mit Kapital und Arbeit. Wenn aber die Datenfülle mit einer neuen Machtfülle verbunden ist, dann darf der Besitz der Daten nicht allein ein Wirtschaftsfaktor sein, sondern muss in der Gesellschaft breit diskutiert und im Konsens für die Zukunft geregelt werden (vgl. Abschn. 3.1).

Nicht selten allzu sorglos tauschen die Nutzer des Internets ihre informationelle Selbstbestimmung gegen scheinbar kostenlose, digitale Angebote ein. In der Theorie verwahrt man sich gegen die Herausgabe der eigenen Daten, in der Praxis sieht es – je nach Attraktivität des Angebots im Netz – dann häufig ganz anders aus, ein Paradox (vgl. Abschn. 3.2).

Dieses Paradoxon scheint unbewusst, unwillentlich oder „notgedrungen" zu entstehen. Je stärker aber Innovationen im *Smart Home* oder bei *Smart Health* sensitive Bereiche der Privatsphäre erreichen, umso wichtiger wird es, sich dieses Paradoxons bewusst zu sein. Wir brauchen darüber eine tiefe gesellschaftliche Debatte, und der Gesetzgeber sollte die Datenrechte von Nutzern und Bürgern weiter stärken. Die Unternehmen selbst sollten ihren Kunden zum Umgang mit deren Daten eine faire und verantwortungsvolle Leistungsgarantie geben (vgl. Abschn. 3.3 und 3.4).

Die Technologien der Digitalisierung entfalten ihre Wirkung mit enormer Wucht. Es war wohl selten in der Geschichte wichtiger, den Einsatz von Technik ganz bewusst und rasch in Normen zu fassen. Unser kultureller Code muss schnellstens wieder den technologischen Code bestimmen. Für Unternehmer und Manager heißt das, ihr Handeln in der Digitalisierung sollte für einen verantwortungsvollen Einsatz der Technik sorgen und auch die neuen Geschäftsmodelle entsprechend normieren. Wenn wir die Digitalisierung ganzheitlich betrachten wollen, dann müssen wir den Blick weiten und neben der Wirtschaft und der Technik auch die Gesellschaft und ihre Bürger einbeziehen.

3.1 Besitz des Produktionsfaktors Daten muss fair geregelt werden

Der ökonomische Wert von Daten ist ungeheuer groß. Wie groß, zeigt der Blick auf die nach Marktkapitalisierung größten Unternehmen der Welt: Die Top Ten der Liste verdienen ihr Geld alle mit Daten (vgl. auch Abschn. 1.2). Daten machen bestehende Geschäftsmodelle effizienter und erschaffen neue.

Für unsere Gesellschaften ist der Wert von Daten sogar noch um ein Vielfaches größer. Werden die Daten intelligent und inklusiv genutzt, stehen wir vielleicht vor einem Zeitalter, in dem wir mit ihrer Hilfe die großen Probleme der Menschheit lösen könnten: Krankheiten, Umweltverschmutzung, Hunger, Zugang zu Bildung, umweltfreundliche Mobilität.

Im Moment sind wir von einem solchen wünschenswerten Zustand allerdings weit entfernt. Denn im Jahr 2021 befinden sich die Daten und die aus ihnen entstehende Wertschöpfung in den Händen einer relativ kleinen Gruppe von Unternehmen. Eine solche Konzentration von „Produktionsmitteln" ist in der Wirtschaftsgeschichte ohne Beispiel – und sie übertrifft bei Weitem die Konzentration der Produktionsfaktoren Arbeit und Kapital in vorherigen industriellen Zeitaltern. Je mehr Gewicht der Produktionsfaktor Daten bekommt, umso drückender wird das Problem der sich verschärfenden Ungleichgewichte beim Besitz von und dem Einkommen aus Daten.

Diese Monopole des Datenbesitzes und ihre kaum nachvollziehbaren oder steuerbaren Datenverwertungsketten tragen für die Gesellschaften die Gefahr in sich, dass es zu ungewollten Fehlentwicklungen oder gezieltem Missbrauch kommt. Mit den laufend größer und granularer werdenden Datenmengen und immer intelligenteren Analysemethoden könnten unbemerkt die Entscheidungen von Bürgern oder Kunden beeinflusst oder manipuliert werden. Dass solche Szenarien keine reine Zukunftsmusik sind, zeigen zahlreiche Skandale der letzten Jahre mit gezielter Desinformation über „Social Scoring" bis hin zur Beeinflussung von Wahlen.

Die Folgen für Wirtschaft und Gesellschaft wären gravierend. Denn das Fundament unserer Wirtschaft und Gesellschaft ist die freiheitliche Erzählung des Humanismus, wonach der freie Wille des Wählers in der Demokratie und der freie Wunsch des Kunden in der Marktwirtschaft entscheiden (vgl. Harari 2019, S. 75 ff.). Dieser freie Wille und dieser freie Wunsch setzen aber die informationelle Selbstbestimmung der Bürger und Kunden voraus.

Deren Fundament wird jedoch zunehmend brüchiger, weil in der täglichen Information und Kommunikation die Dominanz Sozialer Medien immer größer wird. Täglich tauschen Nutzer durch das unbewusste oder notgedrungene Überlassen der eigenen Daten das Recht der informationellen Selbstbestimmung gegen das süße Gift der scheinbar Kostenlos-Angebote des Digitalzeitalters. Gesellschaft und Politik müssen sich dagegen stemmen und den Datenbesitz der Bürger und Unternehmen zukunftsgerichtet regeln. Dabei sollten sie

- die großen Chancen des Daten-Zeitalters wahren und nutzen
- die Probleme der sehr ungleichen Verteilung der Wertschöpfung anpacken und lösen
- die Gefahr des Missbrauchs minimieren
- und die digitale Reife und Mündigkeit der Bürger und Nutzer erhöhen.

Was wir brauchen, ist ein neuer Gesellschaftsvertrag, ein Vertrag mit einem „Datenkapitel" für das digitale Zeitalter. Der israelische Historiker Yuvel Noah Harari ist sogar überzeugt, dass die Frage nach dem Besitz der Daten die politisch wichtigste Frage unserer Zeit ist (vgl. Harari 2019, S. 120 f.): *„Wem gehören die Daten über meine DNA, mein Gehirn und mein Leben. Mir, der Regierung, einem Unternehmen oder dem Kollektiv Menschheit?"* Nach Harari verfügt die Menschheit über einen seit Jahrtausenden gesammelten Erfahrungsschatz, den Grundbesitz zu regulieren, aber über kaum Erfahrung beim Datenbesitz (vgl. Harari 2019, S. 120).

3.2 Paradox aus theoretisch erfragtem und tatsächlich gelebtem Nutzerverhalten

Gefragt nach ihrer Bereitschaft, persönliche Daten mit Dritten zu teilen, antworten viele Deutsche ablehnend (vgl. Brandt 2018). Ja, die Bereitschaft zur Datenweitergabe schwankt innerhalb der Bevölkerung und auch im internationalen Vergleich, sie liegt aber so gut wie immer weit unterhalb dessen, was im Alltag fast ohne Zögern tatsächlich an Daten preisgegeben wird.

Die intensiven Diskussionen über den Datenschutz und die Datensparsamkeit der Corona-App (vgl. Westenthanner 2020) einerseits und andererseits die sorglose und exzessive Nutzung von Sozialen Medien oder auch das Teilen von Ortsdaten mit vielen Apps auf dem *Smart Phone* zeigen eine erhebliche Diskrepanz zwischen (bewusst) geäußertem und (unbewusst) gelebtem Verhalten.

Wenn sie digitale Dienste nutzen, durchlaufen die Menschen augenscheinlich einen vielschichtigen „Entscheidungsprozess". Der mag in Teilen unbewusst, spontan, nicht informiert oder „notgedrungen" ablaufen und einen Mix aus rationalen und emotionalen Abwägungen enthalten. Notgedrungen meint, dass weitverbreitete digitale Dienste von denen, die sie nutzen wollen, oft verlangen, großzügig in die Freigabe ihrer Daten einzuwilligen oder das sogar als Standardeinstellung erfragen. Der Lockstoff dafür ist dann das Argument, dass der jeweilige Dienst nur so ein individuelles Angebot erstellen könne. Vereinfacht gesagt: Nutzen des digitalen Dienstes gegen großzügiges Einwilligen in die Verwendung der Daten. Sofern der digitale Dienst eine Möglichkeit zum „Opt-out" bietet, also der Nutzer die freie Verwendung seiner Daten auch ablehnen kann, ist sie zu oft mit Nachteilen und Hürden beschwert, die den Dienst benutzerunfreundlich machen. Die Folge: Die Bequemlichkeit der Nutzer siegt und hat ihren Anteil an der „Bereitschaft", seine Daten zur freien Verwendung freizugeben.

Wirkungsvollstes Instrument gegen solche Praktiken, bei denen die Dienstleistung an eine großzügige Datenfreigabe gekoppelt wird, ist das Abschalten des Dienstes. Nichts trifft digitale Plattformen härter als versiegende Kundenaktivität. Nur wenige Nutzer greifen jedoch bisher zu diesem letzten Mittel. Persönliche Bequemlichkeit und „Lock-in"-Effekte halten selbst für informierte Zeitgenossen die Hürden des Abschaltens hoch. Nicht selten entwickeln die Nutzer dann eine Art „Hassliebe" zu solchen digitalen Angeboten.

Wer von uns ist schon in der Lage, die Breite und Tiefe der Informationen wirklich zu erfassen, die die Plattformriesen über uns sammeln? Kaum einem Nutzer der beliebten und kostenlosen digitalen Kommunikations- und Unterhaltungsdienste ist ausreichend transparent, geschweige denn wirklich bewusst, was da im Hintergrund hängen bleibt, wie groß der Informationsgehalt und der daraus abgeleitete Erkenntnisschatz der Daten ist, die wir hinterlassen, wenn wir uns im Netz bewegen.

Das mag auch erklären, warum bei der Corona-Warn-App die Gefahren des Datenmissbrauchs oder der Überwachung viel stärker diskutiert werden als bei Apps der Sozialen Medien. Die Funktion des anonymen Trackings von Begegnungen und des Anzeigens von Risikobegegnungen ist in der Wahrnehmung der Nutzer inhaltlich viel näher an einem denkbaren unerwünschten Verhalten als der Kern einer Social-Media-Applikation. So richtig es ist, den Datenmissbrauch bei einer Corona-Warn-App auszuschließen, so wichtig ist es, diesen grundsätzlich immer auszuschließen, und zwar unabhängig vom Design und vom Zweck der Applikation, die für den Nutzer im Vordergrund steht.

Gesetzgeber und Gesellschaft haben begonnen, das von den Nutzern häufig nolens volens preisgegebene Terrain zurückzuerkämpfen. Die Datenschutz-Grundverordnung (DS-GVO), die in allen Ländern der Europäischen Union am 26. Mai 2018 in Kraft getreten ist, wurde zum Schutz natürlicher Personen bei der Verarbeitung personenbezogener Daten und zum freien Verkehr solcher Daten erlassen. Sie regelt unter anderem die Definition sowie die Verarbeitung personenbezogener Daten.

> Als **identifizierbar** wird eine natürliche Person angesehen, die direkt oder indirekt identifiziert werden kann, insbesondere mittels Zuordnung zu einer Kennung wie einem Namen, zu einer Kennnummer, zu Standortdaten, zu einer Online-Kennung oder zu einem oder mehreren besonderen Merkmalen, die Ausdruck der physischen, physiologischen, genetischen, psychischen, wirtschaftlichen, kulturellen oder sozialen Identität dieser natürlichen Person sind.

> Als **"Verarbeitung"** versteht man jeden mit oder ohne Hilfe automatisierter Verfahren ausgeführten Vorgang oder jede solche Vorgangsreihe im Zusammenhang mit personenbezogenen Daten wie das Erheben, das Erfassen, die Organisation, das Ordnen, die Speicherung, die Anpassung oder Veränderung, das Auslesen, das Abfragen, die Verwendung, die Offenlegung durch Übermittlung, Verbreitung oder eine andere Form der Bereitstellung, den Abgleich oder die Verknüpfung, die Einschränkung, das Löschen oder die Vernichtung.

Dies sind alle Daten und Informationen, die sich auf eine identifizierte oder identifizierbare natürliche Person beziehen und deren Verarbeitung nur „im Falle eines Erlaubnistatbestands" zulässig ist. Die entsprechenden Tatbestände sind in Art. 6 der Verordnung aufgelistet. Dazu zählt etwa, dass die betroffene Person ihre Einwilligung gegeben hat oder dass die Verarbeitung für die Erfüllung eines Vertrages oder zur Durchführung vorvertraglicher Maßnahmen erforderlich ist.

Welche Daten wem zu welchem Zweck einmalig oder dauerhaft überlassen werden, wissen viele Nutzer in dem Moment, in dem sie zustimmen, einfach nicht, und im Nachhinein ist es so gut wie unmöglich, das noch herauszufinden. Viele Kunden empfinden diesen Mangel an Transparenz und Steuerbarkeit sehr deutlich – und nennen das als Grund dafür, warum sie – jenseits des *Smart Phones* – innovative Dienstleistungen nicht stärker nutzen.

Das Bedürfnis nach Transparenz und auch nach Schutz wird tendenziell weiter zunehmen. Innovationen neuer Ökosysteme wie *Smart Home* (vgl. Abschn. 4.3) oder *Smart Health* kriechen immer weiter in jeden Winkel der Privatsphäre hinein, und die Menge privater Daten bis hin zum digitalisierten eigenen Genom wird immer weiter wachsen.

Jetzt sind neue Chancen und neue Risiken kein exklusives Phänomen der Digitalisierung – jede leistungsfähigere Technologie, die die Welt erobert, bringt sie mit sich. Verbote würden Chancen zunichtemachen, eine unlimitierte Nutzungsmöglichkeit hingegen dem Missbrauch Tür und Tor öffnen. Digitale Dienstleistungen auf Basis individueller Gesundheitsdaten in Echtzeit können Leben verlängern oder gar retten, aber wenn sie in die falschen Hände geraten, auch den Zugang zu Krankenversicherungen und damit zu den Leistungen des Gesundheitswesens erschweren oder gar verschließen.

Im vor-digitalen Zeitalter haben sich Personen und Institutionen des Vertrauens etabliert, denen Bürger ihre vertraulichen Daten und wertvollen Gegenstände überlassen. Zu diesen Personen und Institutionen zählen der eigene Arzt und die eigene Bank. Für den digitalen Raum gibt es solche Personen und Institutionen noch nicht – weder durch digitale Transformation der bisherigen noch durch Entstehen neuer Institutionen. Entscheidend ist, dass dieser Transformations- und Entstehungsprozess bewusst und willentlich vonstattengeht. Das Verhaltensparadoxon, also der Widerspruch aus bewusstem, willentlichem Ablehnen und unbewusstem, unwillentlichem Gewähren sollten wir im Interesse unserer humanistischen Werte rasch aus der Welt schaffen.

Dafür brauchen wir eine deutlich intensivierte, gesellschaftliche Diskussion. Und wir sollten eine Politik unterstützen, die einen auf die Zukunft gerichteten und nutzerfreundlichen Rahmen für den Besitz, den Schutz und die widerrufliche Überlassung von Daten schafft. Damit wäre auch der Grundstein gelegt für die selbstbestimmte Kommerzialisierung der eigenen Daten (vgl. hierzu Abschn. 3.3). Und die Zeit drängt. Wir müssen diesen rechtlichen und normativen Rahmen erheblich schneller zimmern, als wir uns etwa auf detaillierte Verkehrsregeln geeinigt haben, nachdem das Automobil erfunden worden war.

Die Unternehmen sind in einer solchen Transformation keinesfalls Zuschauer. Sie sollten die gesellschaftliche Debatte mit vorantreiben, das Bewusstsein bei den Nutzern wachrütteln und Angebote entwickeln, die sowohl Kopf und Verstand als auch Herz und Bauch der Kunden erreichen. Ein Element ihres Beitrags ist auch, ihren Kunden ein Versprechen für den verantwortungsvollen Umgang mit den Daten und ihrer Nutzung zu geben (vgl. Abschn. 3.4 und auch Abschn. 8.4).

3.3 Gesellschaftliche Debatte und Gesetze zur Demokratisierung des Datenbesitzes

Der Druck einer immer besser informierten und vernetzten Öffentlichkeit hin zu einem verantwortungsvollen Umgang mit Daten nimmt weiter zu. Dagegen spielt der Wunsch nach Teilhabe an den Kommerzialisierungserlösen von Daten noch eine untergeordnete Rolle; Gleiches gilt für den Wunsch, die Entscheidung über die Kommerzialisierung selbst treffen zu können. Je weiter die Digitalisierung des täglichen Lebens jedoch fortschreitet und je mehr das Verständnis für den Wert der Daten wächst, desto lauter werden die Stimmen werden, die genau das fordern. Diese Forderungen werden auch in der Diskussion um ein bedingungsloses Grundeinkommen Platz greifen. Schließlich sind Daten von Nutzern und Konsumenten mittlerweile ein zentraler Produktionsfaktor in einer sehr großen Zahl von Geschäftsmodellen.

Sollten diese Stimmen kein Gehör finden und man verweigerte den Menschen die Teilhabe an den Gewinnen aus Daten, hätte das enorme gesellschaftliche Sprengkraft. Denn verglichen mit anderen Produktionsfaktoren hieße das etwa am Beispiel der Arbeit in letzter Konsequenz nichts anderes, als dass man den Menschen den Arbeitslohn verweigerte.

Wenig überzeugend ist in diesem Zusammenhang die Argumentation, dass mit der kostenlosen Nutzung des digitalen Dienstes bereits die Gegenleistung für das entgeltlose Überlassen der Daten erbracht sei. Man könnte auch sagen, das muss wohl ein Scherz sein: Denn wenn etwa eine Brauerei ihren Mitarbeitern jede Woche ein Quantum Freibier gibt, kann das vielleicht die Bezahlung ergänzen, aber doch nicht ersetzen. Kurz: Die Wertschöpfung aus Daten fair zu verteilen, wird zum zentralen Element eines digitalen Gesellschaftsvertrages.

Ein faires und stets eingelöstes Datenversprechen könnte in Zukunft – so wie ein Versprechen zum Schutz der Umwelt – Voraussetzung dafür sein, dass Kunden und Geschäftspartner das Unternehmen akzeptieren, also seine „Licence to Operate". Bis sich Umweltthemen und Nachhaltigkeit von den Rändern ins Zentrum der Gesellschaft vorgeschoben hatten, brauchte es Vorbilder und Vorreiter. Die braucht es auch beim Thema

3.3 Gesellschaftliche Debatte und Gesetze zur Demokratisierung des Datenbesitzes

Datenwerte. Im Falle der Umwelt benötigte die Bewegung mehrere Jahrzehnte, bei den Daten muss das viel schneller gehen.

Für die Debatte in Politik, Gesellschaft und Wirtschaft sind daher Pioniere gefragt. Politiker, die eine Vision für die Gesellschaft im digitalen Zeitalter entwerfen. Und Unternehmen, für die es selbstverständlich ist, dass sie den Produktionsfaktor Kundendaten verantwortungsvoll nutzen und fair bezahlen (vgl. auch Abschn. 7.1).

Dies meint für Kunden Transparenz und Zugang zu „ihren" Daten bei den unterschiedlichsten Anbietern digitaler und nicht-digitaler Dienstleistungen. Kunden benötigen Zugriff auf „ihre" Datenkonten (sog. Accounts) und die Hoheit, darüber zu entscheiden, wer die Daten wofür nutzen darf. So kann der Zugriff von Dritten auf die Daten gesteuert und die Erlaubnis dafür einmalig, für eine gewisse Zeitspanne oder auch dauerhaft erteilt werden. Zugriffe ließen sich dann auch je Datenkonto separat kommerzialisieren.

Für einen möglichen gesetzlichen Rahmen könnte die zweite Europäische Zahlungsdienstrichtlinie (Payment Service Directive 2, PSD2) Ideengeber sein. Sie trat am 12. Januar 2016 in Kraft und wurde am 13. Januar 2020 in nationales Recht übersetzt (Richtlinie (EU), 2015/2366; https://eur-lex.europa.eu/eli/reg_del/2018/389/oj):

- Sie verpflichtet Kreditinstitute, Dritten auf Wunsch des Kunden einen standardisierten Zugriff auf die Daten des Kunden zu geben (sog. Acces-2-Accounts, X2A).
- Die Intention des Gesetzgebers ist, den Wettbewerb zwischen Banken und sogenannten Fintechs, Technologie-Start-ups im Bereich Finanzdienstleistungen, zu fördern. Fintechs haben durch PSD2 die strukturelle Möglichkeit, als sogenannte Konto-Informationsdienste oder Zahlungsauslösedienste entsprechende Dienstleistungen für ihre Kunden auf Basis der Bankdaten- und Infrastrukturen anzubieten. Voraussetzung aufseiten der Anbieter, um X2A zu nutzen, ist in Deutschland eine entsprechende Lizenz der Bundesanstalt für Finanzdienstleistungsaufsicht (BaFin).
- Diese Möglichkeit steht grundsätzlich allen Unternehmen aller Branchen offen. Andere Branchen kennen jedoch eine solche regulatorisch erforderliche X2A-Regelung bislang nicht (Daraus ergibt sich auch ein struktureller Wettbewerbsnachteil für Banken gegenüber neuen Wettbewerbern aus der Technologiebranche entstanden. Dieser soll hier nicht im Vordergrund stehen.).
- Aus Sicht des Kunden bietet X2A die Möglichkeit, seine Bankdaten Dritten für Mehrwertdienste wie automatisierte Vertragsoptimierung im Bereich Strom, Gas oder Versicherungen zu geben und von den daraus resultierenden Einsparungen unmittelbar zu profitieren.

Nach einer vergleichbaren X2A-Logik sollten Nutzer auch ihre Daten aus den Sozialen Medien, Fitness-Trackern, E-Commerce, Mobilitäts-Plattformen oder dem *Smart Home* ausgewählten Dritten willentlich zur Verfügung stellen können. Kommerzialisiert werden könnten die Daten dann mittelbar in Form günstigerer Tarife, Produkte und Dienstleistungen oder auch unmittelbar über eine direkte Bezahlung. Hierfür müssten die X2A-Regelungen der PSD2 in die branchenübergreifend gültige DSGVO einbezogen werden.

Eine Idee wäre, den technischen Datenstandard zu ergänzen, der in der DSGVO fehlt, und damit die Portabilität der Daten entscheidend zu fördern. Den verantwortlichen Politikern möchte man zurufen, dass die richtige Idee bislang im falschen Gesetz gelandet ist.

Eine gesetzliche Norm für möglichst alle Branchen mag die Diskussion in der Gesellschaft anheizen und das Vertrauen der Bürger, Kunden und Nutzer in neue digitale Dienste stärken, die auf individuellen und sensitiven Daten basieren. Ein solcher gesetzlicher Rahmen wird dann den erwünschten Impuls setzen, wenn die gesellschaftliche Dimension erläutert und verstanden wird und infolgedessen die Bürger und Kunden einen Mehrwert für sich erleben.

Diesen Mehrwert einzulösen ist die Aufgabe und die Chance von verantwortungsvoll agierenden Unternehmen und öffentlichen Einrichtungen. Für sie sind Kundendaten keine kostenlos und beliebig verwertbare Ressource, sondern ein zu schützendes Gut, das sie zeitlich befristet und zweckgebundenen überlassen bekommen.

Modellprojekte könnten das digitale Bürgerkonto, die digitale Krankenakte und digitale Identitäten (vgl. auch Abschn. 5.4) sein. Mit ihnen ließe sich einerseits ein Standard im vertrauenswürdigen Umgang mit Daten setzen. Andererseits könnten die Bürger und Nutzer in der Breite mit dem Prinzip digitaler Konten vertraut gemacht werden und damit, wie man Dritten die Erlaubnis erteilt, die eigenen Daten temporär zu nutzen.

3.4 Wertversprechen auf Basis von Daten für den digital aufgeklärten Kunden – Beispiel Versicherungswirtschaft

Mit den individuellen Daten der Kunden lassen sich ganz neue Wertversprechen und ganz neue Dienstleistungen entwickeln, die bisher bekannte Lösungen bei Weitem übertreffen oder ganz überflüssig machen können.

So könnten sich Kunden nicht nur gegen das Eintreten von Risiken finanziell absichern. Vielmehr wäre es möglich, vorausschauend bereits das Eintreten von Risiken zu vermeiden oder die Wahrscheinlichkeit dafür so weit wie möglich zu reduzieren:

Krankenversicherungen, die Kunden empfehlen, wie sie gesundheitsbewusst und sportlich leben, und eine solche Lebensführung mit günstigeren, datengestützten Versicherungsprämien belohnen, sind ein Beispiel, und erste Produkte wie etwa „Generali Vitality" sind bereits auf dem Markt (https://www.generalivitality.com/de/de/so-funktioniert-vitality/). Ein weiteres Beispiel aus der bereits gängigen Praxis sind Telematik-Tarife, welche die Kfz-Versicherungsprämie dynamisch entsprechend dem Fahrverhalten berechnen (vgl. Verbraucherzentrale 2021).

Mit X2A wäre jedoch leicht und standardisiert noch viel mehr möglich. Die Daten des *Smart Home* etwa haben das Potenzial, mit ihnen Schäden und Unfälle von vornherein auszuschließen. Offene Fenster oder nicht mehr einwandfrei arbeitende, elektrische Geräte wären nicht länger Einfallstor für Einbrecher, Unwetter oder Feuer. Hausrat- und Wohngebäudeversicherungen beschützten dann wirkungsvoller den Besitz. In zahlreichen

Kooperationen arbeiten Versicherer (vgl. Allianz o. J.; vgl. HDI o. J.) gemeinsam mit *Smart-Home*-Anbietern daran, wie sie mit innovativen Angeboten diesen Datenschatz nutzbar machen können (vgl. auch Abschn. 4.3).

Ein weiteres Beispiel: Der Versicherungskonzern Axa und und die Kölner Polizei haben die Begleit-App „Wayguard" entwickelt, die auf dem Nachhauseweg das Wertvollste beschützt, das Eltern haben: ihre Kinder (https://wayguard.de/features/). Wayguard bietet GPS-Begleitung einschließlich GPS-gestützter Notruffunktion, Verhaltenstipps sowie Notfallinseln als Zufluchtsorte unterwegs.

Mit dieser Erweiterung des Angebotes im Sinne der Kunden positioniert sich die Versicherungsbranche noch viel stärker im Bereich der Vorsorge. Ein Begriff, der innerhalb der Branche bislang den Angeboten der Rentenversicherungen vorbehalten ist. Dank der Digitalisierung sind diese buchstäblich vorsorgenden Angebote in der Lage, Wohlergehen, Gesundheit und Lebenserwartung der Kunden zu steigern und damit eine ganz eigene Kategorie der Nachhaltigkeit zu definieren. Der Versicherer wird zum Lebensbegleiter.

So offensichtlich der Mehrwert durch Daten häufig ist, so groß ist oft auch die Zurückhaltung aufseiten der Kunden. Mit jedem weiteren Dateneinsatz steigen die Erwartung der Kunden und die Verantwortung der Unternehmen. Die Kunden beginnen, sich neue Fragen zu stellen: „Was habe ich von der Bereitstellung der Daten?" und „Was passiert mit diesen Daten?". Auf diese Fragen braucht der Anbieter überzeugende Antworten, etwa über einen transparenten Datendialog und ein Nutzenkonto:

- Der Datendialog macht jederzeit transparent, welche Daten erhoben oder ermittelt werden und wo diese Daten dann zur Anwendung kommen. Dazu gehört auch eine nutzerfreundliche Möglichkeit, die Erlaubnis zu Datenverwendung stets widerrufen zu können, sowie die Wahl, seine Daten für die Dienste Dritter zu nutzen.
- Für den Kunden, der der Verwendung seiner Daten zustimmt, sind Einsparungen, ein erweiterter Versicherungsschutz oder auch qualitative Mehrwerte drin. Diese muss der Kunde übersichtlich in seinem Nutzerkonto finden, nicht zuletzt, um den weiteren Datendialog im Sinne einer Win-Win-Situation voranzutreiben.

Diese schöne Win-Win-Situation könnte mit der fortschreitenden Individualisierbarkeit der Risikoermittlung auf der Grundlage von Daten allerdings mittelfristig an Grenzen stoßen. Denn sie greift zunehmend das sogenannte Kollektivprinzip und damit das Grundprinzip heutiger Versicherungen an. Mit fortschreitender Individualisierbarkeit werden hohe Risiken immer teurer und sind irgendwann gar nicht mehr zu versichern. Niedrige Risiken benötigen immer weniger Schutz oder werden immer günstiger. Der Nutzen aus der Bereitstellung von Kundendaten kann für den einzelnen Kunden dann auch negativ ausfallen. Umso wichtiger ist es, dass der Nutzer den Vorteil seiner Daten versteht und selbst darüber entscheidet, ob er sie bereitstellen möchte.

Dies sind einige Überlegungen zum Wertversprechen und der (neuen) Verantwortung am Beispiel der Versicherungsbranche. Solche Überlegungen lassen sich in unterschiedlicher Form für jede Branche anstellen.

Wie lange noch Daten, die aus der Produktnutzung entstehen, von den Anbietern kostenlos vereinnahmt werden können oder wann sie einen expliziten Wert und Preis erhalten, ist eine der entscheidenden Fragen im Kontext von Daten, Wirtschaft und Gesellschaft. Am Beispiel immer stärker vernetzter Autos könnte das heißen, dass der Preis eines Neuwagens niedriger ist, wenn der Käufer zustimmt, dass Daten einschließlich von Informationen zu Straßenverhältnissen, Verkehrslage usw. überlassen werden, und der Preis höher ausfällt, wenn der Käufer das ablehnt. Ob es solche Angebote geben wird und ob sie sich durchsetzen, wird die Zukunft zeigen. Wem die digitale Mündigkeit der Menschen am Herzen liegt, sollte über solche Angebote und deren Nutzung intensiv nachdenken.

Die Antwort auf die Fragen, ob und wie Nutzer an dem Wert „ihrer" Daten teilhaben können und ob sie dadurch womöglich ein Basiseinkommen auf Grundlage ihrer Daten erzielen können, wird im digitalen Zeitalter nicht nur die Wirtschaft, sondern auch die Gesellschaft maßgeblich prägen. Die Antworten müssen Wirtschaft, Politik und Gesellschaft im Lichte der Normen, Werte und Gesetze des jeweiligen Kulturkreises geben. Eine Welt, in der der Besitz von Daten in der Hand von ganz wenigen läge, würde nicht nur den Wettbewerb und damit die Innovationskraft in der Breite schwächen, sondern entzöge vielen Menschen einen immer wesentlicheren Teil ihrer ökonomischen Grundlage.

In einer Wirtschaft und in Geschäftsmodellen, welche die Zukunft fest im Blick und das humanistische Weltbild als Wertegerüst haben, müssen Menschen im Besitz ihrer Daten sein und faire Entlohnung erhalten, wenn Dritte diese Daten nutzen wollen.

Im Bereich der Umwelt und im verantwortungsvollen Einsatz der Ressource Erde ist der Zeitgeist – im Vergleich zu Daten – schon um einiges weiter. Die negativen Folgen einer kostenlosen Nutzung sind dort intensiver diskutiert, besser verstanden und in milden Wintern und heißen Sommern auch in Deutschland für alle unmittelbar körperlich zu spüren.

Für die Gestaltung von Geschäftsmodellen und den Nutzen neuer Technologien sind beide, der verantwortungsvolle Umgang mit Daten und der verantwortungsvolle Umgang mit der Umwelt, eine Conditio sine qua non.

Exkurs: Grüne Nachhaltigkeit als neuer Zweck – Die Digitalisierung macht's möglich
Neue Technologien und neue Geschäftsmodelle sind kein Selbstzweck, sondern immer Mittel zum Zweck: Sie können ein sehr wirkungsvoller Hebel sein, um die Probleme der Menschheit zu lösen und die Wünsche unterschiedlicher Interessengruppen zu erfüllen.

Der Klimawandel und die Anstrengungen, ihn wenigstens aufzuhalten, wie der „New Green Deal" der Europäischen Union, bestimmen ungeachtet der Pandemie immer stärker die Agenda von Gesellschaft, Politik und Wirtschaft (vgl. erster Abschnitt dieses Exkurses). Am Kapitalmarkt, auf dem die Interessen der Aktionäre und des Kapitals dominieren, rücken Klimawandel und Nachhaltigkeit in den Fokus von Investoren und Anlegern (vgl. zweiter Abschnitt). Am Beispiel der Bankenindustrie bespricht der dritte Abschnitt, welche fundamentale Neudefinition des Zwecks ganzer Industrien das Thema Nachhaltigkeit potenziell bewirken kann.

Digitale Technologien können und Geschäftsmodelle müssen einen entscheidenden Beitrag zum Schutz des Klimas leisten (vgl. vierter Abschnitt). Ein Großteil davon liegt noch in der Zukunft. Um Geschäftsmodelle „grün" zu gestalten, geht es auch im digitalen Zeitalter nicht ohne technologischen Fortschritt und wirtschaftlichen Erfolg.

Klimawandel und „New Green Deal" ganz oben auf der Agenda von Gesellschaft, Politik und Wirtschaft
Schon immer sind industrieller Fortschritt und die Ausbeutung von Ressourcen zwei Seiten einer Medaille. Die Liste von Beispielen ist leider lang und ließe sich leicht noch verlängern: Flüsse wurden als Abwasserkanäle der chemischen Industrie missbraucht, die industrialisierte Viehzucht und Landwirtschaft haben sich in vielen Ländern mit Brandrodung und mit der Überdüngung von Böden versündigt, Kohlekraftwerke und Hochöfen waren verantwortlich für die erhebliche Rauchgasverschmutzung und Autoverkehr und Fabrikschlote standen lange für Smog-Wolken.

Die an der Umwelt verursachten Schäden waren über viele Jahrzehnte lokale Probleme. Und die Ressource Umwelt ist – abgesehen von Strafzahlungen und Umweltauflagen – auch heute noch ein weitgehend kostenloser Produktionsfaktor. Den Verbrauch oder sogar die Schädigung der Umwelt, für die der Verursacher nicht aufzukommen hat und die für seine Entscheidungen kaum eine Rolle spielt, bezeichnet die Wirtschaftstheorie als externen Effekt oder Externalität (vgl. https://wirtschaftslexikon.gabler.de/definition/externer-effekt-34801).

Der wachsende CO_2-Ausstoß, die Erderwärmung und der daraus resultierende Klimawandel, der Rückgang der Artenvielfalt, der Verbrauch von Süßwasser und die Übersäuerung der Ozeane sind nun globale Probleme mit globalen Wirkungsketten, bei denen die Belastungsgrenzen des Planeten aus Sicht von Experten in einigen Bereichen bereits überschritten sind (vgl. Stockholm Resilience Centre o. J., vgl. Friedman 2016, S. 165 ff.).

Wer den Lebensraum von Menschen, Fauna und Flora erhalten und dauerhaft bewahren will, muss die Probleme sehr breit angehen. Das Hauptaugenmerk von Politik und Wissenschaft liegt auf der Reduktion des Treibhausgases CO_2. Vereinbartes Ziel der Pariser Klimaschutzkonferenz (COP21) vom Dezember 2015 ist die Begrenzung des Temperaturanstieges auf maximal 1,5 bis 2,0 Grad Celsius gegenüber dem vorindustriellen Zeitalter (vgl. European Commission o. J.; vgl. BMU o. J. a, b). Die von den Ländern bis Mitte 2020 bislang gemeldeten Maßnahmen und Ziele reichen aber noch nicht aus. Weitere Nachbesserungen als „*Nationally Determined Contributions (NDCs)*" sollen noch 2020 folgen (vgl. United Nations Climate Change o. J., vgl. Fransen und Waskow 2019).

Deutschlands Mittelfristziel bis 2030 ist das Senken der Treibhausgasemissionen um mindestens 55 Prozent gegenüber dem Niveau von 1990 (vgl. BMU o. J. b). Dies erfordert nicht weniger als einen fundamentalen Umbau der Infrastruktur im Bereich Energie, Verkehr und Industrie sowie des Gebäude- und Immobilienbestandes.

Der Bau und Verkauf der Infrastruktur des zu Ende gehenden industriellen Zeitalters, benzingetriebene Automobile, das Fördern und die Raffinerie fossiler Brennstoffe sowie der Bau und Betrieb fossil-befeuerter Kraftwerke werden zu den gestrandeten Anlagewerten der 3. Industriellen Revolution zählen (vgl. Rifkin 2019).

Die physischen und virtuellen Infrastrukturen des neuen digitalen Zeitalters haben viele Investitionsschwerpunkte: Glasfaser- und intelligente Stromnetze, Mobilfunk mit 5G, Cloud-Computing, Netzwerke an dezentralen Kraftwerken und Ladestationen, ein vernetzter und renovierter Baubestand, Flotten autonom fahrender Fahrzeuge (vgl. Rifkin 2019, S. 76 f. und S. 97 f.). Die Infrastruktur des vierten industriellen Zeitalters basiert maßgeblich auf den neuen digitalen Technologien.

Die für den Umbau der Infrastrukturen erforderlichen Investitionen sind in den kommenden Jahrzehnten immens. Für die USA beziffert Jeremy Rifkin diese auf 4,6 Prozent des Bruttoinlandsprodukts (BIP) über einen Zeitraum von 20 Jahren. Das ist auf Basis des Jahres 2018 ein rechnerischer jährlicher Betrag von 460 Milliarden US-Dollar und in etwa die doppelte Summe, die Stand Ende 2020 in die bestehenden Infrastrukturen investiert wird (vgl. Rifkin 2019, S. 205). Ursula von der Leyen, EU-Kommissionspräsidentin, bezifferte bei der Vorstellung des Green Deals der Europäischen Union den zusätzlichen Investitionsbedarf für ein klimaneutrales Europa mit 1,5 Prozent der jährlichen Wirtschaftsleistung, was rund 260 Milliarden Euro entspricht (vgl. o. V. 2019a).

Einen ersten großen Impuls für die Infrastruktur können die staatlichen Ausgaben- und Hilfsprogramme zur Bekämpfung der wirtschaftlichen Folgen der Corona-Pandemie setzen. So kann ein ausgewählter Mix an nachhaltigen Investitionen einen deutlich positiveren Wachstums-, Beschäftigungs- und Klimaeffekt erzielen, als dies bei herkömmlichen Investitionen der Fall wäre, argumentieren Studien aus dem Juni 2020 (vgl. Hepburn et al. 2020; vgl. McKinsey & Company 2020).

Nach einer im Mai 2020 veröffentlichten Studie des Instituts für Demoskopie Allensbach (vgl. o. V. 2020) bereitet kein anderes Thema den Menschen in Deutschland mehr Sorgen als der Klimawandel. Eine im Juni 2020 veröffentlichte McKinsey-Studie zeigt, dass auch die Mehrheit der Bevölkerung in den USA, China, Indien, Japan, UK und Frankreich eine klare Präferenz dafür hat, klimaneutrale Maßnahmen bei den Pandemie-Wirtschaftshilfen zu priorisieren (vgl. McKinsey & Company 2020).

Kein dauerhafter Erfolg am Kapitalmarkt ohne Nachhaltigkeit
Nachhaltigkeit und die Bekämpfung des Klimawandels, seit Jahrzehnten Gegenstand der politischen und gesellschaftlichen Debatte, sind nun auch bestimmende Themen für die Kapitalanlage geworden. Zahlreiche Pensionsfonds, Kapitalanlagegesellschaften und Versicherungsunternehmen haben Ziele zur Erhöhung des Anteils nachhaltiger Investitionen bekannt gegeben. Ein prominentes Beispiel ist die „Net-Zero Asset Owner Alliance" (AOA) (vgl. United Nations Environment Programme Finance Initiative o. J. a; vgl. o V. 2019b). Diese wurde im September 2019 unter anderem von den Versicherungsunternehmen Allianz und SwissRe gegründet. Die AOA verfolgt das Ziel, bis zum Jahr 2050 ihre gesamten Vermögenswerte klimaneutral anzulegen. In der Zwischenzeit sind weitere namhafte Unternehmen wie die MunichRe, Zurich, Axa und CalPERs beigetreten und die AOA reprä-

sentiert inzwischen ein verwaltetes Vermögen von mehr als 4000 Miliarden US-Dollar (vgl. United Nations Environment Programme Finance Initiative o. J. b).

Der offene Brief, den Larry Fink, Chairman und CEO der weltgrößten Kapitalanlagegesellschaft Blackrock, Anfang des Jahres 2020 an die CEO der Blackrock-Portfolio-Unternehmen versendet hat, ist eine Zäsur für die „neue" Relevanz von Nachhaltigkeit in der Kapitalanlage (vgl. Fink 2021). Überschrieben war der Brief mit „A Fundamental Reshaping of Finance". Er behandelte die Themen Klimawandel, Nachhaltigkeit und deren Auswirkungen auf Vermögenswerte, Unternehmensstrategien sowie die künftige Allokation von Kapital. Sehr maßgeblich für die Bewertung eines Vermögenswerts oder eines Geschäftsmodells wird aus Sicht von Fink, in welchem Ausmaß es den Risiken des Klimawandels ausgesetzt ist. Klimarisiken rücken damit gleichberichtigt auf neben Marktrisiken oder Länder- und Branchenrisiken als eine separate, sehr bedeutende Risikokategorie für die Anlageentscheidung.

Unternehmen, deren Strategie und Geschäftsmodell die Themen Klimawandel und Nachhaltigkeit zukünftig nicht adäquat berücksichtigen, werden von Anlegern mehr und mehr kritisch gesehen und sind mit wachsenden Kapitalkosten konfrontiert. Zwar dauern die Klimaveränderungen und der Umbau der Infrastrukturen und Geschäftsmodelle Jahrzehnte, aber die Kapitalmärkte antizipieren den strukturellen Wandel in ihren Kursen deutlich schneller. So finden sich in den Ranglisten der nach Marktkapitalisierung größten Unternehmen immer weniger Vertreter aus den Infrastrukturbereichen des zu Ende gehenden industriellen Zeitalters.

Den neuen Unternehmenszweck („Purpose") und dessen Akzeptanz wird das verantwortungsvolle Handeln bestimmen für das gesamte Spektrum der Stakeholder von Aktionären, Mitarbeitern, Kunden, Gesellschaft, Politik und Umwelt. Aktivitäten, welche die Gesellschaft oder Umwelt schädigen, werden den Unternehmenswert reduzieren und die Wettbewerbsfähigkeit eines Unternehmens dauerhaft beeinträchtigen. Fink schreibt in seinem Brief: *Ultimately, purpose is the engine of long-term profitability*. Darüber hinaus erwartet er, dass das Umdenken in der Kapitalanlage sich in dem Maße beschleunigen wird, wie die Generation der sogenannten Millennials, also der um die Jahrtausendwende Geborenen, Führungspositionen in Unternehmen und Politik übernehmen oder als Erben die Anlageschwerpunkte ihrer Vermögen bestimmen wird.

Nachhaltigkeit als ultimativer Zweck am Beispiel der Bankenindustrie
Für den Bankensektor sind der Klimawandel, der Umbau der Infrastrukturen und der Übergang ins digitale Zeitalter besondere Herausforderungen und zugleich einmalige Chancen (vgl. Schäfer 2019).

Die besondere Herausforderung liegt unter anderem im Bilanz- und Risikomanagement sowie dem dafür erforderlichen Aufbau des branchenspezifischen Klima-Knowhows. Die Werthaltigkeit kreditfinanzierter Vermögenswerte, die den Auswirkungen des Klimawandels besonders stark ausgesetzt oder Teil der abzulösenden Infrastruktur sind, wird immer stärker unter Druck geraten. Die Ausfall- und Verlustrisiken infolge des Klimawandels und des damit verbundenen Umbaus zu einer klimaneutraleren Wirtschaft schätzen Experten weit höher als die der letzten Finanzmarktkrise (vgl. Eceiza et al. 2020). Folgerichtig haben Bankenaufsichtsbehörden wie die EZB, die BaFin oder die Bundesbank die Geschäftsbanken bereits 2019 verpflichtet, Klimarisiken in ihr Risikomanagement zu integrieren (vgl. Kokert und Wittchen o. J.).

Das Wissen und Können, die für das Management der Risiken notwendig sind, die bereits heute in den Kredit- oder Anlagebüchern der Banken, Versicherungen oder Kapitalanlagegesellschaften schlummern, bieten in Zukunft eine einmalige Opportunität, und zwar beim Wirtschaftspotenzial genauso wie für den gesellschaftlichen Beitrag.

Das Wirtschaftspotenzial für die Finanzinstitute liegt in der Finanzierung nachhaltiger Investitionen der Kunden. Das kann entweder über entsprechende Kreditvergabekriterien im eigenen Buch oder Anlagekriterien nachhaltiger Fonds passieren oder über die Anlageberatung ihrer privaten sowie institutionellen Kunden. Dadurch wird die Re-Allokation des Kapitals zugunsten klimaneutraler Investitionen erheblich beschleunigt. Ein Beispiel für ein weltweit genutztes Regelwerk zu Mindest-Umwelt- und Sozialstandards sind die sogenannten Äquator-Prinzipien, die von mehr als 100 Kreditinstituten im Bereich der Projektfinanzierung genutzt werden (vgl. Equator Principles o. J.).

Darüber hinaus sollten Finanzdienstleister in ihren eigenen Geschäfts- und Verwaltungsaktivitäten ein klares Versprechen für zügige Klimaneutralität abgeben. Als tertiärer Dienstleistungssektor ist der CO_2-Fußabdruck der eigenen Produkte und Dienstleistungen deutlich weniger ausgeprägt als beispielsweise im produzierenden Gewerbe. Ein solcher umfassender Fokus auf Nachhaltigkeit lässt sich zudem in der eigenen Refinanzierung beispielsweise durch Ausgabe von grünen Anleihen gewinnbringend für Unternehmen und Umwelt einsetzen.

Ein klares und vorgelebtes Bekenntnis zur Nachhaltigkeit richtet das Handeln und den Unternehmenszweck der Finanzdienstleistungsbranche wieder viel stärker an den Erwartungen von Gesellschaft, Politik, Bürgern und Kunden aus und ersetzt den kurzfristigen Shareholder Value durch den viel breiteren und nachhaltigeren Stakeholder-Fokus.

Über den Unternehmenszweck von Banken wurde insbesondere während der Jahre der Finanzmarktkrise viel diskutiert. Vom Geldverdienen als einzigem „Purpose", von zerstörtem Vertrauen und vom Verlust des Platzes in der Mitte der Gesellschaft wurde oft gesprochen. Als Dienstleister, Lenker und Aktivierer („Enabler") des nachhaltigen Umbaus von Wirtschaft und Gesellschaft mit eigener Vorbildfunktion könnten die Banken nichts weniger als einen neuen Unternehmenszweck formulieren (vgl. Skinner o. J.): „*To make society better*".

In der voranschreitenden Digitalisierung vieler Lebens- und Wirtschaftsbereiche wird die Relevanz und Notwendigkeit eines solchen Versprechens weit über die Welt der heutigen Produkte und Dienstleistungen hinausgehen.

Grünes Zukunftspotenzial digitaler Technologien und Geschäftsmodelle
Das wachsende Bewusstsein für Nachhaltigkeit bei Investoren, Kunden, Mitarbeitern und Gesellschaft sowie der grundlegende Umbau der Infrastruktur verlangen erhebliche Prozess- und Produktinnovationen und fördern eine Vielzahl neuer Geschäftsmodelle.

Digitale Technologien spielen sowohl bei der Reduktion des Ressourcenverbrauchs als auch bei der optimierten Nutzung der Produkte, Maschinen und Anlagen eine Schlüsselrolle. Dieser Ansicht ist unter anderen Andy McAfee, Co-Director des MIT Institutes of the Digital Economy. In seinem Buch „More From Less" zeigt er eindrucksvoll, in welchen Bereichen dies bereits heute der Fall ist. Er verdeutlicht, dass sich dadurch die Weltbevölkerung etwa im Verbrauch vieler Rohstoffe bereits „Post-Peak" befindet. Diesen Pfad bezeichnet er als De-Materialisierung und gibt als Beispiele den Verlauf der Jahresverbrauchsmengen der US-Ökonomie bei Stahl, Kupfer, Aluminium und Nickel, den Verbrauch von Düngern und Wasser in der Landwirtschaft oder den Verbrauch von Zement, Holz, Papier und Leder. Überall liegen sowohl absolute als auch relative Höchstwerte – gerechnet auf das jeweilige Bruttoinlandsprodukt – bereits mehrere Jahre in der Vergangenheit (vgl. McAfee 2019, S. 79–84).

Als Beispiele neuer Geschäftsmodelle, Produkte und Technologien, die aktuell einen merklichen Beitrag zur Reduktion des Ressourcenverbrauchs leisten, nennt er:

- neue Energiequellen aus Wind und Solar anstelle Kohle: „swap of ressources"
- neue Mobilitätskonzepte wie E-Hailing, Carsharing: „optimize of ressources"
- neue Kommunikationsinstrumente, etwa das *Smart Phone*: „evaporate of ressources"

Das *Smart Phone* sieht er als aktuellen Weltmeister der De-Materialisierung, da es viele frühere Geräte wie Telefon, Videorekorder und Kassettenrekorder in sich bündelt (vgl. McAfee 2019; S. 111) und zugehörige Medienträger überflüssig gemacht hat. Zudem bot es für zahlreiche Plattformgeschäftsmodelle etwa bei Reise oder im Handel erst die Grundlage. Nicht zuletzt leistet es auch einen wesentlichen Beitrag zum Arbeiten von unterwegs oder zu Hause.

Wirkmächtige Kräfte dieser De-Materialisierung sind aus Sicht von McAfee der Kapitalismus (vgl. McAfee 2019, S. 263–266) und der technologische Fortschritt. Der Kapitalismus dringt auf einen geringeren Ressourcenverbrauch, mit dem sich die Ergebnisse steigern lassen, der technische Fortschritt macht genau das über viele unterschiedliche innovative Wege möglich: „swap", „evaporate" und „optimize".

Digitale Technologien sind mitnichten alleine, aber doch ganz wesentlich für den technologischen Fortschritt verantwortlich. Zum einen unmittelbar: durch die Digitalisierung von Produkten und Dienstleistungen (sog. Everything-as-a-Service) und darüber, diese über digitale Marktplätze und Plattformen zugänglich zu machen. Zum anderen mittelbar: durch die Optimierung von Produktions- und Betriebsprozessen auf der Basis von Daten, die den Ressourcenverbrauch reduzieren oder dafür sorgen, dass man sie länger nutzen kann. Wichtige Technologien dafür sind unter anderem Sensorik und 5G, KI-Verfahren der Mustererkennung sowie Cloud-Computing.

Je weiter die Technologie fortschreitet und je passgenauer sie genutzt wird, um Nachhaltigkeitszeile zu erreichen, desto greifbarer wird das „grüne" Potenzial der Digitalisierung in den kommenden Jahren werden. Es wird die Effekte des bisherigen De-Materialisierungsweltmeisters *Smart Phone* weit übertreffen.

Stand heute wird sich das „grüne" Potenzial in folgenden Wirtschaftsbereichen voraussichtlich am stärksten entfalten:

- Im Aufbau eines intelligenten Stromnetzes (vgl. auch Abschn. 4.3 und 5.1) mit innovativen Speicher- und Mikrokraftwerkslösungen, auch als Voraussetzung für den weiteren Ausbau erneuerbarer Energien und den gleichzeitigen Rückbau der fossilen Energieversorgung
- In der Entwicklung geteilter und autonomer Mobilitätskonzepte (sog. *Smart Car*, siehe auch Abschn. 4.2) – neben dem aktuellen nationalen Industriefokus, die Antriebstechnologie auf Elektrizität und Wasserstoff umzustellen
- Im intelligenten Gebäudemanagement u. a. dank Smart Meter (sog. *Smart Home*), im Gleichschritt mit der Sanierung von Gebäuden und grünen Neubaustandards
- In intelligenten Wertschöpfungsketten und Produktionsanlagen (sog. *Smart Factory*, siehe auch Abschn. 4.4) sowie in intelligenten Maschinen mit vorausschauender Wartung (sog. *Smart Services*), während gleichzeitig neue Produktionsverfahren entwickelt und neue Werkstoffe verwendet werden

Klimawandel, Klimaneutralität und Nachhaltigkeit stehen bereits heute weit oben auf den Agenden von Politik, Gesellschaft und Wirtschaft. Dies wird noch stärker der Fall sein, wenn wir die Corona-Pandemie unter anderem dank in hoher Zahl verabreichter Impfstoffe medizinisch immer besser beherrschen.

In einer solchen Zeit des Umbruchs bietet entschiedenes unternehmerisches Handeln aus innerer Überzeugung große Chancen, sich vom Wettbewerb abzuheben und die Interessen einer breiten Stakeholder-Gruppe zu erfüllen (sieh auch Themenblock IV, Abschn. 7.1).

Mit steigenden Temperaturen in der Atmosphäre wird auch für Unternehmen „die Fieberkurve" steigen, nachhaltig zu wirtschaften. Ein verantwortungsvoll handelnder Staat wird Umweltressourcen (z. B. CO_2-Zertifikate) mit einem Preis versehen, und eine engagierte Gesellschaft und Öffentlichkeit werden nachhaltiges Handeln auch über die Sozialen Medien einfordern. In der Konsequenz wird die Aufmerksamkeit des Kapitalmarktes und von Investoren für diese Themen weiter steigen. Nicht zuletzt weil CO_2-Kosten unmittelbar und die Reputation in der Öffentlichkeit mittelbar das Unternehmensergebnis immer stärker bestimmen.

Damit wir die Zukunft von Wirtschaft, Gesellschaft und Umwelt nachhaltig gestalten können, sind Innovationen und wirtschaftlicher Erfolg wichtiger denn je. Es könnte ein Glücksfall sein, dass das digitale Zeitalter in diesen Jahren begonnen hat und viele Möglichkeiten und potenzielle Antworten bietet. Wirtschaftlicher Erfolg, um in technologischen Fortschritt investieren zu können, und technologischer Fortschritt, um auch in Zukunft wirtschaftlichen Erfolg zu haben, sind gerade im digitalen Zeitalter untrennbar miteinander verknüpft.

Wie es aktuell um die Wettbewerbsfähigkeit der heimischen Unternehmen in den Märkten und Ökosystemen sowie bei den Schlüsseltechnologien und -infrastrukturen des digitalen Zeitalters bestellt ist, diskutiert Themenblock II.

Literatur

Allianz (o. J.): Smart Home – willkommen zuhause, unter: https://www.allianz.de/recht-und-eigentum/baufinanzierung/smart-home/#versicherung, abgerufen am 23.09.2021.

Brandt, M. (2018): Deutsche behalten Daten lieber für sich, unter: https://de.statista.com/infografik/7830/bereitschaft-persoenlichen-daten-zu-teilen/, abgerufen am 09.09.2021.

Bundesministerium für Umwelt, Naturschutz und nukleare Sicherheit (BMU) (o. J. a): Die Klimakonferenz in Paris, unter: https://www.bmu.de/themen/klimaschutz-anpassung/klimaschutz/internationale-klimapolitik/pariser-abkommen, abgerufen am 24.09.2021.

Bundesministerium für Umwelt, Naturschutz und nukleare Sicherheit (BMU) (o. J. b): Der Klimaschutzplan 2050 – Die deutsche Klimaschutzlangfriststrategie, unter: https://www.bmu.de/themen/klimaschutz-anpassung/klimaschutz/nationale-klimapolitik/klimaschutzplan-2050, abgerufen am 24.09.2021.

Eceiza, J., Harreis, H., Härtl, D., Viscardi, S. (2020): Banking imperatives to manage climate risks, unter: https://www.mckinsey.com/business-functions/risk-and-resilience/our-insights/banking-imperatives-for-managing-climate-risk, abgerufen am 10.09.2021.

Equator Principles (o. J.): EP Association Members & Reporting, unter: https://equator-principles.com/members-reporting/, abgerufen am 27.09.2021.

European Commission (o. J.): Übereinkommen von Paris, unter: https://ec.europa.eu/clima/policies/international/negotiations/paris_de, abgerufen am 24.09.2021.

Fink, L. (2021): Larry Fink's 2021 letter to CEOs, unter: https://www.blackrock.com/corporate/investor-relations/larry-fink-ceo-letter, abgerufen am 10.09.2021.

Fransen, T., Waskow, D. (2019): Which Countries Will Strengthen Their National Climate Commitments (NDCs) by 2020?, unter: https://www.wri.org/insights/which-countries-will-strengthen-their-national-climate-commitments-ndcs-2020, abgerufen am 24.09.2021.

Friedman, T. L. (2016): Thank You for Being Late, New York 2016.

Harari, Y. N. (2019): 21 Lektionen für das 21. Jahrhundert, München 2019.

HDI (o. J.): Wenn das eigene Heim vernetzt ist, unter: https://www.hdi.de/privatkunden/versicherungen/wohnen/ratgeber-wohnen/smart-home, abgerufen am 23.09.2021.

Hepburn, C., O'Callaghan, B., Stern, N., Stiglitz, J., Zenghelis, D. (2020): Will COVID-19 fiscal recovery packages accelerate or retard progress on climate change?, unter: https://academic.oup.com/oxrep/article/36/Supplement_1/S359/5832003, abgerufen am 10.09.2021.

Kokert, M., Wittchen, O., (o. J.): Sustainable Finance, unter: https://www.bundesbank.de/de/aufgaben/bankenaufsicht/einzelaspekte/sustainable-finance/sustainable-finance-805570, abgerufen am 10.09.2021.

McAfee, A. (2019): More from less, New York 2019.

McKinsey & Company (2020): How a post pandemic stimulus can both create jobs and help the climate, unter: https://www.mckinsey.com/business-functions/sustainability/our-insights/how-a-post-pandemic-stimulus-can-both-create-jobs-and-help-the-climate, abgerufen am 10.09.2021.

o. V. (2019a): „Das ist Europas Mann-auf-dem-Mond-Moment", unter: https://www.welt.de/politik/ausland/article204232270/Green-Deal-Von-der-Leyen-erklaert-Details-ihres-Klimaplans.html, abgerufen am 10.09.2021.

o. V. (2019b): Allianz: 800 Milliarden Dollar gegen den Klimawandel, unter: https://www.boerse-am-sonntag.de/unternehmen/unternehmen-der-woche/artikel/allianz-klimawandel.html, abgerufen am 27.09.2021.

o. V. (2020): Klimawandel bereitet Deutschen größere Sorgen als Coronavirus, unter: https://www.welt.de/vermischtes/article208339923/Allensbach-Umfrage-Klimawandel-bereitet-Deutschen-groessere-Sorgen-als-Corona.html, abgerufen am 10.09.2020.

Schäfer, K. A. (2019): „Wir Banken haben unsere Rolle in der Gesellschaft verloren", unter: https://www.wiwo.de/finanzen/geldanlage/hsbc-nachhaltigkeitschef-wir-banken-haben-unsere-rolle-in-der-gesellschaft-verloren/24678562.html, abgerufen am 10.09.2021.

Skinner, C. (o. J.): What is the purpose of a bank?, unter: https://thefinanser.com/2020/01/what-is-the-purpose-of-a-bank.html/

Stockholm Resilience Centre (o. J.): The nine planetary boundaries, unter: https://www.stockholmresilience.org/research/planetary-boundaries/the-nine-planetary-boundaries.html, abgerufen am 09.09.2021.

Rifkin, J. (2019): Der globale Green New Deal, Frankfurt am Main 2019.

United Nations Climate Change (o. J.): Nationally Determined Contributions (NDCs), unter: https://unfccc.int/process-and-meetings/the-paris-agreement/nationally-determined-contributions-ndcs/nationally-determined-contributions-ndcs, abgerufen am 24.09.2021.

United Nations Environment Programme Finance Initiative (o. J. a): Alliance Members, unter: https://www.unepfi.org/net-zero-alliance/alliance-members/, abgerufen am 27.09.2021.

United Nations Environment Programme Finance Initiative (o. J. b): Information for Media, unter: https://www.unepfi.org/net-zero-alliance/media/, abgerufen am 27.09.2021.

Verbraucherzentrale (2021): Telematik-Versicherung: Geld sparen möglich, aber es gibt Kehrseiten, unter: https://www.verbraucherzentrale.de/wissen/geld-versicherungen/weitere-versicherungen/telematikversicherung-geld-sparen-moeglich-aber-es-gibt-kehrseiten-38399, abgerufen am 09.09.2021.

Westenthanner, M. (2020): Corona-Warn-App: Wer sie nicht nutzt, sollte kein Smartphone besitzen, unter: https://www.chip.de/news/Corona-Warn-App-Viel-sicherer-als-WhatsApp_182790048.html, abgerufen am 09.09.2021.

Themenblock II
Wir liegen zurück, können unsere Zukunft aber noch selbst gestalten

Kein Land hat so viele Weltmarktführer in so vielen Branchen wie Deutschland (vgl. Müller 2018, vgl. Röhl und Rusche 2019). Ein großer Teil dieser als „Hidden Champions" bezeichneten Unternehmen sind Familienunternehmen und in keinem Aktienindex dieser Welt notiert. Sie formen den Kern des weltbekannten deutschen Mittelstands und begründen Deutschlands Rang als Exportweltmeister. Viele arbeiten im Maschinen- und Anlagenbau, in der Medizintechnik, der Chemie und der Automobilindustrie. Zu den Spitzenunternehmen in ihrer Branche zählen auch die größten heimischen Versicherer und auch die heimischen Versorger gehören zu den größeren ihrer Zunft.

Verglichen mit ihrer starken Position im allgemeinen Wirtschaftsgefüge der Welt, sind deutsche Unternehmen in der Gruppe der Weltmarktführer in jenen Branchen deutlich unterrepräsentiert, die bereits stark digitalisiert sind. In den Listen global führender Plattformunternehmen sowie der größten Soft- und Hardware-Unternehmen sucht man sie bis auf wenige Ausnahmen vergebens. Gleiches gilt für die am stärksten digitalisierten Business-to-Consumer-Industrien: die Kommunikations-, Medien- und Unterhaltungsindustrie, den Handel sowie die Branchen Reise, Hotel und Touristik. Alles Sektoren, die bereits im vor-digitalen Zeitalter nicht zum industriellen Kern Deutschlands zählten.

Das *Smart Phone* treibt in diesen Branchen die Digitalisierung maßgeblich voran. Es ist als ständiger Begleiter der Menschen zur Schaltzentrale für Kommunikation, Information und Konsum geworden. Betrieben und kommerzialisiert wird der Kern dieser Schaltzentrale durch eine relativ junge Branche, die ihre Größe und Bedeutung dem Siegeszug des *Smart Phones* verdankt: den Sozialen Medien. Genau genommen ist die direkte volkswirtschaftliche Wertschöpfung der Sozialen Medien verschwindend gering, vergleicht man sie mit den daraus resultierenden Vermögenswerten des Kunden- und Datenzugangs sowie den daran gekoppelten Marketingerlösen. Die Sozialen Medien schufen aber für deren Anbieter den Anreiz und die Voraussetzung, die digitale Infrastruktur auszubauen. Und legten damit den Grundstein für die Technologieführerschaft in den dazugehörenden Schlüsseltechnologien des 21. Jahrhunderts.

Aus diesem Entstehen neuer Wertschöpfungsketten und neuartiger Infrastrukturen sollten die deutschen Weltmarktführer Erfolgsmuster ableiten und Bedrohungspotenziale identifizieren und anschließend daraus die richtigen Schlüsse ziehen (vgl. Abschn. 4.1 sowie auch Abschn. 5.2 und 5.3).

Im Vergleich zu ihren klassischen Konkurrenten sind die Weltmarktführer aus dem industriellen Kern Deutschlands gut unterwegs. Auch gegenüber neuen Marktteilnehmern sind sie häufig noch gut positioniert. Ihre Ausgangslage für das Ringen um das industrielle Internet der Dinge, die sogenannte Industrie 4.0, ist noch immer günstig, nicht zuletzt dank der weltweit verbauten Geräte und Maschinen „Made in Germany".

Wenn die Digitalisierung der B2C-Branchen jedoch für die Strategie eines zeigt, dann, dass die heute führenden Plattform- und Technologieanbieter weitgehend Neugründungen der Anfangsjahre des Internets oder des mobilen Internets sind. Nur einige wenige von ihnen entstammen dem Technologiesektor der vorhergehenden Jahrzehnte. Keines ist aus der Transformation eines klassischen Unternehmens hervorgegangen. Die Automobilindustrie ist ein warnendes Beispiel, woher und wie rasch neue Herausforderungen für die Weltmarktführer von „gestern" auftauchen. Das US-Unternehmen Tesla, 120 Jahre nach der Daimler AG im Jahre 2003 gegründet, attackiert mit einer Neudefinition von Mobilität die klassischen Automobilhersteller. Seinen Vorsprung im *Smart Car*, den der Kapitalmarkt – trotz noch geringer Stückzahlen – fürstlich honoriert, verdankt Tesla seinem konsequenten Fokus auf Software und Elektromobilität. Der Wettbewerb um die Intelligenz des Autos von morgen wird neben Tesla von weiteren Technologieunternehmen angeführt. Dazu gehören die Alphabet-Tochter Waymo und das chinesische Baidu. Und selbst die US-amerikanische Automobilindustrie sieht nach Jahren der Krise in autonomen Fahrzeugen wieder die Chance, auf die führenden Plätze zurückzukehren.

Smart Car, Smart Home und *Smart Factories* werden zu großen Wettbewerbsfeldern um Kundenzugang, um die attraktivsten Positionen in den neuen Wertschöpfungsketten und um Marktanteile in den Geschäftsmodellen der Zukunft. Auf diesen Feldern entscheidet sich die zukünftige Wettbewerbsfähigkeit und mit ihr auch der Fortbestand des Wohlstands in Deutschland.

Alarmrufe wie „Wir haben in der Digitalisierung den Anschluss verloren" helfen nicht. Was wir brauchen, ist ein differenzierter und analytischer Blick. Wo ist Deutschland ins Hintertreffen geraten und was ist der Grund für den Rückstand? Wo ist Deutschland im digitalen Zeitalter gut positioniert und über welche Stärken verfügen heimische Anbieter?

Helfen kann ein visionärer Blick darauf, wie Branchen sich verändern und welche neuen Dienstleistungen, Wertschöpfungsketten und Ökosysteme entstehen werden. Mit welchen Maßnahmen lässt sich der bestehende Vorsprung deutscher Spitzenunternehmen im digitalen Zeitalter verteidigen und idealerweise weiter ausbauen (vgl. Kap. 4)?

Keine führende Position in den Ökosystemen ohne führendes Know-how in den digitalen Schlüsseltechnologien. So lautet die Gleichung. Für die zukünftige Wettbewerbsfähigkeit sind die offensichtlichen Rückstände im Bereich der Netze, im Cloud-Computing sowie bei Daten und Künstlicher Intelligenz eine große Hypothek. Wer ist in diesen Schlüsseltechnologien weltweit führend? Wie groß ist der Abstand der deutschen Industrie in diesen Technologien zur Weltspitze? Und was wird unternommen, um diesen Rückstand zu verkürzen (vgl. Kap. 5)?

War im dritten industriellen Zeitalter die Infrastruktur eine große Stärke Deutschlands und eine Grundlage für den wirtschaftlichen Erfolg, ist die digitale Infrastruktur aktuell eine gefährliche Schwäche. Der Rückstand bei den Infrastrukturen des vierten industriellen Zeitalters drückt nicht allein auf die Wettbewerbsfähigkeit, sondern wird mehr und mehr zur Gefahr für die Souveränität und Selbstbestimmung des Landes.

Um den Rückstand deutscher Unternehmen zu veranschaulichen, wird gerne das Bild von der „verlorenen ersten Halbzeit" bemüht. Selbst Nicht-Fußball-Fans wissen, dass die erste und zweite Hälfte des Spiels gleich lang dauern und durch eine Halbzeitpause voneinander getrennt sind. Und Allgemeingut ist auch das Wissen, dass ein Rückstand zur Halbzeit durch eine starke zweite Hälfte in einen Sieg verwandelt werden kann. So eingängig die Metapher von der zweiten Halbzeit der Digitalisierung sein mag, so wenig passt sie zur tatsächlichen Situation und Gefahr.

Wer ausschließlich auf die Wertschöpfung der bereits digitalisierten Industrien blickt, der kann wirklich zu dem Schluss kommen, in der Digitalisierung stünden wir erst am Beginn der ersten Spielhälfte. Denn die bisher digitalisierten Industrien wie etwa Medien, Unterhaltung und eCommerce haben einen vergleichsweise geringen Anteil an der Wertschöpfung in der Volkswirtschaft. Den Schwergewichten aus den industriellen Kernen Deutschlands wie Chemie, Automobil und Maschinenbau steht der Schub in die Digitalisierung ja erst noch bevor.

Das Problem und der kapitale Fehler in der Halbzeit-Metapher liegen darin, dass die Fähigkeiten und entwickelten Stärken, die die Plattformriesen aus Übersee mit dem Ökosystem *Smart Phone* ausgebildet haben – also Kundenzugang, Technologie-Know-how und Besitz der digitalen Infrastruktur –, heute einen derart gravierenden Vorteil für die weiteren digitalen Ökosysteme festschreiben, dass der Vorsprung kaum noch einzuholen scheint. Um bei der Fußball-Analogie zu bleiben: In Wirklichkeit sind wir bei der Digitalisierung bereits tief in der zweiten Halbzeit – und Deutschland spielt auch noch in Unterzahl (vgl. Steingart 2020).

Ganz gleich, ob erste oder zweite Halbzeit, die Strategie für die weitere Spielzeit muss so oder so während des laufenden Spiels entwickelt werden. Eine Halbzeitpause wird der Wettbewerb nicht gewähren. Wie könnten eine Agenda und eine Vision aussehen, die auf nationaler Ebene eine wirtschaftliche und technologische Spitzenposition anstreben (vgl. auch Themenblock III)? Und was kennzeichnet eigentlich eine digitale Unternehmensstrategie, die Erfolg verspricht (vgl. auch Themenblock IV)? Wo die Analogie zum Fußball passt, ist bei der mentalen Disposition, der Einstellung. Kein Erfolg ohne die richtige Einstellung. Das ist richtig für den Sport wie für die Wirtschaft. Welches Mentaltraining fordert das digitale Zeitalter (vgl. auch Themenblock V)?

Literatur

Müller, C. (2018): Das sind die deutschen Weltmarktführer, unter: https://www.wiwo.de/unternehmen/mittelstand/rangliste-das-sind-die-deutschen-weltmarktfuehrer/23638750.html und https://www.wiwo.de/downloads/23639990/4/weltmarktfuehrer_2018_wirtschaftswoche.pdf, abgerufen am 10.09.2021.

Röhl, K.-H., Rusche, C. (2019): Hidden Champions: Die Starken aus der zweiten Reihe, unter: https://www.iwd.de/artikel/hidden-champions-die-starken-aus-der-zweiten-reihe-424550/, abgerufen am 10.09.2021.

Steingart, G. (2020): Wir verlieren die zweite Halbzeit, unter: https://www.thepioneer.de/originals/steingarts-morning-briefing/podcasts/wir-verlieren-die-zweite-halbzeit, abgerufen am 10.09.2021.

4 Mit *Smart Car, Smart Home* und *Smart Factory* aufs globale Spielfeld der Plattformökonomie

Deutschland und Europa liegen in der Digitalisierung zurück. Aussagen wie diese zielen auf die Dominanz US-amerikanischer und chinesischer Plattformunternehmen in den Business-to-Consumer-Industrien (vgl. Abschn. 4.1).

Die Erkenntnisse, die wir daraus gewinnen, können dabei helfen, stärker am Wachstum dieser Märkte teilzuhaben. Eine sich entwickelnde Start-up-Szene in Deutschland und eine wachsende Zahl sogenannter „Unicorns" – Start-ups, die bereits eine Marktbewertung jenseits einer Milliarde US-Dollar erzielen – sind erste vielversprechende Signale, die auch tradierten Unternehmen im B2C-Bereich Mut machen sollten, konsequent den Weg der Digitalisierung zu beschreiten.

Wir lernen daraus aber auch, wie Deutschland es vermeiden kann, in jenen Industrien und Märkten in Rückstand zu geraten, in denen die Digitalisierung noch am Anfang steht, und wie es Dienstleistungen und Ökosysteme von Beginn an selbst gestaltet.

Dies gilt unter anderem für die Ökosysteme *Smart Car* und *Smart Home* und betrifft etwa Unternehmen aus den Bereichen Automobil, Versicherung, Versorger oder Telekommunikation. Sie stehen nicht mehr nur im Wettbewerb mit klassischen Anbietern, wenn es darum geht, neue Dienstleistungen aus der Taufe zu heben, sondern auch mit ganz neuen Spielern. Welche Spieler sind das – und worauf gründet künftig der Erfolg um die Gunst des Kunden (vgl. Abschn. 4.2 und 4.3)?

Für die Zukunft der heimischen Wirtschaft und ihrer Top-Unternehmen ist eine führende Position in den Ökosystemen *Smart Car* und *Smart Home* enorm wichtig. Mindestens genauso entscheidend ist das für die klassischen Business-to-Business-Industrien wie den Maschinen- und Anlagenbau im Bereich *Smart Factory & Smart Services*. Deutschland muss sich seine weltweit führende Position im dritten industriellen Zeitalter nun im vierten Zeitalter neu erarbeiten. Häufig ist zu hören, dass Deutschland in der Ausstattung und dem Betrieb smarter Fabriken aktuell führend ist. In den B2B-Industrien wird sich aber das Revolutionäre der Digitalisierung nicht auf die Veränderung von Prozessen und Abläufen beschränken, sondern die Umwälzung bringt – wie bereits in den B2C-Industrien – ganz neue Produkte und Dienstleistungen. Wo stehen Deutschlands Unternehmen in der Digitalisierung der Fabriken und bei der Entwicklung neuer Geschäftsmodelle? Und welche Initiativen hat das Land bereits auf den Weg gebracht (vgl. Abschn. 4.4)?

Wer künftig im Wettbewerb bestehen und die Ökosysteme der Zukunft gestalten möchte, braucht eine weitreichende Vorstellung vom kommenden Produkt- und Dienstleistungsangebot ebenso wie von den Zukunftsszenarien der eigenen Branche. Das ist gültig für alle Ökosysteme und Branchen, nicht allein für die, die in diesem Buch besprochen werden. Für eine detaillierte Analyse wurde die Zahl der Ökosysteme, die wir betrachten, eng begrenzt und beschränkt sich auf jene, die für die Wettbewerbsfähigkeit der deutschen Wirtschaft (auch) in Zukunft besonders wichtig sind und die im weltweiten Wettbewerb stehen. Weil die beschriebenen Geschäftsmodelle, Fähigkeiten, Handlungsmuster und Erfolgsfaktoren bis zu einem gewissen Grad universell gelten, liefern sie auch Ansatzpunkte und Denkanstöße etwa für das Ökosystem *Smart Health*, das hier nicht besprochen werden kann.

4.1 Tägliche Relevanz lernen von den B2C-Plattformen „Made outside Europe"

Die Plattformen der GAFAM (Google, Apple, Facebook, Amazon, Microsoft) dominieren die digitalisierten B2C-Industrien. Ihr Erfolg stützt sich auf die folgenden Attribute:

- direkter und bequemster Endkundenzugang
- Netzwerkeffekte durch Öffnung für Dritte und das Erschließen weiterer Ökosysteme
- Risikokultur und Gründergeist
- Technologieführerschaft und Besitz der Infrastrukturen

Was diesen Erfolgsfaktoren zugrunde liegt, zeigen die kommenden vier Abschnitte. Ein Exkurs wirft einen Blick auf die deutschen B2C-Plattformen sowie auf die Start-ups mit Unicorn-Status und dem Willen, noch mehr zu erreichen.

Direkter und bequemster Endkundenzugang
Gemeinsam haben GAFAM und ihre Geschäftsmodelle, dass sie über den direkten Endkundenkontakt verfügen. Diesen Endkundenkontakt hüten sie wie ihren Augapfel und bauen ihn beständig weiter aus. Ihre Produkte und Dienstleistungen sind für viele Kunden täglich relevant und die Benutzerfreundlichkeit ist für diese Unternehmen ein stetiger, nie endender Verbesserungsprozess. Zu ihren Entwicklungsschwerpunkten gehört es, dass sie den direkten Informationsaustausch immer weiter vereinfachen und immer noch etwas bequemer und intuitiver machen.

Die Entwicklung neuer Instrumente des Informationsaustauschs ist eng mit der Entwicklung von Gesellschaft und Wirtschaft verbunden und das bereits lange vor der Zeit der GAFAM. Die Erfindung der Schrift vor mehr als 5000 Jahren gilt als eine der größten Errungenschaften der Menschheit. Die menschliche Sprache ist noch wesentlich älter. Sie ist leichter einzuüben und steht anders als das geschriebene Wort den Menschen quasi von Kindesbeinen an zur Verfügung.

Elektrifizierte Benutzeroberflächen sind seit den 80er-Jahren des 20. Jahrhunderts ein zentrales Instrument in der Kommunikation zwischen Mensch und Maschine. Heutzutage sind Apps und Webpages das führende Medium zur digitalen Information und Kommunikation. In absehbarer Zeit werden sie durch digitale Sprachassistenten mehr und mehr in den Hintergrund gedrängt werden. Dementsprechend liegt ein Investitionsschwerpunkt der GAFAM auf Sprachassistenten oder auf sogenannten smarten Lautsprechern: Amazon mit Amazon Echo und Alexa, Google mit Google Home und Google Assistant, Apple mit Siri oder Microsoft mit Cortana. Damit sie ihren Kunden noch etwas näher sind, gehen Amazon und Google sogar den Schritt Richtung Hardware-Anbieter und reduzieren so die strategische Gefahr, von ihren Kunden getrennt zu werden („Dis-Intermediation"). Im Gespräch mit virtuellen Sprachassistenten und nicht mehr via Texteingabe oder via Durchklicken einer App, so werden künftig Informationen gesucht, Buchungen oder Käufe im Internet getätigt. Das ist noch bequemer und dadurch noch relevanter als die Eingaben über die Tastatur.

Netzwerkeffekte durch Öffnung für Dritte und das Erschließen weiterer Ökosysteme
Neben Text und Bildern rücken Videos dank immer besserer Leitungsnetze und Prozessorleistungen in den Mittelpunkt des Angebotes. Amazon Prime Video, AppleTV oder Netflix, Marktführer im Video-Streaming, bieten nicht nur Zugang zu einer riesigen Videothek mit Filmen Dritter, sondern produzieren zunehmend eigene Inhalte. Das tiefe, aus Daten gespeiste Wissen über die Präferenzen und Sehgewohnheiten versetzt die Streaming-Dienstleister nicht nur in die Lage, ihren Zuschauern individuelle Empfehlungen zu geben, sondern ist bei Eigenproduktionen die Grundlage für Drehbücher, die Wahl der Schauspieler usw. Ein so scharf auf die Zielgruppen zugeschnittenes Angebot, das jederzeit und von jedem Ort abgerufen werden kann, stellt in seiner Relevanz alles in den Schatten, was klassische TV-Anbieter ins Rennen führen können, ob linear oder zeitversetzt aus der Mediathek.

Noch dominieren die Erlöse aus dem Verkauf des iPhones und weiterer Geräte die Einnahmen von Apple, auch wenn der Bereich Dienstleistungen immer stärker wächst. Für die Nutzer liegt die praktische Relevanz der Geräte besonders in den Diensten des iTunes Stores und in der schieren Zahl der von Dritten entwickelten Apps. Eine Eigenentwicklung aller Apps durch Apple wäre sowohl zeitlich als auch in dieser Vielfalt und Qualität schlicht unmöglich. Ohne die Öffnung der Geräte für die Angebote Dritter wäre das iPhone nicht annähernd so relevant für seine Nutzer, wie es heute der Fall ist. Und Apple wäre heute sehr wahrscheinlich nicht eines der wertvollsten Unternehmen der Welt.

Die Öffnung des Angebotes sowie neue Partnerschaften sind auch beim anderen Urgestein der Technologiebranche, Microsoft, wesentlich für den Erfolg der vergangenen Jahre und für die Rückkehr in die Spitzengruppe der wertvollsten Unternehmen der Welt. Satya Nadella, CEO von Microsoft, hat mit seiner „Mobile First Cloud First"-Strategie den Weltmarktführer von Desktop Software mithilfe von Lizenzen vollständig neu ausgerichtet (vgl. Nadella 2014): Das gilt für die Öffnung von Microsoft 365 für die Betriebssysteme Android und iOS oder das Angebot der Microsoft-Produkte als Cloud-Lösung; für Partnerschaften mit konkurrierenden Cloud-Anbietern wie Dropbox oder Salesforce oder für die Öffnung für Linux (vgl. Laube 2019). Wichtige Elemente der offenen Plattformstrategie von Microsoft sind auch die Übernahmen von GitHub im Jahr 2018 (vgl. Microsoft Corporate Blogs 2018) als offene Plattform für Softwareentwicklung sowie des Business-Netzwerks LinkedIn im Jahr 2016 (vgl. Microsoft News Center 2016).

Social-Media-Plattformen sind Musterbeispiele für Netzwerkeffekte. Mit jedem neuen Nutzer wächst für die anderen Nutzer der Wert der Plattform. Das Angebot wird relevanter. Facebooks Übernahmen von Instagram im Jahr 2012 sowie von Whatsapp 2014 haben die Relevanz des Kerngeschäftes abgesichert und die tägliche Relevanz der Sozialen Medien des Facebook-Konzerns ausgeweitet.

Mobilität und Einkaufen sind wie Kommunikation und Information Tätigkeiten des Alltags. Die Anstrengungen von Alphabet im Bereich des autonomen Fahrens (Waymo) oder Amazons Akquisition der US-amerikanischen Biosupermarktkette Whole Foods 2017, mit der das Geschäftsfeld Amazon Fresh ausgebaut wurde, sind zwei weitere Beispiele dafür, wie die Plattformriesen ihr Angebot für den Alltag systematisch bedeutsamer machen (in die gleiche Logik könnte man die immer wieder aufkommenden Gerüchte einsortieren, dass Apple womöglich an einem Fernseher für das *Smart Home* oder an einem eigenen Auto arbeitet).

Risikokultur und Gründergeist
Die führende E-Commerce-Plattform wurde nicht von einer Supermarktkette entwickelt, die führende Plattform für die Vermietung von Unterkünften nicht von einer Hotelkette, der führende Streaming-Dienst nicht von einem Medienhaus und die führende Mobilitätsplattform nicht von einem Automobilhersteller. Von wenigen Urgesteinen der Technologiebranche abgesehen, sind die US-Plattformchampions allesamt Neugründungen des Internet- und mobilen Internetzeitalters:

- Die Gründungsjahre von Microsoft und Apple liegen mit 1975 und 1976 im Geburtstagsjahrzehnt des Personal-Computers.
- Die Gründungsjahre von Amazon und Google fallen mit 1994 und 1997 in die Zeit nach Freigabe des Internets zur Kommerzialisierung (vgl. https://de.wikipedia.org/wiki/Internet).
- Facebooks Gründungsjahr 2004 fällt in die Anfangszeit des mobilen Internets.

4.1 Tägliche Relevanz lernen von den B2C-Plattformen „Made outside Europe"

Das Gros der Unicorns und der Plattformchampions aus der zweiten Reihe ist in den Jahren des mobilen Internets und des sich ausbreitenden Cloud-Computings entstanden. Diese Unternehmen wachsen häufig in kurzer Zeit sehr stark und erhalten Bewertungen im mittleren zweistelligen bis niedrigen dreistelligen Milliardenbereich. Zu dieser Gruppe zählen der Fahrdienstvermittler Uber oder AirBnB, der Marktplatz zur Buchung und Vermietung von Unterkünften:

- Uber wurde 2009 in San Francisco gegründet. 2011 folgt in Frankreich der erste Markteintritt im Ausland. 2014 operierte Uber in 100 Großstädten, 2016 bereits in 500. Die Zahl der durchgeführten Fahrten betrug Ende 2015 eine Milliarde, stieg bis Mai 2017 auf fünf Milliarden Fahrten und erreichte im Juni 2018 die 10 Milliarden, verteilt auf 21 Länder auf fünf Kontinenten (https://www.uber.com/newsroom/history/). Das Geheimnis des rasanten Wachstums liegt darin, dass die Autos der Uber-Flotte von den Uber-Fahrern zur Verfügung gestellt werden. So konnte Uber seine Mittel in den Aufbau des Netzwerks aus Fahrern und Fahrgästen investieren und seit 2016 parallel seine Arbeiten im Bereich des autonomen Fahrens vorantreiben. Operativer Kern sind die Organisation der Fahrten auf Datengrundlage sowie das Qualitätsmanagement des Fahrangebotes und der Fahrnachfrage der Kunden. Bis zum Börsengang im Mai 2019 investierten Risikokapitalgeber knapp 25 Milliarden US-Dollar in Uber (vgl. Crunchbase o. J.). Im November 2020 wird Uber mit knapp 100 Milliarden US-Dollar bewertet (vgl. Yahoo finance o. J.).
- AirBnB wurde 2008 im Silicon Valley gegründet. 2011 eröffnete die erste Niederlassung außerhalb der USA in Hamburg. AirBnB vermittelt nach eigenen Angaben mittlerweile mehr als fünf Millionen Unterkünfte in mehr als 100.000 Städten in mehr als 220 Ländern (vgl. https://news.airbnb.com/about-us/). Das übertrifft in Zahl und Breite bei Weitem, was selbst die größten Hotelketten der Welt auf die Beine stellen (vgl. Weinstein 2019). Ein solch rasantes Wachstum war nur dadurch möglich, dass nicht AirBnB die Unterkünfte mietet oder erbaut, wie es bei Hotelketten üblich ist, sondern die Vermieter als Marktplatzteilnehmer eigene Unterkünfte zur Verfügung stellen. AirBnB hatte damit die „Hände frei", sein Geld in den Aufbau der „Community" zu investieren. Kern des Community-Managements sind das auf Daten beruhende, individuelle Angebot sowie das Qualitätsmanagement der vermieteten Objekte und der Marktplatzteilnehmer. Insgesamt investierten Risikokapitalgeber in mehreren Runden bis 2019 weit mehr als vier Milliarden US-Dollar (https://de.wikipedia.org/wiki/Airbnb#cite_note-3). An die Börse ging AirBnB, wegen der Covid-19-Krise verzögert, am 10. Dezember 2020. Dem Ausgabepreis von 68 US-Dollar je Aktie lag eine Bewertung von rund 50 Milliarden US-Dollar zugrunde, die sich am ersten Handelstag bei einem Schlusskurs von 146 US-Dollar mehr als verdoppelt hatte (vgl. Dörner und Neuhaus 2020; vgl. dpa 2020).

Für dieses schnelle und äußerst aggressive Wachstum von Unternehmen haben prominente Vertreter des Silicon Valley den Begriff des „Blitzscalings" geprägt (vgl. Hoffman und Yeh 2019).

Technologieführerschaft und Besitz der Infrastrukturen
Auch in den digitalen Schlüsseltechnologien Künstliche Intelligenz sowie Cloud-Computing sind die GAFAM weltweit führend. Investitionen in diesen Bereichen sind absoluter Schwerpunkt bei der internen Forschung und Entwicklung und bei den externen Corporate-Venture-Aktivitäten. So zählen die GAFAM zu den mit Abstand aktivsten Unternehmen beim Kauf von Start-ups in den Bereichen KI und Cloud-Computing (vgl. auch Themenblock II, Abschn. 5.2 und 5.3).

Der rasch vergrößerte Zuwachs an Know-how in den digitalen Schlüsseltechnologien oder in den digitalen Infrastrukturen schaukelt sich wechselseitig auf mit der Entwicklung und Weiterentwicklung der Plattformangebote. Dass sie in beiden Disziplinen führend sind, zeigt die schwindelerregend hohe Marktkapitalisierung der GAFAM. Konsequenterweise firmieren sie auch als Technologie- und Plattformgiganten.

Exkurs: Deutsche B2C-Plattformen und Unicorn-Start-ups mit Ambitionen
Bei den B2C-Plattformen gibt es in Deutschland einige wenige, erfolgreiche Unternehmen, die alle Neugründungen der letzten beiden Dekaden sind:

- Dazu zählen die Online-Essensbestellplattformen und DAX-Aufsteiger Delivery Hero (IPO 2017), die Hotelsuche Trivago (IPO 2016), der Modeshop Zalando (IPO 2014), das Immobilienportal ImmoScout und das Gebrauchtwagenportal AutoScout (IPO Scout24, 2015), das Vergleichsportal Check 24 sowie die auf Baufinanzierung spezialisierten Finanzdienstleistungsunternehmen Hypoport (IPO 2007) und Interhyp (vgl. Hüsing 2019). Die deutschen B2C-Plattformen verdienen fast durchweg ihr Geld auf dem Heimatmarkt und nur in Ausnahmen im europäischen Ausland. Im Vergleich zu den US-Giganten spielen die heimischen Anbieter noch in einer anderen Liga. Einzelne EU-Plattformen sind aber auf dem Weg in die höchste Spielklasse, etwa der Musik-Streaming-Dienst Spotify, der bei seinem Börsengang im April 2018 mit knapp 25 Milliarden Euro bewertet wurde und im März 2020 gut 130 Millionen Abonnenten oder 286 Millionen Nutzer in 79 Märkten hatte (https://newsroom.spotify.com/company-info/).
- Die Konzentration auf den Heimatmarkt gilt auch für deutsche Unternehmen im Bereich Social Media. Das 2003 unter dem Namen OpenBC gestartete, später in Xing umbenannte und heute unter NewWork firmierende Business-Netzwerk zählte Ende 2019 18,5 Millionen Nutzer in Deutschland, Österreich und der Schweiz (DACH-Region) und wird an der Börse mit rund zwei Milliarden Euro bewertet (https://www.new-work.se/de/unternehmen/daten-und-fakten). Das Business-Netzwerk LinkedIn, von Microsoft 2016 für 26,2 Milliarden US-Dollar übernommen (vgl. Markwald 2016),

hat in DACH zwar nur 14 Millionen Nutzer, weltweit tummeln sich auf ihm aber 660 Millionen Menschen in 200 Ländern (vgl. Linkedin o. J.).

Deutschlands wertvollste Start-ups setzten bezeichnenderweise bereits ganz früh auf Internationalisierung und Globalisierung:

- Auto1, Europas führender Online-B2B-Marktplatz für Gebrauchtwagen, ist mit 4000 Mitarbeitern in 30 Ländern vertreten (https://www.auto1.com/de/company). Ende 2019 lag laut Crunchbase die Bewertung bei 3,5 Milliarden US-Dollar und Auto1 konnte insgesamt 1,1 Milliarden US-Dollar Finanzierung einsammeln (vgl. CB Insights 2019).
- N26, ebenfalls mit 3,5 Milliarden US-Dollar bewertet, hat fünf Millionen Kunden und ist in 25 Ländern vertreten (https://n26.com/de-de/ueber-n26). Besonders aufmerksam verfolgt haben Investoren und Öffentlichkeit den Markteintritt in den USA im Juli 2019. Für Banken ist der amerikanische Markt wegen seiner Größe und Margen besonders attraktiv. N26 zählt nach der brasilianischen Nubank sowie vor Monzo und Revolut aus Großbritannien zu den größten Neobanken der Welt.
- Mit dem Berliner Fintech Raisin sowie dem Hamburger Fintech Deposit Solutions sind zwei weitere deutsche Fintechs auf dem Weg zum Unicorn oder haben diesen Status bereits erreicht. Beide Fintechs betreiben B2C-Marktplätze, auf denen Privatkunden aus einer großen Zahl von Einlagenprodukten unterschiedlicher Partnerbanken auswählen können. Der Marktplatz von Raisin wird in Deutschland unter der Marke „Weltsparen", der von Deposit Solutions unter der Marke „Zinspilot" betrieben. Darüber hinaus verkaufen beide Fintechs Marktplatz-Infrastrukturen, die Banken in ihr Online- und Mobile-Banking einbauen und ihren Kunden so attraktive Einlagenangebote von Drittbanken zugänglich machen können. Raisin ist in mehr als 30 Ländern mit knapp 100 Partnerbanken vertreten und seit Mai 2020 auch im US-Markt aktiv (vgl. Binner 2019; https://www.weltsparen.de/ueber-weltsparen/). Deposit Solutions, bei der letzten Finanzierungsrunde mit 1,1 Milliarden US-Dollar bewertet, ist in 20 Ländern mit 150 Partnerbanken vertreten; den Schritt auf den amerikanischen Markt ging das Unternehmen im September 2020 (https://www.deposit-solutions.com/de/main/). Damit sind die deutschen Fintechs Vorreiter bei digitalen Plattformmodellen im Einlagengeschäft und stehen nicht nur an der Seitenlinie wie beim Thema Mobile Payment.
- Das kulturelle Erbe des Landes der Sparer und Barzahler scheint sich auch ins digitale Zeitalter zu übersetzen. Der Bedarf der Kunden steht im Mittelpunkt des Geschäftsmodells.
- Bei den Pro-Kopf-Ausgaben für Tourismus liegt Deutschland gemeinsam mit Großbritannien weltweit an der Spitze (vgl. https://de.wikipedia.org/wiki/Liste_der_L%C3%A4nder_nach_Anzahl_an_Besuchern#cite_note-5). Die nach eigenen Angaben weltweit führende Online-Buchungsplattform für geführte Touren, Getyourguide, ging 2009 ins Netz. Getyourguide hat Büros in 16 Ländern und seit der Gründung Reisenden aus 170 Ländern mehr als 43 Millionen Tickets für Touren und Aktivitäten vermittelt. In den bisherigen Finanzierungsrunden bis Mitte 2020 hat Getyourguide 655 Millionen US-Dollar eingesam-

melt. Die 484 Millionen US-Dollar aus der letzten Finanzierungsrunde im Mai 2019 will das Unternehmen besonders in seine weitere Expansion investieren (vgl. o. V. 2019).

Diese „deutschen" Start-ups haben ihren Heimatmarkt lange verlassen. Ein europäischer, digitaler Binnenmarkt gäbe vielen Start-ups gerade in den ersten Jahren der Expansion Rückenwind und sein Fehlen mag einer der Gründe dafür sein, weshalb von den 421 Unicorns, die Crunchbase Ende 2019 gezählt hat, lediglich 50 aus Europa und davon nur ganze acht aus Deutschland stammen (vgl. CB Insights 2019).

Damit deutsche Unternehmen sich einen größeren Marktanteil bei den Plattformangeboten für die Branchen Handel, Reise und Touristik, Konsumgüter und Finanzdienstleistungen erobern können, müssen wir im Land die Kultur des Gründens noch viel stärker fördern und dringend dafür sorgen, dass der Zugang zu Risikokapital besser und einfacher wird. Eines muss uns klar sein: Wenn die deutsche Wirtschaft in Summe nachhaltig wettbewerbsfähig bleiben soll, dann dürfen heimische Unternehmen das Entstehen von Plattformen und neuen digitalen Geschäftsmodellen in den Ökosystemen *Smart Car* (u. a. Automobilindustrie), *Smart Home* (u. a. Versorger, Versicherer, Haustechnik) und *Smart Factory* (u. a. Maschinen- und Anlagenbau, Chemie) nicht bloß als Beobachter oder Lieferanten begleiten.

▶ „Mit ihren erfolgreichen Plattformstrategien haben die Amerikaner den Grundstein für ihre Dominanz in den Konsumenten-Märkten gelegt. Mit einiger Wahrscheinlichkeit werden die digitalen Angreifer diese bewährten Plattformstrategien auch in der zweiten Phase einsetzen. Ihnen zuvorkommen wäre aus Sicht der Verteidiger essentiell." (Kollmann und Schmidt 2016, S. 67)

Erste Schritte in Richtung solcher Plattformen sind deutsche Weltmarktführer bereits gegangen (vgl. Abschn. 4.2 bis 4.4). Auf diesem Terrain treffen sie neben ihren klassischen Wettbewerbern vermehrt auf Start-ups und die B2C-Plattformchampions. Die Champions sind im Wettstreit um die tägliche Relevanz in den Bereichen *Smart Home* und *Smart Car* bereits sehr aktiv. Denn für alle Unternehmen im digitalen Zeitalter gilt: Wer für seine Kunden nicht relevant ist, der wird überflüssig.

4.2 *Smart Car* – Die Intelligenz des Autos entscheidet über die künftige Marktführerschaft

Umweltverschmutzung, Unfälle und Staus sind die drei großen Ärgernisse (neudeutsch „Pain Points") des Straßenverkehrs und des Autos. Das Digitalzeitalter verheißt die Lösung dieser Probleme mit geteilter Mobilität von elektrisch angetriebenen und autonom fahrenden Fahrzeugen. Intelligente, vernetzte Fahrzeuge und Ladestationen schaffen eine grundlegend andere Mobilitätsinfrastruktur, die ganz neue Leistungsversprechen an die Kunden möglich macht und neue Geschäftsmodelle fördert (vgl. auch Abschn. 1.4).

Glaubt man den Experten, dann kann der Markt für autonomes Fahren im Jahr 2040 bis zu 2000 Milliarden US-Dollar groß sein: die eine Hälfte durch Mobilitätsdienste wie sogenanntes E-Hailing, das digitale Bestellen eines Fahrdienstes, die andere durch den Verkauf autonom fahrender Fahrzeuge (vgl. Möller et al. 2019). Die Grundannahme dieser Schätzung ist, dass autonom fahrende Fahrzeuge zwei Drittel aller privaten Fahrten abdecken und Mobilitätsdienste 60 Prozent aller Fahrdistanzen zurücklegen. So unsicher Werte einer so langfristigen Prognose sind, so deutlich ist die Revolution im Leistungsversprechen an die Kunden und der Glaube an eine Neudefinition von Mobilität: jederzeit und überall verfügbar, ohne die Notwendigkeit hoher Anfangsinvestition und mit einer deutlich besseren CO_2-Bilanz, mit weniger unproduktiver Wartezeit im Stau und ganz neu gewonnener produktiver Zeit an Bord des Fahrzeuges. Bis zur flächendeckenden Verfügbarkeit solcher voll autonom fahrender Level-5 Fahrzeugflotten (vgl. https://de.wikipedia.org/wiki/SAE_J3016#cite_note-1) muss die Technologie noch einige Entwicklungssprünge machen und wir alle müssen uns noch gedulden.

Einige Unternehmen halten das Innovationspedal durchgedrückt, und für Unternehmen und Manager sollte Bill Gates Erkenntnis insbesondere in wirtschaftlichen Krisenzeiten Orientierung bieten: „*Wir überschätzen immer den Wechsel, der in den nächsten zwei Jahren geschehen wird und unterschätzen den Wechsel, der in den nächsten zehn Jahren passieren wird. Lassen Sie sich selbst nicht von Nichtstun einlullen.*"

Damit das nicht passiert, muss die Elektrifizierung des Antriebs unbedingt als Schritt 0 getan werden (erster Abschnitt des Kapitels). Neue Mobilitätsdienste wie E-Hailing, die den Nerv der Kunden treffen, müssen ebenso rasch wachsen wie die Anbieter. Beides müssen wir im Fokus behalten oder dorthin rücken (zweiter Abschnitt).

Die Abschnitte 3 und 4 beschreiben, wie US-amerikanische und chinesische Unternehmen bei der Entwicklung des autonomen Fahrens enorm Tempo machen und warum sie für Organisation und Finanzierung so häufig „Joint Corporate Venture Capital" wählen.

Die Abschnitte 5 und 6 arbeiten heraus, was es gerade in Deutschland braucht, um im Rennen um das autonome Fahren nicht weiter in Rückstand zu geraten: Auch in Krise und Rezession das Innovationspedal durchgedrückt halten und in der Gesellschaft eine technologieoffene Diskussion ohne Perfektionsanspruch führen.

Der letzte Abschnitt „Vorsprung durch Informationstechnik – für Kunde und Geschäftsmodell" diskutiert, warum besonders die Intelligenz des Autos über die Marktführerschaft entscheidet – vielleicht noch nicht in zwei, aber spätestens in zehn Jahren.

Elektrifizierung des Antriebs ist Schritt 0

Ohne eine Elektrifizierung der Flotten der Autohersteller sind die CO_2-Ziele nicht zu erreichen. In der Strategie für die Mobilität 4.0 ist der elektrische Antrieb jedoch „nur" das Eintrittsticket. Als „*share the pain*" bezeichnet die McKinsey & Company-Studie „*The future of mobility is at our doorsteps*" Kooperationen bei Verbrennungsmotoren sowie

Elektroantrieb. Kooperationen in geteilter Mobilität, Konnektivität und autonomes Fahren als „team up for gain" (vgl. Möller et al. 2019).

Gerade deutsche Hersteller, die den Elektroantrieb lange haben links liegen lassen, investierten in der jüngeren Vergangenheit sehr stark und binden hier einen Großteil ihrer Kräfte, um den Rundenrückstand in diesem Bereich aufzuholen.

Weltweite Investitionsschwerpunkte für die Mobilität 4.0 in den Jahren von 2010 bis 2019 lagen nach der Studie von McKinsey im E-Hailing, gefolgt von Investitionen in autonomes Fahren und neue Halbleitertechnologien. Der für E-Hailing errechnete Wert beläuft sich auf ca. 56 Milliarden US-Dollar und umfasst für den Zehnjahreszeitraum etwa 25 Prozent der Gesamtinvestitionen in die Zukunft der Mobilität.

E-Hailing trifft den Nerv der Kunden und globale Anbieter wachsen rasant
Die US-Unternehmen Uber und Lyft sowie ihr chinesisches Pendant Didi Chuxing sind weltweit führend im Bereich E-Hailing. Uber wird etwas mehr als ein Jahr nach dem Börsengang im Mai 2019, als die Bewertung bei 82 Milliarden US-Dollar lag, mit rund 60 Milliarden US-Dollar bewertet. Der Wert von Didi Chuxing wurde zuletzt mit 56 Milliarden US-Dollar veranschlagt (vgl. CB Insights o. J.). Diese Bewertungen liegen Mitte 2020 damit etwas unterhalb von Volkswagen und über denen von Daimler und BMW.

Volkswagen bietet neue Mobilitätsdienste wie etwa „Ride-Sharing" oder „Ride-Pooling" unter der Marke Moia an (vgl. https://www.moia.io/de-DE). Ziel ist es, bis 2025 einer der weltweit führenden Mobilitätsdienstleister zu werden (vgl. Volkswagen AG o. J.). Gestartet ist der Dienst für Kunden in Hamburg und Hannover. Daimler und BMW haben ihre neuen Mobilitätsangebote im Jahre 2019 im Joint Venture „FreeNow" gebündelt (vgl. Free Now o. J.). Dazu gehören unter anderem die Carsharing-Angebote „DriveNow" und „Car2Go" sowie die Taxi-Vermittlungs-App „myTaxi". Nach eigenen Angaben arbeitet FreeNow in neun Ländern in mehr als 100 Städten mit mehr als 100.000 Fahrern und ist damit einer der größten Mobilitätsanbieter Europas.

Für mehr als 400.000 Verbindungen in rund 2500 Orten in 29 Ländern steht das Unternehmen „Flixmobility" mit den Marken „Flixbus" und „Flixtrain" (vgl. https://www.flixbus.de). Die Mobilitätsdienste werden von mehr als 300 Partnerunternehmen mit Bus und Bahn erbracht und können von Kunden über eine App bequem über die Flixbus-Plattform gebucht werden. Mitte 2019 erhielt die 2012 gegründete Flixmobilty ein Funding von ca. einer halben Milliarde Euro und zählt seitdem zur Gruppe der deutschen Unicorns. Die eingesammelten Mittel will das Unternehmen unter anderem zur weiteren globalen Expansion sowie zum Ausbau eines Angebotes auch in Richtung FlixCar verwenden (vgl. Flixbus 2019; vgl. Schürmann 2019). Im März 2019 wurde zudem eine Kooperation mit Uber bekannt gegeben, damit Kunden eine Reise von Tür zu Tür zu buchen können (vgl. Uber 2019). Uber ist im Vergleich in mehr als 900 Städten präsent und führt nach eigenen Angaben täglich 21 Millionen Fahrten durch (vgl. Uber o. J.).

Experten gehen davon aus, dass der Markt für E-Hailing weiter dynamisch wächst. Der größte Wachstumssprung stehe noch bevor, wenn vernetzte, autonom fahrende Fahrzeuge einsatzbereit sein werden. Dann könnten Fahrten deutlich günstiger angeboten werden (vgl. auch Möller et al. 2019), und dank smarter Dienstleistungen könnten die Unternehmen weitere Einnahmequellen über den reinen Mobilitätsdienst des *Smart Cars* hinaus erschließen.

US-amerikanische und chinesische Unternehmen machen Strecke bei autonomen Testkilometern

Im September 2016 begann Uber sein Entwicklungsprogramm für autonome Mobilität. Kaum ein Jahr später, Ende 2017, verkündete das Unternehmen, dass seine Flotte autonom fahrender Fahrzeuge zwei Millionen Meilen zurückgelegt hatte (https://www.uber.com/newsroom/history). Damit zählt Uber nach Tesla und zusammen mit der Alphabet-Tochter und Google-Schwester Waymo, GM Cruise sowie dem chinesischen Baidu zu den nach Testkilometern führenden Unternehmen in der Entwicklung autonomen Fahrens.

Tesla hat wohl viele Entwicklungsrunden Vorsprung herausgefahren. Mit etwa einer Million ausgelieferter Fahrzeuge (vgl. Kords 2021), die im Autopiloten oder als virtueller Beifahrer eine große Zahl von Meilen an Erfahrung sammeln, könnte der Wert von 2 Milliarden Testkilometern bereits weit überschritten sein (vgl. Trevis Team 2019).

Die Kfz-Zulassungsstelle des US-Bundesstaates Kalifornien, wo neben Nevada und Arizona das Gros der Teststrecken auf dem amerikanischen Kontinent beheimatet ist, listet Ende 2019 insgesamt mehr als 60 Unternehmen mit mehr als 670 Testfahrzeugen auf (vgl. Perrault et al. 2019, S. 131; vgl. Herger 2020). Sie haben mehr als 2,8 Millionen Meilen zurückgelegt. Die mit Abstand längsten Strecken haben die Flotten von Waymo und GM Cruise bewältigt (vgl. McCarthy 2021; vgl. Wiggers 2020a). Seit 2018 sind auch mehr und mehr autonome Fahrzeuge chinesischer Unternehmen auf Kaliforniens Straßen unterwegs (vgl. Tabeta und Shiraishi 2019). Klare Nummer eins der chinesischen Unternehmen scheint Baidu. Dessen Flotte legte in 2018 nicht nur mehr als 20.000 Meilen in Kalifornien zurück, sondern 50 Fahrzeuge von Baidu fuhren in Peking mehr als 470.000 Meilen und stehen damit für mehr als 80 Prozent der dort autonom zurückgelegten Strecken (vgl. Wiggers 2020b). Nummer zwei der chinesischen Unternehmen ist das Start-up „pony.ai", das ca. 70.000 Meilen auf Pekings Straßen und knapp 20.000 Meilen in Kalifornien gefahren ist. Waymo und pony.ai gehören mit den Start-ups Aurora, AutoX und Zoox zur Gruppe der Unternehmen, die im Februar 2020 von der California Public Utilities Commission (CPUC) die Erlaubnis zum Fahrgasttransport erteilt bekommen haben (vgl. Wiggers 2020a).

Informationen zu den zurückgelegten Strecken deutscher Hersteller sind nur vereinzelt zu bekommen und schwanken beträchtlich. In den oben angeführten Ranglisten belegen deutsche Unternehmen keine vorderen Ränge.

▶ So werden von der Kfz-Zulassungsstelle in Kalifornien für 2018 nur die Aktivitäten von Daimler auf einem der hinteren Ränge aufgeführt (vgl. Wiggers 2020a).

Während für Mercedes-Benz in Kalifornien für das Jahr 2019 eine gefahrene Strecke von 14.000 Meilen ausgewiesen wird, steht der Wert von BMW bei weniger als 100 Meilen (vgl. Herger 2020). Weil die Industrie noch sehr jung ist, die Technologie sehr rasch weiterentwickelt wird und die Fahrzeugflotten groß sind, sind Verschiebungen in den Ranglisten gefahrener Meilen jedoch möglich und zu erwarten.

Vordere Plätze belegen deutsche Unternehmen in den Ranglisten für die Anmeldung neuer Patente. Nach einer Studie des Instituts der deutschen Wirtschaft (IW) in Köln waren die deutschen Konzerne in den Jahren 2010 bis 2017 in dieser Disziplin sogar weltweit führend (vgl. Bardt 2017). An der Spitze lag laut IW der Automobilzulieferer Bosch mit 1138 Patenten, gefolgt von Volkswagen einschließlich der Marken Audi und Porsche mit 1101 Patenten. Auf Platz drei folgte Ford mit 1057 Patenten vor General Motors (640) und BMW (612). In den Top 10 auf den hinteren Plätzen Toyota und Google. Insgesamt waren fünf der zehn bei Patentanmeldungen führenden Unternehmen deutsche Konzerne (Grundlage der Studie des IW ist die sogenannte Patentscope-Datenbank der World Intellectual Property Organization) (vgl. Doll 2019).

Eine jüngere Studie auf Basis der PatentInsights-Datenbank sieht per Ende 2019 Toyota in führender Position. Die Zahl der Patente ist nach einer Auswertung von IPlytics im Zeitraum von Ende 2015 bis Ende 2019 rasant von 2800 auf 18.000 gewachsen (vgl. Kords 2019). Deutsche Automobilhersteller und Zulieferer büßen ihre Spitzenposition dabei zunehmend ein (vgl. Wunsch 2020), weil immer mehr Venture Capital Investments in das autonome Fahren strömen, und zwar sowohl von weltweit führenden Technologieunternehmen als auch von klassischen Autobauern aus USA und Japan.

Erfolgsmuster Joint Corporate Venture Capital
Die Investitionssummen sind seit 2019 stark gestiegen, die Venture-Capital-Firmen und klassische Unternehmen für das Wettrennen um das *Smart Car* zur Verfügung stellen:

- Waymo sammelte im März und Mai des Jahres 2020 drei Milliarden US-Dollar von externen Geldgebern ein (vgl. Etherington 2020).
- Ein Jahr zuvor schloss Uber eine Finanzierungsrunde mit 1 Milliarde US-Dollar für seine Tochter im Bereich autonomen Fahrens ab, eine Bewertung für das Tochterunternehmen mit 7,25 Milliarden US-Dollar (vgl. Somerville 2019).
- Zur gleichen Zeit erhielt GM Cruise 1,5 Milliarden US-Dollar bei einer Bewertung von 19 Milliarden US-Dollar (vgl. Korosec 2019). GM Cruise wurde 2013 gegründet, 2016 von General Motors übernommen und seit 2019 ist die japanische Autofirma Honda unter den Investoren.
- Pony.ai bekam Anfang 2020 eine Finanzierung von 460 Millionen US-Dollar, davon 400 Millionen vom japanischen Automobilhersteller Toyota, und wurde mit ca. 3 Milliarden US-Dollar bewertet (vgl. Kunthara 2020).

- Volkswagen investierte im Juli 2019 2,6 Milliarden US-Dollar in Argo AI, das von Ford gegründet wurde (laut Volkswagen Pressemitteilung Nr. 233/2019) und aktuell mit 7,5 Milliarden US-Dollar bewertet wird.
- Zoox wurde von Amazon für eine Summe von etwas über 1 Milliarde US-Dollar Mitte 2020 übernommen (vgl. o. V. 2020).

Die Beispiele verdeutlichen: Immer mehr Kapital wird gebraucht für die Entwicklung der Technologie und das Werben um die besten Talente. Das zeigt, jetzt werden die Weichen für die zukünftige Marktführerschaft beim autonomen Fahren gestellt. Ohne Partnerschaften wird es wohl nicht gehen. Die Summen, die benötigt werden, um bei Investitionen mitzuhalten, die Spieler im Markt und ihre Kapitalkraft legen diesen Schluss nahe.

Immer öfter wählen deshalb die traditionellen Autobauer den Weg, bei einem der Startups einzusteigen oder es ganz zu schlucken, gerne auch im Schulterschluss mit einem Wettbewerber. Aus Konkurrenten werden so Partner.

Die erworbenen Start-ups führen die Autobauer dann weiter als separate Einheiten, mit gesondertem Budget und dem Freiraum, wenn notwendig weitere Partner mit an Bord zu nehmen. Inwiefern diese Start-up-Vehikel den Kern einer neuen, auf Dauer eigenständigen Unternehmung bilden und/oder zum Technologielieferanten für das heutige Kerngeschäft werden, wird die Zukunft zeigen. Die hohen Bewertungen deuten jedoch ein Potenzial an, das weit über die Rolle eines Technologielieferanten hinausgeht.

Ein Beispiel aus Deutschland für eine erfolgreiche, herstellerübergreifende Kooperation im Bereich neue Mobilität ist das Unternehmen Here. Es produziert digitale Karten- und Geodatendienste und liefert Schlüsseltechnologie für das autonome Fahren. Die Vision von Here lautet „*Enabling an autonomous world for everyone*" (vgl. Here Technologies o. J. a). Daimler, BMW und Audi haben Here 2016 gemeinsam von Nokia übernommen. In der Zwischenzeit sind sechs Investoren zu Here dazugestoßen, darunter die beiden deutschen Automobilzulieferer Bosch und Continental (vgl. Here Technologies o. J. b).

Ein weiteres nationales Beispiel für die Zusammenarbeit mehrerer Autohersteller ist das sogenannte Cyber Valley. Es wurde 2016 gegründet: von den Industriepartnern Daimler, BMW, Porsche, Bosch und ZF Friedrichshafen in Zusammenarbeit mit dem Land Baden-Württemberg, der Max-Planck-Gesellschaft, den Universitäten in Stuttgart und Tübingen sowie Amazon (https://cyber-valley.de/cyber-valley-start-up-network, vgl. DWIH New Delhi o. J.). Das Cyber Valley bezeichnet sich als größte KI-Forschungskooperation Europas. Ein pulsierendes heimisches Ökosystem von Start-ups als Gegenpol zur Entwicklungsdynamik in den USA und China ist besonders wichtig. Nicht zuletzt auch deshalb, weil die Ergebnisse der Forschung zügig in Anwendungsentwicklung, praktische Erprobung und Markteintritt übertragen werden sollten.

Technologie immer gesellschaftsfähiger – „German Perfektion" als Innovationsbremse?
Die Vorbehalte gegenüber selbstfahrenden Autos gehen in der Breite der Bevölkerung zurück, sind aber noch immer merklich präsent (vgl. Buchholz 2020; vgl. Richter 2019).

Noch zu oft prägen diffuse Technologieängste das öffentliche Meinungs- und Stimmungsbild, dazu ein „deutscher Anspruch" an Perfektion und das rigorose Denken, die KI müsse eine fast übernatürliche, moralisch fundierte Urteilskraft entfalten.

Bis zur endgültigen Marktreife brauchen selbstfahrende Autos ganz ohne Zweifel noch eine Menge Erfindergeist. So viel „Selbstfahren" ist noch gar nicht. Auch die Technologie der Test-Wagen der beim autonomen Fahren führenden Anbieter (Baidu, Waymo, GM Cruise) (vgl. Herger 2020) musste im Jahr 2019 noch alle 10.000 Meilen von Hand abgeschaltet werden.

> DMV defines **disengagements** as „deactivation of the autonomous mode when a failure of the autonomous technology is detected or when the safe operation of the vehicle requires that the autonomous vehicle test driver disengage the autonomous mode and take immediate manual control of the vehicle" (vgl. Herger 2020).

Aber je intensiver die Künstliche Intelligenz über immer mehr Testkilometer trainiert wird, desto geringer wird die Zahl manueller Deaktivierungen und umso leistungsfähiger das autonome Fahren.

Setzt sich die Entwicklung in den kommenden Jahren ungebremst fort, dann ist der Zeitpunkt nicht mehr allzu fern, an dem die neue Technologie des autonomen Fahrens auf eine Million zurückgelegte Kilometer weniger Unfälle, Verletzte oder Tote verursacht als die existierende Technologie des manuellen Fahrens.

Jetzt sind wir bei Fehlern von Maschinen allerdings weit weniger nachsichtig als bei menschlichen Fehlleistungen (vgl. Daugherty 2018, S. 166; vgl. Precht 2020, S. 192). Vermutlich wird deshalb das autonome Fahren erst dann gesellschaftlich akzeptiert sein – und damit marktreif –, wenn die KI-Technologie dem Menschen am Steuer sehr deutlich überlegen ist. Bei Tausenden Verkehrstoten und Verletzten allein in Deutschland und einem Meer von Verkehrsopfern rund um den Globus ist das rationale Potenzial der Technologie exorbitant groß, in Zukunft schreckliches Leid zu vermeiden. Da ist der Nutzen der zusätzlichen täglichen Freizeit im selbstfahrenden Auto fast schon ein Nebeneffekt.

Gehen wir ans autonome Fahren mit dem in Deutschland üblichen Anspruch an Perfektion, würde das den Zeitpunkt der Marktreife vermutlich auf jenseits des digitalen Zeitalters verschieben. Die Hürde, selbstfahrende Autos für den Straßenverkehr zuzulassen, dürfte in Deutschland weniger eine technologische als vielmehr eine emotionale und ethische sein.

Zum Katalog der Ethikfragen, denen sich KI stellen muss, zählt das Verhalten der KI in Entscheidungsdilemmata wie „Schutz der Insassen gegenüber Schutz des Fußgängers" oder „Schutz des Kindes gegenüber Schutz des älteren Menschen". Solche Fragen müssen geklärt werden, damit die Technologie breit akzeptiert wird. Damit würde zugleich entmystifiziert, wie Künstliche Intelligenzen eigentlich Entscheidungen treffen. Gefordert ist hier allerdings nicht die künstliche, sondern die natürliche Intelligenz. Die KI der Maschine wendet stur die Prinzipien und Verhaltensweisen an, die von der natürlichen Intelligenz des Menschen festgelegt und vorgegeben werden, sie folgt den Routinen, auf die sie der KI-Ingenieur programmiert. Solche Verhaltensweisen der Maschine könnten grundsätzlich empirisch erfragt, implizit erlernt oder normativ definiert werden. Alle Verfahren haben ihre Stärken, aber auch ihre Tücken:

- Das MIT in Boston hat weltweit eine empirische Studie durchgeführt (vgl. Maxmen 2018, vgl. http://moralmachine.mit.edu/hl/de), bei der von mehr als zwei Millionen Menschen aus über 130 Ländern die potenziellen, menschlichen Präferenzen im Straßenverkehr anhand 13 fiktiver Entscheidungsdilemmata abgefragt wurden. Je nach Kulturkreis wichen diese Präferenzen teilweise erheblich voneinander ab. Eine KI für die gesamte Welt ist demnach nicht in der Lage, die kulturellen Unterschiede zu reflektieren, und würde wohl keine Zustimmung finden. „Als fahrlässiger Blödsinn" grundsätzlich abgelehnt wird ein solches Vorgehen vom Philosophen Richard David Precht (vgl. Precht 2020, S. 176). Geht es aus seiner Sicht bei „konkreten moralischen Entscheidungen nämlich nicht um den Maßstab einer allgemeinen Norm, sondern um höchst subjektives Ermessen" (Precht 2020, S. 176).
- Könnte also die KI vom praktizierten Verhalten „lernen" und im Falle der Unvermeidbarkeit eines Unfalls die „typische", menschliche Reaktion nachahmen? In Extremsituationen wird das tatsächliche Verhalten vom theoretisch erfragten abweichen. Während bei der Befragung viele Personen den Schutz des Fußgängers dem des Passagiers vorziehen, würden die meisten beim Einsteigen in ein autonom fahrendes Auto den Modus „Egoist" dem des „Altruisten" vorziehen, vermutet Noah Yuvel Harari (vgl. Harari 2019, S. 96).
- Bei der Definition von ethischen Standards nimmt die deutsche Regierung eine Vorreiterrolle ein und hat eine Ethik-Kommission unter der Leitung des ehemaligen Richters am Bundesverfassungsgericht, Professor Udo Di Fabio, berufen. Diese Kommission hat im Juni 2017 ethische Normen für autonome Fahrzeuge definiert (vgl. Ethik-Kommission 2017): Oberste Priorität hat der Schutz menschlichen Lebens. Untersagt ist bei unausweichlichen Unfallsituationen jede Qualifizierung nach persönlichen Merkmalen (Alter, Geschlecht, körperliche oder geistige Konstitution) und auch eine Aufrechnung von Opfern (vgl. Ethik-Kommission 2017).

Gelingt es den Menschen mit ihrer natürlichen Intelligenz, Normen und Prinzipien zu definieren und die Künstliche Intelligenz darauf zu trainieren, dann könnten in Krisenmomenten Maschinen moralische Prinzipien eventuell konsistenter und besser befolgen, als dies Menschen tun (vgl. Harari 2019, S. 94). Einen diametral gegensätzlichen Standpunkt vertritt Precht; er lehnt ethische Programmierungen grundsätzlich ab (vgl. Precht 2020, S. 192). Er fordert, dass es einen „Todesalgorithmus" niemals geben dürfe, und präferiert einen festen „regelbasierten Ansatz": „Nach links ausweichen, wenn das nicht geht, nach rechts" (Precht 2020, S. 193). Solche Maximalpositionen können einen Rahmen geben, einen konkreten Weg zur Lösung des Problems weisen sie in der Regel nicht.

Man kann sich ja vorstellen und es ist sogar wahrscheinlich, dass nach der Lösung solcher Dilemmata in einigen Jahren oder wenigen Jahrzehnten autonom fahrende Fahrzeuge die Normalität sind. Dann würde mit einem Mal nämlich das Steuern eines Autos durch einen Menschen zum unmoralischen Handeln, wären doch dadurch andere Verkehrsteilnehmer einem deutlich höheren Risiko ausgesetzt.

Wenn wir den Bürgern die Ängste nehmen und breite gesellschaftliche Zustimmung für die neue Technik einholen wollen, dann brauchen wir einen transparenten Dialog über genau diese Fragen. Nur so können wir den neuen „kulturellen und moralischen Code" des digitalen Zeitalters selbst gestalten.

Trotz Krise und Rezession das Innovationspedal voll durchgedrückt halten
In der Rezession, ausgelöst durch die Corona-Pandemie, könnte sich der Vorsprung der führenden Technologiekonzerne schnell weiter vergrößern. Während sich deren digitale Geschäftsmodelle in der Krise in vielen Teilen als äußerst robust erweisen, steht das Kerngeschäft klassischer Industrien wie etwa die Produktion und der Verkauf von Autos unter Druck. Die Unternehmen reagieren auf Krisen oftmals damit, Investitionen für die Zukunft zu verschieben.

Während die Investitionen in die Elektromobilität wenig disponibel erscheinen, weil sonst CO_2-Grenzwerte nicht zu erreichen sind, drohen Investitionen in autonomes Fahren dem Sparen zum Opfer zu fallen (vgl. Tyborski und Demling 2020). Ausgaben für Entwicklungen im Bereich autonomes Fahren belasten – wie alle Zukunftsinvestitionen – gemäß der Erfolgsmetrik des klassischen Geschäfts kurzfristig das operative Ergebnis.

Um solche für die Strategie unbedingt notwendigen Investitionen vor den kurzfristigen Sparreflexen im klassischen Kerngeschäft zu schützen, sollten die Unternehmen solche Zukunftsprojekte in separate Unternehmenseinheiten geben, auch in Kooperation mit externen Partnern. Damit geben sie der neuen Unternehmung zudem erheblich bessere Chancen am Kapitalmarkt, der solche Projekte anders bewertet als nach ihrem aktuellen Ergebnisbeitrag. Der Kapitalmarkt preist die Erwartung künftiger Technologieerfolge ein (vgl. auch Kap. 9).

Ohne den Schulterschluss von Herstellern, Zulieferern und Start-ups mit Politik und Gesellschaft droht nicht zuletzt wegen der Rezession infolge der Corona-Krise ein nur schwer aufzuholender Rundenrückstand beim autonomen Fahren. So notwendig es für Unternehmen ist, das Ergebnis zu sichern und die Krise zu bekämpfen, so wichtig ist es auch, die Zukunftsinvestitionen zu erhöhen. Die Politik kann die Anstrengungen der Unternehmen mit geeigneten Maßnahmen flankieren, und die Unternehmen selbst können in einem offenen Dialog mit Gesellschaft und Kunden um Unterstützung für diese Zukunftsprojekte werben.

Die langfristigen Kosten, die entstünden, wenn der Zukunftsmarkt verpasst wird, überstiegen die Kosten der Krise und die kurzfristigen Einsparungen bei Weitem. Dies zeigt ein Vergleich mit Krisenphasen in anderen Branchen. So haben die Finanzmarktkrise und die Bewältigung ihrer Folgen die Strategie viele Finanzdienstleister über Jahre dominiert. Erste sichtbare Opportunitätskosten der Bekämpfung der Finanzmarktkrise sind die Dominanz neuer Technologieabieter beim mobilen Bezahlen und die rückständige, nicht für das mobile Cloud-Zeitalter ausgelegte Infrastruktur sowie das Fehlen neuer Geschäftsmodelle auf der Grundlage von Daten.

Vorsprung durch Informationstechnik für Kunde und Geschäftsmodell
Die Deutschen legen jedes Jahr über 600 Millionen Kilometer im Auto zurück (vgl. Kraftfahrt-Bundesamt o. J.). Das Gros der heimischen Autofahrer – rund 14,45 Millionen – fuhr im Jahr 2019 zwischen 10.001 und 15.000 Kilometern. 3,95 Millionen waren als sogenannte Viel- oder Langfahrer sogar mehr als 20.000 Kilometer im Jahr mit ihrem Wagen unterwegs. Will heißen: Viele Menschen verbringen mehr als eine Stunde des Tages im Auto – Stau und Parkplatzsuche, Hektik und Stress inklusive. „Freude am Fahren", die BMW früher in der Werbung für seine Autos versprach (vgl. BMW Group o. J.), kommt bei verstopften Straßen immer seltener auf.

Die Menschen schätzen am eigenen Auto vor allem, dass es immer zur Verfügung steht, zahlen dafür allerdings den hohen Preis, dass das Gefährt die meiste Zeit des Tages ungenutzt in der Garage oder auf dem Parkplatz steht. Ganz überwiegend nutzen wir das Auto für Routine-Fahrten: den Weg ins Büro, den Besuch im Fitnessstudio oder den Trainingsabend im Sportverein oder die Fahrt zum Einkaufen. Vergleichsweise selten bewegen wir uns mit dem Wagen zum Friseur oder zum Arzt, besuchen am Wochenende Freunde oder Familie oder treten mit Kind und Kegel die Fahrt in den Urlaub an; solche Fahrten sind aber meist gut im Voraus zu planen.

Damit die Menschen ein geteiltes, autonomes Mobilitätsangebot annehmen, ist es entscheidend, dass die Technologie sicher und das Angebot relevant und finanziell attraktiv ist. Dabei sind die Attribute relevanter digitaler Dienstleistungen, dass der Verbraucher sie komfortabel nutzen kann, sie möglichst jederzeit und überall verfügbar sind und auch Individualität und Kontextbezug haben. Wenn wir das auf einen Mobilitätsdienst in der physischen Welt übertragen, heißt das, er muss einfach zu buchen und zu bezahlen sein, seine Passagiere pünktlich abholen und zum Zielort bringen und punktet zusätzlich mit individuellen Diensten an Bord sowie, falls gewünscht, auch noch mit einer Ausstattungsklasse der Wahl. Wie bedeutend letztlich die Ausstattungsklasse ist, wird das Verhalten der Kunden zeigen. Während beim Autokauf der Status (noch) von großer Bedeutung ist, gibt es bei führenden Digitalangeboten oftmals keine statusgetriebene Unterscheidung nach Premium- oder Basisvariante.

Je stärker das „smart sein" des *Smart Cars* die Relevanz des Angebotes bestimmt, desto wichtiger werden die Daten und Algorithmen der Analyse und Prognose der beobachtbaren und gewünschten Nutzung. Denn für die Entwickler und Anbieter fahrerloser Mobilitätsdienste as-a-Service ergeben sich daraus zahlreiche Einnahmequellen und strukturelle Unterschiede auf der Kostenseite, die das Geschäftsmodell trotz hoher Aufwendungen für Forschung und Entwicklung potenziell sehr attraktiv machen:

- Fahrzeuge in einer Flotte autonom fahrender Fahrzeuge werden wohl viel intensiver ausgelastet sein als heute privat genutzte Auto und, weil ohne Fahrer, zu deutlich geringeren Kosten als heutige Taxi- oder Chauffeurdienste arbeiten können.

- Die Einnahmen stammen einerseits aus Zahlungen des Nutzers (B2C) für die Fahrt selbst oder weitere denkbare Dienste an Bord wie Unterhaltung, Spiele, Hausaufgabenhilfen, Sightseeing-Angebote oder einen Einkaufsberater.
- Andererseits fließen auch Business-to-Business-Einnahmen, zum Beispiel für personalisierte In-car-Werbung. Wenn die Intelligenz des Fahrzeuges aus der Analyse von Daten die Vorlieben der Fahrgäste kennt und der In-car-Sprachassistent Fragen nach einem angesagten Restaurant, nach Übernachtungsmöglichkeiten, nach Konzerten oder Sportveranstaltungen mit freien Tickets oder nach besonderen Bekleidungsgeschäften beantwortet, dann wird das *Smart Car* zur „Suchmaschine" in der physischen Welt.
- Wie die Preisstrukturen für den Endkunden sind, wird maßgeblich vom Einnahmepotenzial auf der B2B-Seite bestimmt werden. Für die virtuelle Suche im Internet bezahlen Endkunden heute kein Geld, da Suchmaschinen-Anbieter über ihre Plattform enorme Einnahmen auf der B2B-Seite erzielen können. Und Plattformen skalieren ja immer dann besonders stark, wenn der Zugang zur Plattform für die Nutzer kostenlos ist – dass sie mit ihren Daten bezahlen, ist den meisten Menschen höchstens unterschwellig bewusst (vgl. Abschn. 3.2).

Große Teile der Wertschöpfung beziehen klassische Autobauer heutzutage von ihren Zulieferern. In der Hoheit der Automobilhersteller liegen Marke und Design sowie die Entwicklung und der Bau der Motoren, wenn auch bei letzterem intensiv mit ausgewählten Zulieferern zusammengearbeitet wird. Je deutlicher die Intelligenz des Fahrzeuges, seine Konnektivität mit dem Internet und die Fähigkeit, autonom zu fahren, in den Vordergrund rücken, desto stärker stellt sich die Frage, wie die Wertschöpfungskette zur Entwicklung und zum Einbau der autonomen Fähigkeiten aufseiten der Automobilhersteller verankert werden wird. Wer Nachhaltigkeit und Intelligenz vom Lieferanten zukaufen muss, wird es sehr schwer haben, seinen Platz als Mobilitätsanbieter im digitalen Zeitalter zu finden.

Das Auto wird mit der Vernetzung neu erfunden. Wenn das Land der Erfinder der ersten Generation des Autos mehr als die Werkbank für die Marktführer der vernetzten Mobilität sein möchte, dann braucht das Land mehr unternehmerische Neugier und Mut. Und es braucht Führungskräfte und Entscheider mit Zuversicht und Risikobereitschaft, die ihr berufliches Schicksal mit der Entwicklung der autonomen Mobilität „Made in Germany" verbinden. Denn der Fortschritt der gesamten Wirtschaft und Gesellschaft im digitalen Zeitalter wird maßgeblich vom Fortschritt in der Mobilität – seit Jahrtausenden ein Grundbedürfnis des Menschen – geprägt sein.

Die menschliche Ikone dieser Mobilität für das Digitalzeitalter wird noch gesucht. Erster Anwärter scheint aktuell Elon Musk zu sein, der Gründer von Tesla. Die Antwort auf die Frage, ob die Ikone des autonomen Fahrens eher ein Erbe von Carl Benz, dem Erfinder des ersten Autos, oder von Steve Jobs, dem Vater des *Smart Phones*, sein wird, könnte in den kommenden Jahren zugunsten des Apple-Gründers ausfallen. Der von Audi (vgl. Audi o. J.) vor fast 50 Jahren angepriesene „*Vorsprung durch Technik*" ist heute entscheidender denn je: *Vorsprung durch Informationstechnik* für das relevanteste Angebot an den Kunden und das attraktivste Geschäftsmodell.

4.3 *Smart Home* – Digitale Türsteher werden „Herr" im vernetzten Mehrgenerationenhaus klassischer und neuer Industrien

An keinem Ort verbringen Menschen mehr Zeit als in den eigenen vier Wänden. Und für nichts anderes geben sie mehr Geld aus. Wenn wir zur Bewirtschaftung und dem Absichern auch die Einrichtung und den Schutz des Hauses oder der Wohnung hinzunehmen und Essen, Trinken, Feiern und Unterhaltung dazupacken, dann decken die eigenen vier Wänden den Großteil der alltäglichen Bedürfnisse und fressen den Löwenanteil des jährlichen Budgets. Dementsprechend breit gefächert ist die Palette der Industrien und Branchen, die bereits heute Ausstattung und Dienstleistungen für die eigenen vier Wände liefern oder künftig liefern möchten.

Die Vernetzung des Heims bildet die Grundlage für viele neue Dienstleistungen (vgl. Funicello-Paul 2019): intelligente Gebäude, Fenster, Türen und Klingeln, intelligente Heizungs- und Warmwasseranlagen, intelligente Kühlschränke und Klimaanlagen. Sie alle bieten im Ökosystem *Smart Home* Chancen für neue Plattform- und Dienstleistungsgeschäftsmodelle auf Datenbasis. Mit welcher Dynamik der Markt in welchen neuen Teil-Märkten wächst, zeigt der erste Abschnitt.

Wie viele innovative Geschäftsmodelle dieses Wachstum schafft und welche Technologien die Zugänge dafür öffnen, beschreibt der zweite Abschnitt.

Der dritte Abschnitt gibt einen Überblick über die aktuelle Marktstruktur des Ökosystems *Smart Home* sowie über die Vielfalt der Unternehmen aus unterschiedlichen Industrien.

Der vierte Abschnitt diskutiert, warum die Hoheit über den Zutritt zum *Smart Home* und den Datenbesitz so wichtig ist, was dies für die Strategie der Unternehmen und die Regulierung bedeutet und damit auch für Wirtschaft und Gesellschaft als Ganzes.

Dynamisches Marktwachstum mit immer neuen Teil-Märkten
Das Ökosystem *Smart Home* wächst schnell (vgl. Yusuf 2018; vgl. Statista 2020e). Viele neuartige Dienstleistungen und immer neue Teil-Märkte entstehen. Was es noch nicht gibt, ist eine konsistente Nomenklatur. Von Research-Unternehmen (vgl. Fortune Business Insights o. J.; vgl. Statista 2020e) genutzte Kategorien sind ein Mix aus Kunden- und Unternehmensperspektive oder aus Hardwarelösungen und Dienstleistungen. Berücksichtigt werden besonders die Teilmärkte des *Smart Homes*, die bereits heute relativ stark entwickelt sind und hohe Wertschöpfung ermöglichen. Mitte 2020 sind das:

1. *Vernetzung und Steuerung*: Dazu gehören programmierbare, audiovisuelle Steuerungs- und Bedienelemente (vgl. Ali und Yusuf 2018), wie beispielsweise *Smart Speaker*. Die bekanntesten sind Amazon Echo und Google Home.
2. *Home Entertainment*: Das sind Video-Streaming-Geräte wie Amazon FireTV oder Google Chromcast, aber auch Netzwerk-Lautsprecher und -Musiksysteme einschließlich der auf Unterhaltungselektronik spezialisierten Steuergeräte. *Smart TV* dagegen gehört nicht dazu. Technisch sind diese Geräte zwar für das *Smart Home* ausgestattet, tatsächlich in Betrieb sind sie allerdings noch immer hauptsächlich für lineares Fernsehen.
3. *Komfort und Licht*: Darunter fallen intelligente Services des Heizens, Belüftens und der Klimatisierung (sog. HVAC = Heating, Ventilation and Air Conditioning) sowie der Beleuchtung (sog. *Smart Bulbs*).
4. *Energie Management*: Geräte und Dienste zur Reduktion des Energieverbrauches einschließlich dazugehöriger Sensoren (u. a. *Smart Meter* und intelligente Thermostate) (vgl. Statista 2020a). Sehr früh und sehr entschlossen ist Google im Jahr 2014 mit der 3,2 Milliarden US-Dollar schweren Akquisition von „Nest" in dieses Marktsegment eingestiegen (vgl. Whitney 2014).
5. *Gebäudesicherheit*: Hierzu zählen zum einen Alarmsysteme, intelligente Klingeln mit Kameras und intelligenten Schlössern, zum anderen Rauch- und Feuchtigkeitsmelder (vgl. Statista 2020b). Zu den prominentesten Übernahmen in diesem Segment zählt Amazons Kauf des Start-ups „Ring" Anfang 2018, einem Hersteller intelligenter Klingel- und Türkamerasysteme. Diese Übernahme war Amazon mehr als eine Milliarde US-Dollar wert (vgl. Green 2018; vgl. Stevens und MacMillan 2018).
6. *Smarte Haushaltsgeräte*: Dies sind vernetzte Kühlschränke, Waschmaschinen, Mikrowellen oder Kaffeemaschinen und zunehmend auch Heim-Roboter, deren Einsatzspektrum immer weiter wächst – Rasenmähen, Staubsagen, Fenster- und Fassadenreinigung etc. (vgl. Statista 2020c).

Diese smarten Dienstleistungen finden auch in Deutschland immer mehr Freunde: Bis Ende 2020 erwarten Marktforscher eine Haushalts-Durchdringung von 20 Prozent; das entspricht gut 7,8 Millionen vernetzten Haushalten (vgl. Statista 2020d). Davon nutzen rund 7,2 Millionen Haushalte einen *Smart Speaker* oder eine vergleichbare intelligente Steuereinheit (vgl. Brandt 2021). 5,8 Millionen Haushalte freuen sich über die Vorzüge des vernetzten Home Entertainments und 5,1 Millionen Haushalte haben smartes Energiemanagement. Schließlich nutzen 3,2 Millionen intelligente Sicherheitstechnik für den Schutz der eigenen vier Wände (vgl. Brandt 2021).

Bis 2024 sollen es fast in allen Kategorien nahezu doppelt so viele Haushalte sein, im Ergebnis haben dann 36 Prozent der Haushalte mindestens eine *Smart-Home*-Lösung in Betrieb (vgl. Brandt 2021).

Derartige Prognosen muss man in jungen Märkten mit hoher technologischer Dynamik als grobe Indikation verstehen. Etwas schnellere oder langsamere Hochläufe beeinflussen nur das kurzfristige, nicht aber das grundsätzliche Potenzial. Das gilt etwa für die verspätet in Gang gekommene Verbreitung der *Smart Meter* (vgl. Abschn. 5.1) und für die Potenziale im Bereich Energie-Management.

Viele der Dienstleistungen sind noch Idee oder im Test. Das Potenzial aus der Vernetzung von Gebäuden, der Gebäudeinfrastruktur oder einzelner Einrichtungsgegenstände ist entsprechend groß und die Breite der Dienste und Teilsegmente entsprechend bunt:

- Mit vernetzten Gebäuden und Gebäudeinfrastrukturen lassen sich Zustand und Wert immer genauer beurteilen, woraus eine Vielzahl von Ansätzen für das Geschäft von Banken, Versicherungen und Anlagegesellschaften entstehen können.
- Vernetzte Hanteln, Laufbänder und Spinning-Räder als intelligente Hometrainer wie auch intelligente Toiletten als laufende Präventionsmaßnahme (vgl. Ali und Yusuf 2018; vgl. Wheeler o. J.) bieten neue Ansatzpunkte im Bereich Gesundheit und Fitness.
- Intelligente Kleidung oder Matratzen sind zwei weitere Beispiele in einer stetig wachsenden Liste an möglichen Themen (vgl. CB Insights 2017).

Dank immer besserer Sensortechnologie sowie immer leistungsstärkerer Verfahren der Cloud-Datenanalyse können in nahezu allen Lebensbereichen auf den einzelnen Kunden abgestimmte Dienstleistungen geschneidert werden.

Die Unternehmensberatung Boston Consulting Group hat 2018 in ihrer weltweiten Studie *Mapping the Smart Home Market* 1500 Unternehmen in 11 unterschiedlichen Sub-Sektoren analysiert und bereits damals festgestellt, dass selbst eine so breite Marktanalyse nur an der Oberfläche des Ökosystems *Smart Home* kratzen kann (vgl. Ali und Yusuf 2018).

Schätzungen des globalen Marktvolumens auf diesem Feld bis 2024 summieren sich auf knapp 160 Milliarden US-Dollar. Dies wäre ein Wachstum von jährlich rund 20 Prozent, ausgehend von dem für 2020 erwarteten Wert von ca. 85 Milliarden US-Dollar (vgl. Statista 2020e). Für Deutschland, aktuell der viertgrößte Markt für *Smart Home*, liegt die Schätzung für 2024 bei 6,6 Milliarden US-Dollar, bei einem jährlichen Wachstum von ca. 13 Prozent in den Jahren 2020 bis 2024 (vgl. Statista 2020d).

Wie hoch das Wachstum allerdings tatsächlich ausfällt, entscheiden die Kunden, die all die neuen Helfer im Haus gut finden und verwenden müssen. Für neue Dienste dringen Sensoren, Kameras und Lautsprecher immer weiter in die Privatsphäre des geschützten Raums Wohnung vor. Sie sind nicht nur Zeuge von allem, was in Wohnzimmer oder Küche geschieht, sondern im Falle von smarten Lautsprechern immer öfter auch in Schlaf- und Badezimmer (vgl. Flaig 2020). Die Sorge der Menschen, dass die Privatsphäre durch ungebetenes Mithören (vgl. Mansholt 2019; vgl. Fuest 2019) von *Smart Speaker* oder genauer: smarten Mikrofonen verletzt wird oder sogar Hacker das vernetzte Haus attackieren könnten, sprechen gegen eine allzu euphorische Vernetzung der eigenen vier Wände. Sinkende Kosten, mehr Komfort und Sicherheit, Zeitersparnis etc. sprechen dafür.

Die Akzeptanz der Kunden und die Anzahl der Dienstleistungen verstärken sich wechselseitig und erzeugen wie bereits beim *Smart Phone* auch im *Smart Home* positive Netzwerkeffekte. Das *Smart Home* hat das Zeug dazu, die Vielfalt und das Volumen der Daten auf die nächste Ebene zu heben. Es produziert persönliche Informationen und Daten seiner

Bewohner in vielen Segmenten: ‚Biorhythmus', Lebensgewohnheiten, Essen und Medienkonsum, soziale Interaktion, Arbeitszeiten und Freizeit bis hin zu individuellen Sichtweisen auf Umweltschutz, Nachhaltigkeit, Politik und Risikobereitschaft. Dazu kommt noch alles, was man von den Systemen ohnehin erwarten würde, wie Informationen über die Architektur, den Zustand und den Betrieb des Gebäudes, seine wichtigsten Gewerke und deren Versorgung mit Elektrizität, Wärme und Wasser.

Erzeugt werden diese Daten in den unterschiedlichen Komponenten des *Smart-Home*-Systems. Dazu zählen Endgeräte, Sensoren einschließlich Mikrofonen und Kameras, Eingabe- und Steuerungsgeräten sowie das sogenannte Gateway (vgl. Verbraucherzentrale 2021). Das Gateway organisiert die Datenkommunikation der einzelnen Komponenten untereinander per Kabel oder Funk und verarbeitet die Befehle der Eingabe- und Steuerungsgeräte. Letztere können auch über das Internet via App oder Tablet erfolgen. Gespeichert werden die Daten in der Cloud. Dieser Datenschatz und die vielen digitalen Zugangstüren dazu schaffen die theoretische Grundlage für eine ganze Serie innovativer Geschäftsmodelle.

Eine Serie innovativer Geschäftsmodelle und technologischer Zugänge
Die Betreiber der Einzelkomponenten oder des Gesamtsystems des *Smart Homes* sind ein Mix an Unternehmen aus verschiedensten Branchen mit unterschiedlichsten Geschäftsmodellen. Hierzu zählen:

- Technologie- und Infrastrukturanbieter von intelligenten Sensoren, Kameras und Messgeräten sowie Hersteller von zentralen Steuerungseinheiten (sog. Gateway)
- Hersteller intelligenter Endgeräte, die Ausstatter des vernetzten Zuhauses: Das sind zum einen herkömmliche Hersteller, die ihre Produkte mit intelligenten Sensoren und Kommunikationseinheiten ausstatten. Dadurch haben sie erstmals direkten Zugang zu den Endkunden, erhalten detaillierte Informationen, wie ihre Produkte verwendet werden, und können darauf aufbauend neue Dienstleistungen entwickeln. Zum anderen sind es Start-ups, die neue Dienstleistungen oder Produkte von einem spezifischen Kundenbedarf ausgehend entwickeln und dadurch neue Subsegmente definieren (vgl. CB Insights 2017).
- Anbieter intelligenter Dienste: Das können Versicherer sein, die mit Anbietern von *Smart-Home*-Lösungen kooperieren und solche Lösungen ihren Kunden in Kombination mit Hausrat- und Wohngebäudeversicherung anbieten (vgl. Wendel 2018; vgl. Allianz o. J.; vgl. HDI o. J.). Mit dem – in Teilen quersubventionierten – Einbau von *Smart-Home*-Lösungen kann der Versicherer Risiken (z. B. Einbruch, Feuer, Wasser) früh erkennen und Schäden minimieren (vgl. Zunk 2019).
- Anbieter von *Smart-Home*-Systemen. Diese paketieren für Kunden die einzelnen Komponenten zu einem Gesamtsystem und sichern das Gesamtsystem gegen Cyber-Attacken oder Hackerangriffe ab. Über eine offene Architektur können intelligente Endgeräte und Komponenten Dritter eingebunden werden. Die Bedienung und Systemkonfiguration werden über eine App oder spezifische Bedienelemente angeboten. Die-

ser direkte Kundenzugang bietet die Chance zum Ausbau eines Plattformgeschäftsmodells: Neben dem Marktplatz für intelligente Endgeräte erscheint rund um das *Smart Home* das Marktpotenzial für Dienstleistungen auf Grundlage von Daten besonders attraktiv.
- *Smart Speaker* drängen verstärkt in die Schnittstelle zwischen Kunde und Lösungsanbieter oder Kunde und Hersteller intelligenter Endgeräte:
  - Dank weit entwickelter KI-Sprachsteuerung sind *Smart Speaker* für Kunden in der Bedienung besonders komfortabel.
  - *Smart-Home*-Anwendungen sind dabei nur ein Teil des Dienstleistungsspektrums der *Smart Speaker*. Deren Dienste umfassen unter anderem den Einsatz als sprachgesteuerte Suchmaschine, den Einkauf auf eCommerce-Plattformen oder einfache Finanzdienstleistungen. Solche Dienste fördern erheblich die Verbreitung von *Smart Speakern* und lassen die Nutzerzahlen steil in die Höhe schießen.
  - *Smart-Home*-Lösungsanbieter oder Hersteller intelligenter Endgeräte kommen dadurch zunehmend in ein Dilemma. Zwar nimmt die Attraktivität ihres Angebotes durch die Möglichkeit der Sprachsteuerung via dritter *Smart Speaker* zu, aber es droht der Verlust des teilweise gerade erst hinzugewonnenen direkten Kundenzugangs. Öffnen erste Anbieter ihre Produkte für die Sprachsteuerung via *Smart Speaker*, sind andere Anbieter wohl gezwungen nachzuziehen – den Wettbewerbsvorteil haben am Ende einzig die *Smart-Speaker*-Anbieter.

Damit ist schon jetzt reichlich digitaler Verkehr im vernetzten Haus. Das Spektrum digitaler Zugangstüren ist vielfältig und bunt. *Smart Home* Gateways, *Smart Speaker, Smart TV* oder auch neuerdings *Smart Meter* Gateways. Das sind sogenannte intelligente Stromzählgeräte, die in zahlreichen europäischen Ländern schon weitverbreitet sind. In Deutschland begann die Einführung erst Anfang 2020 (vgl. Abschn. 5.2). Sie funktionieren auch, wenn sie vom Betrieb des Stromnetzes und der Bereitstellung des Stromes entkoppelt sind. Das kann nicht nur den Wettbewerb um die sogenannte letzte Meile weiter befeuern, sondern auch klassischen Anbietern eine strategische „Hintertür" für den Fall bieten, dass einzelne, digitale Türsteher dominant werden sollten. Wer sich anschaut, was den Erfolg bisheriger Ökosysteme und Plattformen ausgemacht hat, der wird zu dem Schluss kommen, dass die digitale Zugangstür der Teil der Wertschöpfungskette im *Smart Home* sein dürfte, der am stärksten umkämpft wird.

Hyperscaler mit bester globaler Ausgangsposition im (noch) fragmentierten Markt
Wie im Ökosystem *Smart Phone* müssen sich auch die Unternehmen im *Smart Home* in ihrer Strategie klar positionieren: Plattformanbieter oder Dienstleister oder Hersteller intelligenter Ausstattung. Gut vergleichen lassen sich auch die Basis-Technologien, die für den Erfolg wichtig sind. Die *Smart-Home*-Geräte sind größtenteils permanent mit dem Internet verbunden und die Geräte- und Nutzerdaten werden in der Cloud gespeichert. Damit die Dienste automatisch individualisiert und optimiert werden können, setzen die

Unternehmen immer stärker auf KI und Sprachsteuerung. Digitale Identitäten lenken dann die Datenübergabe und Aktivitäten des vernetzten Heims.

Wieder sind die Technologie- und B2C-Plattformgiganten, die auch das Ökosystem *Smart Phone* dominieren, in einer bärenstarken Ausgangsposition im Wettbewerb um das *Smart Home* (vgl. Lamarre und May 2019). Sie haben frühzeitig den Mix an digitalen Zugangswegen mit der Entwicklung von *Smart Speaker* über das *Smart Phone* hinaus erweitert sowie mit den Akquisitionen von Nest Labs (Google) und Ring (Amazon) zusätzlich unterfüttert. Offene Entwicklerplattformen für sogenannte *Smart Speaker* Skills (zum Beispiel https://developers.google.com/assistant; https://developer.amazon.com/de-DE/alexa) unterstützen die Skalierung des Ökosystems *Smart Home*, die Finanzierung durch Venture Capital Funds oder die Akquisition von *Smart-Home*-Start-ups (https://developer.amazon.com/de-DE/alexa/alexa-startups/alexa-fund) tut ein Übriges.

Noch gibt es keine Unternehmen, die das Ökosystem *Smart Home* dominieren (vgl. Ali und Yusuf 2018, S. 5; vgl. Funicello-Paul 2019). In einer von den US-Technologieberatern Guidehouse Navigant Mitte 2019 durchgeführten und vom US-Informationsdienstleister Bloomberg kommentierten Studie zu den Marktführern im *Smart Home* belegten Amazon und Google die beiden ersten Plätze (vgl. Guidehouse Insights 2019). Comcast, einer der größten US-amerikanischen Medien- und Telekommunikationskonzerne, wurde im Ranking der 15 untersuchten Unternehmen mit seinem *Smart-Home*-Angebot Xfinity (https://corporate.comcast.com/company/xfinity) Fünfter. Apple und Samsung landeten auf den Plätzen 7 und 8. Die Deutsche Telekom belegte Platz 10. Bewertet wurde nach einem breiten Kriterien-Set, zu dem etwa Vision und Marktzugangsstrategie, geografische Abdeckung, Produktportfolio sowie der Datenschutz und die Sicherheit gehörten. Ein umfassendes *Smart-Home*-Angebot aus Hardware, Software und Dienstleistungen war das Eingangskriterium der Studie. Das könnte einer der Gründe sein, weshalb führende Gerätehersteller wie Haier und Bosch oder Technologieunternehmen wie Siemens, Honeywell oder Schneider Electronics nicht in der Liste erscheinen.

Im weltweiten Markt registriert die Studie von Guidehouse Navigant einen sehr intensiven Wettbewerb von Unternehmen unterschiedlicher Branchen um die führenden Positionen im Ökosystem *Smart Home*. Auf Deutschland lässt sich diese Feststellung übertragen: Viele der führenden Endgerätehersteller haben sowohl ihre Produkte *Smart-Home*-fähig gemacht als auch ihr Angebot um *Smart-Home*-Dienstleistungen erweitert. Die deutschen Hersteller von Heizsystemen wie Buderus und Vaillant bieten und bewerben aktiv etwa *Smart-Home*-fähige Heizungsanlagen, die den Energieverbrauch optimieren und die vorausschauende Wartung organisieren (vgl. Buderus o. J.; vgl. Vaillant o. J.). Solche Heizungen können über herstellereigene Apps direkt gesteuert oder in ein *Smart-Home*-System integriert werden. Auch die Deutsche Telekom, die E.ON-Tochter Innogy, Bosch sowie das Technologieunternehmen EQ-3 (vgl. Günder 2020) mit seinem Angebot Homematic (https://www.homematic-ip.com/kontakt/impressum.html) gehören zum Kreis der nationalen *Smart-Home*-Systemanbieter. Vermutlich ist das aber nur eine Momentaufnahme, neue Anbieter von Komponenten und Systembausteinen kommen laufend hinzu.

Wichtig für die Innovationskraft des Ökosystems *Smart Home* ist auch eine dynamische Start-up-Szene. Nach Anzahl der *Smart-Home*-Start-ups zählt Deutschland in der BCG-Studie „*Mapping the Smart Home Market*" aus dem Jahr 2018 zu den Top-6-Nationen weltweit. Deutlich in Führung liegen die USA, gefolgt von China und Großbritannien (vgl. Ali und Yusuf 2018). Damit Deutschland im schärfer werdenden Wettbewerb eine Spitzenposition behauptet, brauchen wir Risikokapital und eine Zusammenarbeit von Start-ups und etablierten Unternehmen. Es ist höchste Zeit, die Weichen in der Strategie klassischer Unternehmen in diese Richtung zu stellen und die neuen Geschäftsmodelle und -felder des *Smart Homes* zentral zu verankern (vgl. Themenblock III, Kap. 7, 9 und 10). Andernfalls könnten die Unternehmen des Landes in die undankbare Rolle des austauschbaren Produkt- und Dienst-Lieferanten abrutschen, über dessen Zutritt ins *Smart Home* der „digitale" Türsteher entscheidet.

Hoheit über den digitalen Zutritt und Datenbesitz sind entscheidend
Grundsätzlich scheinen die Möglichkeiten auf der Angebotsseite keine Grenzen zu kennen. Allerdings äußert ein erheblicher Teil der potenziellen Kunden Vorbehalte gegenüber der Vernetzung der eigenen vier Wände (vgl. Heuzeroth 2020). Sorgen machen sich die Menschen darüber, dass ihre Daten unrechtmäßig verwendet werden könnten, und sie ängstigen sich vor neuen Technologien wie der Künstlichen Intelligenz – Marktforschungsstudien belegen das (vgl. Heuzeroth 2020).

Auch im Fall des Ökosystems *Smart Home* mögen artikulierte Vorbehalte größer sein als das tatsächliche Zögern, die Technologie zu verwenden (vgl. auch Abschn. 3.2). Dennoch machen die Ergebnisse der Umfragen deutlich, dass es noch viel Aufklärung darüber braucht, was Künstliche Intelligenz kann und was nicht. Wichtiger noch: Sie unterstreichen noch einmal, wie notwendig es ist, den Besitz der Daten so zu regeln, dass die Kunden wirklich transparent gemacht bekommen, was mit ihren Daten geschieht und wie sie selbstbestimmt am Mehrwert teilhaben können, der aus der Verwendung der Daten entsteht.

Die Bewohner vernetzter Häuser und Wohnungen können sich zwar dank der EU-DSGVO ihre Daten von den Anbietern des *Smart Homes* aushändigen lassen. Letztlich bleiben diese Datenkolonnen aber die wesentlichen Informationen schuldig. Weder geben sie den Bewohnern eine verständliche Übersicht, noch zerstreuen sie die Sorgen vor unrechtmäßiger Datenverwendung, und die Möglichkeit zur selbstbestimmten Kommerzialisierung der eigenen Daten liefern sie auch nicht.

Eine gute Basis für eine kundengerechte Information wären branchenübergreifende, standardisierte Datenkonten. Bereitstellen müssten diese Datenkonten die Unternehmen, die die *Smart Services* anbieten. Die Hoheit für den Zugriff auf die Daten läge dann beim Nutzer der Dienstleistung. Eine solche „Access-2-Account"-Logik (X2A) gibt es schon; sie wurde mit der European Payment Services Directive 2 gesetzlich für Banken eingeführt (vgl. auch Abschn. 3.3). Sie gestattet, dass Dritt-Banken und Nicht-Banken den Kunden Dienstleistungen auf der Grundlage ihrer Bankdaten anbieten können, sofern der Bankkunde dies wünscht und ausdrücklich erlaubt.

Angewendet auf das *Smart Home* könnten seine Bewohner mit X2A entscheiden, für welche Dienstleistungen sie welchen Unternehmen welche Daten freigeben möchten. Damit könnten sie ihre Daten kommerzialisieren, und zwar entweder direkt über eine Bezahlung oder indirekt über günstigere Konditionen. X2A würde auch den Datenzugang für Start-ups strukturell erleichtern und die Dynamik des Ökosystems *Smart Home* fördern.

In der physischen Welt entscheidet allein der Bewohner, welche Besucher oder Handwerker in seine vier Wände dürfen. Ein X2A *Smart Home* könnte einen wichtigen Beitrag leisten, um dieses Prinzip in der virtuellen Welt des *Smart Homes* durchzusetzen. Mit unseren freiheitlichen Werten ist es absolut unvereinbar und im Alltag auch undenkbar, dass sich Besucher oder Handwerker ohne Wissen und explizite Zustimmung des Bewohners Zutritt zu Haus oder Wohnung verschaffen. Ist der Bewohner der physischen Welt der „Türsteher" seines Hauses, ist er es in der digitalen Welt sehr häufig nicht (vgl. Heuzeroth 2020).

Die Digitalisierung aus einer Gesamtperspektive von Gesellschaft, Politik und Wirtschaft bewusst und willentlich zu lenken, wird umso wichtiger, je mehr Lebensbereiche die Technologien erfassen. Wenn wir „Herr" im Hause bleiben wollen, ist eine führende Rolle Deutschlands und Europas im Ökosystem *Smart Home* ohne Alternative, damit unsere wirtschaftliche Stärke und unsere gesellschaftlichen Werte erhalten bleiben.

Die Risiken und Chancen im *Smart Home* sind weit höher als im Ökosystems *Smart Phone*, denn viele der Industrien und Branchen, die im *Smart Home* aufeinandertreffen, gehören zum heutigen Kern der heimischen Wirtschaft. Sie haben Produkt- und Hardware-Know-how, starke Marken und rund um den Globus Zugang zu Unternehmens- und Endkunden. Für den Wettbewerb um das *Smart Home* brauchen diese Industrien und Branchen zusätzlich Know-how für Software und Daten. Weil die Innovationskräfte besonders stark an den Rändern und Schnittstellen der beteiligten Branchen wirken, scheinen für den Kompetenzaufbau branchenübergreifende Kooperationen mit Start-ups und zwischen etablieren Unternehmen besonders geeignet.

Cloud-Computing und Künstliche Intelligenz sind im *Smart Home* wie im Ökosystem *Smart Phone* die technologische Basis-Infrastruktur. Noch wichtiger als beim *Smart Phone* dürften die digitalen Identitäten der Bewohner und Geräte werden. Die Schlüsselrolle, im übertragenen wie im wörtlichen Sinne, kann die Sprachsteuerung übernehmen. Als Kernfähigkeit für den Dialog mit dem Kunden kann sie den Zugang ins *Smart Home* sowohl organisieren als auch orchestrieren. In allen digitalen Geschäftsmodellen, ob *Smart Phone*, *Smart Car* oder *Smart Home,* ist der Zugang zum Kunden ganz besonders wichtig und werthaltig. Alternative, automatisierte Zugangswege etwa über sogenannte *Smart Meter* Gateways können als strategischer Nebeneingang ins *Smart Home* weit mehr sein als eine technische Schnittstelle, so lange, bis eigene Sprachfähigkeiten entwickelt sind.

Im *Smart Home* werden ein führendes Dienstleistungs- und führendes Infrastrukturangebot eng miteinander verknüpft sein. Dementsprechend hat im Kontext der Europäischen Cloud-Computing-Initiative GAIA-X die Entwicklung von Infrastrukturen begonnen, die besonders auf das *Smart Home* zugeschnitten sind. Ein Erfolg im Cloud-gestützten, vernetzten Heim wäre doppelt wichtig – für Wirtschaft und Gesellschaft, für Wettbewerbsfähigkeit und Souveränität (vgl. BMWi o. J. a).

Das *Smart Home* bietet aufbauend auf den Stärken der deutschen Wirtschaft die Chance, ein eigenes „digitales Perpetuum mobile" aus einer Top-Position bei digitalen Geschäftsmodellen und digitalen Infrastrukturen zu aufzubauen (vgl. Abschn. 5.5). Aus dem weltweit führenden klassischen Infrastrukturausrüster für die eigenen vier Wände würde der digitale Service-Weltmeister *Smart Home* oder *Smart Living* werden. An die Stelle des Ende des 19. Jahrhunderts eingeführten Gütesiegels (vgl. Holst und Bräunlein 2008) „Made in Germany" würde „Delivered by Germany" treten (vgl. Riemensperger und Falk 2019, S. 218). Es wäre Ausdruck für die Dienstleistungs- und Produktqualität in Kombination mit dem Versprechen, die Werte der Freiheit und Nachhaltigkeit zu leben.

Der Maschinen- und Anlagenbau, die Chemie- und Kunststoffindustrie sowie die Energiewirtschaft stehen sich mit dem Ökosystem *Smart Factory* oder *Smart Services* vor einer vergleichbaren Herausforderung. Einige Ansätze und Herangehensweisen, die dort angewendet werden, sollten Vorbildcharakter für die gemeinsame Erschließung des *Smart Homes* haben.

4.4 *Smart Factory & Services* – Die Ausrüster und Champions der Industrie 3.0 stellen sich dem Wettbewerb um die Industrie 4.0

Die Industrie, ihre Unternehmen und Netzwerke, ihre Fabriken und Mitarbeiter formen seit Jahrzehnten den wirtschaftlichen Kern Deutschlands. Mit 6,4 Millionen Beschäftigten in über 46.000 Betrieben und einem Jahresumsatz von 1948 Milliarden Euro erwirtschaftet das verarbeitende Gewerbe fast ein Viertel der Bruttowertschöpfung Deutschlands (vgl. BMWi 2019a). Titel wie Exportweltmeister, Ausrüster der Welt oder das Gütesiegel „Made in Germany" verdankt Deutschland wesentlich seinen „Global Playern" und „Hidden Champions" in der Industrie.

In digital transformierten Fabriken (sog. *Smart Factories*) und neuen digitalen Geschäftsmodellen (sog. *Smart Services*) steckt gewaltiges wirtschaftliches Potenzial. Die Vision einer intelligent vernetzten Industrie, der Industrie 4.0, haben die Repräsentanten aus Wirtschaft, Politik und Wissenschaft Deutschlands bereits sehr früh entworfen (vgl. BMWi 2020). Welches Leitbild streben sie an und an welchen grundlegenden Themen wird gearbeitet?

Deutschlands Industrie steht gut da, um auch im digitalen Zeitalter ganz vorne mitzuspielen. Welche Stärken haben die heimischen Firmen im Wettbewerb um die Industrie 4.0? Und an welcher Stelle werden welche Sprunginnovationen gebraucht, damit die Führungsposition gehalten werden kann?

Für eine auf Dauer angelegte Wettbewerbsfähigkeit ist die Entwicklung neuer innovativer Geschäftsmodelle wichtig. Welche neuen Geschäftsmodell-Archetypen entstehen am Markt und welches Können und Wissen sind dafür erforderlich? Schließlich: Wie ist die jährliche BDI-Studie zu digitalen B2B-Plattformen zu lesen (vgl. Koenen und Heckler 2020)?

Die digitalen B2B-Plattformen werden – im Unterschied zu den B2C-Plattformen – besonders von heutigen Marktführern gebaut. Warum ist das so und welche Unterschiede gibt es zwischen B2B- und B2C-Plattformen?

Auf welche neuen Wettbewerber mit welchen Stärken treffen die Weltmarktführer der Industrie in Konkurrenz um die *Smart Factory* und die *Smart Services*?

Insgesamt gilt: Die Ausgangssituation deutscher Unternehmen ist im Bereich *Smart Factory* und *Smart Services* deutlich besser als in anderen digitalen Ökosystemen. Das bedeutet aber nicht, dass die richtige Strategie und die richtige Einstellung dadurch weniger wichtig würden.

Das nationale Netzwerk „Plattform Industrie 4.0" als Schwungrad und Drehscheibe
Ausgehend von der Hightech-Strategie 2020 der Bundesregierung wurde im Jahr 2011 der Arbeitskreis Industrie 4.0 gegründet. Er veröffentlichte unter dem Vorsitz von Siegfried Dais (Robert Bosch GmbH) und Henning Kagermann (acatech) auf der Hannover Messe im April 2013 seinen Abschlussbericht mit dem Titel *Umsetzungsempfehlungen für das Zukunftsprojekt Industrie 4.0* (vgl. Winter 2013). Mit den Verbänden Bitkom, VDMA und ZVEI an der Spitze nahm auf dieser Grundlage das Netzwerk „*Plattform Industrie 4.0*" schon 2013 seine Arbeit auf (vgl. BMWi o. J. b; vgl. Winter 2013). In den Folgejahren entwickelte sich die Plattform Industrie 4.0 kontinuierlich zu dem zentralen und übergreifenden Netzwerk von Politik, Wirtschaft, Wissenschaft, Verbänden und Gewerkschaften. Im Leitungsgremium vertreten sind (vgl. BMWi 2021):

- die Bundesministerien für Wirtschaft und Energie sowie für Bildung und Forschung
- Bundesverband der Deutschen Industrie e. V.
- IG Metall
- Fraunhofer-Gesellschaft
- Deutsche Telekom AG, Robert Bosch GmbH, SAP SE, Siemens AG, Festo AG, Schunk GmbH & Co. KG

Zum Mai 2020 arbeiten insgesamt mehr als 300 Akteure aus mehr als 150 Organisationen unterschiedlichster Branchen und Sektoren aktiv in der *Plattform Industrie 4.0* (vgl. BMWi 2020, S. 37). Die Plattform Industrie 4.0 sieht in der Digitalisierung der Industrie einen fundamentalen Innovations- und Transformationsprozess, an dessen „Ende" neue Formen des Wirtschaftens und Arbeitens in weltweiten digitalen Ökosystemen stehen (vgl. BMWi o. J. b):

- Produkte und Dienstleistungen werden virtualisiert und hybride Leistungsbündel, sog. Produkt-Service-Systeme (PSS), geschaffen (vgl. BMWi o. J. b). Mit diesen neuen Nutzenversprechen können Geschäftsmodelle auf Datenbasis gebaut sowie Plattformgeschäftsmodelle entwickelt werden.

4.4 Smart Factory & Services – Die Ausrüster und Champions der Industrie 3.0 …

- Dadurch dass Zulieferung, Fertigung, Auslieferung, Kundenservice und Wartung vernetzt werden, entstehen sogenannte Cyber-Physische-Systeme (CPS), die starre Wertschöpfungsketten in hoch flexible Wertschöpfungsnetzwerke verwandeln können (vgl. BMWi o. J. b).
- Vernetzte Produktionssysteme entwickeln durch Sensorik und Aktorik, 5G, KI und Cloud-Computing sogenannte Self-X-Fähigkeiten. Hierzu gehören die Selbstdiagnose, Selbstoptimierung, Selbstanpassung oder Selbstwartung, mit denen Effizienz, Verfügbarkeit, Durchlaufzeiten und Robustheit deutlich erhöht werden können (vgl. BMWi o. J. b).
- Interaktion und Kollaboration von Mensch-und-Roboter-Teams eröffnen völlig neue Tätigkeits- und Kompetenzfelder. Lebenslanges Lernen soll der Gefahr der permanenten und gleichzeitigen Über- und Unterforderung begegnen und sozio-technische Fähigkeiten bei Führungskräften und Mitarbeitern, Politikern und Gewerkschaftern aufbauen.
- Gute Arbeit, Klimaschutz und Bildung sind die großen Chancen der Industrie 4.0., Teilhabe der Schlüssel dazu.
- Akzeptanz, Partizipation und Führungskultur sind die Erfolgsfaktoren für Industrie 4.0.

Einen detaillierten Überblick über Themen und Fragen zu den neuen Formen des Wirtschaftens und Arbeitens und dazu, wie digitale Ökosysteme gestaltet werden können, bietet der Bericht des Forschungsbeirates der Plattform Industrie 4.0 unter dem Titel „*Themenfelder Industrie 4.0 Forschungs- und Entwicklungsbedarfe zur erfolgreichen Umsetzung von Industrie*" (vgl. BMWi 2019b). Als Leitbild 2030 zur Gestaltung der Ökosysteme hat das Netzwerk *Plattform Industrie 4.0* im Jahre 2019 drei Handlungsfelder der Strategie skizziert: Souveränität, Interoperabilität und Nachhaltigkeit (vgl. BMWi o. J. c):

- *Souveränität* ist die Freiheit aller, unabhängige Entscheidungen zu treffen und im fairen Wettbewerb miteinander zu agieren
- *Interoperabilität* als Conditio sine qua non für die nahtlose Zusammenarbeit unterschiedlicher Akteure in agilen Wertschöpfungsnetzwerken
- *Nachhaltigkeit* in den Bereichen Ökonomie, Ökologie sowie Soziales als Eckpfeiler der gesellschaftlichen Werteorientierung

Diese Handlungsfelder geben bei Inhalt und Struktur den Rahmen für das vorwettbewerbliche Erarbeiten von Konzepten und Lösungen. Darüber hinaus organisieren sie den Praxistransfer und Austausch von Handlungsempfehlungen und sagen, wie Ideen und Anforderungen in internationale Diskurse und Standardisierungsprozesse eingebracht werden sollten (vgl. BMWi o. J. b).

Die Plattform Industrie 4.0 ist damit für die deutsche Industrie mit ihren vielen Global und Hidden Champions in unterschiedlichsten Subbranchen die ideale „Enabler-Plattform", um die industrielle Stärke ins digitale Zeitalter zu übersetzen und mit neuen

Fähigkeiten und neuen Geschäftsmodellen die Wettbewerbsfähigkeit der deutschen Industrie dauerhaft auszubauen.

Gemeinsam mit der Bundesregierung hat die *Plattform Industrie 4.0* zahlreiche bilaterale und trilaterale internationale Kooperationen ins Leben gerufen (vgl. BMWi o. J. d). Ziel ist es, im globalen Wettbewerb voranzugehen und die Rolle als Leitmarkt und Leitanbieter von Industrie 4.0-Lösungen zu festigen (vgl. BMWi o. J. d). Vereinbarungen gibt es etwa mit dem japanischen Pendant, der Robot Revolution & Industrial IoT Initiative zur Zusammenarbeit beim Thema Sicherheit (vgl. BMWi o. J. b), dazu gehört auch die gemeinsame Roadmap mit dem US-amerikanischen Industrial Internet Consortium, die das Zusammenspiel der beiden Architekturmodelle RAMI (Referenzarchitekturmodell für Industrie 4.0) und IIRA (Industrial Internet Reference Architecture) ausloten soll (vgl. BMWi o. J. e). Weitere Kooperationen bestehen unter anderem mit China, Australien, Mexiko sowie zahlreichen europäischen Ländern (vgl. BMWi o. J. d).

Eine solche breite und global interagierende Plattform zur Stärkung der Wettbewerbsfähigkeit im Ökosystem *Smart Factory* sollte Inspiration für die Zusammenarbeit der heimischen Branchen und Unternehmen in den anderen Ökosystemen wie dem *Smart Home* oder *Smart Car* sein.

Schwerpunktmäßig hat die *Plattform Industrie 4.0* im Jahr 2020 etwa die Cloud-Initiative GAIA-X unterstützt und die sogenannte Verwaltungsschale (vgl. Bundesministerium für Wirtschaft 2019c) entwickelt, ein digitaler Zwilling der Industrie für eine herstellerübergreifende Interoperabilität, die durchgängige Wertschöpfungsketten möglich macht und als Basis für autonome Systeme und KI taugt (vgl. BMWi 2019c). Darüber hinaus erarbeiten zahlreiche Arbeitsgruppen (vgl. BMWi o. J. f) die Elemente der strategischen Handlungsfelder, wie „Sicherheit vernetzter Systeme", „Referenzarchitekturen, Standardisierung und Normen" oder „Digitale Geschäftsmodelle in der Industrie 4.0" (vgl. BMWi 2020). Letztere Arbeitsgruppe hat die Aufgabe „Wertschöpfung neu denken" (vgl. BMWi o. J. g). Über das Erreichte berichtet die *Plattform Industrie 4.0* in ihren detaillierten Monats- und Fortschrittsberichten regelmäßig und zieht im Bericht Juni 2020 (vgl. BMWi 2020) ein positives Zwischenfazit der Arbeiten, denn „der vielfache Nutzen von Industrie 4.0 wird immer sichtbarer".

Deutschlands Anbieter mit begründeter Zuversicht für eine dauerhafte Marktdominanz

„Deutschland zählt zu den führenden Nationen in der Industrie 4.0." Dieses selbstbewusste Statement ist die Quintessenz der im Mai 2020 veröffentlichten Bitkom-Studie „*Industrie 4.0 – so digital sind Deutschlands Fabriken*" (vgl. Paulsen und Klingholz 2020). Von den mehr als 500 befragten Industrieunternehmen sehen aktuell 22 Prozent Deutschland als führend. Das ist der zweithöchste Wert hinter den USA, die 27 Prozent der befragten Unternehmen als führende Nation ansehen. Japan mit 19 Prozent, China mit 14 Prozent und Südkorea mit 9 Prozent folgen auf den weiteren Plätzen.

Zu einer ähnlich positiven Einschätzung kommt der Bundesverband der Deutschen Industrie (BDI). Laut BDI entstehen in der Industrie 4.0 für den Wirtschaftsstandort Deutschland enorme Wettbewerbsvorteile wie auch enorme Wachstumschancen (vgl. Klein 2019). Und die Meinung der *Plattform Industrie 4.0* dazu: „*Der deutsche Standort und seine Industrie genießen als Leitanbieter und -anwender von Industrie 4.0 weltweit einen exzellenten Ruf*" (vgl. BMWi 2019a).

Wenn die Spitzenposition deutscher Fabriken in der Industrie 4.0 erhalten bleiben soll, müssen deren Eigentümer und Manager – wie auch in anderen Wirtschaftssektoren beim Übergang ins digitale Zeitalter – in ihrer Strategie gleichzeitig zwei Ziele im Blick haben: einmal die Transformation des Kerngeschäftes vom dritten ins vierte industrielle Zeitalter, etwa indem Prozesse und Produkte digital optimiert werden, und zum Zweiten sind sie gefordert, innovative, datengetriebene Dienstleistungen und Plattformgeschäftsmodelle zu entwickeln (vgl. Forschungsbeirat der Plattform Industrie 4.0 2019). Kurz gesagt: Optimieren allein reicht nicht.

Für Pessimismus gibt es keinen Grund. Beim Übergang in das Zeitalter der Industrie 4.0 können die deutschen Produzenten auf viele Stärken und ihre Top-Position in der Industrie 3.0 aufbauen:

- Ein profitables Kerngeschäft schafft den Handlungsspielraum für Investitionen in Forschung und Entwicklung.
- Als „Ausrüster der Welt" verfügen heimische Anbieter über langjährige, vertrauensvolle Beziehungen mit Kunden auf der ganzen Welt.
- Weltweit sind schätzungsweise (vgl. Riemensperger und Falk 2019, S. 26) mehr als eine Milliarde in Deutschland gefertigte Anlagen, Maschinen und Geräte in Betrieb. Werden sie im industriellen Internet der Dinge vernetzt, bieten deren Betriebsdaten ein einmaliges Potenzial, bestehende Maschinen und Produkte zu optimieren und neue Dienstleistungen und Geschäftsmodelle zu kreieren.
- Das breite und tiefe Branchenwissen sowie das Fertigungs- und Automatisierungs-Know-how sind mit Sicherheit enorm wertvoll für viele weiterentwickelte Produkte, smarte Services und neuartige Geschäftsmodelle.

Es sind diese Stärken, aus denen die heimischen Unternehmen vermutlich ihre Zuversicht in puncto Industrie 4.0 schöpfen. 93 Prozent der vom Bitkom Research befragten Unternehmen sehen deutlich mehr Chancen als Risiken in der Industrie 4.0, und 55 Prozent glauben, dass Industrie 4.0 ihrem Geschäft einen neuen Schub verleihen kann (vgl. Paulsen und Klingholz 2020). Für nahezu alle Unternehmen (94 %) ist Industrie 4.0 die Voraussetzung dafür, ihre Wettbewerbsfähigkeit auf Dauer zu erhalten.

Wollen sie die Chancen nutzen, müssen deutsche Fertigungsstätten ihre traditionellen Stärken um zahlreiche neue Fähigkeiten, Kompetenzen und Einstellungen erweitern. Sie sind gefordert, neue Methoden, Werkzeuge, Arbeits- und Qualifizierungskonzepte (vgl. Forschungsbeirat der Plattform Industrie 4.0) zu entwickeln und Sprunginnovationen in den Bereichen Technologie und Geschäftsmodell zu schaffen.

Je stärker sich hybride Produkt-Service-Systeme (PPS) oder Cyber-Physische-Systeme (CPS) etablieren, desto stärker werden Sensorik und Aktorik, Cloud-Computing und

Künstliche Intelligenz (KI) zu Schlüsseltechnologien. Hier brauchen die Unternehmen neue Kompetenzen oder müssen sie ausbauen:

- Dank der Erfolge in der Automatisierung ist die Ausgangssituation im Bereich der Sensorik und Aktorik sehr gut. Deutschland zählt zu den Ländern mit der größten Roboterdichte (vgl. Dpa 2019). Nach Angaben des Branchenverbandes International Federation of Robotics (IFR) rangiert Deutschland hinter Singapur (831 Einheiten) und Südkorea (774) mit 338 Einheiten pro 10.000 Arbeitnehmern auf Rang drei (vgl. International Federation of Robotics 2019).
- Die Einsicht, dass KI Geschäftsmodelle in der Industrie 4.0 tiefgreifend verändern wird, ist bei heimischen Anbietern mittlerweile weitverbreitet, mit der Praxis hapert es noch (vgl. Paulsen und Klingholz 2020).
- Vergleichbares gilt bei Cloud-Computing.

Was an Exzellenz in Forschung und Entwicklung bei Hardware und Automatisierung erreicht wurde, müssen die Unternehmen auf die Bereiche Software und digitale Vernetzung ausweiten. Kooperationen sind dafür wichtiger denn je, denn einzelne Unternehmen werden nicht in der Lage sein, innovative Architekturen der Wertschöpfung für neue Nutzenversprechen und *Smart Services* alleine zu bauen. Sie brauchen Partner im Netzwerk von Wirtschaft und Wissenschaft – für Sprunginnovationen in den Technologien und den Geschäftsmodellen.

Neben dem „Was" ist das „Wie" entscheidend, damit neue Geschäftsmodelle entstehen können. Der Anspruch der Perfektion ist wahrscheinlich in kaum einen Wirtschaftsbereich stärker ausgeprägt als im „German Engineering". Auf den Punkt bringt diese Attitüde der von Gottlieb Daimler stammende und heute noch genutzte Slogan „Das Beste oder nichts" (vgl. Dalan 2000; vgl. Deppe 2018).

So sehr dieser Perfektionsanspruch seinen entscheidenden Beitrag zum Ansehen deutscher Produkte auf der ganzen Welt leistet und am Ende eines Innovationszyklus Effizienz- und Qualitätsvorsprünge sichert, so wenig sollte er im Wege stehen, wenn es darum geht, neue Dienstleistungen und Geschäftsmodelle zu entwickeln.

Für eine auf Dauer angelegte Führungsposition sind Risikobereitschaft, das Tüfteln und Ausprobieren neuer Nutzenversprechen und Geschäftsideen mindestens ebenso wichtig wie das Optimieren bestehender Prozesse und Produkte. Während es im Bereich B2C oder im Ökosystem *Smart Phone* zu einem großen Teil gerade nicht die „alten" Branchengrößen sind, die die weltweit erfolgreichsten Innovationen bei Geschäftsmodellen und Dienstleistungen herausbringen, ist im B2B-Bereich noch offen, wer das Rennen macht.

Laut Bitkom-Studie aus Mai 2020 ist die Zuversicht intakt, dass Deutschland auch im Jahr 2030 zu den weltweit erfolgreichsten Nationen in der Industrie 4.0 zählt: Deutschlands Platz 2, hinter den USA und vor China, scheint dabei Anspruch und Hoffnungswert zugleich zu sein. Ob das gerechtfertigt ist, entscheidet sich in den kommenden Jahren.

Hohe Dynamik bei Geschäftsmodell-Innovationen in Deutschland
Der Ruf nach neuen Dienstleistungen ertönt seit vielen Jahrzehnten, besonders dann, wenn das Produkt, zum dem sie gehören, austauschbar und die Marge enger wird. Im Digitalzeitalter ist die Konzentration der Strategie auf die Dienstleistung so richtig wie eh und je, allerdings ganz anders als bislang häufig gedacht.

In Industrien mit starkem Produkt- und Vertriebsfokus sind „After Sales Services" wichtig für die Profitabilität und die Bindung der Kunden, vom Produkt jedoch klar getrennt. Beim Auto etwa sind Wartung, Reparatur, Ersatzteile oder auch Versicherungen vom Verkauf separierte Dienstleistungen, die nicht im Mittelpunkt des Versprechens für den Produktnutzen stehen. Bei den neuen Mobilitätsangeboten entfällt nun der Unterschied zwischen Produkt und Dienstleistung. Der Zugang und die Verfügbarkeit von Mobilität sind das zentrale Versprechen an den Kunden. Der Kauf und Besitz des Fahrzeuges treten in den Hintergrund, die hohe Kapitalbindung wird vermieden. Der Service ist das Produkt und der Serviceanbieter besetzt die strategische Schlüsselposition der Kundenschnittstelle.

Etwas Vergleichbares, das die Wertschöpfung revolutionär verändert, kommt zunehmend in vielen Industriebranchen in Gang. Betriebsmittel und Maschinen, die stets einsatzbereit sind und nach Verbrauch bezahlt werden, flexibilisieren die Kostenbasis und senken den Bedarf an Kapital. Neue Wertversprechen des „everything-as-a-Service" lösen Kernprobleme und treffen den Bedarf der Kunden.

Nicht der Bedarf ist neu, aber er kann über neue Wertschöpfungsarchitekturen auf Basis von IoT, Cloud-Computing, Big Data und Künstlicher Intelligenz erstmals gedeckt werden. Mit neuen Wertschöpfungsarchitekturen entwickeln sich neue Geschäftsmodelle und neue Akteure kommen ins Spiel. Was in den Ökosystemen *Smart Phone* und *Smart Car* bereits seit Jahren in vollem Gange ist, gewinnt nun auch in vielen Bereichen der Industrie an Dynamik.

78 dieser neuen Akteure porträtiert der BDI in seinem Papier „*Deutsche digitale B2B-Plattformen*" vom Juni 2020 (vgl. Koenen und Heckler 2020). Gegenüber 41 im Vorjahr hat sich die Zahl der B2B-Plattformen nahezu verdoppelt, und aus Sicht des BDI leisten die neuen Geschäftsmodelle einen „*essenziellen Beitrag zur Implementierung von Industrie 4.0 und ermöglichen eine effizientere, nachhaltigere sowie ressourcenschonendere Wirtschaftsweise*".

Neue Geschäftsmodelle zu entwickeln und zu erproben ist ein sehr dynamischer und iterativer Prozess. Archetypen von Geschäftsmodellen bilden sich heraus, verschwimmen ineinander, lösen sich auf und entstehen wieder neu. Aktuelle Archetypen bieten Reflexionsfläche für bestehende sowie Inspirationsfläche für neue Geschäftsmodelle (vgl. BMWi 2019d, S. 13), auch wenn sie nur eine Momentaufnahme sind. Am Markt als Archetyp identifizierbar sind:

i) *Industrial Internet of Things Provider (IIoT-Provider)*
ii) *Smart-Service-Anbieter*
iii) *IIoT-Plattformen*

iv) *Digitale Datentreuhänder-Plattformen*
v) *Digitale Marktplätze*

Kristallisationskern dieser Archetypen sind die Prozesse des Industriellen Internet der Dinge (IIoT): die technologische Vernetzung von Maschinen und Produkten, das Sammeln und Auswerten von Daten sowie das Angebot smarter Dienstleistungen auf der Basis von Daten.

Ad i) Als *IIoT-Provider* werden Unternehmen klassifiziert, die branchenspezifische Basis-Infrastrukturdienste anbieten. Start-ups und Softwarehäuser gehören ebenso dazu wie heutige Branchenführer. Beispiele sind die Software AG mit ihrem Angebot Adamos, Continentale mit ContiConnect, Krones mit Share2Act, Siemens mit Railigent und Mindspehere oder ThyssenKrupp Elevator mit MAX (vgl. Koenen und (vgl. Koenen und Heckler 2020).

Diese cloudbasierten IIoT-Infrastrukturdienste, die oft entwickelt wurden, damit eigene Produkte vernetzt und eigene smarte Services angeboten werden können, sind heute als Infrastrukturleistung für Dritte und damit für heutige klassische Wettbewerber am Markt.

Diese IIoT-Provider erinnern in ihrer Strategie an die Infrastrukturdienste der führenden B2C-Plattformen. Sie haben Cloud-Computing, Künstliche-Intelligenz-Services oder E-Commerce-Software zunächst für das eigene Geschäft entwickelt. Durch die Öffnung dieser Dienste für Dritte wurde ein separates Geschäftsmodell geschaffen, das heute erheblich auf die Bewertung an der Börse einzahlt und ihnen den Titel des Technologiegiganten eingebracht hat.

Ad ii) Herkömmliche Unternehmen werden zu sogenannten *Smart-Service-Anbietern*, wenn sie IIoT-Infrastrukturdienste verwenden und ihren Kunden einen ganz neuartigen Nutzen versprechen. Das Spektrum smarter Services ist breit und wird entsprechend bunt tituliert. Preventive Maintenance, Equipment-as-a-Service, Smart Farming oder auch Power-by-the-Hour sind die bekanntesten Beispiele.

Wenn klassische Unternehmen die Struktur ihrer Angebote mit smarten Services revolutionieren, dann verändert das die Struktur ihrer Finanzergebnisse tiefgreifend. Das Bezahlen des Services nach Zeit oder Verbrauch und die flexibilisierte Kostenbasis des Kunden übertragen sich spiegelbildlich in die Ertrags- und Kostenstruktur und in die Ergebnis- und Bilanzstruktur des Anbieters. Die laufende Vereinnahmung einer Gebühr für den Gebrauch rückt an die Stelle des einmaligen Transaktionserlöses. In der Folge gehen kurzfristig die Erträge zurück, und zwar zugunsten der Aussicht auf schwankungsarme, stetige Erträge. Das ist im Übergang so operativ kritisch wie strategisch sinnvoll.

Ersetzt der Service den Verkauf, dann steigt der Kapitalbedarf des integrierten *Smart-Service*-Anbieters. Je weiter laufende Erlöse den erhöhten Kapitalbedarf überkompensieren, desto attraktiver wird das Geschäftsmodell. Wenn eine Industrie vor einem tiefgreifenden Wandel steht und das Kerngeschäft ist finanziell stark unter Druck, dann bleibt das Geschäftsmodell ausgewählten, stark strategisch handelnden Anbietern vorbehalten.

> So hat das Unternehmen Heidelberger Druckmaschinen das Angebot von Druckleistung als Subskriptionsmodell anstelle des Verkaufes der Druckmaschinen u. a. mit dem Verweis auf Kapital- und Erlösbelastung wieder eingestellt (vgl. Koenen 2020).

Setzen sich erste Angebote am Markt durch, steigt für die Wettbewerber der Druck nachzuziehen, und der erhöhte Kapitalbedarf seinerseits verschärft die Notwendigkeit zur Konsolidierung.

Eine strukturelle Neuordnung von Branchen und Industrien wird umso wahrscheinlicher, je attraktiver der Service ist und je austauschbarer die Maschine, auf die er sich bezieht. Smarte Services brechen Wertschöpfungsketten vertikal auf und befördern Konsolidierung horizontal.

Ad iii) Zur *IIoT-Plattform* können besonders Unternehmen mit dem Geschäftsmodell des *IIoT-Providers werden*. Dafür gibt es unterschiedliche Entwicklungsvarianten:

- Unternehmensübergreifende Vernetzungen innerhalb einer Branche: Indem Prozesse, Maschinen und Produkte entlang von Wertschöpfungs- und Lieferketten vernetzt werden, lassen sich digitale Zwillinge übergreifend verwalten, die Zusammenarbeit erleichtern, Prozesse harmonisieren und die Effizienz von Anlagen optimieren. Beispiele solcher IIoT-Plattformlösungen sind SAP Asset Intelligence Network, Bosch IoT Suite oder Siemens Additive Manufacturing Network (vgl. Koenen und Heckler 2020, S. 47 ff.).

  Als bereits stark vernetzt gilt die Branche Logistik und Supply Chain (vgl. Koenen und Heckler 2020, S. 47 ff.). Ihre Plattformen bieten die integrierte Buchung und Abwicklung von Frachtkapazitäten oder die Verfolgung von Waren auf der Straße, der Schiene oder in der Luft in Echtzeit. Leerkapazitäten werden dadurch reduziert, die Versorgungssicherheit erhöht sowie Fahraufkommen und Umweltbelastung reduziert. Bereits am Markt etablierte Angebote stammen – wie bei den IoT-Providern – von Spezialanbietern sowie von Marktführern der jeweiligen Branchen. Zu Letzteren zählen etwa AX von Siemens Digital Logistics, Connect 4.0 von Deutsche Bahn Schenker oder RIO der TRATON Gruppe.
- Branchenübergreifende Vernetzung, um sogenannte Ökosysteme zu entwickeln: Ein Beispiel ist die IIoT-Integration von Finanzdienstleistungen. Für die Handels-, Projekt- oder Anlagefinanzierung von Banken sind Betriebs- und Produktdaten wichtig. Das Gleiche gilt für Betriebshaftpflicht- oder Betriebsunterbrechungsversicherungen. Für Rückversicherer sind zudem Umweltdaten besonders interessant; mit ihnen lassen sich Natur-, Elementar- und Katastrophenrisiken besser bewerten oder prognostizieren. Werden aus besseren Daten bessere Produkte und günstigere Versicherungsprämien, dann ergibt sich im Ökosystemen des IIoT ein Win-Win.

  Für besseres Daten-Know-how und mehr Innovationskraft setzen die etablierten Unternehmen verstärkt auf Kooperationen mit Start-ups oder übernehmen sie vollständig.

Prominentes Beispiel ist der 300 Millionen Euro schwere Kauf des Berliner IIoT-Start-up Relayr im Jahre 2018 durch die Munich Re (vgl. Schnell 2018; vgl. Kyriasoglou 2018; vgl. Munich Re 2018). Kommunizierter Zweck der Übernahme war, mit Kunden in der Erst- und Rückversicherung neue Gewerbe- und Industrie-IIoT-Produkte zu entwickeln, um Finanzdienstleistungen als integralen Teil des IIoT anbieten zu können (vgl. Schnell 2018; vgl. Kyriasoglou 2018; vgl. Munich Re 2018).

Mit dem IIoT langfristig verschmelzen werden auch Teile des Zahlungsverkehrs. Die Zahlungsabwicklung wird als Teil des Leistungsaustausches zum integralen Bestandteil der Maschinen-zu-Maschinen-Kommunikation; möglich macht das die sogenannte Blockchain-Technologie.

- Platform-as-a-Service (PaaS): Wenn die IIoT-Infrastruktur für den Nutzer so erweitert wird, dass er eigene, spezifische IIoT-Anwendungen entwickeln kann, dann spricht man von Plattform-as-a-Service (vgl. Koenen und Heckler 2020). Erste Angebote sind bereits am Markt: Siemens mit Mindsphere oder die Software AG mit Adamos (vgl. Koenen und Heckler 2020). Sie arbeiten mit der Cloud und nutzen, im Fall von Siemens, als eigene Basis-Infrastruktur unter anderem die Cloud-Basis-Infrastrukturen von Amazon und Microsoft (sog. IaaS).

Damit diese PaaS-Angebote wachsen, sind – wie für alle Plattformen – Netzwerkeffekte entscheidend. Öffnen sich die spezifisch entwickelten IIoT-Anwendungen für Dritte, dann steigt die Attraktivität des Angebotes, weitere Nutzer werden auf die Plattform kommen und eigene Services entwickeln, was die Attraktivität zusätzlich erhöht und die Plattform weiter wachsen lässt.

Ad iv) *Digitale Datentreuhänder-Plattformen*: Betriebs-, Funktions- und Leistungsdaten von Maschinen in der Fertigung wie auch von Produkten und Dienstleistungen im Gebrauch sind nicht nur für die Hersteller und Kunden werthaltige Informationen. Auch Zulieferer von Vorprodukten, Entwickler innovativer Dienstleistungen, Nutzer alternativer Angebote oder auch andere Branchenunternehmen können von ihnen profitieren sowie Produkte und Prozesse verbessern.

Die Betriebsdaten von Flugzeugen sind für viele Fluggesellschaften genauso interessant wie die Betriebsdaten von Fahrzeugen für viele Autohersteller. Wenn mit der Menge verfügbarer Trainings-Datensätze die Leistungsfähigkeit der Mustererkennung Künstlicher Intelligenzen steigt, dann kann diese Mustererkennung unabhängig von einem bestimmten Hersteller als innovative Dienstleistung für die beteiligten Unternehmen und für Dritte entwickelt werden.

Voraussetzung für einen solchen Datenaustausch sind die Qualität und Sicherheit der Daten, das Einhalten des Datenschutzes, Datenanonymität und Datensouveränität. Eine solche treuhänderische Datenplattformen betreiben beispielsweise die Deutsche Telekom mit ihrem Data Intelligence Hub (vgl. Telekom o. J.) oder Airbus mit der Skywise-Plattform (vgl. https://skywise.airbus.com/).

Sinnvolle Anwendungsfälle sind nicht auf einzelne Industrien begrenzt, sondern finden sich auch übergreifend etwa im Umweltschutz, im Gebäudemanagement, in der Logistik oder im Bereich Verkehr.

Ad v) *Digitale Marktplätze* arbeiten besonders in fragmentierten Industrien mit stärker standardisierten oder vollständig digitalisierbaren Produkten und Dienstleistungen. Standardisierte Angebote prägen die Branchen Energie und Gas, Baustoffe und Schüttgüter, Stahl, Metalle und Kunststoffe. Zu den Industrien und Branchen mit digitalisierbaren Produkten gehören die Online-Fertigung und zunehmend der 3-D-Druck (vgl. Koenen und Heckler 2020, S. 28 ff.).

Eine ausführliche Beschreibung der letzten beiden Archetypen sowie mögliche alternative Archetypisierungen des Gesamtmarktes finden sich im BDI-Themenpapier „*Deutsche digitale B2B-Plattformen*" sowie in dem *Plattform Initiative 4.0*-Ergebnispapier „Digitale Geschäftsmodelle für die Industrie 4.0".

> Das BDI-Themenpapier kategorisiert die ausgewählten 78 B2B-Plattformen nach datenzentrierte vs. transaktionszentrierte Plattformen und unterteilt diese in zwei bzw. drei Archetypen (Anzahl Unternehmen 2019/Anzahl Unternehmen 2020): IIoT-Plattformen (15/23) und Datenplattformen (8/13) sowie Marktplätze, Retail- und Fertigungsplattformen (10/20), Supply-Chain-Management- & Logistik-Plattformen (4/10), Vernetzungsplattformen (4/12) (vgl. Koenen und Heckler 2020).

Die Arbeitsgruppe 6 der Plattform Industrie 4.0 hat unter der Leitung von Professor Dr. Svenja Falk mithilfe des St. Galler Business Model Navigators anhand von 22 Praxisbeispielen vier Geschäftsmodell-Archetypen neuer Akteure herausgearbeitet: IIoT-Plattform, Datentreuhänder, Marktplatz, Leistung-im-Betrieb (vgl. BMWi 2019d).

Die Zahl der 78 im BDI-Papier vom Juni 2020 aufgeführten B2B-Plattformen dürfte in den kommenden Jahren weiter deutlich steigen. Allein knapp 300 der 550 von Bitkom Research in den Monaten Februar bis April 2020 befragten Unternehmen entwickeln im Zuge von Industrie 4.0 neue Geschäftsmodelle oder planen, dies zu tun (vgl. Paulsen und Klingholz 2020). Bei 18 Prozent dieser Unternehmen sind es Geschäftsmodelle auf Datenbasis, bei 45 Prozent Dienstleistungen im Pay-per-Use-Modell und bei satten 88 Prozent Plattformen (vgl. Paulsen und Klingholz 2020).

Warum und für wie lange sind Plattformen für heutige Marktführer in B2B attraktiver als in B2C?
Viele der neuen Geschäftsmodelle und Plattformen im IIoT stehen noch am Anfang. Verglichen mit B2C-Plattformen wachsen sie langsamer und sind (noch) nicht dominant im Markt. Häufig von etablierten Branchenführern parallel zum tradierten Geschäftsmodell ins Leben gerufen, sind sie in der Regel auf einzelne Branchen spezialisiert.

Ein wenig fragmentierter Markt, ein geringer Grad an Informationsasymmetrien sowie ein großer Einsatz von Ressourcen und hohe Fehlerkosten sind Attribute eines im Industrievergleich relativ langsamen Entstehens von Plattformen (vgl. Parker et al. 2016, S. 262

f.). Das trifft für den Maschinen- und Anlagenbau oder die Luftfahrt durchaus zu, hält man E-Commerce oder Social Media dagegen.

Dass die Komplexität des Netzwerks für die Wertschöpfung im produzierenden Gewerbe größer ist, könnte den relativ hohen Anteil etablierter Branchenführer unter den B2B-Plattformbetreibern erklären. Auch das Branchen-Know-how, das gebraucht wird, um bestehende Werteversprechen zu optimieren oder gar neue zu entwerfen, taugt als Begründung.

Dass B2B-Unternehmen deutlich aktiver sind, wenn es darum geht, neue Plattformen zu etablieren, könnte eine Reaktion auf die strukturellen Veränderungen der B2C-Märkte sein, wo neue Plattformen sehr konsequent die Schnittstelle zum Kunden als strategische Schlüsselposition besetzt haben. Dementsprechend setzen alle beschriebenen, neuen B2B-Archetypen am Kundenversprechen und beim Besetzen der Kundenschnittstelle an.

In der Struktur unterscheiden sich B2B- von B2C-Plattformen im Ansatz der Kommerzialisierung. Finanzieren sich B2C-Plattformen meist dadurch, dass sie hochgradig individualisierte Werbung ausspielen, setzen B2B-Plattformen Modelle ein, die auf Transaktionen und dem Nutzen beruhen. Sie verknüpfen viel unmittelbarer die erbrachte Leistung und die dafür fällige Bezahlung und berücksichtigen die ausgeprägte Datensouveränität der B2B-Plattformteilnehmer.

Fixieren die Plattformteilnehmer in individuellen Verträgen, dass sie Hoheit darüber behalten, wie ihre Daten, die sie auf der Plattform erzeugen, genutzt und kommerzialisiert werden, dann birgt der Gebrauch der Plattform ein viel geringeres strategisches Risiko. Die Informationsasymmetrie zwischen den Plattformteilnehmern und dem Anbieter bleibt viel kleiner und der Ansatz strukturell kooperativer – zumindest in der Phase, in der sich die Plattform etabliert.

Dennoch sollten sich erste Nutzer von Plattformen als „Geburtshelfer" neben den Vorteilen aus der operativen Nutzung auch einen strategischen Anteil oder eine Option sichern, damit sie an der künftigen Wertschöpfung der Plattform teilhaben können. Scheitert eine Plattform, sitzen Betreiber und Teilnehmer operativ in einem Boot. Setzt sich eine Plattform durch, kann die Plattform auf einzelne Nutzer verzichten – umgekehrt ist das bedeutend schwieriger.

Für alle Unternehmen gilt generell, sich in den neuen Wertschöpfungsnetzwerken robust und differenzierend zu positionieren (vgl. BMWi 2019d, S. 26), die Abhängigkeit von einzelnen Plattformen oder Infrastrukturanbietern zu vermeiden und sich ein Portfolio an Zukunftsoptionen aufzubauen.

Technologisches Spitzen-Know-how der Hyperscaler als strategischer Trumpf
Hyperscaler werden sukzessive auch im Ökosystem der *Smart Factory* und *Smart Services* zu bedeutenden Akteuren. Den *IIoT-Providern* stellen sie ihre Cloud-Basis-Infrastrukturdienste als sogenannte IaaS zur Verfügung und werden für sie zum essenziellen Infrastrukturanbieter. Darüber hinaus entwickeln sie mit und für Industrieunternehmen und *Smart Service*-Anbieter IIoT-Lösungen (vgl. Azure o. J.), mit denen sie selbst zu IIoT-Plattformen (PaaS) werden können.

Es ist wahrscheinlich, dass eines Tages branchenspezifische Cloud-Services der Hyperscaler solchen der spezialisierten IIoT-Providern überlegen sind, weil ihre Lernkurven wegen der Breite und Vielfalt ihrer IIoT-Geschäftspartner sowie denkbaren Akquisitionen von *IIoT-Providern* besonders steil sind.

Schon bei anderen Schlüsseltechnologien wie beispielsweise KI haben sich die Effekte sehr steiler Lernkurven und strategische Unternehmensbeteiligungen oder Komplettübernahmen als überlegene Mittel herausgestellt, um blitzschnell zu skalieren und herausragendes Know-how aufzubauen. Hyperscaler könnten so zu führenden *IIoT-Providern und -Plattformen* werden und ihr Plattformgeschäftsmodell auf das Ökosystem *Smart Factory* und *Smart Services* ausweiten.

Das unschlagbare Know-how bei Cloud-Computing und Künstlicher Intelligenz ist der technologische Trumpf für die Strategie im Wettbewerb um die führenden IIoT-Plattformen. Ursprünglich entwickelt für die eigenen B2C-Plattformen, haben die Hyperscaler Cloud-Computing und KI für andere Unternehmen und Industrien im Bereich B2C geöffnet und mit diesen Erfahrungen und Gewinnen zur Basisinfrastruktur des digitalen Zeitalters insgesamt ausgebaut.

Für die wirtschaftliche Souveränität der heimischen Industrie – wie für die anderen Branchen in den Ökosystemen *Smart Home*, *Smart Car* und *Smart Phone* – ist Spitzen-Know-how in den Basis-Technologien des Digitalzeitalters deshalb schlicht unverzichtbar.

Literatur

Ali, S., Yusuf, Z. (2018): Mapping the Smart-Home Market, unter: https://www.bcg.com/de-de/publications/2018/mapping-smart-home-market, abgerufen am 13.09.2021.

Allianz (o. J.): Smart Home – Willkommen zuhause, unter: https://www.allianz.de/recht-und-eigentum/baufinanzierung/smart-home/#versicherung, abgerufen am 04.10.2021.

Audi (o. J.): Vorsprung durch Technik, unter: https://www.audi.com/de/company/history/vorsprung-durch-technik.html, abgerufen am 29.09.2021.

Azure (o. J.): Azure IoT Hub, unter: https://azure.microsoft.com/de-de/services/iot-hub/#overview, abgeufen am 04.10.2021.

Bardt, H. (2017): Deutschland hält Führungsrolle bei Patenten für autonome Autos, unter: https://www.iwkoeln.de/studien/hubertus-bardt-deutschland-haelt-fuehrungsrolle-bei-patenten-fuer-autonome-autos-356331.html, abgerufen am 13.09.2021.

Binner: M. (2019): Raisin: Fintech startet US-Expansion in New York, unter: https://gruender.wiwo.de/raisin-fintech-startet-us-expansion-in-new-york/, abgerufen am 13.09.2021.

BMW Group (o. J.): Freude am Fahren hat einen Namen, unter: https://www.bmwgroup.com/de/marken/bmw.html, abgerufen am 29.09.2021.

Brandt, M. (2021): So smart sind Deutschlands Haushalte, unter: https://de.statista.com/infografik/3105/anzahl-der-smart-home-haushalte-in-deutschland/, abgerufen am 17.09.2021.

Buchholz, K. (2020): Where People Are Warming Up To Self-Driving Cars, unter: https://www.statista.com/chart/16654/self-driving-cars/, abgerufen am 13.09.2021.

Buderus (o. J.): Smart Home: Die Systemlösung für Ihre Heizung, unter: https://www.buderus.de/de/smart-home, abgerufen am 04.10.2021.

Bundesministerium für Wirtschaft und Energie (BMWi) (o. J. a): Der deutsche Gaia-X Hub, unter: https://www.bmwi.de/Redaktion/DE/Dossier/gaia-x.html, abgerufen am 15.09.2021.

Bundesministerium für Wirtschaft und Energie (BMWi) (o. J. b): Hintergrund zur Plattform Industrie 4.0, unter: https://www.plattform-i40.de/IP/Navigation/DE/Plattform/Hintergrund/hintergrund.html, abgerufen am 15.09.2021.

Bundesministerium für Wirtschaft und Energie (BMWi) (o. J. c): Leitbild 2030 für Industrie 4.0 – Digitale Ökosysteme global gestalten, unter: https://www.plattform-i40.de/IP/Navigation/DE/Industrie40/Leitbild2030/leitbild-2030.html, abgerufen am 15.09.2021.

Bundesministerium für Wirtschaft und Energie (BMWi) (o. J. d): Internationale Kooperationen, unter: https://www.plattform-i40.de/IP/Navigation/DE/Plattform/Struktur-Organisation/InternationaleKooperationen/internationale-kooperationen.html, abgerufen am 15.09.2021.

Bundesministerium für Wirtschaft und Energie (BMWi) (o. J. e): CESMII – The Smart Manufacturing Institute USA, unter: https://www.plattform-i40.de/IP/Navigation/DE/Plattform/Struktur-Organisation/InternationaleKooperationen/USA/usa.html, abgerufen am 16.09.2021.

Bundesministerium für Wirtschaft und Energie (BMWi) (o. J. f): Arbeitsgruppen, unter: https://www.plattform-i40.de/IP/Navigation/DE/Plattform/Struktur-Organisation/Arbeitsgruppen/arbeitsgruppen.html, abgerufen am 16.09.2021.

Bundesministerium für Wirtschaft und Energie (BMWi) (o. J. g): Arbeitsgruppe „Digitale Geschäftsmodelle in der Industrie 4.0", unter: https://www.plattform-i40.de/IP/Navigation/DE/Plattform/Struktur-Organisation/Arbeitsgruppen/AG06/digitale-geschaeftsmodelle-in-der-industrie-4-0.html, abgerufen am 16.09.2021.

Bundesministerium für Wirtschaft und Energie (BMWi) (2019a): Leitbild 2030 für Industrie 4.0, unter: https://www.bmwi.de/Redaktion/DE/Downloads/Monatsbericht/Monatsbericht-Themen/2019-10-leitbild-2030-fuer-industrie-40.pdf?__blob=publicationFile&v=6, abgerufen am 15.09.2021.

Bundesministerium für Wirtschaft und Energie (BMWi) (2019b): Themenfelder der Industrie 4.0, unter: https://www.plattform-i40.de/IP/Redaktion/DE/Downloads/Publikation/acatech-themenfelder-industrie-4-0.html, abgerufen am 15.09.2021.

Bundesministerium für Wirtschaft und Energie (BMWi) (2019c): Die Verwaltungsschale im Detail – von der Idee zum implementierbaren Konzept, unter: https://www.plattform-i40.de/IP/Redaktion/DE/Downloads/Publikation/verwaltungsschale-im-detail-pr%c3%a4sentation.html, abgerufen am 16.09.2021.

Bundesministerium für Wirtschaft und Energie (BMWi) (2019d): Digitale Geschäftsmodelle für die Industrie 4.0, unter: https://www.plattform-i40.de/IP/Redaktion/DE/Downloads/Publikation/digitale-geschaeftsmodelle-fuer-industrie-40.html, abgerufen am 16.09.2021.

Bundesministerium für Wirtschaft und Energie (BMWi) (2020): Fortschrittsbericht 2020, unter: https://www.plattform-i40.de/IP/Redaktion/DE/Downloads/Publikation/2020-fortschrittsbericht.html, abgerufen am 15.09.2021.

Bundesministerium Wirtschaft und Energie (2021): Zusammensetzung der Plattform Industrie 4.0, unter: https://www.plattform-i40.de/IP/Redaktion/DE/Downloads/Publikation-gesamt/zusammensetzung_plattform.pdf?__blob=publicationFile&v=10, abgerufen am 15.09.2021.

CB Insights (o. J.): The Complete List Of Unicorn Companies, unter: https://www.cbinsights.com/research-unicorn-companies, abgerufen am 28.09.2021.

CB Insights (2017): Smart Home Market Map: 60 Startups In Home Automation, Smart Appliances, And More, unter: https://www.cbinsights.com/research/smart-home-market-map-company-list/, abgerufen am 29.09.2021.

CB Insights (2019): The 50 European Unicorns Ranked By Valuation, unter: https://www.cbinsights.com/research/european-unicorns-valuation/, abgerufen am 28.09.2021.

Crunchbase (o. J.): Uber, unter: https://www.crunchbase.com/organization/uber/company_financials, abgerufen am 27.09.2021.

Dalan, M. (2000): Das Beste oder nichts, unter: https://www.welt.de/print-welt/article505631/Das-Beste-oder-nichts.html, abgerufen am 16.09.2021.

Daugherty, P. (2018): Human + Machine, München 2018.

Deppe, P. (2018): Wie Mercedes-Benz sein Versprechen „Das Beste oder nichts" umsetzt, unter: https://mbpassion.de/2018/08/wie-mercedes-benz-sein-versprechen-das-beste-oder-nichts-umsetzt/, abgerufen am 16.09.2021.

Doll, N. (2019): Amerika rüttelt an Deutschlands automobiler Dominanz, unter: https://www.welt.de/wirtschaft/article200004258/Autonomes-Fahren-Deutschlands-truegerischer-Vorsprung-vor-Tesla-Google-und-Uber.html, abgerufen am 13.09.2021.

Dörner, A., Neuhaus A. (2020): Fulminantes Debüt: Airbnb-Aktie legt beim Börsengang mehr als 100 Prozent zu, unter: https://www.handelsblatt.com/finanzen/maerkte/aktien/online-zimmervermittler-fulminantes-debuet-airbnb-aktie-legt-beim-boersengang-mehr-als-100-prozent-zu/26707102.html?ticket=ST-3286685-f9RMvUrtXoYXZKebf6j2-ap1, abgerufen am 10.09.2021.

Dpa (2019): Deutschland gehört zu den Ländern mit der größten Roboterdichte, unter: https://www.handelsblatt.com/technik/thespark/automatisierung-deutschland-gehoert-zu-den-laendern-mit-der-groessten-roboterdichte/25027192.html?ticket=ST-1428908-zKyJB1j7CpGSkwWPD30f-ap1,abgerufen am 16.09.2021.

Dpa (2020): Börsengang von Airbnb wird zum Kursfeuerwerk, unter: https://www.faz.net/aktuell/finanzen/finanzmarkt/boersengang-von-airbnb-wird-zum-kursfeuerwerk-17096340.html, abgerufen am 10.09.2021.

DWIH New Delhi (o. J.): KI-Forschung ist längst in Deutschland angekommen, unter: https://www.dwih-newdelhi.org/de/themen/kuenstliche-intelligenz/kuenstliche-intelligenz-ki-in-deutschland/ki-forschung-ist-laengst-in-deutschland-angekommen/, abgerufen am 14.09.2021

Etherington, D. (2020): Waymo expands first external investment round to $3 billion, unter: https://techcrunch.com/2020/05/12/waymo-expands-first-external-investment-round-to-3-billion/?guccounter=1, abgerufen am 13.09.2021.

Ethik-Kommission (2017): Automatisiertes und vernetztes Fahren, unter: https://www.bmvi.de/SharedDocs/DE/Publikationen/DG/bericht-der-ethik-kommission.html, abgerufen am 09.09.2021.

Flaig, M. (2020): Die Deutschen finden Voice wichtig, unter: https://www.wuv.de/tech/die_deutschen_finden_voice_wichtig, abgerufen am 14.09.2021.

Flixbus (2019): Pressemitteilung: FlixMobility schließt neue Finanzierungsrunde ab und gewinnt Investoren TCV und Permira dazu (EN), unter: https://www.flixbus.de/unternehmen/presse/pressemitteilungen/flixmobility-erhaelt-neue-finanzierung, abgerufen am 13.09.2021.

Forschungsbeirat der Plattform Industrie 4.0 (2019): Themenfelder Industrie 4.0, unter: https://www.plattform-i40.de/IP/Redaktion/DE/Downloads/Publikation/acatech-themenfelder-industrie-4-0.pdf?__blob=publicationFile&v=10, abgerufen am 16.09.2021.

Fortune Business Insights (o. J.): Smart Home Market Size; unter: https://www.fortunebusinessinsights.com/industry-reports/smart-home-market-101900, abgerufen am 13.09.2021.

Free Now (o. J.): Eine Geschichte, die zur Revolution wurde, unter: https://free-now.com/de/ueber-free-now/, abgerufen am 04.10.2021.

Fuest, B. (2019): Amazon-Echo: Wie Mitarbeiter Alexa-Aufnahmen mithören, unter: https://www.businessinsider.de/gruenderszene/technologie/amazon-echo-wie-mitarbeiter-alexa-aufnahmen-mithoeren/?interstitial, abgerufen am 14.09.2021.

Funicello-Paul, L. (2019): Navigant Research Names Amazon and Google the Leading Smart Home Solution Providers, unter: https://www.bloomberg.com/press-releases/2019-07-01/navigant-research-names-amazon-and-google-the-leading-smart-home-solution-providers, abgerufen am 13.09.2021.

Green, D. (2018): Amazon's $1 billion acquisition of the doorbell-camera startup Ring is the company doing what it does best – and it should terrify every other retailer, unter: https://www.businessinsider.com/why-amazon-acquired-ring-2018-3?r=DE&IR=T, abgerufen am 13.09.2021.

Guidehouse Insights (2019): The Smart Home, unter: https://guidehouseinsights.com/reports/guidehouse-insights-leaderboard-the-smart-home, abgerufen am 29.09.2021.

Günder, A. (2020): Die besten Smart Home Systeme im Test-Vergleich, unter: https://www.haus.de/smart-home/die-besten-smart-home-systeme-im-vergleich#a-212646-im-fokus-liste-der-smart-home-systeme, abgerufen am 29.09.2021.

Harari, Y. N. (2019): 21 Lektionen für das 21. Jahrhundert, München 2019.

HDI (o. J.): Smart Connected – digitale Sicherheit zu Hause, unter: https://www.hdi.de/privatkunden/versicherungen/wohnen/ratgeber-wohnen/smart-home, abgerufen am 04.10.2021.

HERE Technologies (o. J. a): Our mission, unter: https://www.here.com/company/about-us, abgerufen am 29.09.2021.

HERE Technologies (o. J. b): Press Releases, unter: https://www.here.com/company/press-releases, abgerufen am 29.09.2021.

Herger, M. (2020): Disengagement Report 2019, unter: https://thelastdriverlicenseholder.com/2020/02/26/disengagement-report-2019/, abgerufen am 13.09.2021.

Heuzeroth, T. (2020): Deutsche wollen kein Smarthome – nicht einmal geschenkt, unter: https://www.welt.de/print/die_welt/wirtschaft/article205399335/Deutsche-wollen-kein-Smarthome-nicht-einmal-geschenkt.html, abgerufen am 15.09.2021.

Hoffman, R., Yeh, C. (2019): Blitzscaling – the lighting-fast path to building massively valuable companies, Redfern 2019.

Holst, I., Bräunlein, P. (2008): Wie deutsche Produkte die Welt eroberten, unter: https://www.spiegel.de/wissenschaft/mensch/made-in-germany-wie-deutsche-produkte-die-welt-eroberten-a-549197.html, abgerufen am 15.09.2021.

Hüsing, A. (2019): Deutschland, deine Einhörner! Der Club der magischen Startups!, unter: https://www.deutsche-startups.de/2019/01/29/deutschland-deine-einhoerner-der-club-der-magischen-startups/, abgerufen am 10.09.2021.

International Federation of Robotics (2019): IFR Press Conference 18th September 2019 Shanghai, unter: https://ifr.org/downloads/press2018/IFR%20World%20Robotics%20Presentation%20-%2018%20Sept%202019.pdf, abgerufen am 16.09.2021.

Klein, O. (2019): Was ist Industrie 4.0? unter: https://bdi.eu/artikel/news/was-ist-industrie-4-0, abgerufen am 08.09.2021.

Koenen, J. (2020): Heidelberger Druckmaschinen: Wie sich ein Weltmarktführer selbst zerbröselt, unter: https://www.handelsblatt.com/unternehmen/industrie/traditionskonzern-in-der-krise-heidelberger-druckmaschinen-wie-sich-ein-weltmarktfuehrer-selbst-zerbroeselt/25558782.html?ticket=ST-1495193-u2bGe9gmc1DChpIfGsmj-ap1, abgerufen am 16.09.2021.

Koenen, T., Heckler, S. (2020): Deutsche digitale B2B-Plattformen, unter: https://bdi.eu/publikation/news/deutsche-digitale-b2b-plattformen/, abgerufen am 15.09.2021.

Kollmann, T., Schmidt, H. (2016): Deutschland 4.0 – Wie die digitale Transformation gelingt, Wiesbaden 2016.

Kords, M. (2019): Anzahl der Patente im Bereich autonomes Fahren weltweit bis zum Jahr 2019, unter: https://de.statista.com/statistik/daten/studie/1062558/umfrage/anzahl-der-patente-im-bereich-autonomen-fahren-weltweit/, abgerufen am 13.09.2021.

Kords, M. (2021): Fahrzeugauslieferungen von Tesla weltweit bis Q2 2021, unter: https://de.statista.com/statistik/daten/studie/571954/umfrage/quartalszahlen-von-tesla-motors-auslieferungen/, abgerufen am 13.09.2021.

Korosec, K. (2019): GM Cruise raises $1,15B at a $19B valuation from SoftBank and Honda; unter: https://techcrunch.com/2019/05/07/gm-cruise-raises-1-5b-at-a-19b-valuation-from-softbank-and-honda/, abgerufen am 13.09.2021.

Kraftfahrt-Bundesamt (o. J.): Inländerfahrleistung 2020, unter: https://www.kba.de/DE/Statistik/Kraftverkehr/VerkehrKilometer/vk_inlaenderfahrleistung/vk_inlaenderfahrleistung_node.html;jsessionid=671EB473C202D2E877090DB91B6D147F.live21303, abgerufen am 13.09.2021.

Kunthara, S. (2020): Pony.ai Raises $462M With Toyota In The Driver's Seat, unter: https://news.crunchbase.com/news/pony-ai-raises-462m-with-toyota-in-the-drivers-seat/, abgerufen am 13.09.2021.

Kyriasoglou, C. (2018): Munich Re zahlt für Berliner Start-up 300 Millionen Dollar, unter: https://www.manager-magazin.de/digitales/it/munich-re-warum-der-konzern-300-millionen-fuer-das-iot-start-up-relayr-zahlt-a-1226461.html, abgerufen am 16.09.2021.

Lamarre, E., May, B. (2019): Ten trends shaping the Internet of Things business landscape, unter: https://www.mckinsey.com/business-functions/mckinsey-digital/our-insights/ten-trends-shaping-the-internet-of-things-business-landscape, abgerufen am 08.09.2021.

Laube, H. (2019): Der Reboot von Microsoft, unter: https://www.heise.de/hintergrund/Microsoft-Der-Reboot-4475382.html?seite=all, abgerufen am 10.09.2021.

Linkedin (o. J.): 660 million members in 200 countries and regions worldwide, unter: https://content.linkedin.com/content/dam/me/news/en-us/images/membershipmap.png.original.png, abgerufen am 28.09.2021.

M2M-Kommunikation (o. J.): SMART HOME IN DEUTSCHLAND: ETABLIERTE ANBIETER UND START-UPS IM CHECK, unter: https://www.m2m-kommunikation.de/beratung/smart-home-in-deutschland-etablierte-anbieter-und-start-ups-im-check.html, abgerufen am 29.09.2021.

Mansholt, M. (2019): Amazon Echo lauscht die ganze Zeit mit – hier können Sie hören, was er dabei aufnimmt, unter: https://www.stern.de/digital/computer/amazon-echo-lauscht-die-ganze-zeit-mit%2D%2D-hier-koennen-sie-hoeren%2D%2Dwas-er-dabei-aufnimmt-7797002.html, abgerufen am 14.09.2021.

Markwald, N. (2016): Microsoft kauft Karriereportal LinkedIn, unter: https://www.tagesschau.de/wirtschaft/microsoft-linkedin-101.html, abgerufen am 13.09.2021.

Maxmen, A. (2018): Self-driving car dilemmas reveal that moral choices are not universal, unter: https://www.nature.com/articles/d41586-018-07135-0, abgerufen am 13.09.2013.

McCarthy, N. (2021): The Self-Driving Car Companies Going The Distance, unter: https://www.statista.com/chart/17144/test-miles-and-reportable-miles-per-disengagement/, abgerufen am 13.09.2021.

Microsoft Corporate Blogs (2018): Microsoft completes GitHub acquisition, unter: https://blogs.microsoft.com/blog/2018/10/26/microsoft-completes-github-acquisition/, abgerufen am 10.09.2021.

Microsoft News Center (2016): Microsoft to acquire Linkedin, unter: https://news.microsoft.com/2016/06/13/microsoft-to-acquire-linkedin/, abgerufen am 10.09.2021.

Möller, T., Padhi, A., Pinner, D., Tschiesner, A. (2019): The future of mobility is at our doorstep, unter: https://www.mckinsey.com/industries/automotive-and-assembly/our-insights/the-future-of-mobility-is-at-our-doorstep, abgerufen am 13.09.2021.

Munich Re (2018): Munich Re übernimmt Technologieunternehmen Relayr, unter: https://www.munichre.com/de/unternehmen/media-relations/medieninformationen-und-unternehmensnachrichten/medieninformationen/2018/2018-09-04-munich-re-uebernimmt-technologieunternehmen-relayr.html, abgerufen am 16.09.2021.

Nadella, S. (2014): Mobile First, Cloud First Press Briefing, unter: https://news.microsoft.com/2014/03/27/satya-nadella-mobile-first-cloud-first-press-briefing/, abgerufen am 10.09.2021.

o. V. (2019): Berliner Start-up sichert sich Mega-Finanzspritze, unter: https://www.manager-magazin.de/unternehmen/artikel/getyourguide-berliner-start-up-sichert-sich-mega-finanzspritze-a-1267832.html, abgerufen am 13.09.2021.

o. V. (2020): Amazon will offenbar beim autonomen Fahren zukaufen, unter: https://www.handelsblatt.com/technik/thespark/start-up-zoox-amazon-will-offenbar-beim-autonomen-fahren-zukaufen/25863608.html?ticket=ST-905700-RPN7f25bL5gFipR6SIM4-ap3, abgerufen am 13.09.2021.

Parker, G., Van Alstyne, M. W., Choudry, S. P. (2016) Platform Revolutions – How networked Markets are Transforming the Economy and How to make them work for you, New York 2016.

Paulsen, N., Klingholz, L. (2020): Industrie 4.0 – so digital sind Deutschlands Fabriken, unter: https://www.bitkom.org/Presse/Presseinformation/Industrie-40-so-digital-sind-Deutschlands-Fabriken, abgerufen am 08.09.2021.

Pawlik, V. (2021): Umfrage in Deutschland zur jährlich gefahrenen Fahrstrecke mit dem Pkw bis 2020, unter: https://de.statista.com/statistik/daten/studie/183003/umfrage/pkw%2D%2D-gefahrene-kilometer-pro-jahr/, abgerufen am 13.09.2021.

Perrault, R., Shoham, Y., Brynjolfsson, E., Clark, J., Etchemendy, J., Grosz, B., Lyons, T., Manyika, J., Mishra, S., Niebles, J. C. (2019): "The AI Index 2019 Annual Report", AI Index Steering Committee, Human-Centered AI Institute, Stanford University, Stanford, CA, December 2019, unter: https://hai.stanford.edu/sites/default/files/ai_index_2019_report.pdf, abgerufen am 09.09.2021.

Precht, R. D. (2020): Künstliche Intelligenz und der Sinn des Lebens, München 2020.

Reiche, L. (2020): Airbnb holt sich in der Krise Milliarden-Finanzspritze, unter: https://www.manager-magazin.de/finanzen/geldanlage/airbnb-silver-lake-und-sixth-street-partners-geben-eine-milliarde-a-1306102.html, abgerufen am 10.09.2021.

Richter, F. (2019): Self-Driving Cars Still Cause for Concerns for Pedestrians, unter: https://www.statista.com/chart/17881/self-driving-car-safety/, abgerufen am 13.09.2021.

Riemensperger, F., Falk, S. (2019): Titelverteidiger – Wie die deutsche Industrie ihre Spitzenposition auch im digitalen Zeitalter sichert, München 2019.

Schnell, C. (2018): Munich Re übernimmt Berliner Start-up Relayr komplett, unter: https://www.handelsblatt.com/finanzen/banken-versicherungen/versicherer/digitalisierung-munich-re-uebernimmt-berliner-start-up-relayr-komplett/22993370.html, abgerufen am 16.09.2021.

Schürmann, L. (2019): Was Flixmobility nach der Mega-Finanzierungsrunde vorhat, unter: https://www.manager-magazin.de/unternehmen/artikel/flixbus-mutter-flixmobility-sammelt-halbe-milliarde-ein-flixcar-kommt-a-1278255.html, abgerufen am 13.09.2021.

Somerville, H. (2019): Uber's self-driving unit valued at $7,25 billion in new investment, unter: https://www.reuters.com/article/us-uber-softbank-group-selfdriving/ubers-self-driving-unit-valued-at-7-25-billion-in-new-investment-idUSKCN1RV01P, abgerufen am 13.09.2021.

Statista (2020a): Smart Home Report 2020 – Energy Managment, unter: https://www.statista.com/study/36297/smart-home-report-energy-management/, abgerufen am 14.07.2020.

Statista (2020b): Smart Home Report 2020 – Security, unter: https://www.statista.com/study/39184/smart-home-report-security/, abgerufen am 14.07.2020.

Statista (2020c): Smart Home Report 2020 – Smart Appliances, unter: https://www.statista.com/study/50587/smart-home-report-smart-appliances/, abgerufen am 14.07.2020.

Statista (2020d): Smart Home, unter: https://de.statista.com/outlook/dmo/smart-home/deutschland, abgerufen am 14.07.2020.

Statista (2020e): Smart Home, unter: https://www.statista.com/outlook/dmo/smart-home/worldwide, abgerufen am 14.07.2020.

Stevens, L., MacMillan, D. (2018): Amazon Acquires Ring, Maker of Video Doorbells, unter: https://www.wsj.com/articles/amazon-acquires-ring-maker-of-video-doorbells-1519768639, abgerufen am 13.09.2021.

Tabeta, S., Shiraishi, T. (2019): China logs second-most miles in California self-driving tests, unter: https://asia.nikkei.com/Business/China-tech/China-logs-second-most-miles-in-California-self-driving-tests, abgerufen am 13.09.2021.

Telekom (o. J.): Data Intelligence Hub – Aus Daten sicher Werte schaffen, unter: https://iot.telekom.com/de/loesungen/data-intelligence-hub, abgerufen am 04.10.2021.

Trevis Team (2019) Just How Far Ahead Is Tesla In Self-Driving?, unter: https://www.forbes.com/sites/greatspeculations/2019/11/08/just-how-far-ahead-is-tesla-in-self-driving/?sh=8f1589c1b248, abgerufen am 13.09.2021.

Tyborski, R., Demling, A. (2020): Autoindustrie droht beim autonomen Fahren den Anschluss an Google zu verlieren, unter: https://www.handelsblatt.com/unternehmen/industrie/roboterautos-autoindustrie-droht-beim-autonomen-fahren-den-anschluss-an-google-zu-verlieren/25832202.html?ticket=ST-35947-TmJOQYglDpDb7dI0Kx3T-ap1, abgerufen am 13.09.2021.

Uber (o. J.): Our mission – We ignite opportunity by setting the world in motion, unter: https://investor.uber.com/home/default.aspx, abgerufen am

Uber (2019): Vereinte Kompetenzen: Mit FlixBus und Uber von Tür zu Tür reisen, unter: https://www.uber.com/de/blog/uber-flixbus-partnerschaft/, abgerufen am 04.10.2021.

Vaillant (o. J.): Vernetzte Systeme: Ihre Heizung im Smart Home, unter: https://www.vaillant.de/heizung/produkte/vernetzte-systeme/, abgerufen am 04.10.2021.

Verbraucherzentrale (2021): Smart Home – Das „intelligente Zuhause", unter: https://www.verbraucherzentrale.de/wissen/umwelt-haushalt/wohnen/smart-home-das-intelligente-zuhause-6882, abgerufen am 14.09.2021.

Volksagen AG (o. J.): Moia, unter: https://www.volkswagenag.com/de/brands-and-models/moia.html#, abgerufen am 04.10.2021.

Weinstein, J. (2019): Special Report 325 Hotels, unter: https://www.marketingandtechnology.com/repository/webFeatures/HOTELS/H1807_SpecialReport_Intro.pdf, abgerufen am 10.09.2021.

Wendel, M. (2018): Mit Smart Home bei der Versicherung sparen, unter: https://www.homeandsmart.de/versicherung-smart-home-sicherheit, abgerufen am 14.09.2021.

Wheeler, K. (o. J.): What's in your pee? A smart toilet could revolutionize personal health but also pose privacy risks, unter: https://eu.usatoday.com/story/tech/2019/12/18/smart-toilet-technology-could-check-urine-detect-diseases-early/4408106002/, abgerufen am 13.09.2021.

Whitney, L. (2014): Google closes $3,2 billion purchase of Nest, unter: https://www.cnet.com/tech/services-and-software/google-closes-3-2-billion-purchase-of-nest/, abgerufen am 13.09.2021.

Wiggers, K. (2020a): California DMV releases autonomous vehicle disengagement reports for 2019, unter: https://venturebeat.com/2020/02/26/california-dmv-releases-latest-batch-of-autonomous-vehicle-disengagement-reports/, abgerufen am 13.09.2021.

Wiggers, K. (2020b): 77 autonomous vehicles drove over 500,000 miles across Beijing in 2019, unter: https://venturebeat.com/2020/03/02/77-autonomous-vehicles-drove-over-500000-miles-across-beijing-in-2019/, abgerufen am 13.09.2021.

Winter, J. (2013): Industrie 4.0, unter: https://www.acatech.de/projekt/industrie-4-0/, abgerufen am 15.09.2021.

Wunsch, N.-G. (2020): Companies with the most autonomous driving patents worldwide 2010–2019, unter: https://www.statista.com/statistics/1016110/worldwide-autonomous-driving-patent-owners-trend/, abgerufen am 13.09.2021.

Yahoo finance (o. J.): Uber Technologies, Inc. (UBER), unter: https://finance.yahoo.com/quote/UBER/?guccounter=1, abgerufen am 25.11.2020.

Yusuf, Z. (2018): Mapping the Smart-Home Market, unter: https://www.bcg.com/de-de/publications/2018/mapping-smart-home-market, abgerufen am 13.09.2021.

Zunk, M. (2019): Einbruch, Wasserschäden, Brandschutz: Mehr Sicherheit durch Smart Home, unter: https://www.dieversicherer.de/versicherer/haus%2D%2D-garten/news/smart-home-51972, abgerufen am 14.09.2021.

5. Bedrohlicher Rückstand in nahezu allen Schlüsseltechnologien und Kerninfrastrukturen

Deutschlands Stärke einer überaus leistungsfähigen Infrastruktur droht im digitalen Zeitalter der Zerfall. Es war diese Stärke, die den Erfolg der deutschen Unternehmen im dritten industriellen Zeitalter stützte. Mittlerweile haben einige internationale Wettbewerber in den digitalen Schlüsseltechnologien jedoch einen erheblichen Vorsprung. Ohne Spitzen-Know-how in der Technologie und ohne leistungsstarke Kerninfrastrukturen rückt eine führende Position deutscher Unternehmen in der Weltwirtschaft und in den Ökosystemen des digitalen Zeitalters in weite Ferne. Sollte sich der Abstand künftig noch vergrößern, könnte das selbstbestimmte Handeln von Unternehmen, wenn nicht der Gesellschaft als Ganzes zur Disposition stehen.

Wie weit sind wir in Deutschland mit den digitalen Schlüsseltechnologien und Kerninfrastrukturen; und wo schmerzt der Rückstand am meisten? Zunächst ein Blick auf den Status quo: die Infrastrukturen der Kommunikations-, Energie- und Verkehrsnetze (vgl. Abschn. 5.1), die Schlüsseltechnologien des Cloud-Computings (vgl. Abschn. 5.2) und der Künstlichen Intelligenz (vgl. Abschn. 5.3) sowie die Infrastruktur der digitalen Identitäten (vgl. Abschn. 5.4).

Wann, wo und wie müssen die Unternehmen handeln, die Technologien und Infrastrukturen der Digitalisierung nutzen oder anbieten? Und in welche Richtung müssen Politik, die Wirtschaft als Ganzes und die einzelnen Unternehmen die Weichen der Strategie stellen?

Es ist keinesfalls so, dass nichts geschähe, im Gegenteil: Bei allen Schlüsseltechnologien und Infrastrukturen tut sich einiges. Allerdings fehlen oft der notwendige Nachdruck und die Risikobereitschaft. Wenn die Akteure in Deutschland weitermachen wie bisher, dann ist die digitale Souveränität in Gefahr. Dem Exportweltmeister des dritten droht womöglich der Titel des Importweltmeisters des vierten industriellen Zeitalters. Wo lauern die Gefahren und wie können wir das „Schreckgespenst" verscheuchen (vgl. Abschn. 5.5)?

Diese selbstkritische Analyse führt zur richtigen Vision und zur richtigen Strategie (vgl. Themenblöcke III und IV).

5.1 Intelligente Netze – Von der Spitze bei klassischen Infrastrukturen zum digitalen Abstieg?

Im internationalen Vergleich sind Deutschlands klassische Infrastrukturen noch immer spitze – und das, obwohl an vielen Stellen deutlich zu wenig investiert wird. International schlecht positioniert ist das Land bei der digitalen Infrastruktur. Diese Hypothek lastet schwer auf der künftigen Wettbewerbsfähigkeit. Kommunikations- und Informationsnetze, mobiles Internet und 5G und der Breitbandausbau – was hat Deutschland auf diesen Feldern bis jetzt erreicht?

Ein intelligentes Energienetz mit *Smart Metern* könnte entscheidend dabei helfen, die Nachhaltigkeitsziele Deutschlands zu erreichen und neue Geschäftsmodelle aufzubauen, etwa im Ökosystem *Smart Home*. Welche Position im Wettbewerb hat das Land?

Im Unterschied zum omnipräsenten Kommunikationsinternet und dem sich rasch entwickelnden Energieinternet steckt das Internet für den Verkehr noch in den Kinderschuhen. Welche Teststrecken und Testfelder wurden bereits initiiert und wer sind die Akteure bei dieser zentralen Infrastruktur der Zukunft?

„It's the digital infrastructure, stupid!"
In der jährlichen Studie des Weltwirtschaftsforums (WEF) zur Wettbewerbsfähigkeit der Nationen landete Deutschland 2019 auf dem siebten Platz (vgl. Schwab 2019). Vier Plätze schlechter als im Vorjahr, auch wenn die Top-10-Nationen eng beieinanderliegen. So steht Singapur mit 84,8 Punkten ganz vorn, Dänemark mit 81,2 Punkten nur wenig schlechter auf Platz 10. Seine Positionierung in der Spitzengruppe verdankt Deutschland den Top-Platzierungen bei der makroökonomischen Stabilität, gemessen anhand der Entwicklung von Inflation und Verschuldung, sowie seiner Innovationsfähigkeit, gemessen an der Zahl der Patente. Schließlich den Ausgaben für Forschung & Entwicklung bezogen auf das Bruttoinlandsprodukt (vgl. Schwab 2019, S. 238 ff.).

Am schlechtesten in den zehn Teil-Kategorien der Rangliste steht Deutschland bei der Informationstechnologie da: Platz 36. Schuld daran sind ausgerechnet die miserablen Werte bei jenen Basis-Infrastrukturen, auf denen die Gigabit-Gesellschaft läuft: Platz 72 bei Internetverbindungen über Glasfaser sowie Platz 58 bei mobilen Breitbandanschlüssen (vgl. Schwab 2019, S. 239).

Beim Schienen- und Flugverkehr, dem Straßennetz sowie der Versorgung mit Elektrizität und Wasser – der herkömmlichen Infrastruktur – rangiert Deutschland auf Platz 8 im WEF-Ranking. Je mehr die unterschiedlichen Infrastrukturen künftig miteinander vernetzt sind, desto mehr könnte die Hypothek des Landes bei den Informationstechnologien zur

Hypothek der gesamten Infrastruktur und damit zum Malus für den Standort Deutschland werden.

Einen solchen Abstieg im internationalen Vergleich legen Untersuchungsergebnisse der schweizerischen Hochschule *International Institute for Management Development (IMD)* nahe. Im *IMD World Competitiveness Ranking* ist Deutschland in den Jahren von 2015 bis 2019 von Rang 10 auf Rang 17 gefallen. Deutschlands relative Wettbewerbsfähigkeit liegt damit im Jahr 2019 in etwa auf einer Position, wo der *IMD Digital Competitiveness Report* Deutschland seit mehreren Jahren im Digitalen sieht, nämlich zwischen 15 und 18.[1] Als Kriterien für Zukunftsfähigkeit der Infrastruktur stützen sich die Ranglisten und Untersuchungen auf die Höhe der Investitionen, die in digitale Kommunikationsnetze fließen, und auf den Zugang der Bevölkerung zu mobilen und Glasfaser-Breitbandnetzen.

Keine wesentliche Rolle spielt dagegen bisher, inwieweit 5G einschließlich lokaler 5G Campus-Firmennetze (u. a. für *Smart Factories*) verfügbar sind. Das Gleiche gilt für intelligente Stromnetze etwa durch die Verbreitung von intelligenten Stromzählern (sog. *Smart Meter*) oder auch Test- und Fahrstrecken für autonomes Fahren. Es sind aber gerade diese Punkte, die über die Chancen im künftigen Wettbewerb bestimmen – und damit auch über die Zusammensetzung der Ranglisten von WEF und anderen. In Anlehnung an den Satz des früheren US-Präsidenten Bill Clinton (vgl. De Thier 2004) wird in naher Zukunft gelten: *It's the digital infrastructure, stupid!*

Die Gigabit-Gesellschaft ist bis auf Weiteres außerhalb Deutschlands zu Hause
Mit Abdeckungsraten von nahezu 100 Prozent sind Mobilfunk der 4. Generation sowie Festnetzanschlüsse mit Breitband in Europa mittlerweile Standard, mal abgesehen von wenigen weißen Flecken auf dem Land (European Commission 2020, S. 19 ff.).

Für Festnetzanschlüsse mit mehr als 30 Mbit Download-Geschwindigkeit (sog. Next Generation Area Networks Technologien, NGA) zeigt der Digital Economy and Society Index (DESI), jährlich herausgegeben von der Europäischen Union, eine Marktdurchdringung von 86 Prozent. Von einem sogenannten Very High Capacity Network (VHCN), das Daten im Gigabit-Bereich überträgt und wozu Glasfaser-Anschlüsse zählen, profitieren laut DESI 44 Prozent der EU-Haushalte (European Commission 2020, S. 19).

Liegt Deutschland mit deutlich über 90 Prozent der Haushalte mit schnellem Breitband über 30 Mbit in der europäischen Spitzengruppe, klafft mit 33 Prozent bei den VHCN eine gefährliche Lücke. Sechs EU-Länder liegen bereits bei Werten von über 80 Prozent (vgl. European Commission 2020, S. 25). Noch eklatanter ist der Rückstand bei den reinen Glasfaser-Anschlüssen: Hatten 38 OECD-Mitgliedsländer im Dezember 2020 im Durchschnitt einen Anteil von 30,6 Prozent Glasfaser-Anschlüssen an den Breitband-Anschlüssen

---

[1] https://www.imd.org/wcc/world-competitiveness-center-rankings/world-competitiveness-ranking-2020/ (Zugriff 05.07.2020).

(vgl. Tenzer 2021), liegt Deutschland mit 5,4 Prozent abgeschlagen auf dem 34. Platz (vgl. Tenzer 2021).

Beim Ausbau des Mobilfunks der 5. Generation lagen Anfang 2021 Südkorea, die USA und China in Führung, gemessen an der Anzahl der Städte mit 5G (vgl. Viavi Solutions 2021). Deutschland hinkt mit einer knapp zweistelligen Zahl an Städten im weltweiten Vergleich irgendwo zwischen Platz 10 und 15 hinterher (vgl. European Commission 2020, S. 36). In Europa hat nach DESI Spanien den Spitzenplatz, gefolgt von Großbritannien, Frankreich, Italien und Deutschland, die recht nahe beieinanderliegen. Der 5G-Markt ist noch jung, die Zahlen geben daher nur eine grobe Indikation zum Ausbau der Infrastruktur. Nur die entsprechende Infrastruktur sowie eine ausreichende Zahl an Endgeräten erlauben aber den Bürgern, entsprechende Angebote wahrzunehmen. Es ist das Verdienst der Deutschen Telekom, dass seit dem 17. Juni 2020 theoretisch 16 Millionen Deutsche 5G nutzen können (vgl. Ehrhardt 2020); ein wichtiger Schritt hin zur anvisierten Gigabit-Gesellschaft.

Die Gigabit-Gesellschaft ist ein Begriff, den die Bundesregierung 2017 geprägt hat. Er findet sich in ihrer digitalen Agenda und der mit ihr begründeten „Digitalen Netzallianz Deutschlands". Die Gigabit-Gesellschaft steht für „eine fortgeschrittene Informationsgesellschaft, die vollständig von Informations- und Kommunikationstechnik durchdrungen ist und in der Menschen, Maschinen, Dinge und Prozesse nahtlos miteinander vernetzt sein werden" (Bundesregierung 2017). Im Jahr 2025 soll diese Gigabit-Infrastruktur Realität sein. Dann wird – so der Plan – superschnelles, konvergentes Internet mit mehr als 1 Gigabit/s bundesweit zur Verfügung stehen. Bis Ende des Jahres 2020 sollen die Voraussetzungen für eine flächendeckende Installation von 5G geschaffen sein.[2]

Eine Gigabit-fähige, konvergente Infrastruktur bis 2025[3] und eine Glasfaser-Versorgung aller Haushalte bis zum Jahr 2030 (vgl. Scheuer 2020), das klingt nach Zukunftsmusik, immer vorausgesetzt, die Pläne werden überhaupt Wirklichkeit. Es ist nicht defätistisch zu befürchten, dass Gigabit-Gesellschaften wohl bis auf Weiteres ihre Heimat außerhalb Deutschlands haben.

Der Startschuss zur Aufholjagd im intelligenten Energienetz ist endlich gefallen
Mit der Energiewende steigen die Zahl der Produzenten und der Anteil der erneuerbaren Energie. Strom wird immer stärker dezentral erzeugt und im Unterschied zu fossiler Energie schwankt die Menge mit der Wetterlage (vgl. E.ON o. J.).

Dank der Digitalisierung können Verbraucher, Netzbetreiber und Erzeuger intelligent vernetzt werden; damit entsteht zugunsten aller Beteiligten ein Stromnetz, das besser aus-

---

[2] https://www.bmvi.de/DE/Themen/Digitales/Digitale-Gesellschaft/Gigabitgesellschaft/gigabitgesellschaft.html (Zugriff 06.07.2020)
[3] https://www.bmvi.de/SharedDocs/DE/Dossier/Breitbandausbau/topthema04-gigabitgesellschaft.html (Zugriff 06.07.2020)

gelastet ist und für den Netzausbau weniger Investitionen braucht (vgl. BMWi o. J. a). Stromfresser lassen sich leichter identifizieren und die Verbraucher können Stromkosten etwa über zeitvariable Tarife weiter reduzieren (vgl. E.ON o. J.).

Das Herzstück miteinander verbundener Stromnetze („*Smart Grid*") sind sogenannte *Smart Meter* Gateways. *Smart Meter* heißen digitale Strommessgeräte, die Stromverbrauchsdaten digital speichern und anzeigen (vgl. BDEW o. J.). Sie ersetzen nach und nach die analogen Ferraris-Zähler mit rotierender Aluminiumscheibe. Wenn ein *Smart Meter* über eine Kommunikationseinheit verfügt, sprechen die Experten von einem *Smart Meter* Gateway. Dieses Gateway kann Messwerte verarbeiten, automatisch übermitteln und Zugriffsrechte verwalten (vgl. BDEW o. J.). Der Datenaustausch ist in beiden Richtungen möglich und bietet die Chance für vollständig neue Geschäftsmodelle und Plattformen.[4] Das Laden von Elektrofahrzeugen gehört dazu (vgl. Streim und Schaule 2020).

Beim Ausbau der regenerativen Energie gehört Deutschland zu den weltweit führenden Nationen (vgl. Breitkopf 2021). Stammten 2019 rund 54 Prozent der Nettostromerzeugung aus erneuerbaren Energiequellen (vgl. Burger 2020, S. 19), ist der Wert im ersten Halbjahr 2020 mit 55 Prozent noch etwas höher[5] und liegt damit deutlich über dem Zielwert für 2020 von 35 Prozent (vgl. BMWi o. J. b). Der Anteil erneuerbarer Energie am gesamten Brutto-Energieverbrauch ist nach 16,5 Prozent im Jahr 2018 im Folgejahr auf etwa 17,1 Prozent gestiegen. Damit liegt Deutschland auf Kurs, das EU-Erneuerbare-Ziel von 18 Prozent im Jahr 2020 zu erreichen (vgl. BMWi 2020a). Entsprechend hoch sind das Effizienz- und das Geschäftspotenzial für *Smart Grids* in Deutschland.

Leider ist dieser Zukunftsmarkt noch wenig entwickelt, weil Erzeuger, Netzbetreiber und Verbraucher viele Jahre auf den Startschuss warten mussten. Zwar wurde das Gesetz zur Digitalisierung der Energiewende schon im August 2016 (vgl. BMWi 2016) erlassen und trat im Januar 2017 in Kraft.[6] Allerdings dauerte es noch einmal knapp drei Jahre, bis das zuständige Bundesamt für Sicherheit in der Informationstechnik (BSI) die Mindestzahl von drei Herstellern von *Smart Meter* Gateways zertifiziert hatte (vgl. Streim und Schaule 2020).[7]

Darüber hinaus ist unglücklicherweise in Deutschland von einer generellen Pflicht zur Einführung von *Smart Metern* abgesehen worden, weil die vom BMWI beauftragte Kosten-Nutzen-Analyse für Deutschland negativ ausfiel.[8] So ist der Einbau eines *Smart Meter* Gateway erst bei einem jährlichen Stromverbrauch von mehr als 6000 KWh verpflichtend. Damit fallen fast 85 Prozent aller Haushalte aus der Pflicht zum Einbau heraus.

---

[4] https://iam.innogy.com/ueber-innogy/politik/smart-meter (Zugriff 06.07.2020)
[5] https://de.statista.com/statistik/daten/studie/779784/umfrage/monatlicher-anteil-erneuerbarer-energien-an-der-stromerzeugung-in-deutschland/ (Zugriff 06.07.2020)
[6] https://iam.innogy.com/ueber-innogy/politik/smart-meter (Zugriff 06.07.2020)
[7] https://www.bsi.bund.de/DE/Themen/DigitaleGesellschaft/SmartMeter/SmartMeterGateway/Zertifikate24Msbg/zertifikate24MsbG_node.html (Zugriff 07.07.2020)
[8] https://iam.innogy.com/ueber-innogy/politik/smart-meter (Zugriff 06.07.2020)

Gesetzlich vorgeschrieben ist für alle Haushalte lediglich der Austausch analoger durch digitale Messgeräte bis spätestens 2032.[9]

In sieben der 27 Mitgliedstaaten der Europäischen Union wurde ein negatives Ergebnis der Kosten-Nutzen-Analyse festgestellt. Bei 16 ist die Feststellung hingegen positiv und bei vier ist die Analyse noch in Erstellung (vgl. European Commission 2014).

Folglich erwartete die EU eine Marktdurchdringung mit *Smart Metern* von 72 Prozent aller Haushalte bis Ende 2020, was unterhalb des ursprünglichen Zielwertes von 80 Prozent liegt (vgl. European Commission o. J. a). Zahlreiche Staaten werden zu diesem Zeitpunkt aber eine *Smart-Meter*-Durchdringung von 95 Prozent und mehr erreichen (vgl. European Commission o. J. a).

Nur dank Dänemark, Finnland, Frankreich, Griechenland, Italien, den Niederlanden, Schweden und Spanien ist Europa – neben Nordamerika – in der Verbreitung von *Smart Metern* weltweit führend (vgl. Lueth 2019). Deren Einsatzbereich ist nicht auf Strom begrenzt. Die intelligenten Geräte können auch den Gas-, Wasser- und Wärmeverbrauch verarbeiten (vgl. BMWi o. J. a). Bis Ende 2020 erwartet die Europäische Union eine Marktdurchdringung intelligenter Gaszähler von 40 Prozent (vgl. European Commission o. J. a).

Entscheidend für den Betrieb einer intelligenten Messstelle als „Messstellenbetreiber" sind zertifizierte Sicherheitsstandards des BSI und definierte Preisobergrenzen (vgl. E. ON o. J.; vgl. BMWi 2020c). Preisobergrenzen dürften gerade für Geschäftsmodelle relevant sein, die vor allem Infrastruktur bereitstellen. Denn je mehr der unmittelbare Kundenzugang und die Intelligenz des Netzes im Vordergrund stehen, desto stärker werden *Smart Meter* dazu dienen, mit *Smart Services* Geld zu verdienen, und weniger dazu, die Geräte selbst zu verkaufen oder bloß zu vermieten. Wie rabiat die Wertschöpfungsketten aufgebrochen werden und welche neuen Dienstleistungen und Plattformangebote entstehen, ist noch offen. Dass das passiert, ist aber ziemlich wahrscheinlich, denn die „Produkte" Strom, Gas oder Wasser sind austauschbar und die Verbrauchsdaten der Kunden für ganz viele Branchen und Industrien, die im Ökosystem *Smart Home* aktiv sind, enorm wertvoll.

Das Glied der Wertschöpfungskette mit der potenziell größten strukturellen Veränderung ist der unmittelbare Kontakt zum Kunden. Während bei analogen Zählern stets der zuständige Netzbetreiber auch der Messstellenbetreiber ist, haben die Verbraucher beim *Smart-Meter*-Anbieter freie Wahl (vgl. E.ON o. J.). Heutige Energieerzeuger und Versorger könnten ebenfalls in die Rolle eines Messstellenbetreibers und Plattformanbieters schlüpfen. Das brächte ihnen mit einem Mal deutlich mehr Wissen über ihre Endkunden und stieße die Tür weit auf zu neuen Geschäftsmöglichkeiten. Die beiden führenden Versorger Deutschlands haben in den vergangenen Jahren ihre Strategie bereits nach diesem Paradigma ausgerichtet. Vereinfacht gesagt setzt Eon auf Netz und Vertrieb und RWE auf Kraftwerksbetrieb und erneuerbare Energie.

---

[9] https://iam.innogy.com/fuer-unternehmen/individuelle-loesungen/energieversorger/smart-meter-rollout (Zugriff 06.07.2020)

Weit offen steht die Tür auch für ausländische und branchenfremde Wettbewerber, die in den Markt wollen. Die Entkopplung von Netzbetrieb und Kundenzugang bietet ihnen neue strategische Möglichkeiten. Mit der stark wachsenden Zahl der Messgeräte-Hersteller[10] galoppiert auch der technische Fortschritt schneller, sinken die Stückkosten und steigt die Intelligenz der Messgeräte, wodurch ein Markteintritt immer attraktiver und die operativen Möglichkeiten größer werden.

Neue Dienstleistungen und Geschäftsmodelle können nur entwickelt und getestet werden, wenn die Unternehmen aus der Praxis der intelligenten Geräte Erfahrungen sammeln und die Daten analysieren können. Insofern haben der Zeit fressende Prozess der Zertifizierung und die sehr hohen Ansprüche an die Sicherheit und den Datenschutz den Start in Deutschland lange verzögert. Unterm Strich war das aber der richtige Weg, denn der Anspruch, solche Dienste schnell zu verbreiten und mit ihnen zu experimentieren, darf nicht zulasten von Sicherheit und Datenschutz gehen. Aus Sicht der Kunden sind es vor allem die sinkenden Kosten bei Strom, Gas und Wasser, die den neuen Diensten den Weg ebnen. Zwei Drittel (66 Prozent) der Deutschen würden Geräte wie elektrische Heizungen oder Kühlgeräte automatisch steuern lassen, berichtete der Digitalverband Bitkom anlässlich des Marktstarts Anfang 2020 (vgl. Streim und Schaule 2020). Generell groß sei die Bereitschaft heimischer Haushalte, *Smart Meter* zu nutzen, wodurch Ressourcen geschont und das Stromnetz stabilisiert werden könne (vgl. Streim und Schaule 2020).

Neue Dienstleistungen können nicht nur der Energiewende, sondern auch der Verkehrswende Beine machen (vgl. Streim und Schaule 2020). Zur Kernvoraussetzung der Elektromobilität wird neben öffentlichen Ladesäulen, deren Zahl sich in den vergangenen zwei Jahren mit gut 25.000 mehr als verdoppelt hat (vgl. Kords 2021), besonders die private Ladeinfrastruktur. Sie wird 85 Prozent der Ladevorgänge der Elektromobilität leisten, schätzen gemeinsam der Verband der Automobilindustrie (VDA), der Bundesverband der Energie- und Wasserwirtschaft (BDEW) und der Bundesverband deutscher Wohnungs- und Immobilienunternehmen (GdW) (vgl. VDA et al. 2020).

Deutschland sollte im vitalen Interesse seiner Wettbewerbsfähigkeit rasch ein intelligentes, nachhaltiges und integriertes Energie- und Verkehrsinternet zum Laufen bringen. Die Ausgangslage mit dem hohen Anteil erneuerbarer Energie ist günstig. Wenn das Land aber lediglich mit vielen zwar modernen, aber nicht vernetzten Stromzählern gesprenkelt würde, hieße das, im Zeitalter der Plattformökonomie eine riesengroße, strategische Chance zu verpassen. Das wäre nicht weniger als ein GAU für die Infrastruktur, von dem sich das Land, seine Wettbewerbs- und Zukunftsfähigkeit wohl nicht mehr erholen würden.

Tempo machen bei der Entwicklung und Erprobung des intelligenten Verkehrsnetzes
Während das Kommunikationsinternet omnipräsent ist und das digitale Energienetz wächst, wird das Verkehrsinternet noch entwickelt und erprobt.

---

[10] https://www.bsi.bund.de/DE/Themen/DigitaleGesellschaft/SmartMeter/SmartMeterGateway/Zertifikate24Msbg/zertifikate24MsbG_node.html (Zugriff 07.07.2020)

Im Juni 2019 hat eine einjährige Machbarkeitsstudie zur intelligenten Vernetzung der Verkehrsinfrastruktur begonnen, in Auftrag gegeben von EU-Mitgliedsstaaten, Automobilherstellern und Dienstleistern, die sich in der Europäischen Daten-Taskforce zusammengeschlossen haben.[11] Treibende Kraft der Studie ist Deutschland: Das Bundesministerium für Digitales (BMVI) und die Hersteller BMW und Mercedes sowie der digitale Karten- und Geodatendienste-Anbieter HERE.

Die Studie soll überprüfen, inwiefern Verkehrssicherheit und -effizienz durch den Austausch von Daten erhöht werden können, die die Fahrzeuge sowie die Infrastruktur erzeugen.[12] Intelligent vernetzte Straßen, Ampeln, Park- und Rastplätze sollen in Verbindung mit von Fahrzeugen generierten Daten gefährliche Straßen- oder Verkehrssituationen (Straßenglätte, Falschfahrer) erkennen und die Informationen in Echtzeit den Verkehrsteilnehmern zur Verfügung stellen.

Eine zweistellige Zahl von Testfeldern in Städten und auf dem Land sind in Deutschland in Betrieb, um die Potenziale digitaler Mobilität zu erschließen (vgl. BMVI 2020). Am meisten öffentliche Aufmerksamkeit findet das im September 2015 gestartete „Digitale Testfeld Autobahn" (DTA) auf der Autobahn A9 in Bayern (vgl. Bundesregierung 2016). Es wird gemeinsam vom Freistaat Bayern und dem BMVI geleitet, der Verband der Automobilindustrie e. V. (VDA) und der Bundesverband Informationswirtschaft, Telekommunikation und neue Medien e. V. (Bitkom) unterstützen das Projekt (vgl. BMVI o. J.). Auf der 140 km langen Teststrecke werden im Realbetrieb Technologien des autonomen und vernetzten Fahrens durch die Automobil- und Zulieferindustrie, die Technologiebranche und Wissenschaftsinstitute erforscht und weiterentwickelt (vgl. BMVI 2020). Die Strecke ist mit modernster Kommunikationsinfrastruktur (u. a. LTE/5G, WLAN), spezifischer Fahrbahnausstattung (u. a. besondere Schilder zu Eigenlokalisierung, Reflektoren etc.) sowie neuester Sensorik (z. B. intelligente Brücken) bestückt (vgl. BMVI 2020; vgl. Bayerische Staatsregierung 2017).

Die Sensoren der Fahrzeuge sowie der Verkehrsinfrastruktur erzeugen sehr große Datenmengen, die in Echtzeit analysiert und als Steuerungsimpuls oder Information an die Verkehrsteilnehmer, die Betreiber sowie die vernetzten Fahrzeuge und Infrastrukturen weitergegeben werden. Die Technik dahinter ist die Cloud, die Basis-Infrastruktur des mobilen, vernetzten Daten-Zeitalters. Sie ist das Fundament aller Infrastrukturen in Kommunikation, Energie und Verkehr in einer physischen Welt, die immer stärker vernetzt ist.

---

[11] https://www.bmvi.de/SharedDocs/DE/Artikel/DG/zusammenarbeit-daten-fuer-strassenverkehrs-sicherheit-startet-in-europa.html (Zugriff 07.07.2020)

[12] https://www.bmvi.de/SharedDocs/DE/Artikel/DG/zusammenarbeit-daten-fuer-strassenverkehrs-sicherheit-startet-in-europa.html

5.2 „Europas Cloud GAIA-X" – Wolkenkuckucksheim oder der Weg in den siebten Himmel?

Europäische Cloud-Lösungen, die in Funktionalität und Skalierbarkeit mit den führenden Angeboten amerikanischer Hyperscaler mithalten könnten, gibt es bislang nicht (vgl. Klingholz 2019). Dementsprechend fehlen Deutsche und der Europäer in den Ranglisten führender Anbieter (vgl. Schmerer 2019a; vgl. Richter 2021; vgl. Bala et al. 2019).

Für eine vertrauenswürdige und souveräne digitale Infrastruktur in Europa (vgl. BMWi 2019) hoben Vertreter aus Politik, Wirtschaft und Wissenschaft im Herbst 2019 das Projekt GAIA-X aus der Taufe (vgl. BMWi o. J. c). Druck gemacht haben dabei vor allem die damaligen Wirtschaftsminister Deutschlands und Frankreichs, Peter Altmaier und Bruno Le Maire, für die GAIA-X *„die wichtigste digitale Bestrebung Europas in dieser Generation"* war (vgl. Benrath und Schubert 2020).

GAIA-X soll, so der Willen der Initiatoren, ein den US-Clouds ebenbürtiges Angebot schaffen, das über die Branchen hinweg die Wettbewerbsfähigkeit und Handlungsfähigkeit europäischer Unternehmen im digitalen Zeitalter sicherstellt sowie darüber hinaus innovative Geschäftsmodelle und Dienstleistungen auf Datenbasis hervorbringt.

GAIA-X entsteht dabei nicht auf der grünen Wiese, ist kein Greenfield-Projekt, sondern verfolgt die Idee eines virtuellen, föderierten Hyperscalers (vgl. Klingholz 2019), der bestehende und neu sich entwickelnde Infrastrukturen, Daten und Dienste interoperabel und portabel macht (vgl. BMWi 2020b). Dafür entwickelt GAIA-X eine Referenzarchitektur, bestehend aus den drei Ebenen des *Datenökosystems*, des *Infrastrukturökosystems* sowie der sogenannten *föderierten Services*. Die föderierten Services definieren das Zusammenspiel der einzelnen Komponenten sowie die Funktionsweise des föderierten und interoperablen Gesamtökosystems. Die technische Entwicklung föderierter Services kümmert sich zunächst um: Identitätsmanagement und Vertrauensmechanismen (Security and Privacy by Design); souveräne Daten-Dienstleistungen, welche die Identität von Quelle und Empfänger der Daten gewährleisten und die Zugriffs- und Nutzungsrechte auf die Daten sicherstellen; nutzerfreundlichen Zugang zu Anbietern und Diensten; Open-Source-Software und Standards zur Infrastrukturmigration (vgl. BMWi o. J. c).

Verwirklicht werden die *föderierten Services* zunächst prototypisch anhand von Anwendungsfällen in einer Vielzahl unterschiedlicher Domänen. Besonders stark vertreten sind bislang die Domänen Gesundheit, Industrie 4.0, *Smart Living*, Mobilität, Finanzwesen und öffentliche Verwaltung (vgl. BMWi 2020d). Darin spiegeln sich zum einen die Herkunft der beteiligten Unternehmen und die Stärken der nationalen Industrien. Zum anderen zielt die Strategie damit von Beginn an auf die besonders vertraulichen Privatkundendaten und jene Unternehmensdaten, die von den US-Hyperscalern noch nicht beherrscht werden. Folgerichtig unterstrich Elie Girard, Chefin des französischen IT-Dienstleisters Atos, anlässlich der Vorstellung von GAIA-X: „Wir haben den Kampf um die Daten der Verbraucher verloren. Die nächste Welle, die vor und nicht hinter uns liegt, sind die Unternehmensdaten" (vgl. Dpa et al. 2020). Diese Unternehmensdaten werden in gemeinsam genutzten Datenräumen nach den Regeln der Datensouveränität für einen breiten Anwenderkreis erschlossen und verfügbar gemacht. Ziel ist es, die Innovationskraft dadurch zu stärken, dass Daten über Unternehmens- und Sektorgrenzen hinweg gemeinsam genutzt werden. Nicht zuletzt verspricht man sich von GAIA-X auch eine neue Generation intelligenter Dienstleistungen im Gesundheitswesen, bei Mobilität, *Smart Cities* oder Industrie 4.0 (vgl. auch Abschn. 4.4).

Das dezentrale *Infrastrukturökosystem* soll durch Vernetzung bereits bestehender Angebote entstehen: Betreiber von Rechenzentren, von Cloud-, von High-Performance-Computing sowie von sektorenspezifischen Cloud- und Edge-Systemen (vgl. BMWi 2020d). Den Rahmen zur Vernetzung schafft GAIA-X und greift zurück auf bereits etablierte Codes of Conduct (wie *EU Cloud CoC* für DSGVO-Konformität), Regeln (etwa *BSI C5*[13]- Mindestanforderungen an sicheres Cloud-Computing) oder Open-Source-Standards (z. B. FIWARE, https://www.fiware.org/, für IoT-Plattformen).

Weil sie nach diesen festgelegten Standards vernetzt werden, können die Unternehmen ihre Dienstleistungen gemeinsam weiterentwickeln, ausbauen und skalieren. Das gibt Raum, innovative und maßgeschneiderte Lösungen auf den Markt zu bringen. Grundvoraussetzung für eine Teilnahme an GAIA-X ist die Transparenz, ob der Cloud-Anbieter dem amerikanischen Cloud Act oder der europäischen Datenschutz-Grundverordnung unterliegt.

Ein GAIA-X-Gütesiegel sollen diejenigen Unternehmen bekommen, deren Kunden einfach und ohne Datenverlust zu einem Wettbewerber wechseln können (vgl. Benrath und Schubert 2020). Die Gefahr eines „lock-in" soll dadurch reduziert und Vertrauen in die Angebote gestärkt werden.

Mitte Juni 2020 engagierten sich mehr als 300 Organisationen in GAIA-X. Die meisten von ihnen kommen aus Deutschland und Frankreich. Wenn GAIA-X im Wettbewerb ganz vorne mitspielen will, muss aus dem deutsch-französischen Projekt ein gesamteuropäisches werden. Eine Einladung dafür haben der deutsche und der französische Außenminister bei der GAIA-X-Präsentation im Juni 2020 an alle Europäer ausgesprochen (vgl. Benrath und Schubert 2020). Aber Europa ist nicht das Limit: Wenn sie die Ziele der Datensouveränität und Datenverfügbarkeit teilen, steht GAIA-X steht auch Marktteilnehmern aus anderen Teilen der Welt offen (vgl. BMWi o. J. c).

Gesteuert wird das GAIA-X-Programm von der GAIA-X Foundation AISBL (Association Internationale sans but lucratif). Mit Sitz in Brüssel arbeitet sie nach belgischem Recht als internationale Vereinigung ohne Gewinnerzielungsabsicht. Damit wollen die Betreiber die europäische Ausrichtung sowie das Bekenntnis zu Transparenz und breiter Teilhabe unterstreichen. Grundsätzlich kümmert sich die GAIA-X Foundation darum, dass das Netzwerk funktioniert, und sie übernimmt jene Aufgaben, die nicht die Mitgliedsunternehmen erledigen, etwa wenn es darum geht, die Zusammenarbeit innerhalb von

---

[13] Bundesamt für Sicherheit (BSI) Cloud Computing Compliance Criteria Catalogue; https://www.bsi.bund.de/DE/Themen/DigitaleGesellschaft/CloudComputing/Kriterienkatalog/Kriterienkatalog_node.html (Zugriff 01.07.2020)

GAIA-X weiter zu erleichtern und zu verstetigen oder auch Architekturen, Regeln und Richtlinien zu erarbeiten.

Die Industrieverbände Deutschlands und Frankreichs, BDI und MEDEF, ebenso wie der Bitkom begrüßen und unterstützen GAIA-X (vgl. BDI 2020). In ihrer gemeinsamen Erklärung im Juni 2020 unterstrichen die beiden Industrieverbände die strategische Notwendigkeit und das wirtschaftliche Potenzial und bekannten sich dazu, in den kommenden Monaten so viele Anbieter und Anwender von Cloud-Lösungen wie möglich gewinnen zu wollen. Aus Sicht des Bitkom (vgl. Krösmann und Klingholz 2020) braucht es für eine notwendige und schnelle Skalierung noch zahlreiche, adäquatere Rahmenbedingungen. Dazu gehört für den Verband, dass der digitale Binnenmarkt vollendet und die Finanzierung von jungen und dynamisch wachsenden Unternehmen erleichtert wird (vgl. Klingholz 2019).

Entscheidend für den Erfolg der Cloud-Plattform GAIA-X wird sein, wie gut es gelingt, Netzwerkeffekte zu erzeugen. Leistungsstarke und glaubwürdige Vorbild-Nutzer sind hier wichtig. Das können Organisationen oder Unternehmen des Staates sein und/oder Marktführer aus Industrie, Gesundheits- und Technologiebranche. In den einzelnen Domänen muss GAIA-X nicht weniger als den technologischen Standard für vertrauenswürdiges und leistungsstarkes Cloud-Computing setzen. Die von GAIA-X gewünschte Ausbildung von „Ankerzentren als Kristallisationskern" ist absolut richtig und erfordert innerhalb der jeweiligen Domäne eine enge und intensive Zusammenarbeit von Unternehmen, die heute noch Wettbewerber sind.

Der Kristallisationspunkt, ob sich solche Ankerzentren bilden oder eben nicht, liegt in der frühen Phase, in der das europäische Cloud-Angebot der Konkurrenz aus Übersee noch nicht ebenbürtig ist. Die Unternehmen, die an GAIA-X teilnehmen, werden individuell abwägen müssen, ob sie nicht doch das überlegene Hyperscaler-Angebot wählen wollen, anstatt in die Entwicklung der GAIA-X-Lösung zu investieren. Kurzfristiger Ergebnisdruck kann hier den Ausschlag für das Produkt eines Hyperscalers geben, wodurch ein Dominoeffekt auf weitere Unternehmen der Domäne entstünde. Die Folge wären negative Netzwerkeffekte, durch die die Erfolgsaussichten von GAIA-X bereits im frühen Stadium irreversiblen Schaden nehmen könnten.

Ende 2018 hatten gemäß dem DESI 18 Prozent aller europäischen Unternehmen höherwertige Cloud-Dienste im Einsatz (vgl. European Commission o. J. b, S. 67). Bei Unternehmen mit mehr als 250 Millionen Euro Umsatz lag der Anteil mit 39 Prozent in etwa doppelt so hoch, für Unternehmen mit Umsätzen zwischen 50 und 249 Millionen (sog. SME) bei 17 Prozent. Kaum eine Rolle spielen Cloud-Dienste bislang bei Unternehmen mit Umsätzen kleiner 50 Millionen. Diese Cloud-Durchdringung schwankt im Ländervergleich stark. Während in Finnland bereits jedes zweite Unternehmen Cloud-Computing einsetzt, in Schweden, den Niederlanden und Dänemark der Wert jeweils über 40 Prozent liegt und in Großbritannien immerhin 30 Prozent der Unternehmen Cloud nutzen, liegen Frankreich mit 15 Prozent und besonders Deutschland mit 12 Prozent weit zurück (vgl. European Commission o. J. b, S. 67 f.).

Für die kommenden Jahre erwartet der DESI, dass der europäische Markt noch schneller wächst. 2019 überstiegen die Umsätze die des Vorjahres um rund 21 Prozent (vgl. European Commission o. J. b, S. 67 f.) und die Prognose für die Wachstumsraten der Jahre 2020 und 2021 beläuft sich bereits auf jährlich 50 Prozent (vgl. European Commission o. J. b, S. 67 f.). Vergleichsweise am stärksten wachsen werden – wie auch international – die Bereiche IaaS mit 67 Prozent sowie PaaS mit 63 Prozent, so der DESI. Mit prognostizierten Wachstumsraten von jährlich 42 Prozent wird sich auch das Marktsegment SaaS weiter stark ausdehnen und weiter das Gros des Cloud-Marktes (heute ca. zwei Drittel) ausmachen (vgl. European Commission o. J. b, S. 67 f.). Sich einen deutlichen Teil dieses Kuchens ab 2021 zu sichern, ist die Chance und wird der Gradmesser für den Erfolg von GAIA-X.

Die Voraussetzungen dafür sind nicht schlecht: Die Leitlinien von GAIA-X entsprechen exakt dem möglichen Bedarf etwa deutscher Anwender, darunter europäischer Datenschutz, Offenheit, Transparenz, Selbstbestimmtheit und Interoperabilität. So resümiert der deutsche Cloud-Monitor 2020, beauftragt von KPMG und durchgeführt von Bitkom Research, dass „*Datenschutz und Sicherheit die Top-Kriterien bei der Anbieterauswahl sind. Wer zusätzlich eine einfache Systemintegration und auch Exit-Strategien vereinbart, punktet bei Cloud-Anwendern*" (vgl. Pols und Heidkamp 2020; vgl. Bitkom e. V. 2019b; vgl. Schmerer 2019b). Nach dem Cloud-Monitor sind Konformität mit der DSGVO (96 %), transparente Sicherheitsarchitektur (88 %), Standort des Rechenzentrums im Rechtsgebiet der EU (65 %) sowie Hauptsitz des Cloud-Anbieters eben dort (63 %) die maßgeblichen Kriterien bei der Wahl des Cloud-Anbieters.

Von den 555 befragten Unternehmen haben 76 Prozent per Ende 2019 Cloud-Lösungen in Betrieb. Dies sind drei Prozentpunkte mehr als 2018. 32 Prozent dieser Unternehmen setzen auf eine Multi-Cloud-Lösung. Eine Private Cloud nutzen 58 Prozent der Unternehmen, 38 Prozent eine Public-Cloud-Lösung. Die Gründe dafür, nicht auf Public-Cloud-Lösungen zu setzen, sind Sorgen vor unberechtigtem Zugriff auf sensible Daten (70 %), eine unklare Rechtslage (60 %), Zweifel hinsichtlich der grundsätzlichen Cloud-Fähigkeit der bestehenden Anwendungen (59 %) sowie der Mangel an entsprechendem Personal (43 %).

Insgesamt wird Cloud-Computing immer stärker als infrage kommender Motor der Digitalisierung des Unternehmens in Gänze angesehen. Einen wesentlichen Beitrag von Cloud zur Digitalisierung bestätigen 77 Prozent der Cloud-Nutzer (plus 20 % ggü. Vorjahr).

▶ Antwort „sehr großer Beitrag" oder „eher großer Beitrag" auf die Frage „Inwiefern hat die Nutzung von Cloud-Computing einen Beitrag zur Digitalisierung der nachfolgenden Aspekte in Ihrem Unternehmen geleistet?".

70 Prozent sehen eine verbesserte Zusammenarbeit von Fachbereich und IT, 69 Prozent einen wesentlichen Beitrag zur Digitalisierung interner Prozesse und 38 Prozent zur Entwicklung neuer Geschäftsmodelle.

Äußerst bescheiden fällt hingegen die cloudbasierte Nutzung weiterer, digitaler Schlüsseltechnologien aus. Setzen immerhin 23 Prozent der befragten Unternehmen Cloud-Lösungen im Internet der Dinge ein, sind es bei Spracherkennungsdiensten nur acht Prozent und im Bereich Künstliche Intelligenz sogar nur sieben Prozent. Deutlich höhere Werte dokumentieren etwa weltweite oder amerikanische Studien (vgl. Luxner 2021).

Der unmittelbare Nutzen von Cloud-Computing wird in Deutschland noch in den funktionalen Themen gesehen: im mobilen, geografisch verteilten Zugriff (77 %; Anteil Antworten mit „hat deutlich zugenommen" oder „hat eher zugenommen"), in der schnelleren Skalierbarkeit der IT (76 %), in der besseren Performance und Verfügbarkeit der IT (61 %), in der organisatorischen Flexibilität (54 %) und in der Datensicherheit (50 %). Weniger wichtig ist den befragten Unternehmen die gesteigerte Effizienz bei den IT-Kosten.

▶ Der Anteil von Cloud-Computing am Budget der gesamten IT-Kosten beläuft sich in 2019 auf ca. 20 % und liegt damit leicht über dem Vorjahreswert von 18 %.

Zusammengefasst: Von ganz wenigen Ausnahmen wie etwa SAP im Bereich SaaS abgesehen, liegen Deutschland und Europa auf der Anbieter- wie auf der Nutzerseite im internationalen Vergleich weit zurück.

Ohne Spitzen-Know-how im Cloud-Computing können deutsche und europäische Unternehmen aber keine führende Wettbewerbsposition in den sich rasch entwickelnden Bereichen der Industrie 4.0, der Mobilität oder der vernetzten Häuser und Städte (*Smart Car*, *Smart Home*, *Smart Factory*) erlangen. Denn Cloud-Computing ist unverzichtbar für das Erzeugen, Speichern und Verarbeiten des wichtigsten Rohstoffs: Daten. Die Top-B2C-Platttformen sind dort, wo sie sind, durch Cloud-Computing. Und auch wer ehrgeizige Klimaziele erreichen will, der ist auf vernetzte, intelligente Cloud-Lösungen angewiesen.

Daten und Algorithmen von Individuen, Unternehmen und der Wirtschaft als Ganzes sind im Digital-Zeitalter kritische, werthaltige und zu schützende Vermögensgegenstände. Das Recht auf informationelle Selbstbestimmung und die souveräne Entscheidung, wer welche Daten zu welchem Zweck nutzen darf, sind Freiheitsrechte, die im Nicht-Digitalen und Digitalen geschützt werden müssen.

Wir müssen uns bewusst sein, dass eine erfolgreiche digitale Transformation von Wirtschaft und Gesellschaft vermutlich nicht gelingen kann, wenn wir eine Cloud-Infrastruktur nicht selbst souverän gestalten können. Das macht letztlich die Bedeutung von GAIA-X für Europa aus: Sie ist die beste und vielleicht auch einzige Chance, die Souveränität über die digitale Infrastruktur auf absehbare Zeit zurückzugewinnen.

Der technologische Rückstand auf die führenden Cloud-Angebote mag sehr groß sein und der Weg zur Ebenbürtigkeit lang. Das Marktpotenzial, Datenräume spezifisch für bestimmte Domänen und Netzwerke im Internet der Dinge zu entwickeln, ist aber ebenfalls exorbitant groß. Und der Lohn, der winkt, ist entsprechend attraktiv.

Der Markt für Cloud-Computing wird mit der fortschreitenden Digitalisierung der B2B-Industrien eine neue Breite und Tiefe bekommen. Das ist ein Bedarf, den auch die

Hyperscaler von heute mit ausdifferenzierten Lösungen werden bedienen wollen (vgl. auch Abschn. 4.4). Wenn sie sich dabei der Referenzarchitektur, den Regeln und Standards von GAIA-X anpassen, würde das die Idee der europäischen Cloud nicht unterlaufen, sondern vielmehr ihren Plattformcharakter stärken und fördern.

Wirtschaft, Wissenschaft und Politik müssen entlang der Strategie entschlossen handeln und in Europa entsprechendes Wissen und Können aufbauen. Eine eigene Cloud-Infrastruktur ist zwar nicht alles, aber ohne sie ist sehr vieles nichts.

5.3 Künstliche Intelligenz – Wir brauchen viel mehr gemeinsame Breite in der Spitze

Der Markt für Künstliche Intelligenz boomt weltweit. Jahr für Jahr fließen mehr Investitionen in KI-Start-ups, der Anteil von KI an den Forschungs- und Entwicklungsbudgets wächst entsprechend (vgl. Suhr 2019; vgl. Ernst & Young 2019; https://ai.google/) und immer mehr Unternehmen setzen KI in immer mehr Prozessen und Produkten ein (vgl. McKinsey & Company 2019). Kaum eine Industrienation ist noch ohne KI-Strategie (für einen globalen Überblick vgl. Riemensperger und Falk 2019, S. 57) und der Job-Markt für KI-Experten explodiert (vgl. Perrault et al. 2019).

Wo stehen deutsche Unternehmen bei Künstlicher Intelligenz heute im Wettbewerb? Wie systematisch stärken die Wettbewerber aus dem Ausland ihr Know-how? Und was kann Deutschland tun, um den Anschluss zu finden? Ein Lagebild und ein Ausblick:

- Investitionen von Venture Capital in KI erreichen Rekordwerte, der M&A-Markt für KI-Start-ups entwickelt sich überaus dynamisch und die Hyperscaler mischen ganz vorne mit.
- In einigen Industrien und in einigen Bereichen des Geschäftsmodells wird KI immer stärker eingesetzt. Dabei nutzen die Hyperscaler ihre erfolgreichen B2C-Plattformen sehr systematisch, um ihre KI-Fähigkeiten auszubauen. Für echte Lerneffekte braucht es beim Einsatz von KI aber einen langen Atem.
- Viele Staaten haben KI in den vergangenen Jahren zur Schlüsseltechnologie erklärt und nationale KI-Strategien entwickelt. China will bei KI bis 2030 den Rest der Welt auf die Plätze verwiesen haben. Entsprechend groß ist der „Run" auf die besten KI-Experten. Deutschlands Wirtschaft braucht das enge Bündnis mit Wissenschaft und Politik, um in diesem Wettlauf mit der Welt zu bestehen.

Zukauf von KI-Know-how durch M&A und Corporate Venturing
Der renommierte *Artificial Intelligence Report 2019* der Standford University berichtet, dass die privat finanzierten Investitionen in Künstliche Intelligenz rund um den Globus von Januar bis Oktober mehr als 70 Milliarden US-Dollar betrugen. Davon entfielen 37 Milliarden auf Start-up-Finanzierung, 34 Milliarden auf M&A, 5 Milliarden auf Börsen-

gänge und 2 Milliarden auf die Übernahme von Minderheitsanteilen (vgl. Perrault et al. 2019, S. 6 und S. 89 ff.).

Das weltweite Investitionsvolumen in Start-ups im Jahr 2019 lag mit 40 Milliarden US-Dollar nach 10 Monaten fast auf dem Niveau des Gesamtjahrs 2018. Das entspricht einem jährlichen Wachstum von rund 40 Prozent über die Jahre 2014 bis 2019. US-amerikanische und chinesische Start-ups haben den Markt fest im Griff mit 17,6 Milliarden US-Dollar (ca. 47 %) bzw. 10,6 Milliarden US-Dollar (ca. 28 %). Drei europäische Nationen finden sich zumindest in den Top 10: Auf Platz 3 Großbritannien (1,3 Milliarden US-Dollar), auf Platz 6 Frankreich (728 Millionen US-Dollar) und auf Platz 9 Deutschland (558 Millionen US-Dollar). Bei den Investitionsvolumina weit abgeschlagen, dominieren in diesen drei europäischen Ländern nach wie vor nationale und europäische Investoren (vgl. Roland Berger und France Digital 2020). Der Anteil von US-Investoren liegt bei lediglich 15 Prozent. Chinesische Investoren spielen noch so gut wie keine Rolle. Die Unternehmensgründungen, denen dieser Geldsegen zuteil wurde, arbeiten weltweit in den Bereichen autonomes Fahren (7,7 Milliarden US-Dollar, 10,0 %), gefolgt von Krebstherapien (4,7 Milliarden US-Dollar, 6,1 %) und Gesichtserkennung (4,7 Milliarden US-Dollar, 6,0 %).

Jährlich trägt das US-Marktforschungsinstitut CB Insights eine Top-100-Liste von KI-Start-ups zusammen, ausgewählt unter anderem nach Patentaktivität, Marktpotenzial, Investorenprofil und Teamstärke. In die 2019er-Liste (CB Insights 2020) schafften es 65 US-amerikanische KI-Start-ups, je 8 aus Kanada und Großbritannien sowie 6 aus China. Wenn man einberechnet, wie dynamisch das KI-Start-up-Ökosystem in China wächst, dann dürfte der Anteil der Chinesen in den kommenden Jahren deutlich steigen. Die am stärksten vertretenen Branchen in der Top 100 für 2019 waren Gesundheit, Retail und Transport.

Im Mai 2020 waren 47 der Top-KI-Start-ups mit mehr als einer Milliarde Euro bewertet (vgl. CB Insights o. J.). Das sind knapp 10 Prozent aller von CB Insights identifizierten 472 Start-up Unicorns (vgl. CB Insights o. J.). Fünf dieser 47 sind in ihrer letzten Finanzierungsrunde sogar mit mehr als 5 Milliarden US-Dollar bewertet worden und bewegen sich damit in einer Größenordnung, die sie mit zahlreichen DAX-Konzernen vergleichbar macht.

Wie der Markt für Finanzierungen ist auch der Markt für Übernahmen überaus lebhaft. Im August 2019 berichtete CB Insights von 635 Übernahmen im Zeitraum seit dem Jahr 2010, davon 120 im Jahr 2017, 166 im Jahr 2018 und 145 in den ersten 8 Monaten des Jahres 2019 (vgl. CB Insights 2019).

Apple (20 Übernahmen), Google (14) und Microsoft (10) stehen an der Spitze der Käufer. Facebook, Intel und Amazon folgen auf den Plätzen 4 bis 6. Ihre Spitzenposition verdanken diese Unternehmen ihrer Strategie, früh und mit erheblichen Summen im Corporate Venturing von KI-Start-ups aktiv zu werden. Ähnlich entschlossen und gestaltend arbeiten die BAT – steht für Baidu (chinesische Suchmaschine), Alibaba (Online-Handelsplattform) und Tencent (Social-Media-Plattform) – im chinesischen Ökosystem der KI-Start-ups. Gemäß einer Studie des Massachusetts Institutes of Technology waren diese zum Jahresanfang 2019 an mehr als der Hälfte der chinesischen KI-Start-ups beteiligt (vgl. Hao 2019). Prominentestes KI-Investment eines deutschen Unternehmens ist die 2,6 Milliarden-Euro-Beteiligung von Volkswagen an Argo AI zur gemeinsamen Entwicklung eines „Self-Driving-Systems" (vgl. Volkswagen 2019).

Die 635 Komplettübernahmen verteilen sich auf knapp 500 Käufer. Immer größer wird der Kreis der übernehmenden Unternehmen und immer schärfer das Werben um die klügsten Köpfe für KI und ihre neuesten, technischen Erfindungen.

Internes KI-Know-how fördern als Schwerpunkt für Forschung und Entwicklung
Amazon schöpft mit einem Budget von 24 Milliarden Euro für Forschung und Entwicklung (FuE) pro Jahr aus dem Vollen und steht damit weltweit an der Spitze. Die Google-Mutter Alphabet lässt sich die hauseigene FuE 18,2 Milliarden Euro jährlich kosten, und Samsung investiert 14,4 Milliarden Euro. Auf den weiteren Plätzen folgen Microsoft, Volkswagen und Apple. Das ist das Ergebnis einer Studie der Prüfungs- und Beratungsgesellschaft Ernst & Young (vgl. Suhr 2019; vgl. Ernst & Young 2019).

Der Löwenanteil ihrer FuE-Budgets fließt bei Amazon und Alphabet in KI. Bei Alphabet steht Künstliche Intelligenz sogar stellvertretend für Forschung. Und der Suchmaschinen-Riese Google hat als Vision nichts Geringeres ausgerufen als „Advancing AI to everyone". Los ging es mit der KI-Initiative google.ai im Jahr 2017; 2018 wurde sie mit Google Research zu google.ai (https://ai.google/) verschmolzen. Mittlerweile arbeiten die Amerikaner in 19 über den Erdball verteilten AI-Zentren daran, ihre KI-Vision Wirklichkeit werden zu lassen (https://research.google/careers/).

Bei den chinesischen Technologieunternehmen genießt Künstliche Intelligenz einen mindestens vergleichbaren Stellenwert wie bei ihren US-Konkurrenten. Allen voran die großen Plattformen Baidu, Alibaba und Tencent (BAT) verfolgen eine umfassende KI-Strategie der Spitze und der Breite. Als Teil des staatlichen Plans Chinas, bis 2030 die weltweite Nummer 1 in KI zu sein, investiert Baidu als sogenannter nationaler Champion besonders ins autonome Fahren. Tencent hat einen Forschungsschwerpunkt bei der Bilder- und Gesichtserkennung (vgl. Riemensperger und Falk 2019, S. 109). In der Breite decken sie mit ihren vielen KI-Beteiligungen die Felder von der *Smart City* über Finanzdienstleistungen und Gesundheit bis zu neuen Formen der Ausbildung ab (vgl. Hao 2019).

Auf beiden Seiten des Pazifiks gilt, dass die Technologieschwergewichte die riesigen Datenmengen aus ihren Plattformgeschäftsmodellen – Suchmaschine (Google, Baidu), Online-Handel (Amazon, Alibaba) oder Soziale Medien (Facebook, Tencent) – zusammenführen mit ihrem technologischen Können und Wissen in anderen Kerninfrastrukturen wie etwa dem Cloud-Computing. Dadurch bauen sie nicht nur den Wettbewerbsvorteil in ihren Kerngeschäften aus, sondern bringen sich zugleich in eine marktdominante Rolle als Technologieanbieter für KI. Amazon Alexa festigt nicht nur die Kundenbeziehung und fördert den Produktabsatz auf den Amazon-Marktplätzen, sondern trainiert täglich millionenfach die KI von Amazon. Google stellt seine KI-Anwendungen TensorFlow Entwicklern und Anwendern zur Verfügung, die damit quasi kostenlos die KI-Instrumente weiterentwickeln. Die KI an Bord eines Tesla lernt von jeder vom Fahrer selbst gefahrenen Kurve oder durchgeführten Vollbremsung. Die KI fährt im Wagen mit, simuliert die eigene, potenzielle KI-Steuerung, gleicht diese mit der des menschlichen Fahrers ab und verbessert so laufend ihre eigenen Fähigkeiten.

KI-Spitzenleistungen sind das Ergebnis jahrelanger Forschung und Entwicklung. Auf diesen Pfad schwenken in jüngster Zeit immer mehr Unternehmen und Branchen ein. Nicht zuletzt die wachsende Dynamik in der Industrie 4.0 und dem Internet der Dinge wird die Nachfrage nach KI-Talenten weiter befeuern. Die Unternehmen müssen sich darauf einstellen, dass KI kein Sprint ist, sondern ein Marathon, bei dem sie mit der Zeit KI-Fähigkeiten in vielen unterschiedlichen Bereichen auch jenseits der Technik entwickeln sollten. Die Erfahrung zeigt, dass sich Erfolge und Nutzen aus dem Einsatz der Technologie dann einstellen, wenn einige Voraussetzungen erfüllt und Wissen und Können aufgebaut sind.

Der Anteil der Unternehmen, der KI produktiv nutzt, wächst. 58 Prozent der von McKinsey & Company 2019 analysierten internationalen Unternehmen verwenden KI in mindestens einem Geschäftsbereich oder einer Infrastrukturfunktion (vgl. McKinsey & Company 2019). Das sind 11 Prozentpunkte mehr als im Vergleichszeitraum des Vorjahres. Verdoppelt hat sich der Anteil jener Unternehmen, die KI in mehreren Bereichen einsetzen. Besonders häufig im Einsatz ist KI in den Branchen Hightech (78 %), Automobil (76 %) und Telekommunikation (72 %), gefolgt von Transport und Logistik (64 %), Finanzdienstleistungen (62 %), Konsumgüter (62 %) sowie Retail (60 %). Sehr rasch verbreitet hat sich KI im Jahr 2019 in den Branchen Retail (plus 35 %) sowie Transport und Logistik (plus 26 %).

Welche KI-Technologie in welcher Branche verwendet wird, ist abhängig davon, wie sie sich für die Wertschöpfungsketten eignet, die in der Branche typisch sind (für eine besonders detaillierte Aufstellung der verwendeten Technologien je Branche vgl. Perrault et al. 2019, S. 101):

- In Hightech sind Maschinelles Lernen bei der Entwicklung von Produkten sowie Verfahren zur natürlichen Text- oder Spracherkennung im Kundendienst am weitesten verbreitet.
- In der Automobilindustrie sind physische Roboter, Prozessautomatisierungen (RPA) sowie Bilderkennungsverfahren für die industrielle Fertigung und die Optimierung von Lieferketten die am häufigsten genutzten Verfahren.
- In der Finanzdienstleistungsindustrie werden Prozessautomatisierungen (RPA) in den Middle- und Backoffices sowie virtuelle Agenten im Call-Center und im Online-Banking verwendet.
- In der Konsumgüterindustrie dominiert in der Produktion der Einsatz physischer Roboter.
- In Retail wird ein breiteres Spektrum unterschiedlicher Technologien eingesetzt: NLP und virtuelle Agenten im Call-Center und im E-Commerce, Bilderkennung und Maschinelles Lernen unter anderem in autonomen Filialen, bei der Preisgestaltung und im Management zur Kundenbindung.

Diese typischen Einsatzbereiche in jüngeren Studien decken sich mit Ergebnissen älterer Studien wie von Deloitte aus dem Jahre 2017 (vgl. Davenport et al. 2017, S. 7).

KI kann im Kern helfen, Produkte zu verbessern und neue zu entwickeln, Prozesse zu verschlanken, belastbarere Entscheidungen zu treffen bis hin dazu, neue Märkte zu besetzen. Während die deutsche Industrie die Möglichkeiten von KI genauso einschätzt wie ihre internationalen Wettbewerber, öffnet sich die Schere gefährlich weit, wenn es darum geht, KI auch im Tagesgeschäft zu verwenden und damit praktisches Know-how aufzubauen.

In einer vom Bitkom im Mai 2020 veröffentlichten Studie zur Industrie 4.0 geben nur 14 Prozent der 552 befragten heimischen Unternehmen an, KI bereits einzusetzen. 58 Prozent der Befragten antworten auf die Frage „Wie wahrscheinlich ist es, dass KI im Kontext von Industrie 4.0 Geschäftsmodelle disruptiv, d. h. tiefgreifend verändern wird?" mit „sehr wahrscheinlich" oder „wahrscheinlich" (vgl. Paulsen und Klingholz 2020, S. 8 und 9). Vorteile einer Industrie 4.0 sehen die Unternehmen besonders bei neuen Dienstleistungen wie etwa der vorausschauenden Wartung (sog. Predictive Maintenance) sowie darin, dass Produktivität und Produktqualität gesteigert und Produktions- und Fertigungsprozesse optimiert werden können. Das Senken von Kosten spielt dagegen nur eine untergeordnete Rolle.

Von den Unternehmen, die am McKinsey Global AI Survey teilgenommen haben, berichten 63 Prozent von nachgewiesenen, relevanten Umsatzsteigerungen und 44 Prozent von entsprechenden Kostensenkungen. Der Umsatz stieg dreimal so stark und die Kosten sanken viermal so stark, wenn die Unternehmen in mindestens fünf Bereichen KI einsetzen (von der Studie als sog. KI-High-Performer definiert). Ähnliche, wenngleich schwächer ausgeprägte Effekte findet eine gemeinsame Studie der Boston Consulting Group und der MIT Sloan Management School (vgl. Ransbotham et al. 2019).

> „Among the 90 % of companies that have made at least some investment in AI, fewer than 2 out of 5 report obtaining any business gains from AI in the past three years. This number improves to 3 out of 5 when we include companies that have made significant investments in AI. Even so, this means 40 % of organizations making significant investments in AI do not report business gains from AI" (Ransotham et al. 2019, S. 1).

Im Einsatz von KI scheint es deutliche Portfolio- und Lernkurveneffekte zu geben, aus denen ein entscheidender Vorsprung im Technik-Know-how und ein struktureller Wettbewerbsvorteil erwachsen können.

Deutschlands Unternehmen sollten ihre Strategie und ihre Organisation auf das KI-Zeitalter ausrichten. Die aggressiven KI-Investments der Technologieunternehmen, die breiter werdende Anwendung und das steigende Know-how in allen anderen Industrien und nicht zuletzt die große Bedeutung von KI für den Erfolg in der Industrie 4.0 – alles deutet in diese Richtung. Wie konsequent die Unternehmen das tun, lässt sich dann am Anteil von KI am FuE-Budget ablesen.

5.3 Künstliche Intelligenz – Wir brauchen viel mehr gemeinsame Breite in der Spitze

Bei den gesamten FuE-Ausgaben, gemessen als Prozent-Wert am Umsatz für die 500 größten Unternehmen der Welt, liegen deutsche Firmen unter Berücksichtigung des divergierenden Branchen-Mix mit 5 Prozent international im Mittelfeld (vgl. Ernst & Young 2019, S. 7 und 8). Der Anteil von KI daran dürfte gering sein. Das adäquate Niveau sollte je nach Strategie festgelegt und von Jahr zu Jahr schrittweise hochgefahren werden.

Einen sehr starken Fokus auf KI unter anderem für autonomes Fahren hat das FuE-Budget von Tesla; für die Jahre 2017 bis 2020 hatte es eine Höhe zwischen 1,3 und 1,5 Milliarden Euro (vgl. Carlier 2021). Daraus ergibt sich ein Unternehmenswert in Höhe des mehr als 100-Fachen der jährlichen FuE-Ausgaben. Eine Marktkapitalisierungsquote der FuE-Ausgaben, die für viele Unternehmen zwar unerreichbar ist, aber von der Struktur her die Richtung vorgeben sollte.

Vereint anstrengen oder einzeln untergehen?
Für 2030 hat Chinas Staatsführung das Ziel ausgegeben, dass das Reich der Mitte bis dahin weltweit spitze im Bereich KI sein soll. Man will eine Industrie im Wert von mehr als 100 Milliarden Euro aus dem Boden stampfen und das Marktvolumen von KI-Anwendungen allein in den Jahren 2018 bis 2021 rund verzehnfachen (vgl. Mayer 2020). Damit erinnert die Konkurrenz zwischen China und den USA auf dem Gebiet der Künstlichen Intelligenz an das Wettrennen zwischen der Sowjetunion und den USA um die Vormachtstellung im Weltall in den 50er- und 60er-Jahre des vorherigen Jahrhunderts.

Eine Klasse für sich sind die USA bei der Anzahl der weltweiten Patente in KI: 16.497. China hat 2517 angemeldet und Europa 2595, davon 530 aus Deutschland (vgl. Roland Berger und France Digital 2020, S. 13; vgl. Perrault et al. 2019, S. 30). So die Ergebnisse von Crunchbase, einem US-Anbieter für Unternehmens- und Wirtschaftsinformationen mit Schwerpunkt auf Technologieunternehmen und -investoren, für die Jahre 2005 bis 2019.

Zahlreiche Experten sehen China auf gutem Wege, auf diesem Feld zu den USA aufzuschließen. Beide Länder sind heute Magnete für die besten Köpfe auf dem Gebiet der Künstlichen Intelligenz. Sie finden überaus attraktive Betätigungsmöglichkeiten in den großen Plattformunternehmen und in den vitalen Ökosystemen der KI-Start-ups, die eng mit den führenden Universitäten in den USA und China kooperieren.

Die Zahl der Jobs mit KI-Bezug in den USA hat sich in den vergangenen zehn Jahren vervierfacht (vgl. Perrault et al. 2019). Im gleichen Zeitraum ist der Anteil ausländischer PhD-Studenten in den USA und Kanada von 40 auf 60 Prozent gestiegen und der bei Weitem beliebteste Vertiefungsschwerpunkt im Fach Informatik ist mittlerweile KI (vgl. Perrault et al. 2019). 60 Prozent der PhD-Studenten verlassen nach ihrem Abschluss die Universität in Richtung Industrie (ggü. 20 % im Jahr 2004). Gleichzeitig folgen immer mehr Professoren dem Ruf der Wirtschaft (2018: 40 Professoren in den USA). Der Wettstreit um die KI-Schlüsselressource natürliche Intelligenz ist in vollem Gange. Auch Spitzenkräfte aus Deutschland und Europa sind weltweit gefragt. So ist beispielsweise der deutsche KI-Experte Richard Socher Chefwissenschaftler von Salesforce, dem Weltmarktführer im Bereich Software-as-a-Service (vgl. Weddeling 2019). Professor Tobias Kollmann, Wirtschaftswissenschaftler und Wirtschaftsinformatiker an der Universität Duisburg-Essen, mahnte bereits 2016: „*Haltet die KI-Forscher in Deutschland. Im Bereich der künstlichen Intelligenz gehören deutsche Wissenschaftler zur Weltspitze. Aber sie wechseln die Seiten: Immer mehr Top-Wissenschaftler arbeiten für Google oder Facebook (...) Dieser Brain-Drain muss gestoppt werden, will Deutschland in dieser Zukunftstechnologie weiter mitspielen*" (vgl. Kollmann und Schmidt 2016, S. 50).

Immer mehr Länder erkennen das Potenzial von KI und erklären sie zur Schlüsseltechnologie des 21. Jahrhunderts. Viele Regierungen haben in den Jahren 2017 und 2018 eigene nationale KI-Strategien entwickelt (für einen globalen Überblick vgl. Riemensperger und Falk 2019, S. 57). Im Juli 2018 verabschiedete die deutsche Bundesregierung die Eckpunkte ihrer Strategie „Künstliche Intelligenz" und entwickelte sie weiter – auf der Grundlage von Expertenforen und nach einem umfassenden öffentlichen Konsultationsprozess (vgl. Bundesregierung 2018). Das Ziel ist, Deutschland und Europa zu einem führenden KI-Standort zu machen und so Deutschlands Wettbewerbsfähigkeit auch künftig zu sichern. Bis 2025 sollen bis zu 3 Milliarden Euro investiert werden:

- in den Ausbau eines deutschen Netzwerks von mindestens zwölf Zentren und Anwendungshubs
- für ein Programm zur wissenschaftlichen Nachwuchsförderung und Lehre sowie mindestens 100 zusätzliche Professuren
- in den Ausbau öffentlicher Förderangebote im Bereich Wagniskapital und Venture Debt sowie den Start einer „Tech Growth Fund"-Initiative
- in den Aufbau eines deutsch-französischen Forschungs- und Innovationsnetzwerkes („virtuelles Zentrum") sowie in ein europäisches Innovationscluster zur Förderung von Projekten zur Forschungskooperation

Es geht der KI-Strategie aber nicht allein darum, die Wettbewerbsfähigkeit zu fördern. Die Bundesregierung legt auch Wert darauf, dass KI verantwortungsvoll und am Gemeinwohl orientiert entwickelt und genutzt wird. Sie soll nach den Maßstäben von Ethik, Recht, Kultur und Institutionen in die Gesellschaft eingebettet werden.

Die Qualität der Leitplanken stimmt, in denen Forschung und Wirtschaft in Deutschland gefördert werden sollen. Ob dem Ganzen Erfolg beschieden ist, hängt jetzt daran, dass Wirtschaft, Wissenschaft und Politik zusammenarbeiten und noch mehr Geld in die KI fließt.

Deutschland kann im Wettlauf um die KI einiges in die Waagschale werfen. Das Land hat eine differenzierte und leistungsfähige Forschungslandschaft mit weltweiten Spitzeninstituten wie dem Deutschen Forschungszentrum für Künstliche Intelligenz (DFKI). Es ist als „Ausrüster der Welt" in seiner Wirtschaftsstruktur breit aufgestellt und ist Technologieführer in wichtigen Feldern wie der Industrie 4.0.

Viele deutsche Top-Unternehmen sind jedoch noch am Anfang ihrer KI-Aktivitäten und bekommen es gleichzeitig mehr und mehr mit neuen, aggressiven Angreifern zu tun. Diese Angreifer brechen mit ihren Plattformangeboten – auf der Basis von Daten und gestützt auf KI – die überkommenen Wertschöpfungsketten auf. Und obwohl sie in ihrem Bereich Weltmarktführer sind, sind deutsche Unternehmen mittlerweile oftmals zu klein und nicht attraktiv genug, um die besten KI-Experten für sich zu gewinnen.

Ein gutes Beispiel für diesen neuen Wettbewerb geben zwei Aktivitäten der Google-Mutter Alphabet. Mit der 3,2 Milliarden US-Dollar schweren Akquisition von Nest, einem Hersteller smarter Thermostate und Rauchmelder, ist Google bereits 2014 weit ins *Smart Home* vorgedrungen und greift unter der Marke Google Home gleichermaßen die Erträge der Heizungs- und Klimageräteherstellern wie der Strom- und Gasanbieter an. Das gleiche Strategie-Prinzip gilt für die Tochter Waymo, die zu den Marktführern bei der Entwicklung selbstfahrender Autos zählt und den Managern der klassischen Autobauer bei den Erträgen den Schweiß auf die Stirn treibt.

Damit sie diesen neuen Angreifern Paroli bieten können, werden die Wettbewerber von gestern zu wichtigen Partnern für das Heute und Morgen. Denn wer sich eben noch im scharfen Wettbewerb sah, der steht mit einem Mal vor den gleichen Problemen, sein Geschäftsmodell rasch anzupassen und kritisches KI-Know-how aufzubauen. Für dieses neue Verhältnis klassischer Wettbewerber im Angesicht der Herausforderungen der Digitalisierung haben sich Neudeutsch die Begriffe „Coopetition" oder „Frienemy" eingebürgert (ein Mix der englischen Begriffe Cooperation und Competition bzw. Friend und Enemy).

Ein prominentes Beispiel für eine solche Kooperation in Konkurrenz ist das „Cyber Valley"; hier zeigt sich zudem, wie die Unternehmen mit Universitäten, führenden Forschungseinrichtungen, Start-ups und Zulieferern künftig zusammenarbeiten sollten (https://cyber-valley.de/cyber-valley-start-up-network, vgl. DWIH New Delhi o. J.). Ins Leben gerufen wurde das Cyber Valley im Jahre 2016. Gründer sind das Land Baden-Württemberg, die Max-Planck-Gesellschaft, die Universitäten in Stuttgart und Tübingen sowie die Industriepartner Daimler, BMW, Porsche, Bosch, ZF Friedrichshafen und Amazon. Dazugestoßen ist noch eine zweistellige Zahl von KI-Start-ups und Ende 2019 auch das Fraunhofer-Institut.

Das Cyber Valley bezeichnet sich selbst als größte KI-Forschungskooperation Europas (https://cyber-valley.de/) und sollte mit seiner Vision, seiner Aufstellung und dem beherzten Vorgehen ein Vorbild und Ansporn sein für viele andere Industrien. Mit seinen vielen Weltmarktführern in der Fertigung und im Maschinen- und Anlagenbau verfügt Deutschland als Ausrüster der Welt über eine exzellente Ausgangsbasis für das Internet der Dinge. Schätzungsweise 1 Milliarde Endgeräte des „Industrial Internet of Things" (IIoT) sind „Made in Germany". Spitzen-Know-how in Künstlicher Intelligenz ist der Treibstoff für das Entwickeln neuer Geschäftsmodelle und Dienstleistungen. Es ist der entscheidende Faktor beim Übergang von „Made-in Germany" zu „Operated by Germany", wie der Deutschland-Chef von Accenture, Frank Riemensperger, in seinem Buch „Titelverteidiger" schreibt (vgl. Riemensperger und Falk 2019, S. 221 ff.).

Fast alle Unternehmen in allen Branchen müssen für sich klären, ob sie die KI-Technologie im Wettbewerb oder in Partnerschaft mit heutigen Konkurrenten entwickeln wollen: Wer baut die KI für das *Smart Home?* Jeder Versorger auf sich allein gestellt in der vagen Hoffnung, gegen die neuen Wettbewerber bestehen zu können? Wer wird den intelligenten Sprachagenten für Finanzangelegenheiten entwickeln? Wenn es jeder in einem Sololauf versucht, wird es mit an Sicherheit grenzender Wahrscheinlichkeit keiner aus dem Kreis der heutigen Finanzdienstleister sein. Die Entscheidung für oder gegen Kooperationen in Künstlicher Intelligenz ist Teil der Strategie. Die Souveränität in der Universaltechnologie des 21. Jahrhunderts muss das Ziel für jede Branche und jedes Unternehmen sein.

Wenn deutsche Unternehmen wettbewerbs- und handlungsfähig bleiben wollen, dann müssen sie ihre Budgets für Forschung und Entwicklung sowie für Corporate Venture Capital ausrichten und sukzessive aufstocken. Auch die Bundesregierung sollte noch einmal in sich gehen und tiefer in die Tasche greifen als die drei Milliarden Euro, die sie bislang für die Förderung von KI bis 2025 veranschlagt hat. Der Betrag fällt verglichen mit den Summen in den USA und China arg bescheiden aus. Und im Lichte dessen, was in der Pandemie an Staatshilfen über die klassischen Industrien und deren Champions ausgegossen wurde, ist das KI-Budget ganz sicher verschwindend klein.

Investitionsmittel sind absolut notwendig, aber nicht hinreichend. Viel wichtiger ist, dass Unternehmer und Manager wirklich neugierig sind auf die Chancen der Technologie und etwas mutiger, wenn es darum geht, die Geschäftsmodelle weiterzuentwickeln. Zuversicht, dass der Ausgang des KI-Spiels noch offen ist, spendet Andy McAfee, Co-Director des MIT IDE. Bei einer Panel-Veranstaltung des MIT IDE im Herbst 2020 sagte er in einer Baseball-Analogie, dass sich der Wettbewerb um KI und um das Internet der Dinge im zweiten „Inning" befindet. Im zweiten von insgesamt neun regulären „Innings" zu sein, klingt deutlich besser als die ohnehin etwas schiefe deutsche Analogie, wir befänden uns in der zweiten Spielhälfte – und die erste hätten wir verloren.

5.4 Digitale Identitäten „to be made in Germany" – Komplementäre Konzepte im Wettlauf um kritische Masse

Mit jeweils 25 Prozent Marktanteil waren Ende 2019 GMX und Web.de die führenden E-Mail-Dienstanbieter Deutschlands.[14] Auf Platz 3 liegt mit 15 Prozent Marktanteil der Google-Dienst GMail.[15] GMX und Web.de sind Angebote des im rheinland-pfälzischen Montabaur beheimateten Internetdienstanbieters United Internet (UI; www.united--internet.de). UI gründete im März 2018 gemeinsam mit ProSiebenSat1 und der Medien-

---

[14] https://de.statista.com/statistik/daten/studie/151754/umfrage/nutzeranteile-von-e-mail-anbietern-in-deutschland/(Zugriff 09.07.2020)

[15] https://de.statista.com/statistik/daten/studie/151754/umfrage/nutzeranteile-von-e-mail-anbietern-in-deutschland/(Zugriff 09.07.2020)

gruppe RTL Deutschland die European netID Foundation (EnID; https://netid.de) mit dem Ziel, unter der Marke netID eine europäische „Single Sign On" (SSO)-Lösung zu etablieren, als Alternative zu den US-amerikanischen Social-Media-Riesen.

NetID holt für ihre Partnerunternehmen rechtskonforme Nutzereinwilligungen (sog. Opt-ins) ein. Diese Opt-ins ermöglichen es, individualisierte Werbung und Inhalte auszuspielen, und zwar über unterschiedliche Dienste und Geräte hinweg (vgl. van Rinsum 2020). Sie sind für die digitale Werbebranche in Deutschland eine europäische Alternative. Konzipiert ist netID als offene Plattform mit dezentraler Datenhaltung. Mitte 2020 konnten sich über den netID-Log-in ca. 35 Millionen WEB.DE-, GMX- und 7Pass-Nutzer (vgl. https://enid.foundation/presse) mittels ihrer E-Mail-Adresse bequem in die Dienste von rund 80 Partnerunternehmen einloggen (https://partner.netid.de). Seinen Benutzern sichert netID Datensouveränität zu. Im netID „Privacy Center" können sie transparent und individuell einwilligen, welche netID-Partner ihre Daten verwenden dürfen (https://netid.de). Der Großteil der netID-Partner sind Unternehmen aus den Sektoren Media, Publishing und E-Commerce (vgl. Janke 2019a).

Im Kreis netID-Partnerunternehmen fehlten Mitte 2020 öffentliche Verwaltungsdienste, Banken und Versicherungen, Gesundheits- und Mobilitätsdienstanbieter. Erklären lässt sich das wesentlich mit dem niedrigen Vertrauensniveau von SSO-Identitäten, die sich auf E-Mail stützen (vgl. auch Abschn. 2.4). Prüft niemand rechtssicher die Legitimierung, wenn eine digitale Identität ausgestellt wird, ist sie für die zentralen Geschäftsvorfälle in diesen Branchen ausgeschlossen.

Einen komplementären Ansatz zum Aufbau einer Plattform für digitale Identitäten höherer Vertrauensniveaus fährt das Unternehmen Verimi. Verimi ist ein branchenübergreifendes Joint Venture von – Ende 2020 – 13 Gesellschaftern: Allianz, Axel Springer, Bundesdruckerei, Core, Daimler, Deutsche Bahn, Deutsche Bank, Deutsche Telekom, Giesecke & Devrient, HERE, Lufthansa, Samsung und Volkswagen (https://verimi.de/de/ueber-uns). Diese Gesellschafter haben führendes Know-how bei Technologie, Kommunikation und Sicherheit und den direkten Zugang zu Hunderten Millionen von Kunden in Deutschland und weit darüber hinaus.

Wer Verimi nutzen möchte, muss sich einmalig registrieren. Die Identitätsprüfung kann via Video-Ident-Verfahren oder durch Übertrag von bereits bei Partnerunternehmen verifizierten Daten erfolgen. Gespeichert werden die verifizierten Daten auf einer zentralen Plattform. Die Hoheit über die Daten liegt einzig beim Nutzer, und Verimi sichert den Nutzern zu, die Daten zu keiner Zeit für kommerzielle Zwecke weiterzugeben (kein „promotional tracking" oder „marketing consent management"; vgl. https://verimi.de/de/leitlinien).

Die von Verimi entwickelten und genutzten Vertrauensdienste für die Identifizierung und Authentifizierung stufte das BSI[16] auf dem Vertrauensniveau „substanziell" ein (vgl. Micijevic 2020; vgl. TÜVIT o. J.; vgl. Heeger 2020); damit können Verimi-Identitäten

---

[16] https://www.bsi.bund.de/DE/Themen/DigitaleGesellschaft/eIDAS/Vertrauensdienste/Vertrauensdienste_node.html (Zugriff 09.07.2020)

auch für viele digitale Dienstleistungen von Verwaltungen verwendet werden. Das Bundesland Thüringen hat sich Anfang 2019 entschieden, Verimi als Zugangslösung für die eGovernment-Angebote einzusetzen (vgl. o. V. 2019b, c).

Im Kreis der am JV beteiligten Unternehmen kann Verimi als Log-in ins Online-Banking der Deutschen Bank (https://meine.deutsche-bank.de/trxm/db/) oder beim Abschluss eines Leasing- oder Finanzierungsvertrages im Volkswagen Autohaus genutzt werden (www.vwfs.com/media/stories/2020/%2D%2D-a-long-time-ago%2D%2D.html). Weitere Partnerunternehmen jenseits des Gesellschafterkreises waren Mitte 2020 unter anderem die Barmenia Versicherung oder das Unternehmen Buhl, das die WISO-Steuersoftware anbietet.

Was netID und Verimi eint, ist das Ziel, einen Generalschlüssel als Alternative zu den GAFA zu entwickeln und das im Stil einer offenen Plattform aufzusetzen (vgl. Janke 2019b; vgl. van Rinsum 2020). Beide Initiativen ringen um die kritische Masse der Nutzer und Partnerunternehmen, damit positive Netzwerkeffekte greifen und das sogenannte Henne-Ei-Problem gelöst wird. Mit einer Kooperation der beiden Initiativen, die in der Öffentlichkeit immer mal wieder diskutiert wird, ließe sich das Henne-Ei-Problem deutlich einfacher lösen (vgl. Bialek 2018). Die unterschiedlichen Vertrauensniveaus der Anwendungsfälle und Identitäten schlössen sich dann nicht aus, sondern ergänzten sich.

Neben netID und Verimi gibt es weitere Initiativen im Bereich der Identitätsdienste, die ebenfalls um die Gunst der Nutzer und Unternehmen buhlen. Dazu gehört etwa YES (www.yes.com), den besonders Sparkassen und Volksbanken verwenden.

Ein Blick nach Europa entdeckt viele Initiativen, von denen einzelne die kritische Masse bereits erreicht haben oder auf gutem Wege dorthin sind. Für sie alle gilt, dass digitale öffentliche Verwaltungsdienste ein sehr zentraler Anwendungsbereich sind und es für jedes Land eine relevante Identitätsplattform gibt:

- Estland führte 2001 die digitale Identität ein. 98 Prozent der Esten haben eine *e-ID* und 67 Prozent nutzen sie regelmäßig (https://e-estonia.com/solutions/e-identity/id-card/). Mit der *e-ID* können sämtliche Behördengänge digital erledigt werden (vgl. Hegemann 2018) und 16 Prozent der stimmberechtigten Wähler gaben ihre Stimme bei der letzten Wahl mit ihrer mobilen *e-ID* ab (sog. Mobile-ID) (https://e-estonia.com/solutions/e-identity/mobile-id). Die *e-ID* bietet Zugang zu Dienstleistungen bei ca. 1000 privaten und öffentlichen Institutionen (vgl. White et al. 2019, S. 5). Damit ist die e-ID der Republik Estland weltweiter Maßstab für höherwertige digitale Identitäten (vgl. auch Hegemann 2018).
- Die von schwedischen Banken[17] 2003 gemeinsam ins Leben gerufene *BankID* hat mehr als 8 Millionen Nutzer,[18] eine Marktdurchdringung von weit mehr als 75 Prozent (vgl. White et al. 2019, S. 5). Die Schweden setzen ihre *BankID* in einem breiten Spektrum

---

[17] Danske Bank, ICA Banken, Ikano Bank, Länsförsäkringar Bank, Nordea, SEB, Skandiabanken, Sparbanken Syd, Svenska Handelsbanken, Swedbank and Ålandsbanken (vgl. https://www.bankid.com/en/om-bankid/detta-ar-bankid, Zugriff 10.07.2020)

[18] https://www.bankid.com/en/om-bankid/detta-ar-bankid (Zugriff 10.07.2020)

an privaten und öffentlichen Dienstleistungen als digitale Legitimation oder digitale Unterschrift ein. Die Legitimationsprüfung wird von der die *BankID* ausstellenden Bank vorgenommen und ist für rechtsverbindliche Geschäfte geeignet.[19]
- Eine mit Schweden vergleichbare Initiative gibt es in Belgien. Dort will ein Konsortium unter Führung mehrerer belgischer Banken und den belgischen Töchtern von Auslandsbanken eine Identitätsplattform unter der Marke *itsme* etablieren.[20] Im Mai 2020 berichtet *itsme* den 2-millionsten Nutzer und ein mittlerweile sehr breites Nutzungsspektrum bei öffentlichen Diensten (vgl. o. V. 2020a).
- Für die Schweiz vermeldete die *SwissID* im Oktober 2019 den 1-millionsten Nutzer (vgl. o. V. 2019a). Zeitgleich wurde der Vertragsabschluss mit der Schweizerischen Informatikkonferenz (SIK) bekannt gegeben, wodurch *SwissID* den Verwaltungen von Bund, den Kantonen, Städten und Gemeinden zur Verfügung steht (vgl. o. V. 2019a). *SwissID* ist eine Dienstleistung der SwissSignGroup AG, einem Joint Venture aus 17 Unternehmen aus den Sektoren Finanzen (u. a. Credit Suisse Raiffeisen, UBS), Versicherung (u. a. Axa, Baloise, Helvetia, Swiss Life Zurich) und Krankenkassen sowie den „staatsnahen" Unternehmen Post, Schweizer Bundesbahn (SBB) und Swisscom (vgl. SwissSign 2018). Bis 2022 sollen 4 Millionen Schweizer das *SwissID*-Ökosystem nutzen (vgl. o. V. 2019a). Sie können ihre *SwissID* mit unterschiedlichen Authentifizierungslevels einsetzen. Das maximale Authentifizierungslevel und die damit nutzbaren Online-Dienste werden über den Registrierungs- und Identifizierungsprozess bestimmt (vgl. https://www.swissid.ch/agb.html). Das reicht von einfachem Log-in mit Benutzername und Passwort bis zu höherwertigen Diensten wie Vertragsabschluss oder Signatur bei Verwaltungsdiensten.

2017 trat in Deutschland das Onlinezugangsgesetz (OZG) in Kraft. Darin verpflichtet sich die Bundesrepublik, ihren Bürgerinnen und Bürgern sämtliche Verwaltungsdienstleistungen bis spätestens 2022 elektronisch über Verwaltungsportale zugänglich zu machen (www.gesetze-im-internet.de/ozg/index.html). Bund und Länder müssen dafür ihre Verwaltungsportale zu einem Portalverbund verknüpfen, damit die Bürger die Dienste von Bund und Ländern mit einem einzigen Nutzerkonto ohne Medienbrüche in Anspruch nehmen können (www.gesetze-im-internet.de/ozg/index.html). Insgesamt 575 OZG-Leistungen aus 35 Lebens- und 17 Unternehmenslagen wurden in einem Umsetzungskatalog gebündelt und 14 übergeordneten Themenfeldern (zum Beispiel „Familie & Kind" und „Unternehmensführung und -entwicklung") zugeordnet (vgl. BMI o. J.). Abgearbeitet wird das in zwei Programmen, dem „Digitalisierungsprogramm Bund" und dem „Digitalisierungsprogramm Föderal". Die Zuordnung der Themen erfolgt nach der zuständigen Regelungs- und/oder Vollzugskompetenz. Länder und Kommunen arbeiten arbeitsteilig im Programm „Föderal". Damit das Ganze für alle 575 OZG-Leistungen durchgehend nutzerfreundlich ist, hat der Gesetzgeber im Juni 2020 einen „Servicestandard" für dieje-

---

[19] https://www.bankid.com/en/om-bankid/detta-ar-bankid
[20] https://www.belgianmobileid.be/de (Zugriff 10.07.2020)

nigen in den Kommunen, Ländern und im Bund geschaffen, die das Gesetz anwenden müssen (vgl. BMI 2020). Nutzerfreundlichkeit und breite Verfügbarkeit sind das A und O, damit digitale Dienstleistungen von den Bürgern auch angenommen werden (vgl. Nationaler Normenkontrollrat 2019). Deutschland hinkt bei der Digitalisierung von Verwaltungsdienstleistungen im europäischen Vergleich weit hinterher (vgl. Nationaler Normenkontrollrat 2019, vgl. European Commission 2020, S. 74 ff.) und Experten wie beispielsweise Achim Berg, Präsident des Digitalverbandes Bitkom, halten es für unrealistisch, dass das OZG bis 2022 wirklich komplett umgesetzt wird (vgl. Pauly 2019).

Ein digitaler Identitätsföderalismus, fragmentiert oder als sogenannter interoperabler Portalverbund, hat für digitale Ökosysteme und Plattformen erhebliche Nachteile. Weder sind viele regional unterschiedliche Nutzerkonten effizient, noch fördern sie das Erlebnis von Komfort und Sicherheit für die Nutzer („User Experience" – UX). Damit begrenzt man die Netzwerkeffekte und schadet der Akzeptanz in der Bevölkerung.

Digitale Verwaltungsdienste sind notwendig, damit digitale Identitätslösungen ausreichend Nutzer finden – der Blick auf erfolgreiche europäische Beispiele zeigt das. Das genügt aber nicht, damit sie für die Bürger auch im Alltag wirklich relevant sind. Dafür müssen digitale Identitäten gekoppelt werden mit so vielen privatwirtschaftlichen Nutzungsmöglichkeiten, wie es geht. Und die kommen umso zahlreicher, je weniger fragmentiert die höherwertigen Identitäten sind.

Eine privatwirtschaftlich angestoßene Identitätsplattform etabliert sich offensichtlich dann erfolgreich, wenn die folgenden fünf K-Faktoren zusammenkommen: Kundenbedarf, Know-how, Kooperation, Kapital und Kundenzugang:

- *Kundenbedarf* – Es muss komfortabel sein, die Plattform zu verwenden, und ihr Mehrwert muss sich ihren Nutzern sofort erschließen: Der Markt für eine reine SSO-Lösung mit niedrigem Vertrauensniveau ist durch die GAFA besetzt. Ein für Partnerunternehmen attraktives übergreifenden Management von Nutzereinwilligungen (sog. Opt-ins) ist für den Großteil der potenziellen Nutzer schwer verständlich und erscheint im Alltag digitaler Dienste wenig relevant. Verwaltungsdienstleistungen und die Möglichkeit zum Log-in bei Diensten höherer Vertrauensniveaus treffen – zumindest im Ausland – den Bedarf vieler Menschen.
- *Know-how* – in Technologie, Regulierung und Design: Vorbehaltlos verwenden werden die Kunden – bei höheren Vertrauensniveaus – die Plattform nur, wenn der Legitimations- und Authentifizierungsprozess absolut sicher sind und ihre Identitätsdaten durch niemanden kompromittiert werden können. Wenn die Plattform bei Partnerunternehmen zügig skalieren will, braucht sie einen industrialisierten Prozess, mit dem Partner gewonnen werden, sowie eine Integrationsumgebung, die mit einer API arbeitet. Entscheidend für die wichtigste Währung einer Identitätsplattform – dass die Kunden sie regelmäßig verwenden – sind ein einfaches On-Boarding sowie viel Komfort und Breite im Tagesbetrieb.
- *Kooperation* – innerhalb der Branchen und über Sektoren hinweg: Es geht darum, die strategische Schlüsseltechnologie digitale Identitäten für Unternehmen, Gesellschaft

und Politik zu besetzen. Europa macht es vor: Privatwirtschaft und öffentliche Verwaltung müssen früh miteinander sprechen und kooperieren, damit es mit Standardisierung und Interoperabilität klappt und die Plattform übergreifend verwendet werden kann. Fehl am Platz ist ein klassisches Wettbewerbsverständnis tradierter Industrien. Kein Unternehmen kann eine Identitätsplattform im Alleingang etablieren. Die Botschaft wurde von führenden Repräsentanten zahlreicher Branchen in Deutschland gehört – die Gründungsunternehmen von Verimi oder netID zeigen das.

- *Kapital* – für Produkt und Netzwerk: Das Produkt digitale Identität ist alles andere als trivial. Hinter einem Design, das die Kunden anspricht, müssen viele Funktionen unter einen Hut gebracht werden, wie höchster Anspruch an Sicherheit, die potenzielle Skalierbarkeit der Architektur, die stete Verfügbarkeit und die Komplexität der Partneranwendungen. Der Aufbau des Netzwerks aus Nutzern und Partnerunternehmen ist der zweite erhebliche Investitionsschwerpunkt.
- *Kundenzugang* – prioritär und von Beginn an: Das wichtigste K ist der Kundenzugang, will heißen das gesamte Kundenfranchise der Unternehmen, die hinter der Identitätsplattform stehen.
- Ist der Identitätsservice von Beginn an ein möglicher (prioritärer) Zugang zu den unternehmenseigenen Digitalanwendungen, ist das der stärkste Beweis für Vertrauen und Entschlossenheit und rasche positive Netzwerkeffekte sind die Folge.
- Die Verantwortlichen in den Gründungsunternehmen brauchen eine gute Portion unternehmerischen Mut und die Härte, sich auch intern durchzusetzen, gerade in der Phase, in der die Identitätsplattform sich noch etablieren muss. Zögern einzelne Gründungsunternehmen aus taktischen Überlegungen, bis die Identitätsplattform von den anderen etabliert ist, sind negative Netzwerkeffekte oder gar das Scheitern programmiert. Interne Taktiker und Zweifler mögen sich dann bestätigt sehen, nichts falsch gemacht zu haben. Für die Identitätsplattform selbst und für das Besetzen einer Schlüsselinfrastruktur der Digitalisierung ist dadurch womöglich alles verloren, weil genau das Falsche getan wurde.

Dieses Phänomen und ein solches Verhalten vieler Manager ist so verbreitet wie fatal, wenn es darauf ankommt, neue Technologien und Geschäftsmodelle zu entwickeln und zu etablieren. Richard David Precht hat das so auf den Punkt gebracht (Precht 2018, S. 44): „*Der Triumph der Taktik über die Strategie hat unser Land gelähmt.*"

5.5 Es drohen der Verlust der digitalen Souveränität und der Titel „digitaler Importweltmeister"

In der digitalen Plattformökonomie ist Deutschland heute Exporteur von Daten und Importeur von Technologien und Dienstleistungen. Dem Exportweltmeister physischer Güter und dazugehöriger Dienstleistungen und einem der wichtigsten Märkte für die internationalen Technologie- und Plattformanbieter droht die Rolle des digitalen Importweltmeisters.

Dieses Schlittern in die undankbare Rolle des digitalen Importweltmeisters ist ein Produkt aus mehreren Faktoren: dem Verpassen neuer digitaler Wachstumsmärkte, dem Rückstand in nahezu allen digitalen Schlüsseltechnologien sowie zahlungsstarken Konsumenten, deren Einkommen und Vermögen weitgehend auf den wirtschaftlichen Erfolgen in den Industrien des vorherigen Zeitalters beruhen.

Ein schlichtes „Weiter so" wäre in vielerlei Hinsicht fatal: Die deutsche Wirtschaft und Wissenschaft würden zunehmend ihre Fähigkeit verlieren, mit internationalen Wettbewerbern ebenbürtig neue Geschäftsmodelle zu entwickeln; die Attraktivität des Standorts Deutschland würde weiter leiden; Top-Talente und Kapital noch stärker in andere Wirtschaftsregionen abwandern. Alles wäre verbunden mit entsprechend negativen Auswirkungen auf Wirtschaftswachstum und Wohlstand.

Auch unsere Kompetenz und Fähigkeit wären bedroht, Schlüsseltechnologien und ihre Anbieter auf Vertrauenswürdigkeit zu prüfen. Es wäre nicht mehr möglich, dass wir Infrastrukturen so bauen, dass sie stets sicher, verfügbar und nicht zu kompromittieren sind. In größter Gefahr wäre schließlich unser selbstbestimmter Umgang mit digitalen Technologien und verloren die wirtschaftliche und staatliche Souveränität (vgl. Bitkom e. V. 2019a).

Wichtige Infrastrukturen des vierten industriellen Zeitalters wären entweder nicht mehr wettbewerbsfähig oder in der Hand Dritter, auf die wir weder Einfluss hätten noch sie kontrollieren könnten. Auf den heutigen Straßenverkehr übertragen hieße das: Das Verkehrsstraßennetz wäre entweder völlig marode oder im Besitz eines Dritten, der nicht nur den Zugang zu den Straßen über entsprechende Preismacht exklusiv regelt, sondern auch Vorgaben zu den Eigenschaften der Autos machte, die dort fahren dürften. Das wären ganz sicher keine Voraussetzungen, unter denen die heimische Automobilindustrie und der Wirtschaftsstandort Deutschland prosperieren würden. Die digitalen Infrastrukturen, so wie sie bislang aufgebaut wurden, sind in der westlichen Welt klar von der Privatwirtschaft dominiert – ein im historischen Vergleich einmaliger Vorgang.

Den „Gegenentwurf" praktiziert China: In engem Schulterschluss mit chinesischen Technologiechampions, Start-ups und Wissenschaften arbeitet der chinesische Staat unbeirrt daran, sein Ziel der weltweiten Technologieführerschaft zu erreichen (vgl. o. V. 2020b). Im Mai 2020 hat die Staatsführung dazu beschlossen, die gewaltige Summe von 1400 Milliarden US-Dollar an Investitionen in die entsprechenden Programme zu schaufeln. Das Geld fließt in erster Linie in mobiles Internet und 5G, das Internet der Dinge sowie in Künstliche Intelligenz (vgl. Steingart 2020b). Für KI wurde bereits im Jahre 2017 das Ziel ausgegeben, bis 2030 weltweit die Nummer 1 zu sein (vgl. Mayer 2020).

Neun Technologie- und Kompetenzfelder mit Schlüsselfunktionen in den Bereichen Infrastruktur und Hardware, Anwendungen und Software sowie digitale Plattformen hat der Digitalverband Bitkom für den Erhalt der heimischen digitalen Souveränität definiert (vgl. Bitkom e. V. 2019a). Dazu gehören Kommunikationssysteme und Netze, Rechenzentren und Cloud-Infrastruktur, Hochleistungsrechner und Quantencomputer, Künstliche Intelligenz, Sicherheitstechnologien sowie digitale Identitäten.

Souveränität bedeutet nach der Definition des Bitkom nicht, dass Deutschland alle Schlüsseltechnologien selbst entwickeln und produzieren muss. Es geht vielmehr darum, dass wir vertrauenswürdige und vor dem Einfluss anderer Staaten abgeschirmte Lieferketten sichern, die für den Ausbau und Betrieb systemrelevanter Infrastruktur notwendig sind. Neben dem eigenen Know-how für eine selbstbestimmte Teilhabe brauchte es dafür echten Wettbewerb unter den Anbietern. Wir müssen uns also fragen: Werden die Anbieter zur Achillesferse der digitalen Souveränität von Politik, Wirtschaft und Gesellschaft, wenn es kein europäisches Technologieunternehmen gibt, das amerikanischen und chinesischen Hyperscalern Paroli bieten kann?

Mit ihrem integrierten Geschäftsmodell aus dominierenden B2C-Plattformen und führenden Infrastrukturen haben die Hyperscaler fast so etwas wie ein digitales Perpetuum mobile für ihr Geschäft kreiert. Während die B2C-Plattformen als erste Nutzer den digitalen Infrastrukturen den Weg weisen, indem sie als sehr anspruchsvolle Ko-Kreatoren mit hohen Anforderungen an den technischen Fortschritt auftreten, sind die Infrastrukturen zusammen mit dem *Smart Phone* und dem mobilen Internet die Grundlage für neue Dienstleistungen und Geschäftsmodelle. Damit sind die elastisch skalierenden Cloud-Infrastrukturen und die schnell wachsenden Social-Media- und E-Commerce-Plattformen, deren Auslastung im Tages- und Wochenverlauf stark schwankt, gegenseitige Geburtshelfer. Die Cloud-Infrastrukturen, sich rasch weiterentwickelnd, eröffnen gleichzeitig neue Quellen für Datenerhebung, -analyse und -nutzung. Durch sie bekommt der Fortschritt der Künstlichen Intelligenzen laufend neue Nahrung. Die immer leistungsfähigere KI wiederum lässt neue B2C- und B2B-Geschäftsmodelle und Ökosysteme sprießen wie beispielsweise *Smart Car*, *Smart Home* und *Smart Factory* und ist so Katalysator für das industrielle Internet der Dinge. Damit schließt sich der Kreis, während er sich gleichzeitig exponentiell konzentrisch weiter ausdehnt.

Die Schlüsseltechnologien wachsen ohne Pause enger zusammen. Wer in einer Schlüsseltechnologie führt, der ist fast zwangsläufig auch in führender Position in (nahezu) allen andern Schlüsseltechnologien. Die Summen, die dafür investiert werden müssen, steigen stetig.

In den USA übernehmen das eine sehr kapitalstarke Venture-Capital-Industrie sowie die dominierenden Technologiefirmen, und zwar mit organischer Forschung und Entwicklung, mit Corporate Venture Capital und mit Fusionen & Übernahmen. In China besorgen das Geschäft der Staat, der heftig investiert, ein äußerst vitales Ökosystem aus Start-ups und Universitäten und schließlich die Technologie- und Plattformchampions wie Baidu, Alibaba und Tencent, die sich rasch fortentwickeln.

Wer auf dem internationalen Spielfeld der Plattformökonomie in den Ökosystemen *Smart Car*, *Smart Home* und *Smart Factory* nicht die Werkbank und Spielball Dritter sein will, benötigt für die Infrastrukturen Schlüssel-Know-how als Technologieentwickler und -anwender. Wenn man sieht, was an Kapital und an Zugang zu Kapital benötigt wird und wie weit die USA und China bei den Technologien bereits enteilt sind, dann wird schnell klar, dass kein deutsches oder europäisches Unternehmen zum Weltmarktführer bei digitaler

Schlüsseltechnologie werden kann. Das geht nur übergreifend und gemeinsam, mit Risikobereitschaft, Kraftanstrengung, Entschlossenheit und strategischer Überzeugung:

- Privatwirtschaft, Wissenschaft und Staat müssen übergreifend zusammenarbeiten, Wettbewerber des Industrie-Zeitalters müssen gemeinsam die Dinge vorantreiben (sog. Coopetition).
- Risikobereitschaft beim Erforschen und Entwickeln von Innovationen, mit einer positiven Einstellung dazu, dass große Chancen stets mit dem Risiko des Scheiterns verbunden sind.
- Kraftanstrengung als Funktion daraus, Risikokapital aufzubringen und Mittel und Ressourcen umzusteuern, etwa auch aus den Geschäftsmodellen des vorherigen Industrie-Zeitalters. Das ist eine Aufgabe von Staat und Unternehmen gleichermaßen.

  Wir brauchen mehr private und öffentliche Venture-Capital-Instrumente. Letztere für Initiativen mit Großunternehmen, dem Mittelstand sowie für die Unterstützung von Start-ups.
- Ein Baustein dafür ist der 10 Milliarden Euro Zukunftsfonds für die Beteiligung an Start-ups, der im November 2020 auf den Weg gebracht wurde (vgl. Hoppe und Kapalschinski 2020). Ein zweiter Baustein sind sog. Matching-Fazilitäten, die in der Corona-Krise kurzfristig eingesetzt wurden, um damit Start-ups zu unterstützen (vgl. KfW 2020), und die im Zukunftsfonds möglicherweise dauerhaft aufgehen könnten.

  Wenn der Staat Risikokapital aufbringt, dann hat er Anteil nicht nur an den Risiken, sondern auch an den Chancen, im Unterschied zu Subventionen oder verbesserten Möglichkeiten, FuE-Mittel abzuschreiben. Die Chancen liegen darin, in Deutschland Substanz aufzubauen und eine Wertschöpfungsquelle für einen Staatsfonds zu schaffen, über den in schöner Regelmäßigkeit diskutiert wird (vgl. Köbler 2020).
- Entschlossenheit, auch Skepsis und Kritik auszuhalten, Rückschläge zu verkraften und „German Angst" zu überwinden. Wir müssen viel stärker verinnerlichen, dass Erfolg nicht nur eine Frage des Könnens ist, sondern auch des Durchhaltens und unbedingten Wollens.
- Strategische Überzeugung als explizit formulierte Ambition, führender Erfinder, Entwickler und Exporteur von smarten Dienstleistungen und Plattformen zu sein (vgl. auch Abschn. 6.3). Sonst könnte uns die Rolle der (vorübergehend) geschätzten Werkbank zufallen, wie etwa die Standorte von Tesla (vgl. Buchenau 2020) in Potsdam oder des Elektro-Lkw-Herstellers Nikola in Ulm.

Um den industriellen Kern des Landes unbeschadet ins digitale Zeitalter zu heben und neue Geschäftsmodelle zu entwickeln, sollten wir rasch die teils markanten Lücken in den Basis-Technologien schließen und neue Technik-Trends konsequent besetzen:

- Ausbau digitaler Netze für Daten, Energie sowie Verkehr und Transport – ohne die geht es nicht

- Cloud-Infrastruktur, europäisch und wettbewerbsfähig – für unsere digitale Souveränität unverzichtbar
- Spitzen-Know-how im Cloud-Computing und in KI – für Ökosysteme *Smart Car*, *Smart Home* und *Smart Factory* die „License to Operate"
- Führendes Wissen und Können in branchenspezifischer Technik – 3-D-Druck im Anlagen- und Maschinenbau als ein Bespiel

  Die additive Fertigung des 3-D-Druckes arbeitet im Vergleich zur subtraktiven Fertigung herkömmlicher Verfahren mit deutlich weniger Ressourcen und lässt völlig neuartige Bauteile zu. Sie ist zu einem deutlich höheren Grad zu individualisieren und Ersatzteile lassen sich komfortabel etwa zu Hause drucken.

  Wird der 3-D-Drucker in die Infrastruktur des IoT eingefügt, wird in Zukunft quasi jeder zum Do-it-yourself-Prosumenten: „Von der Massenproduktion zur Produktion der Massen" (vgl. Rifkin 2014, S. 157).

  Wenn sich die regionalen Unterschiede bei den Kosten im 3-D-Druck auf die Logistik und Rohstoffe beschränken, dann ergeben sich strukturell ganz neue Möglichkeiten zur De-Globalisierung von Wertschöpfungsketten.

  Das führte zu einer Neudefinition und -vergabe der Titel „Exportweltmeister" und „Ausrüster der Welt".

Nur wenn Deutschland „bei den neuen Technologien in der ersten Liga spielt" (vgl. Steingart 2020a, S. 138), wird es seine führende Position unter den Industrienationen ins digitale Zeitalter transformieren können. Dafür braucht das Land die richtige Strategie auf nationaler Ebene (vgl. Themenblock III), die richtigen Strategien in den Unternehmen (vgl. Themenblock IV) sowie die richtige Einstellung von Entscheidern und Führungskräften in Politik und Wirtschaft (vgl. Themenblock V).

Literatur

Bala, R., Gill, B., Smith, D., Wright, D. (2019): Gartner Magic Quadrant for Cloud Infrastructure as a Service, Worldwide, unter: https://www.gartner.com/en/documents/3947472/magic-quadrant-for-cloud-infrastructure-as-a-service-wor, abgerufen am 08.09.2021.

Bayerische Staatsregierung (2017): Digitales Testfeld auf der A9, unter: https://www.bayern.de/digitales-testfeld-auf-der-a-9/, abgerufen am 22.09.2021.

BDEW (o. J.): Smart Metering: Was Sie über intelligente Messsystem wissen sollten, unter: https://www.bdew.de/energie/digitalisierung/welche-rolle-spielen-smart-meter-fuer-die-digitalisierung-der-energiewende/#Was-sind-intelligente-Zaehler?, abgerufen am 22.09.2021.

Benrath, B., Schubert, C. (2020): „Die wichtigste digitale Bestrebung Europas in dieser Generation", unter: https://www.faz.net/aktuell/wirtschaft/digitec/cloud-initiative-gaia-x-wichtigste-digitale-bestrebung-europas-16800356-p2.html, abgerufen am 22.09.2021.

Bialek, C. (2018): Login-Allianzen kämpfen um den Internet-Generalschlüssel – und finden nicht zueinander, unter: https://www.handelsblatt.com/unternehmen/it-medien/verimi-und-netid-login-allianzen-kaempfen-um-den-internet-generalschluessel-und-finden-nicht-zueinander/23219086.html?, abgerufen am 22.09.2021.

Bitkom e. V. (2019a): Digitale Souveränität: Anforderungen an Technologie- und Kompetenzfelder mit Schlüsselfunktion, unter: https://www.bitkom.org/sites/default/files/2020-01/200116_stellungnahme_digitale-souveranitat.pdf, abgerufen am 22.09.2021.

Bitkom e. V. (2019b): Cloud-Nutzung auf Rekordniveau bei Unternehmen, unter: https://www.bitkom.org/Presse/Presseinformation/Cloud-Nutzung-auf-Rekordniveau-bei-Unternehmen, abgerufen am 23.09.2021.

Breitkopf, A. (2021): Erneuerbare Energien – Installierte Leistung nach Ländern weltweit, unter: https://de.statista.com/statistik/daten/studie/152750/umfrage/erneuerbare-energie%2D%2D-kapazitaet-in-gigawatt-2009/, abgerufen am 01.10.2021.

Buchenau, M.-W. (2020): Iveco baut Elektro- und Brennstoffzellen-Lkw Nikola TRE in Ulm, unter: https://www.handelsblatt.com/technik/forschung-innovation/nutzfahrzeughersteller-iveco-baut-elektro-und-brennstoffzellen-lkw-nikola-tre-in-ulm/25519686.html?ticket=ST-1558581-tXLzbRGayFyniCoccUUL-ap1, abgerufen am 16.09.2021.

Bundesministerium des Innern, für Bau und Heimat (BMI) (o. J.): Onlinezugangsgesetz (OZG), unter: https://www.bmi.bund.de/DE/themen/moderne-verwaltung/verwaltungsmodernisierung/onlinezugangsgesetz/onlinezugangsgesetz-node.html, abgerufen am 22.09.2021.

Bundesministerium des Innern, für Bau und Heimtat (BMI) (2020): Der Servicestandard für Deutschlands digitalisierte Verwaltung ist da, unter: https://www.onlinezugangsgesetz.de/SharedDocs/kurzmeldungen/Webs/OZG/DE/2020/servicestandard.html, abgerufen am 23.09.2021.

Bundesministerium für Verkehr und digitale Infrastruktur (BMVI) (o. J.): Digitale Testfelder, unter: https://www.bmvi.de/DE/Themen/Digitales/Digitale-Testfelder/Digitale-Testfelder.html, abgerufen am 22.09.2021.

Bundesministerium für Verkehr und digitale Infrastruktur (BMVI) (2020): Digitale Testfelder für das automatisierte und vernetzte Fahren im Realverkehr in Deutschland, unter: https://www.bmvi.de/SharedDocs/DE/Anlage/DG/Digitales/uebersicht-digitale-testfelder-avf-bmvi.pdf?__blob=publicationFile, abgerufen am 22.09.2021.

Bundesministerium für Wirtschaft und Energie (BMWi) (o. J. a): Smart Meter: Intelligente Messsysteme für die Energiewende, unter: https://www.bmwi.de/Redaktion/DE/Textsammlungen/Energie/smart-meter.html, abgerufen am 17.09.2021.

Bundesministerium für Wirtschaft und Energie (BMWi) (o. J. b): Erneuerbare Energien, unter: https://www.bmwi.de/Redaktion/DE/Dossier/erneuerbare-energien.html, abgerufen am 22.09.2021.

Bundesministerium für Wirtschaft und Energie (BMWi) (o. J. c): Der deutsche GAIA-X Hub, unter: https://www.bmwi.de/Redaktion/DE/Dossier/gaia-x.html, abgerufen am 23.09.2021.

Bundesministerium für Wirtschaft und Energie (BMWi) (2016): Gesetz zur Digitalisierung der Energiewende, unter: https://www.bmwi.de/Redaktion/DE/Downloads/Gesetz/gesetz-zur-digitalisierung-der-energiewende.pdf?, abgerufen am 22.09.2021.

Bundesministerium für Wirtschaft und Energie (BMWi) (2019): Das Projekt GAIA-X, unter: https://www.bmwi.de/Redaktion/DE/Publikationen/Digitale-Welt/das-projekt-gaia-x.pdf?__blob=publicationFile&v=24, abgerufen am 22.09.2021.

Bundesministerium für Wirtschaft und Energie (BMWi) (2020a): Pressemitteilung: Deutschland auf Kurs bei EU-Erneuerbaren-Ziel, unter: https://www.erneuerbare-energien.de/EE/Redaktion/DE/Pressemitteilungen/2020/20200401-deutschland-auf-kurs-bei-eu-erneuerbaren-ziel.html, abgerufen am 22.09.2021.

Bundesministerium für Wirtschaft und Energie (BMWi) (2020b): GAIA-X: Die nächste Generation der digitalen Vernetzung in Europa, unter: https://www.bmwi.de/Redaktion/DE/Publikationen/Digitale-Welt/gaia-x-die-naechste-generation-der-digitalen-vernetzung-in-europa.html, abgerufen am 22.09.2021.

Bundesministerium für Wirtschaft und Energie (BMWi) (2020c): Was kostet mich ein Smart Meter?, unter: https://www.bmwi.de/Redaktion/DE/Videos/2020/20200131-feicht-snippet3.html, abgerufen am 23.09.2021.

Bundesministerium für Wirtschaft und Energie (BMWi) (2020d): GAIA-X – das nächste europäische Gesetz startet in die nächste Phase, unter: https://www.bmwi.de/Redaktion/DE/Publikationen/Digitale-Welt/gaia-x-das-europaeische-projekt-startet-in-die-naechste-phase.html, abgerufen am 01.10.2021.

Bundesregierung (2016): Ein Jahre „Digitales Testfeld Autobahn", unter: https://www.bundesregierung.de/breg-de/aktuelles/ein-jahr-digitales-testfeld-autobahn%2D%2D433878, abgerufen am 22.09.2021.

Bundesregierung (2017): Von der digitalen zur Gigbabit-Gesellschaft, unter: https://www.bundesregierung.de/breg-de/aktuelles/von-der-digitalen-zur-gigabit-gesellschaft-229262, abgerufen am 17.09.2021.

Bundesregierung (2018): Strategie Künstliche Intelligenz der Bundesregierung, unter: https://www.bmwi.de/Redaktion/DE/Publikationen/Technologie/strategie-kuenstliche-intelligenz-der-bundesregierung.html, abgerufen am 01.10.2021.

Bundesverband der deutschen Industrie e. V. (BDI) (2020): GAIA-X: Gemeinsame Erklärung von BDI und MEDEF, unter: https://bdi.eu/publikation/news/gaia-x-gemeinsame-erklaerung-von-bdi-und-medef/, abgerufen am 01.10.2021.

Burger, B. (2020): Öffentliche Nettostromerzeugung in Deutschland, unter: https://www.ise.fraunhofer.de/content/dam/ise/de/documents/news/2019/Stromerzeugung_2019_2.pdf, abgerufen am 22.09.2021.

Carlier, M. (2021): Tesla – R&D spending 2010–2020, unter: https://www.statista.com/statistics/314863/research-and-development-expenses-of-tesla/, abgerufen am 01.10.2021.

CB Insights (o. J.): The Complete List Of Unicorn Companies, unter: https://www.cbinsights.com/research-unicorn-companies, abgerufen am 28.09.2021.

CB Insights (2019): The Race For AI: Here Are The Tech Giants Rushing To Snap Up Artificial Intelligence Startups, unter: https://www.cbinsights.com/research/top-acquirers-ai-startups-ma-timeline/, abgerufen am 01.10.2021:

CB Insights (2020): AI 100: The Artificial Intelligence Startups Redefining Industries, unter: https://www.cbinsights.com/research/report/artificial-intelligence-top-startups/, abgerufen am 04.07.2020:

Davenport, T. H., Loucks, J., Schatsky, D. (2017): Bullish on the business value of cognitive, unter: https://www2.deloitte.com/content/dam/Deloitte/us/Documents/deloitte-analytics/us-da-2017-deloitte-state-of-cognitive-survey.pdf, abgerufen am 23.09.2021.

De Thier, P. (2004): It's the economy, stupid!, unter: https://www.tagesspiegel.de/wirtschaft/its-the-economy-stupid/559028.html, abgerufen am 16.09.2021.

Dpa, AFP, Reuters, Eydlin, A. (2020): Gaia-X: Deutschland und Frankreich stellen europäische Cloud vor, unter: https://www.zeit.de/digital/2020-06/gaia-x-cloud-daten-projekt-europa-digitalisierung, abgerufen am 01.10.2021.

DWIH New Delhi (o. J.): KI-Forschung ist längst in Deutschland angekommen, unter: https://www.dwih-newdelhi.org/de/themen/kuenstliche-intelligenz/kuenstliche-intelligenz-ki-in-deutschland/ki-forschung-ist-laengst-in-deutschland-angekommen/, abgerufen am 14.09.2021

Ehrhardt, M. (2020): Telekom, Huawei und der 5G-Ausbau, unter: https://www.dw.com/de/telekom-huawei-und-der-5g-ausbau/a-53844456, abgerufen am 17.09.2021.

E.ON (o. J.): Smart Meter Pflicht: Stromzähler werden intelligent, unter: https://www.eon.de/de/eonerleben/smart-meter-pflicht-in-deutschland.html, abgerufen am 23.09.2021.

Ernst & Young (2019): Top 500 F&E: Wer investiert am meisten in Innovationen?, unter: https://assets.ey.com/content/dam/ey-sites/ey-com/de_at/news/2019/07/ey-top-500-fe-unternehmen-der-welt-2019.pdf?, abgerufen am 22.09.2021.

European Commission (o. J. a): Smart Metering deployment in the European Union, unter: https://ses.jrc.ec.europa.eu/smart-metering-deployment-european-union, abgerufen am 22.09.2021.

European Commission (o. J. b): The Digital Economy and Society Index (DESI), unter: https://wayback.archive-it.org/12090/20210727020959/https://digital-strategy.ec.europa.eu/en/policies/desi, abgerufen am 23.09.2021.

European Commission (2014): BERICHT DER KOMMISSION, Die Einführung intelligenter Verbrauchsmesssysteme in der EU-27 mit Schwerpunkt Strom im Vergleich, unter: https://eur-lex.europa.eu/legal-content/DE/TXT/HTML/?uri=CELEX:52014DC0356&from=EN, abgerufen am 23.09.2021.

European Commission (2020): Digital Economy and Society Index (DESI) 2020, unter: https://wayback.archive-it.org/12090/20210424121808/https://digital-strategy.ec.europa.eu/en/library/digital-economy-and-society-index-desi-2020, abgerufen am 16.09.2021.

Hao, K. (2019): The future of chinas AI industry is in the hands of just three companies, unter: https://www.technologyreview.com/2019/01/22/137760/the-future-of-chinas-ai-industry-is-in-the-hands-of-just-three-companies/, abgerufen am 23.09.2021.

Heeger, V. (2020): Verimi erfüllt Sicherheitsniveau substantiell, unter: https://background.tagesspiegel.de/digitalisierung/verimi-erfuellt-sicherheitsniveau-substantiell, abgerufen am 22.09.2021.

Hegemann, L. (2018): Von Estland lernen: Wie eine kleine Republik zum digitalen Vorzeige-Staat wurde, unter: https://t3n.de/magazin/besuch-europas-digital-vorreiter-estland-lernen-243851/, abgerufen am 22.09.2021.

Hoppe, T., Kapalschinski, C. (2020): Bundestag bringt Zehn-Milliarden-Programm für Start-ups auf den Weg, unter: https://www.handelsblatt.com/politik/deutschland/zukunftsfonds-bundestag-bringt-zehn-milliarden-programm-fuer-start-ups-auf-den-weg/26665398.html?ticket=ST-464325-VmZwjjmHGglwseiyT4b1-ap1, abgerufen am 23.09.2021.

Janke, K. (2019a): Wie NetID Anfang 2020 durchstarten will, unter: https://www.horizont.net/marketing/nachrichten/log-in-allianzen-wie-netid-anfang-2020-durchstarten-will-179017, abgerufen am 22.09.2021.

Janke, K. (2019b): „Wir haben noch 18 Monate, dann ist der Vorsprung verspielt", unter: https://www.horizont.net/tech/nachrichten/verimi-chef-roland-adrian-wir-haben-noch-18-monate-dann-ist-der-vorsprung-verspielt-176508, abgerufen am 22.09.2021.

KfW (2020): KfW Capital: Corona Matching Fazilität zur Unterstützung von Start-ups steht für VC-Fonds bereit, unter: https://www.kfw.de/%c3%9cber-die-KfW/Newsroom/Aktuelles/Pressemitteilungen-Details_586944.html, abgerufen am 23.09.2021.

Klingholz, L. (2019): Eckpunkte für eine souveräne Cloud- und Dateninfrastruktur in Deutschland und Europa, unter: https://www.bitkom.org/sites/default/files/2019-10/20191022-bitkom_eckpunkte_souverane-cloudinfrastruktur_final.pdf, abgerufen am 22.09.2021.

Köbler, W. (2020): Deutschland kann sich einen Staatsfonds leisten – und muss es auch, unter: https://www.focus.de/finanzen/boerse/konjunktur/grosses-vorbild-norwegen-deutschland-muss-und-kann-sich-einen-staatsfonds-leisten_id_12556731.html, abgerufen am 23.09.2021.

Kollmann, T., Schmidt, H. (2016): Deutschland 4.0 – Wie die digitale Transformation gelingt, Wiesbaden 2016.

Kords, M. (2021): Ladesäulen für Elektroautos in Deutschland bis Q3 2021, unter: https://de.statista.com/statistik/daten/studie/460234/umfrage/ladestationen-fuer-elektroautos-in-deutschland-monatlich/, abgerufen am 01.10.2021.

Krösmann, C., Klingholz, L. (2020): Bitkom unterstützt deutsch-französische GAIA-X-Organisation, unter: https://www.bitkom.org/Presse/Presseinformation/Bitkom-unterstuetzt-deutsch-franzoesische-GAIA-X-Organisation, abgerufen am 01.10.2021.

Lueth, K. L. (2019): Smart Meter Market 2019: Global penetration reached 14% – North America, Europe ahead, unter: https://iot-analytics.com/smart-meter-market-2019-global-penetration-reached-14-percent/, abgerufen am 22.09.2021.

Luxner, T. (2021): Cloud Computing Trends: 2021 State of the Cloud Report, unter: https://www.flexera.com/blog/cloud/cloud-computing-trends-2021-state-of-the-cloud-report/, abgerufen am 01.10.2021.

Mayer, S. (2020): Künstliche Intelligenz in China: In 10 Jahren zum Weltmarktführer?, unter: https://t3n.de/news/kuenstliche-intelligenz-china-10-1272143/, abgerufen am 22.09.2021.

McKinsey & Company (2019): Global AI Survey: AI proves its worth, but few scale impact, unter: https://www.mckinsey.com/featured-insights/artificial-intelligence/global-ai-survey-ai-proves-its-worth-but-few-scale-impact, abgerufen am 23.09.2021.

Micijevic, A. (2020): Identitätsplattform Verimi darf künftig mehr E-Government-Dienstleistungen anbieten, unter: https://www.handelsblatt.com/technik/it-internet/digitalisierung-identitaetsplattform-verimi-darf-kuenftig-mehr-e-government-dienstleistungen-anbieten/25857046.html?ticket=ST-186371-iAjwRYrTGklCwKPLN5dh-ap1, abgerufen am 22.09.2021.

Nationaler Normenkontrollrat (2019): Monitor Digitale Verwaltung #3, unter: https://www.normenkontrollrat.bund.de/nkr-de/stellungnahmen/monitor-digitale-verwaltung-3-1675866, abgerufen am 22.09.2021.

o. V. (2019a): 1-millionste Nutzerin auf SwissID – Schweizerische Informatikkonferenz (SIK) unterzeichnet SwissID-Vereinbarung, unter: https://www.swissid.ch/news/detail-page~newsID=7b1fd8aa-41fb-48b6-b388-dab6e3f90f56~.html;%20, abgerufen am 22.09.2021.

o. V. (2019b): Sicher identifizieren mit Verimi, unter: https://www.kommune21.de/meldung_30677_Sicher+identifizieren+mit+Verimi.html, abgerufen am 04.10.2021.

o. V. (2019c): Anmelden mit Verimi, unter: https://www.move-online.de/meldung_32527_Anmelden+mit+Verimi.html, abgerufen am 04.10.2021.

o. V. (2020a): Itsme records over 2 mln users since launch, unter: https://www.telecompaper.com/news/itsme-records-over-2-mln-users-since-launch%2D%2D1340366, abgerufen am 22.09.2021.

o. V. (2020b): China's got a new plan to overtake the U. S. in tech, unter: https://www.bloomberg.com/news/articles/2020-05-20/china-has-a-new-1-4-trillion-plan-to-overtake-the-u-s-in-tech?sref=g87Y8Yut, abgerufen am 23.09.2021.

Paulsen, N., Klingholz, L. (2020): Industrie 4.0 – so digital sind Deutschlands Fabriken, unter: https://www.bitkom.org/Presse/Presseinformation/Industrie-40-so-digital-sind-Deutschlands-Fabriken, abgerufen am 08.09.2021

Pauly, B. (2019): Bitkom zum Stand der Digitalisierung von Verwaltungsdienstleistungen, unter: https://www.bitkom.org/Presse/Presseinformation/Bitkom-zum-Stand-der-Digitalisierung-von-Verwaltungsdienstleistungen, abgerufen am 22.09.2021.

Perrault, R., Shoham, Y., Brynjolfsson, E., Clark, J., Etchemendy, J., Grosz, B., Lyons, T., Manyika, J., Mishra, S., Niebles, J. C. (2019): "The AI Index 2019 Annual Report", AI Index Steering Committee, Human-Centered AI Institute, Stanford University, Stanford, CA, December 2019, unter: https://hai.stanford.edu/sites/default/files/ai_index_2019_report.pdf, abgerufen am 09.09.2021.

Pols, A., Heidkamp, P. (2020): Cloud-Monitor 2020 – Eine Studie von Bitkom Research im Auftrag von KPMG, unter: https://www.bitkom.org/sites/default/files/2020-06/prasentation_bitkom_kpmg_pk-cloud-monitor.pdf, abgerufen am 23.09.2021

Precht, R. D. (2018): Jäger, Hirten, Kritiker – Eine Utopie für die digitale Gesellschaft, München 2018.

Ransbotham, S., Khodabandeh, S., Fehling, R., LaFountain, B., Kiron, D. (2019): Winning With AI, unter: https://image-src.bcg.com/Images/Final-Final-Report-Winning-With-AI-R_tcm9-231660.pdf, abgerufen am 23.09.2021.

Richter, F. (2021): Amazon Leads $150-Billion Cloud Market, unter: https://www.statista.com/chart/18819/worldwide-market-share-of-leading-cloud-infrastructure-service-providers/, abgerufen am 01.10.2021.

Riemensperger, F., Falk, S. (2019): Titelverteidiger – Wie die deutsche Industrie ihre Spitzenposition auch im digitalen Zeitalter sichert, München 2019.

Rifkin, J. (2014): Die Null Grenzkosten Gesellschaft – Das Internet der Dinge, kollaboratives Gemeingut und der Rückzug des Kapitalismus, Frankfurt am Main 2014.

Roland Berger, France Digital (2020): The road to AI, unter: https://www.rolandberger.com/en/Insights/Publications/The-road-to-AI.html, abgerufen am 22.09.2021.

Scheuer, S. (2020): Der Mann für Deutschlands größte Glasfaser-Initiative, unter: https://www.handelsblatt.com/technik/it-internet/neuer-telekom-deutschlandchef-der-mann-fuer-deutschlands-groesste-glasfaser-initiative/25932226.html?ticket=ST-2194235-lZzH0UyJ7LGU6bLxcmKI-ap1, abgerufen am 17.09.2021.

Schmerer, K. (2019a): Gartner: Umsatz mit Public Cloud wird im Jahr 2020 um 17 Prozent wachsen, unter: https://www.zdnet.de/88373121/gartner-umsatz-mit-public-cloud-wird-im-jahr-2020-um-17-prozent-wachsen/, abgerufen am 08.09.2021.

Schmerer, K. (2019b): Bitkom: 73 Prozent der deutschen Unternehmen nutzen Cloud Computing, unter: https://www.zdnet.de/88362689/bitkom-73-prozent-der-deutschen-unternehmen-nutzen-cloud-computing/, abgerufen am 23.09.2021.

Schwab, K. (2019): The Global Competitiveness Report 2019, unter: http://www3.weforum.org/docs/WEF_TheGlobalCompetitivenessReport2019.pdf, abgerufen am 16.09.2021.

Steingart, G. (2020a): Die unbequeme Wahrheit – Rede zur Lage unserer Nation, München 2020.

Steingart, G. (2020b): Morning Briefing vom 22.05.2020. China: Der Welteroberungsplan, unter: https://www.thepioneer.de/originals/steingarts-morning-briefing/briefings/china-der-welteroberungsplan, abgerufen am 04.10.2021.

Streim, A., Schaule, S. (2020): Startschuss für Smart Meter, unter: https://www.bitkom.org/Presse/Presseinformation/Startschuss-fuer-Smart-Meter, abgerufen am 22.09.2021.

Suhr, F. (2019): Die Innovations-Riesen, unter: https://de.statista.com/infografik/18910/ausgaben-der-groessten-konzerne-weltweit-fuer-forschung-und-entwicklung/, abgerufen am 01.10.2021.

SwissSign (2018): SwissSign Group AG als Träger der SwissID gegründet, unter: https://www.swisssign-group.com/dam/jcr:7718649a-6956-42ae-96b6-6fd1c9cac7d0/SwissSign_Group_MM_20180305_D.pdf, abgerufen am 23.09.2021.

Tenzer, F. (2021): Anteil von Glasfaseranschlüssen an den Breitbandanschlüssen in Ländern der OECD 2020, unter: https://de.statista.com/statistik/daten/studie/415799/umfrage/anteil-von-glasfaseranschluessen-an-allen-breitbandanschluessen-in-oecd-staaten/, abgerufen am 17.09.2021.

TÜViT (o. J.): TÜViT bestätigt drei Verimi-Identifizierungsverfahren als „substanziell" sicher, unter: https://www.tuvit.de/de/aktuelles/pressemitteilungen/pressemitteilungen-detail/article/tuevit-bestaetigt-drei-verimi-identifizierungsverfahren-als-substanziell-sicher/, abgerufen am 22.09.2021.

Van Rinsum, H. (2020): Oetjen: „Zeit, sich von den GAFAs zu emanzipieren", unter: https://ki-marketing.com/oetjen-zeit-sich-von-den-gafas-zu-emanzipieren/, abgerufen am 22.09.2021.

Verband der Automobilindustrie (VDA), Bundesverband der Energie- und Wasserwirtschaft (BDEW), Bundesverband deutscher Wohnungs- und Immobilienunternehmen (GdW) (2020): Gemeinsame Empfehlungen von VDA, BDEW und GdW zum Laden in Wohnanlagen, unter: https://www.vda.de/de/services/Publikationen/gemeinsame-empfehlungen-von-vda%2C-bdew-und-gdw-zum-laden-in-wohnanlagen.html, abgerufen am 22.09.2021.

Viavi Solutions (2021): 5G Deployments Surge Despite Global Pandemic, unter: https://www.viavisolutions.com/en-us/literature/state-5g-deployments-2021-posters-en.pdf, abgerufen am 29.09.2021.

Volkswagen (2019): Pressemitteilung 233/2019: Ford und Volkswagen weiten weltweite Kooperation auf Autonomes Fahren und Elektrifizierung aus, unter: https://www.volkswagen-newsroom.com/de/pressemitteilungen/ford-und-volkswagen-weiten-weltweite-kooperation-auf-autonomes-fahren-und-elektrifizierung-aus-5188/download, abgerufen am 23.09.2021.

Weddeling, B. (2019): Deutscher KI-Forscher wird im Silicon Valley zum Superstar, unter: https://www.handelsblatt.com/technik/forschung-innovation/richard-socher-deutscher-ki-forscher-wird-im-silicon-valley-zum-superstar-/24686600.html?ticket=ST-159402-D1Fe1rPOi1G675xGyG1d-ap1, abgerufen am 22.09.2021.

White, O., Madgavkar, A., Manyika, J., Mahajan, D., Bughin, J., McCarthy, M., Sperling, O. (2019): Digital Identification: A key to inclusive growth, unter: https://www.mckinsey.com/business-functions/mckinsey-digital/our-insights/digital-identification-a-key-to-inclusive-growth, abgerufen am 22.09.2021.

Themenblock III

Die richtige Strategie für Deutschland: vom Exportweltmeister zum Netzwerkchampion

Die künftige Wettbewerbsfähigkeit der deutschen Wirtschaft steht auf drei Säulen:

1. Digitale Transformation des industriellen Kerns
2. Neue Geschäftsmodelle und Ökosysteme
3. Der Aufbau von Spitzen-Know-how in den Schlüsseltechnologien des digitalen Zeitalters

Wer im digitalen Zeitalter zur Spitzengruppe gehören möchte, benötigt Top-Platzierungen in allen drei Bereichen. Der Weg dorthin beginnt mit einer überzeugenden Zukunftsvision: einem Narrativ der Stärken und Werte, der Identität und der Position im Wettbewerb von Regionen und Nationen.

▶ Dieses auf die Wirtschaft fokussierte Narrativ sollte Teil eines neuen gesamten Narrativ Deutschlands sein (vgl. hierzu Steingart 2020, S. 173 ff.).

Zu Beginn des digitalen Zeitalters sind Visionen unbedingt erlaubt und keineswegs ein Grund, um „zum Arzt zu gehen".

▶ „Wer Visionen hat, sollte zum Arzt gehen." Helmut Schmidt im „Spiegel" über Willy Brandts Visionen im Bundestagswahlkampf 1980 (vgl. NDR 2020).

Eine Strategie lässt sich erst ableiten und Aufbruchsstimmung nur erzeugen, wenn Vision und Ambition klar formuliert sind (vgl. Abschn. 6.1 und 6.2).

Grundlage dafür sind zehn Thesen, wie sich Wirtschaft und Technik entwickeln. Hinzu tritt eine Bewertung der heutigen Wettbewerbsfähigkeit entlang ausgewählter und bereits vorgestellter Ökosysteme und Schlüsseltechnologien (vgl. auch Themenblock II). Darauf bauen die Vision und Ambition auf (vgl. Abschn. 6.3). Mit Leben gefüllt wird die Vision durch klare Ziele in einzelnen Ökosystemen und Schlüsseltechnologien. Mit ihnen können

Unternehmer und Manager die Vision besser einordnen und umsetzen. Vermittelt wird sie durch ein neues Narrativ: Aus dem Exportweltmeister wird der Netzwerkchampion (vgl. Abschn. 6.3).

Angesichts der Größe und Stärke der Wettbewerber ist klar: Politik und Wirtschaft können nur gemeinsam vorankommen. Und auch Unternehmen, die heute noch im Wettbewerb miteinander stehen, müssen sich zusammentun. Sonst würden kurzfristige Wettbewerbsvorteile auf mittlere Sicht mit dem Verlust der wirtschaftlichen Souveränität erkauft. Ein Zielkonflikt, den Unternehmen und Entscheider nur gemeinsam lösen können. Ausgehend von der Vision gibt es einen Fahrplan für die Strategie, werden wichtige Stationen benannt und erklärt, warum es für den Erfolg unbedingt notwendig ist, dass Zusammenarbeit funktioniert und Ressourcen gebündelt werden (vgl. Abschn. 6.4).

Die Entwicklung der Agenda und Vision ist Chefsache, in Unternehmen wie im Land. Die Verantwortung, die Agenda auf nationaler Ebene zu verwirklichen, tragen in Deutschland die einzelnen Bundesministerien. Dort sitzt das Fachwissen. Fehlt es dort an digitalem Know-how, dann kann ein Digitalministerium unterstützen, mehr aber auch nicht. Der beste Koordinator der digitalen Agenda ist der Vizekanzler als Minister für Finanzen und Digitales (vgl. Abschn. 6.5).

Nur wer die richtige Einstellung hat, wird mit der richtigen Strategie erfolgreich sein. Es geht nicht ohne Entscheider, die Neugier und Mut, Risikobereitschaft, Zuversicht und Ungeduld in sich vereinen (vgl. auch Themenblock V). Das eigene, berufliche Schicksal mit dem Erfolg in der Digitalisierung zu verknüpfen (sog. skin-in-the-game; vgl. Taleb 2018), ist ein unüberhörbares Signal: für das In- und Ausland, für Politik und Wirtschaft und für alle anderen Unternehmer und Manager.

Literatur

NDR (2020): „Wer Visionen hat, sollte zum Arzt gehen", unter: https://www.ndr.de/geschichte/koepfe/Helmut-Schmidt-Die-besten-Zitate,schmidtzitate102.html, abgerufen am 05.10.2021.

Steingart, G. (2020): Die unbequeme Wahrheit – Rede zur Lage unserer Nation, München 2020.

Taleb, N. N. (2018): Das Risiko und sein Preis – Skin in the Game, München 2018.

Zukunft Deutschland 4.0: Was es jetzt braucht

6.1 Zukunftsbild mit klaren Thesen – Ökosysteme und neue Schlüsseltechnologien bestimmen das Geschehen

Vorstellungen von der Zukunft und die Grundannahmen, auf denen sie beruhen, sind weder richtig noch falsch. Das liegt in der Natur der Sache. Thesen zu Entwicklungen und Ereignissen, die fünf, zehn oder sogar 15 Jahre später eintreten können, sind zu keinem Zeitpunkt vollständig oder gar perfekt. Sie werden getroffen, wenn nur unvollständige Informationen vorliegen, und jede These muss viele Variable berücksichtigen, deren Einfluss höchst unsicher ist. Deutsche Perfektion läuft hier ins Leere. Das trifft besonders zu auf den Beginn eines neuen Innovationszyklus und eines neuen industriellen Zeitalters. Also wäre es besser, keine Thesen zu formulieren? Nein! Es ist viel besser, nur ein ungefähres Verständnis von dem zu haben, was kommen könnte, als gar kein Verständnis.

Richtig ist: Wer im Wirtschaftsleben Thesen formuliert, wagt sich aus der Deckung, macht sich angreifbar. Das ist grundsätzlich völlig in Ordnung, denn eine offene Diskussion und konstruktive Kritik sind absolut wichtig, um Vorstellungen von der Zukunft zu entwickeln und zu schärfen. Mehr noch: Wer in verantwortlicher Position in der Wirtschaft *keine* Thesen formuliert und vertritt, sollte nicht angegriffen, sondern sofort ausgewechselt werden.

Wer hundertprozentig sicheren Erfolg braucht, um neue Geschäftsmodelle zu bewerten und darüber zu entscheiden, den werden mit Sicherheit andere überrollen, die diese Geschäftsmodelle schneller für sich besetzen. Es warten dann im Wettbewerb nur noch die Trostplätze und die bieten überhaupt keine Aussicht auf Erfolg.

Den Unternehmern und Managern, die ihre eigene Vorstellung von der wirtschaftlichen Zukunft im digitalen Zeitalter entwickeln oder verfeinern möchten, helfen neun Thesen – eine Legierung aus den Themenblöcken I und II:

1. Nachhaltigkeit wird für Kunden und Mitarbeiter, Investoren und Gesellschaft zum ultimativen Unternehmenszweck.
2. Plattformen und „Everything-as-a-Service" werden die dominanten Geschäftsmodelle in den sich weiter ausbildenden Ökosystemen *Smart Car*, *Smart Home* und *Smart Factory* – sie revolutionieren nach den B2C-Industrien auch die B2B-Industrien.
3. Der direkte Kontakt zum Kunden (Kundenzugang) ist alles entscheidend. Der Zugang zu einem Produkt tritt an die Stelle des Besitzes. Wer für den Kunden nicht täglich relevant ist, wird irrelevant.
4. Die Wertschöpfung verschiebt sich vom Produzenten zum Distributor, vom Produkt zur Dienstleistung, von der Hardware zur Software.
5. Erfolg in der digitalen Welt setzt ein Netzwerk von Partnern voraus: Klassische Wettbewerber werden zu Partnern und bisherige Partner können zu Wettbewerbern werden.
6. Wer digitale Champions aufbauen will, die weltweit erfolgreich sind, muss in den Unternehmen eine Kultur schaffen, die (überschaubare) Risiken einzugehen bereit ist. Er braucht Quellen für Risikokapital und eine pulsierende Start-up-Szene.
7. Der Produktionsfaktor Daten erlangt mindestens den gleichen Wert wie Arbeit und Kapital. Die Digitalisierung fräst sich immer weiter ins Wirtschaftsleben, zunehmend auch in Bereiche und Geschäftsvorfälle mit sogenanntem hohen Vertrauensniveau.
8. Künstliche Intelligenz wird – in Form schwacher KI – zur Basis-Technologie und zum virtuellen Kunststoff des 21. Jahrhunderts. Für die Kunden und Verbraucher gibt es neue Nutzenversprechen durch autonome Fahrzeuge, die Sprachsteuerung des *Smart Homes* und Maschinelles Lernen für *Smart Services*. KI bringt Effizienz in viele neue Wertschöpfungsarchitekturen – mit dem Duo aus Mensch und Maschine.
9. Die Cloud wird die Basis-Infrastruktur des vierten industriellen Zeitalters. Sie ist für das Vernetzen von Unternehmen, Menschen und Maschinen so grundlegend wie die Straßen-, Telefon- und Stromnetze für das zweite und dritte industrielle Zeitalter.
10. …

Es mag kluge Köpfe geben, die sagen, dass hier noch Thesen fehlen. Stimmt. Das hier entworfene Leitbild für die Digitalisierung will sein, was die Engländer „food for thought" nennen – ein Resonanzraum, der Anregungen gibt und die Freiheit lässt, die richtige eigene Strategie zu entwerfen und die passenden Maßnahmen für die Digitalisierung des eigenen Unternehmens daraus abzuleiten. Es spricht also nichts dagegen, hier noch weitere Gedanken zu ergänzen. Aber: Zu viele Thesen helfen genauso wenig wie keine These. Wer einen Gedanken hinzufügt, der sollte dem Prinzip „one-in-one-out" folgen.

6.2 Selbstkritische und handlungsorientierte Zustandsanalyse: Wo wir aufholen müssen

Wer wissen möchte, wie es um die Wettbewerbsfähigkeit der Wirtschaft in unterschiedlichen Ländern steht, der wird rasch fündig und kann aus vielen Quellen schöpfen. Besonders häufig zitiert werden Studien wie der „Global Competitiveness Index" des World Economic Forums (WEF) oder das „IMD World Digital Competitiveness Ranking":

- Das Deutschland des Jahres 2019 hat es im *Global Competitiveness Index* des World Economic Forums (WEF) auf Rang 7 und im IMD *World Digital Competitiveness Ranking* auf Rang 17 geschafft (vgl. Schwab 2019; vgl. Institute for Management Development o. J., S. 78 ff.). Dabei ist die Wettbewerbsfähigkeit im Allgemeinen noch besser als speziell im Digitalen. Die Konvergenz dieser beiden Werte scheint aber nur eine Frage der Zeit und sie wird sich wohl auf dem schwächeren Wert einpendeln, wenn wir nicht entschlossen gegensteuern.
- Wo wir ansetzen sollten, zeigt der Blick in die Unter-Kategorien der Ranglisten:
  - So bescheinigt die WEF-Studie Deutschland, in puncto Innovationsfähigkeit immer noch die weltweite Nummer 1 zu sein, wenn es jedoch darum geht, wie weit verbreitet und genutzt Internettechnologien sind, rangiert Deutschland abgeschlagen auf einem traurigen Platz 36.
  - Wenn es darum geht, wie stark Roboter eingesetzt werden, spielt Deutschland in der IMD-Studie auf Platz 5 weit vorne mit. Ganz anders beim Einsatz von Big Data (Platz 46), im Bereich Breitband (jenseits der 40) und beim regulatorischen Rahmen für Unternehmensgründungen, wo sich das Land ebenfalls viel zu weit hinten wiederfindet.
- Im WEF-Index hat sich die Platzierung im Jahr 2019 gegenüber 2018 um 4 Ränge verschlechtert. Und im IMD-Ranking schwanken die deutschen Platzierungen in den Jahren 2015 bis 2019 zwischen den Rängen 15 und 18.

Als weltweit führende Wirtschaftsnation des dritten industriellen Zeitalters darf sich Deutschland in diesen Indizes nicht auf immer weiter hinten liegenden Plätzen im Mittelfeld häuslich einrichten, wenn es für das vierte industrielle Zeitalter gerüstet sein will. Wer die Börsen als Orte wirklich ernst nimmt, an denen Anleger Zukunftserwartungen in Marktkapitalisierung fließen lassen, den sollten die Börsen-Vergleiche hellhörig machen, die man zwischen den US-Technologieriesen und den DAX-30-Konzernen anstellen kann oder auch zwischen digitalen Angreifern und traditionellen Anbietern:

- Der Börsenwert von Apple lag Anfang des Jahres 2020 erstmals über der gemeinsamen Marktkapitalisierung aller 30 DAX-Unternehmen (vgl. Sommer 2020). Und der Abstand ist im Laufe des Jahres 2020 immer größer geworden.

- Der Börsenwert von Tesla überholte nacheinander den von BMW, Daimler und VW und im Juni 2020 übertraf Tesla erstmals den aggregierten Wert der drei deutschen Autobauer (vgl. o. V. 2020).

Jetzt lässt sich über den Gehalt solcher letztlich unvollständigen Vergleiche lange streiten, aber sie können doch wertvolle Hinweise liefern, welche Aufgaben die deutschen Unternehmen lösen sollten, damit sie auch künftig wettbewerbsfähig sind. Wichtiger noch: Sie können helfen, den richtigen strategischen „Call-for-Action" zu setzen.

Unternehmer und Manager sollten nicht zurückblicken, wenn sie selbstkritisch und mit dem Willen zu handeln den Ist-Zustand analysieren, sondern sie müssen ihre Energie nach vorne richten. Die Analyse sollte nicht (nur) zeigen, wo wir zurückliegen, sondern vor allem, wo wir aufholen oder künftig vorne sein wollen. Damit das gelingt, setzt die Zustands- oder Abweichungsanalyse idealerweise auf einem Zukunftsbild mit klaren Thesen auf.

Die Übersicht in den Themenblöcken I und II und das Zukunftsbild in Abschn. 6.1 transportieren eine in vielen Aspekten ernüchternde Bestandsaufnahme der Wettbewerbsfähigkeit Deutschlands:

- Im Ökosystem **Smart Phone** dominieren die Plattformgiganten und Technologieanbieter aus den USA und China. Gabor Steingart sieht die digitale Welt aufgeteilt unter den G2 (vgl. Steingart 2020b).
- Der Rohstoff der **Nutzerdaten** liegt im Ökosystem *Smart Phone* in den Händen weniger Unternehmen aus Übersee; an der Kommerzialisierung ihrer Daten haben die Nutzer kaum Anteil. Was bei Arbeit und Kapital in immer mehr Ländern undenkbar ist, ist bei Daten an der Tagesordnung.
- Im Ökosystem **Smart Car** kämpfen die deutschen Automobilhersteller um den Anschluss bei der Elektromobilität, damit sie die Nachhaltigkeitsvorgaben der EU beim CO_2-Flottenverbrauch einhalten. Bei den gewaltigen Investitionen für Mobilitätsdienste und besonders für das autonome Fahren droht ein Hase-Igel-Wettrennen. Für das *Smart Car* wird der Elektroantrieb notwendig, aber nicht hinreichend sein; die Intelligenz der Fahrzeuge und der Mobilitätskonzepte wird entscheiden. Bereiche, in denen US-amerikanische und chinesische Anbieter bislang weit voneweg fahren.
- Die Ökosysteme **Smart Home** sowie **Smart Factory** und **Smart Services** entstehen. Kundenbeziehungen, Qualität und Know-how in der Hardware sind Stärken europäischer Anbieter, die sie in unternehmerischen Erfolg ummünzen sollten. Besonders wichtig sind der Zugang zu Daten und die Souveränität über ihren Besitz. Es wird immer deutlicher, dass auch in der Industrie 4.0 die Hyperscaler die härtesten Wettbewerber sein werden, mit ihrem Know-how in Plattformgeschäftsmodellen und ihrer Exzellenz in den Technologien Cloud-Computing sowie Künstliche Intelligenz. Sie skalieren ihr Wissen und Können sowie ihre Angebote, indem sie die besten Start-ups akquirieren und milliardenschwere Corporate VC Funds auflegen.

6.2 Selbstkritische und handlungsorientierte Zustandsanalyse: Wo wir aufholen müssen

- Einige deutsche Unternehmen haben mittlerweile den Sprung in die globalen Listen sogenannter **Unicorns** geschafft. Die Lücke klafft bei der Entwicklung **globaler Plattformen** oder neuer Champions im Bereich **Informationstechnologie**. Für stärkeres Wachstum und schnellere Skalierung von Start-ups braucht es viel mehr Venture Capital und eine deutlich stärker ausgeprägte Bereitschaft, ins Risiko zu gehen, und zwar im Staat wie in den privaten Unternehmen.
- Der Standortfaktor **Infrastruktur**, eine ausgewiesene Stärke im dritten industriellen Zeitalter, wird im Digital-Zeitalter nach und nach zur Achillesferse Deutschlands. Die Gigabit-Gesellschaft ist bis auf Weiteres außerhalb Deutschlands zu Hause. Sehr spät dran ist das Land bei der breiten Installation intelligenter Stromzähler. Die digitalisierte Verwaltung ist bis heute ebenfalls viel zu wenig etabliert. Und während in mehreren europäischen Ländern digitale Identitätsplattformen erfolgreich arbeiten, ringen in Deutschland konkurrierende Konzepte jeweils um die kritische Masse.
- In der Basis-Infrastruktur des **Cloud-Computings** spielen deutsche oder europäische Unternehmen bislang quasi keine Rolle. Marktbeherrschende Anbieter sind wenige Hyperscaler aus den USA und China (G2). Mit der europäischen Initiative GAIA-X soll diese Vormachtstellung aufgebrochen werden. Der Marktstart ist für 2021 geplant und frühe Marktanteilsgewinne in einem dynamisch wachsenden Markt das unbedingte Ziel. Deutsche Unternehmen nutzen mehr und mehr Cloud-Dienste und sehen in Cloud-Computing einen zentralen Beschleuniger für die digitale Transformation des gesamten Unternehmens. In der Praxis beschränkt sich der Einsatz der Cloud allerdings auf sogenannte Basis-Infrastrukturdienste, während etwa moderne Anwendungen wie KI den Durchbruch in der Breite der Unternehmen noch nicht geschafft haben. IIoT-Plattformen sind ein Wachstumssegment, das im Takt mit der entstehenden Industrie 4.0 voranschreitet. Sie werden von den führenden Industrieunternehmen branchenspezifisch aufgebaut und als innovatives Geschäftsmodell auf Basis der Cloud komplementär betrieben. Wenn diese IIoT-Plattformen ihre Basis-Infrastrukturdienste möglichst früh und durchgängig von GAIA-X beziehen, erhöht dies merklich die Erfolgsaussichten eines „dritten G" im Cloud-Computing. Ein entschlossenes Zusammenwirken von Staaten und Unternehmen in Europa – bei Anbietern wie Nutzern – ist die Voraussetzung für eine Basis-Infrastruktur auf Augenhöhe. Jedes Land und jedes Unternehmen für sich genommen ist viel zu klein für eine echte Chance im weltumspannenden Wettbewerb im Cloud-Computing.
- In **Künstlicher Intelligenz** verfügt Deutschland über eine leistungsfähige Forschungslandschaft mit Spitzeninstituten wie dem DFKI. Seine KI-Strategie hat Deutschland 2018 verabschiedet und beschreitet damit einen ähnlichen Weg wie andere Länder. China, das bis 2030 die Nummer eins in KI werden möchte, hat die aggressivste KI-Strategie und Experten sehen China hier bereits zu Beginn des Jahrzehnts auf gleicher Stufe mit den USA. Entschlossen und mit viel Geld treiben Risikokapitalgeber, Start-ups und besonders die GAFAM die Entwicklung von KI voran. Die GAFAM setzen auf Beteiligungen und Käufe von KI-Start-ups, in Kombination mit hohen FuE-Ausgaben. Dass Google seine gesamte Forschungsabteilung in google.ai

umbenannt hat, ist ein deutlicher Indikator dafür, für wie zentral der Suchmaschinen-Riese KI hält. Heimische Unternehmen arbeiten nach wie vor mit sehr großen FuE-Budgets. Die Ausgaben für KI bleiben dennoch weit hinter dem zurück, was die GAFAM investieren können. Und Milliarden-Investitionen in KI-Start-ups, wie sie die Volkswagen AG in ARGO AI getätigt hat, bleiben die Ausnahme. Entsprechend weit in Führung liegen amerikanische und chinesische Unternehmen beim autonomen Fahren oder in der Entwicklung von Sprachassistenten. Risikobereitschaft und Risikokapital sowie private und öffentliche FuE-Investitionen ziehen die besten KI-Köpfe in die USA und nach China. Damit deutsche Wissenschaftler und Experten aus dem Bereich KI Deutschland nicht den Rücken kehren oder sogar aus dem Ausland zurückkehren, müssen Politik, Wirtschaft und Wissenschaft rasch und konzertiert handeln. Wir werden in den Ökosystemen *Smart Car*, *Smart Home* und *Smart Factory* nicht erfolgreich sein ohne „Mehr Breite in der Spitze" in Künstlicher Intelligenz.

Die größte strategische Hypothek aus den Anfangsjahren des Digital-Zeitalters ist der Rückstand in neuen Geschäfts- und Plattformmodellen sowie in den Schlüsseltechnologien *Cloud-Computing* und *Künstliche Intelligenz*. Der beste Zeitpunkt, diese Themen mit einem adäquaten Anspruch und geeigneten Mitteln zu verfolgen, liegt häufig schon in der Vergangenheit. Der beste Zeitpunkt, die Aufholjagd zu forcieren, ist jetzt. Dafür müssen wir den Schalter von Krisenbewältigung und Selbsterhalt auf Zukunftsgestaltung umlegen (vgl. Steingart 2020a, S. 54 und S. 153). Wir müssen aufhören, Probleme zu bekämpfen, und anfangen, nach neuen Ideen und Lösungen zu suchen. Die Strategie tritt an die Stelle der Taktik und der Erneuerer löst den Bewahrer ab.

Die richtige Richtung weist eine selbstbewusste Vision mit einem neuen Narrativ.

6.3 Selbstbewusste Vision – „Die am besten vernetzte Wirtschaft 4.0"

„Made in Germany", „Ausrüster der Welt", „German Engineering" und „deutsche Perfektion" sind Begriffe, mit denen die Welt ihre Anerkennung für Spitzentechnologien und Spitzen-Produkte deutscher Unternehmen ausdrückt. Der Mittelstand mit seinen Hidden Champions und seinen vielen Weltmarktführern genauso wie die Konzerne, die in Deutschland zu Hause sind, haben jahrzehntelang maßgeblich zu Wachstum, Wohlstand und Ansehen beigetragen. Kaum ein Land auf der Welt hat das dritte industrielle Zeitalter wirtschaftlich so sehr geprägt wie Deutschland.

Das vierte industrielle digitale Zeitalter kommt mit Macht: In einer nie da gewesenen Geschwindigkeit werden neue Wertschöpfungsarchitekturen und Dienstleistungen kreiert. Mit der Vernetzung von Menschen und Maschinen entstehen neue Leistungsversprechen an Kunden, die den bisherigen Angeboten in Relevanz, Performance und Verfügbarkeit weit überlegen sein können.

6.3 Selbstbewusste Vision – „Die am besten vernetzte Wirtschaft 4.0"

Sieht man auf die gesamte Wirtschaft, scheint der Übergang vom dritten ins vierte industrielle Zeitalter fließend zu verlaufen. Wie radikal der Umbruch ausfällt und wie schnell er kommt, das variiert je nach Branche und Industrie.

So werden voraussichtlich der Bau und der Verkauf von Maschinen höchster Qualität ihre Stellung noch über viele Jahre behaupten können. Ein Segen für das Land, denn diese nationale Stärke ist notwendig und hilfreich, sie wird aber für eine wirtschaftliche Führungsposition im digitalen Zeitalter auf Dauer mit Sicherheit nicht hinreichend sein.

Damit die deutsche und europäische Wirtschaft im vierten industriellen Zeitalter eine dominierende Rolle spielen können, brauchen die Unternehmen des Kontinents neue Strategien und Geschäftsmodelle, anderes Know-how und eine modifizierte Art, die Dinge zu betrachten und anzupacken. Was wir heute schon gut können und uns erarbeitet haben, macht die Sache deutlich leichter:

- etablierte, vertrauensvolle Beziehungen zu Kunden auf der ganzen Welt
- tiefe Branchenkenntnis und breites Technologie- und Forschungswissen
- Maschinen, Anlagen und Geräte, von deutschen Unternehmen rund um den Globus installiert und betrieben
- eine Wirtschafts- und Ertragskraft heutiger Geschäftsmodelle, die in vielen Fällen noch immer auskömmlich ist

Neugierde, Mut und kontrollierte Risikobereitschaft sind die Ingredienzen, mit denen neue Geschäftsmodelle angerichtet werden. Dazu die Einsicht, dass es nicht reicht, Bestehendes zu optimieren, und sich die Erfolge der Vergangenheit nicht einfach unter neuen Vorzeichen wiederholen lassen: „*What Got You Here, Won't Get You There*" (nach dem gleichnamigen Buch des Autors Marshall Goldsmith).

Mit einer kraftvollen Vision sollten wir im Wettbewerb um das digitale Zeitalter endlich richtig loslegen. Zuversicht, diesen Aufbruch zu meistern, sollte uns beflügeln. Und je mehr Unternehmen aus möglichst vielen europäischen Nationen die Vision teilen, desto stärker wird sie wirken.

Unsere Vision muss die erstrebte Position in den Märkten, Ökosystemen und Technologien des Digital-Zeitalters transportieren, und sie sollte für die Bürger, die Gesellschaft und für den Umgang mit der Umwelt ein Wertversprechen enthalten, das erklärt, warum es besonders erstrebenswert ist, in Europa zu leben und zu arbeiten.

Mit dem Übergang ins digitale Zeitalter sind der ausdrücklich formulierte Willen zu führen sowie gemeinsame Werte für Wirtschaft und Gesellschaft noch einmal wichtiger geworden: Zum einen beschleunigt sich in der Digitalisierung die Konzentration großer Marktanteile auf ganz wenige Anbieter – das sogenannte *Winner-takes-it-all-Phänomen*. Zum anderen ist der digitale Code von Produkten und Dienstleistungen imstande, den kulturellen Code viel stärker, unmittelbarer und subversiver zu beeinflussen. Das Manipulieren von Meinungen und das Hineinfräsen in den letzten Winkel der Privatsphäre sind nur zwei Beispiele, die mit den Freiheitswerten Europas unvereinbar sind.

Daten und Umwelt werden als Produktionsfaktoren neben Arbeit und Kapital immer wichtiger. Wir müssen uns Gedanken darüber machen, wie wir Besitz und die Kosten regeln, wenn sie genutzt werden. Das ist mit Sicherheit eine der wichtigsten Fragen unserer Zeit, auf die Politik, Gesellschaft und Wirtschaft eine tragfähige Antwort finden müssen.

Wenn wir unsere Ziele und ein entsprechendes Wertegerüst selbstbewusst formulieren wollen, müssen wir gleichzeitig führen und Beteiligung organisieren. Es sollten Möglichkeiten geschaffen werden, die Schwerpunkte und Ausprägungen unserer Ambition durchaus streitig zu diskutieren und auf den Ergebnissen dieser Debatten dann Richtungsentscheidungen zu treffen. Wie weitgehend die gemeinsame Vision ist und ob ihr Hebel dazu taugt, dass sich Europa im Digital-Zeitalter ebenbürtig neben den USA und China behaupten kann, darüber entscheidet letztlich, wie geschickt wir Bestehendes weiterentwickeln und gleichzeitig mutig Neues aus der Taufe heben. Je besser wir das abwägen, desto erfolgreicher werden wir sein. Deutschlands Unternehmen können dabei denen anderer europäischer Länder vorangehen und eine Schlüsselrolle einnehmen.

Ein Katalysator dieser Anstrengungen kann die deutsche EU-Ratspräsidentschaft des zweiten Halbjahrs 2020 sein. Im sogenannten Trioprogramm finden sich die entsprechenden Akzente. Es wurde gemeinsam mit Slowenien und Portugal erarbeitet, die auf Deutschland in der Ratspräsidentschaft folgen (vgl. Europäische Union 2020):

- „… Schaffung eines klimaneutralen und grünen Europas"
- „… Stärkung und Erhaltung der digitalen Souveränität im Hinblick auf die Digitalisierung und die künstliche Intelligenz als zukünftiger Schlüsseltechnologie"
- „… Gewährleistung eines transparenten und europaweiten digitalen Wandels unter Wahrung der Menschenrechte"

Dieses Trio-Programm konkurriert mit den Zielen, die sich China gegeben hat, um bis 2030 in Künstlicher Intelligenz weltweit führend zu sein. Europa sollte sich ein vergleichbar ehrgeiziges, selbstbewusstes und quantitatives Ambitionsniveau für bestimmte Schlüsselindustrien und -technologien vornehmen, allerdings auf dem Fundament der europäischen Werte.

Der Entwurf einer solchen Vision sollte Leitbild, Stärken und Schwächen und die spezifischen Herausforderungen des digitalen Zeitalters berücksichtigen und folgende Ziele diskutieren, weiterentwickeln und dann entweder zuspitzen oder ausdrücklich verwerfen:

Leitanbieter und Leitanwender von grüner Technologie – „*Green Champion*"
Der von Menschen gemachte Klimawandel ist die größte Herausforderung unserer Zeit. Klimaneutralität genießt die höchste Priorität in Politik, Wirtschaft und Gesellschaft. Die Mittel, um sie rasch und dauerhaft zu erreichen, sind regenerative Formen der Energieerzeugung, moderne Mobilität und höchste Gebäudeeffizienz, eine umweltfreundliche und effizientere Fertigung und intelligentere Nutzung von Maschinen, Produkten und Dienstleistungen.

Zum Konzept des Stakeholder Value tritt explizit die Dimension der Umwelt hinzu (sog. Environment Value). Die Umwelt ist neben Arbeit, Kapital und Daten vierter Produktionsfaktor, und wer sie nutzt und verantwortungsvoll einsetzt, muss dafür einen Preis entrichten. Dabei ist vor allem die Lenkungswirkung gefragt, die dafür sorgt, dass mit dem Faktor Umwelt schonend umgegangen wird – bei Export und Import von Gütern, Dienstleistung und Daten. Wie und wann immer wir neue Geschäftsmodelle und Ökosysteme optimieren oder entwickeln – bei *Smart Car*, *Smart Home*, *Smart Factory* oder anderen –, immer leitet uns dabei konsequenter Klimaschutz mit dem Ziel der Klimaneutralität.

Leitanbieter von *Smart Car*
Die Intelligenz des Fahrzeuges und neue Mobilitätskonzepte bestimmen neben der Entwicklung alternativer Antriebsformen die strategische Agenda. In sie fließt auch das Gros der FuE-Investitionen. Das Qualitätsversprechen heutiger Fahrzeuge wird um die Fähigkeit des autonomen Fahrens erweitert. Die Technologien, die es dafür braucht, zählen zu den Kernfähigkeiten heimischer Hersteller und Zulieferer. Neue Fahrzeug- und Mobilitätskonzepte für die geteilte Mobilität erweitern das Leistungsspektrum.

Die Rolle als Fertiger und Werkbank für intelligente Fahrzeuge kann für eine gewisse Zeit und im Einzelfall sinnvoll sein; den Anspruch, auf mittlere Sicht hier Leitanbieter zu sein, darf diese Rolle aber nicht außer Kraft setzen.

Leitanbieter von *Smart Home*
Wenn sich Gerätehersteller, Energieanbieter und Versicherer über Branchengrenzen hinweg vernetzen, ist eine völlig neue Qualität von Komfort, Sicherheit und der Kosteneffizienz für Kunden und Verbraucher möglich. Damit Deutschlands Unternehmen hier einen Spitzenplatz erreichen, müssen sie für die Kunden ein unterbrechungsfreies Dienstleistungserlebnis aufbauen (sog. Customer Journey), bei dem Geräte und Dienstleistungen in Leistung und Qualität zusammenspielen, statt wie bislang isoliert voneinander zu arbeiten. Als „Nebeneffekt" gäbe es für die Unternehmen dabei auch, eine Top-Position in der Sprachsteuerung der Geräte durch eigene KI zu besetzen. Es winken ein deutlich erhöhter Anteil an der Wertschöpfung im *Smart Home* und gleichzeitig die Souveränität der Bewohner und Betreiber des *Smart Homes* über ihre eigenen Daten. Es genügt für den Leitanbieter im *Smart Home* nicht, lediglich als Infrastrukturanbieter oder reiner Zulieferer intelligenter Geräte und Komponenten aufzutreten.

Leitanbieter von *Smart Factory* und *smarten Services* – „*B2B-Champion*"
Intelligente Anlagen, Maschinen und Produkte der Industrie 4.0 formen das Rückgrat neuartiger Wertschöpfungsnetzwerke in vielen Sektoren und Branchen. Deutsche Anbieter sind erster Ansprechpartner ihrer Kunden, wenn diese ihre Kerngeschäfte digital transformieren und neue Geschäftsmodelle entwickeln.

Deutsche und europäische Unternehmen liegen in den neu entstehenden Märkten und Ökosystemen an der Spitze und treiben die Innovation neuer Geschäftsmodelle wie B2B-Plattformen, As-a-Service-Modelle oder Datenökosysteme.

Smarte Services *delivered by Germany* und IIoT-Plattformen *operated by Germany* definieren den Marktstandard in der Industrie 4.0. Wer mehr zur Vision Industrie 4.0 wissen möchte, der kommt an dem Buch von Frank Riemensperger „Titelverteidiger" nicht vorbei (vgl. Riemensperger und Falk 2019, S. 218 ff.).

Leitanbieter von *Daten* und *Künstlicher Intelligenz* – „Data Champion"
Europa liegt bei KI-Patenten an der Spitze. Der Kontinent ist weltweit führend in den Bereichen: autonomes Fahren, Maschinelles Lernen und Sprachsteuerung im *Smart Home*, intelligente Fertigung und intelligente Roboter, Maschinelles Lernen für *Smart Factory* und *Services* sowie in Pharma, Gesundheit und Cyber Security.

Europäische Universitäten und Forschungseinrichtungen gehören bei KI zur Weltspitze. Gleiches gilt für die Innovationskraft europäischer KI-Start-ups. Ein intensiver personeller und inhaltlicher Austausch zwischen Forschung und Wirtschaft prägen das Bild.

Wer digitale Dienste nutzt, kann einer Identitätsplattform vertrauen, die sich an den europäischen Grundwerten ausrichtet und ihm die Hoheit über seine Daten ebenso verbürgt wie die faire Teilhabe an der Kommerzialisierung der Daten.

▶ Die KI-Strategie der Bundesregierung, die eine sehr detaillierte und umfassendere Beschreibung von Maßnahmen und Zielen bietet, bleibt bei quantitativen Aussagen zurückhaltend und formuliert das Ambitionsniveau weitgehend qualitativ. Darunter leidet nicht zwingend der Inhalt, aber sehr wahrscheinlich die Wirkung und somit der „buy-in" von Investoren, Gründern, Unternehmen, Experten, potenziellen Nutzern und der Politik selbst.

Cloud-Computing – Souverän in der Infrastruktur und *führend* in den Dienstleistungen
Eigene, wettbewerbsfähige Cloud-Infrastrukturen zu entwickeln und zu betreiben, sichert die Souveränität und das selbstbestimmte Handeln von Gesellschaft und Wirtschaft.

Sie sind die Grundlage für smarte Dienstleistungen und Geschäftsmodelle auf Basis der Cloud; sie fördern die Wettbewerbsfähigkeit und sorgen für Netzwerkeffekte, die den Rückstand zu den führenden Cloud-Anbietern schrittweise verkleinern und schließlich vollständig aufholen werden.

Führende IIoT-Plattformen für jede Branche untermauern – im Zusammenwirken mit KI – die Rolle des Leitanbieters in den Ökosystemen der *Smart Factory*, des *Smart Car* oder *Smart Home*.

Das Know-how und die Souveränität im Cloud-Computing stoßen die Tür weit auf für den Ausbau und die Kontrolle weiterer kritischer, digitaler Infrastrukturen. Sie transportieren die gewachsene Stärke bei der Infrastruktur ins digitale Zeitalter.

Diese Ziele der Vision 4.0 sind letztlich ein Portfolio strategischer Wetten und zwingen dazu, strategische Risiken einzugehen. Die richtigen Dinge zu tun anstatt nur die Dinge richtig zu tun, ist zu keinem anderen Zeitpunkt wichtiger als in der Übergangsphase in ein neues Industrie-Zeitalter. Im Wettbewerb kein Risiko einzugehen, wäre das allergrößte Risiko.

Es ist ein schmaler Grat, das richtige Niveau dafür zu finden, was man anstrebt und zu erreichen für wünschenswert hält. Zu kurz gesprungen wäre man wohl, wenn sich Deutschland im internationalen Vergleich weniger als einen Platz unter den Top 2 der Welt vornimmt, also mit China oder den USA gleichziehen will. Das gilt besonders dann, wenn der Abstand zu den beiden führenden Nationen so groß zu werden drohte wie bei *Smart Phone* und den B2C-Plattformen.

Eine isolierte Spitzenposition in einer Branche oder Industrie kann auch nicht die Lösung sein, dafür wachsen die Sektoren der Wirtschaft im Zeitalter der Vernetzung viel zu stark zu Ökosystemen zusammen. Das Know-how in den Basistechnologien ist für alle systemrelevant und übergreifend wichtig. Ein Nummer-1-Position in „Insellage" ist weder problemlos zu erreichen, noch kann sie dauerhaft gehalten werden. Verstanden hat das die Volksrepublik China mit ihren sehr umfassenden Ambitionen der Made-in-China-2025-Strategie (vgl. auch Riemensperger und Falk 2019, S. 219) und mit dem Ziel der Nr. 1 in KI.

Das Digital-Zeitalter verlangt und hilft, den „Exportweltmeister" neu zu erfinden. Die Vision 4.0 gibt Orientierung, den Weg zu den Zielen beschreibt die strategische Agenda. Die „am besten vernetzte Wirtschaft" („Netzwerkweltmeister") wäre Gradmesser und Auszeichnung für die erfolgreiche Transformation Deutschlands ins Digital-Zeitalter.

6.4 Strategische Agenda – Nur gemeinsam an die Spitze

Die Kategorien der Strategie lauten: Einen stabilen Rahmen bauen, Netzinfrastruktur etablieren, Schlüsseltechnologien beherrschen, Kerngeschäft transformieren und neue Ökosysteme schaffen. Die ersten drei Kategorien decken viele branchenübergreifende Themen ab. Die letzten beiden müssen die Branchen und Unternehmen jeweils für sich anpacken (vgl. auch Themenblock IV).

Einen stabilen Rahmen bauen:

- Den digitalen Binnenmarkt verwirklichen
- Umfassende X2A-Datensouveränität für private und geschäftliche Anwender verankern
- Ein gründungs- und wachstumsfreundliches Umfeld schaffen und privates und staatliches Risikokapital mobilisieren
- Die Verwaltung digitalisieren und als Leitanwender vorangehen
- …

Netzinfrastruktur etablieren und verwenden:

- Glasfasernetze verlegen und die Gigabit-Gesellschaft erlebbar machen
- 5G-Mobilnetz flächendeckend aufbauen und neue Dienste entwickeln
- Das intelligente Stromnetz ausrollen und neue Anwendungen anbieten
- …

Schlüsseltechnologien und -infrastrukturen beherrschen:

- Die europäische Cloud GAIA-X entwickeln, an den Markt bringen und Marktanteile erobern
- Die Forschung an Künstlicher Intelligenz ausbauen und Schlüsselanwendungen entwickeln, wie autonomes Fahren, Sprachsteuerung @ *Smart Home* und Maschinelles Lernen @ *Smart Factory*
- Digitalen Identitätsstandard für private Personen und Maschinen etablieren
- …

Kerngeschäfte transformieren/Ökosysteme schaffen:

- … (vgl. auchThemenblock IV)

Wer mehr möchte, kann die Struktur und Inhalte der Strategie-Themen weiterentwickeln. Die limitierenden Faktoren sind jedoch zahlreich:

- Der Wettbewerb um die neuen Märkte ist beinhart, erfordert enorme Ressourcen, und die Technik entwickelt sich in atemberaubender Geschwindigkeit fort.
- Volatilität, Unsicherheit, Komplexität und Ambiguität (VUCA; Volatility, Uncertainty, Complexity und Ambiguity) prägen Wirtschaft, Politik und Gesellschaft in der Digitalisierung.
- Wir sprechen von einem nicht-linearen, sehr breiten Prozess, wenn es um die digitale Transformation der Wirtschaft mit ihren vielen sehr unterschiedlichen Branchen und Unternehmen geht: die Gründung neuer Unternehmen und Geschäftsmodelle, die Entwicklung und der Einsatz neuer Technologien und die dafür nötigen Strukturen und Fähigkeiten.
- Die eine „*Silver Bullet*" gibt es nicht, Patentrezepte fehlen sowohl für Unternehmen als auch für Nationalstaaten.
- Wer es alleine versucht, ist von Beginn an zum Scheitern verurteilt. Die richtigen Partner und Kooperationen entscheiden und bleibenden Erfolg gibt es nur gemeinsam.

Kooperation ist unverzichtbar bei allen Aufgaben der Strategie: den Netzinfrastrukturen und Schlüsseltechnologien; den neuen Ökosysteme und Geschäftsmodelle sowie für die erfolgreiche Transformation des Kerngeschäftes. Schon jetzt gibt es eine blühende Landschaft von Kooperationen. Das geht los bei den Joint Ventures innerhalb einer Branche oder von Marktführern unterschiedlicher Branchen. Es gibt gemeinsam getragene Technologiecluster von Wissenschaft und Wirtschaft, privatwirtschaftlich-öffentliche Partnerschaften und Kooperationen zwischen etablierten Unternehmen und Start-ups. Hinzu kommt eine durchaus aktive Risikokapitalszene aus Venture Capital, Private Equity sowie Corporate Venture, die Kapitalverflechtungen, Übernahmen und Zusammenschlüsse fördert.

6.4 Strategische Agenda – Nur gemeinsam an die Spitze

Wenn sehr große Plattformen und überlegene Technologien entstehen, die kein bloßes Outsourcing nicht-strategischer Prozesse sind, sondern die auf den Kern der Wertschöpfung zielen, müssen sich immer mehr Unternehmen unterschiedlicher Branchen bei der Wahl ihrer Partner für eine Strategie entscheiden: Wollen sie bestehende Plattformen und ihre Technologie nur verwenden oder bauen sie selbst eine eigene Plattform, womöglich sogar in Kooperation mit heutigen Wettbewerbern, und beginnen eigene, für ihre Branche passende Technologien zu entwickeln? Greift das Unternehmen auf bestehende Plattformen bloß zu, hat es kurzfristig einen Vorteil gegenüber seinen heutigen Wettbewerbern. Der Preis dafür ist aber, dass es auf mittlere Sicht einen Teil seiner Wertschöpfung an die Plattform verlieren wird und das Alleinstellungsmerkmal seines Angebotes aufgibt. Klingt abstrakt? Hier ein paar Beispiele aus der Unternehmenswelt:

- Will ich als Unternehmen gemeinsam mit heutigen Wettbewerbern und potenziellen Partnern im Ökosystem *Smart Home* einen Sprachassistenten als eigenes Leistungsangebot entwickeln? Oder setze ich auf die vorhandenen und aktuell vermutlich deutlich leistungsstärkeren Sprachassistenzen Dritter und trainiere sie ungewollt damit, sodass sie ihren technischen Vorsprung noch weiter ausbauen?
- Entwickele ich in Zusammenarbeit mit anderen Finanzdienstleistern ein eigenes digitales Bezahlverfahren oder werde ich führender Partner eines Technologieriesen, wenn dieser sein Bezahlverfahren in meinem Markt einführt, und habe damit ein kurzfristiges „Alleinstellungsmerkmal" im Kreis der Banken?
- Habe ich die Kraft und Ausdauer, gemeinsam mit anderen europäischen Konzernen in GAIA-X zu investieren, damit wir eine eigene Basis-Infrastruktur für eigene branchenspezifische Cloud-Dienste entwickeln? Oder gehe ich auf das aktuell bereits verfügbare, überlegene Hyperscaler-Angebot ein und kann dort als womöglich erster Partner branchenspezifische Cloud-Dienste mit entwickeln?

In diesen und in vielen weiteren Konstellationen braucht es Antworten auf die Fragen: Was ist für das eigene Unternehmen die richtige Strategie? Wie wird sich der Wettbewerb verhalten? Und was heißt das wiederum für die eigene Strategie? Die Entscheidungssituation erinnert an ein sogenanntes Gefangenendilemma.

Je fragmentierter ein Markt ist, desto größer sind die Gefahr und Wahrscheinlichkeit, dass ein Wettbewerber für den Ausbau von Marktanteilen auf die Partnerschaft mit Technologie- und Plattformchampions setzt. Ein Pyrrhussieg, denn sobald der erste Wettbewerber sich dafür entscheidet, steigt der Druck auf die anderen Konkurrenten, es dem ersten gleichzutun. Wenn das geschieht, ist der anfängliche relative Vorteil des ersten Wettbewerbers schnell dahin. Mit dem Ergebnis, dass die Wertschöpfungstiefe aller abflacht und der „gemeinsame Kuchen" vom Markt ein Stück kleiner wird und damit die Profitabilität der Unternehmen geschwächt und nicht gestärkt wurde.

Um nicht falsch verstanden zu werden: Der hohe Ergebnisdruck und der eigene technologische Rückstand machen es durchaus verständlich, dass sich Unternehmen locken lassen von dem gewaltigen Technik-Know-how und der Investitionspotenz der Technologie- und Plattformanbieter.

Als Maßstab für Volkswirtschaften, die Wettbewerbsfähigkeit, den Wohlstand und die Souveränität ihrer Branchen taugt dieses Muster nicht. Nationen müssen bestrebt sein, eigene führende technologische Lösungen und Plattformen zu entwickeln. Der fortgesetzte Import von Know-how ist im Digital-Zeitalter kein nachhaltiges Modell für Wachstum und Stärke der eigenen Wirtschaft. Er gäbe zudem an Investoren, Geschäftspartner und den Kapitalmarkt das Signal, dass man künftig nicht mehr in der ersten Liga mitspielen will oder kann.

Damit die Lücke zur internationalen Technologiekonkurrenz geschlossen werden kann, müssen Politik und Wirtschaft, Wissenschaft und Gesellschaft an einem Strang ziehen. Wir brauchen eine Vision und einen Arbeitsplan für das Digital-Zeitalter, die Schlüsselthemen für das „am besten vernetzte Land" vermitteln und gleichzeitig Neugierde wecken und Aufbruchstimmung vermitteln. Selbst nach mehr als zehn Jahren Digitalisierung verdrängen im Empfinden der Menschen und im Narrativ zu oft die Bedrohung die Chance, der Niedergang das Neue und die Angst die Zuversicht.

Es gibt noch immer zu wenige Politiker und Manager, die ihr berufliches Schicksal mit dem Erfolg in der digitalen Transformation verbinden. Noch viel zu oft wird das Digital-Zeitalter als etwas behandelt, das eben erst begonnen hat oder gar noch weit in der Zukunft liegt. Dabei drängt die Zeit, denn die Entscheidung, ob wir die Digitalisierung selbst gestalten können oder sie für uns gestaltet wird, könnte bereits in naher Zukunft fallen. Für Unternehmen ist dies die Frage nach Vision und Zweck (Purpose), nach Strategie und Geschäftsmodell, nach Organisation und Know-how sowie nach Kultur und Denkweise (vgl. auch Themenblock IV).

6.5 Exkurs: Erster „Digitalisierer" im Staate – Rolle und Aufgabe des Vizekanzlers im Ministerium für Finanzen und Digitales

Im Deutschland des Jahres 2020 trägt so gut wie jedes Bundesministerium auch Verantwortung für die Digitalisierung (vgl. Stegherr 2019): Industrie 4.0, die digitale Energiewende und die europäische Cloud-Computing-Initiative GAIA-X sind Aufgaben des Bundesministeriums für Wirtschaft und Energie. Das Bundesministerium für Gesundheit kümmert sich um E-Health, dazu zählen die elektronische Gesundheitsakte und Anwendungen der Telemedizin. Für die digitale Verwaltung ist das Bundesministerium des Innern, für Bau und Heimat zuständig. Dort ist auch das Bundesamt für Sicherheit in der Informationstechnik (BSI) als zentrale Behörde für Cybersicherheit angesiedelt. Das Bundesministerium für Digitales und Verkehr, das einzige Bundesministerium, das „digital" im Namen trägt, verantwortet die digitale Mobilität, den Ausbau der Kommunikationsnetze und so weiter. Koordiniert werden die Arbeiten zur Digitalisierung allgemein und zur KI-Strategie des Landes im Kanzleramt, genauer, im dortigen Staatsministerium für Digitales, das im März 2018 etabliert wurde (vgl. Bär o. J.).

Ein Digitalministerium, obwohl häufig gefordert (vgl. Neuerer 2020), gibt es bislang nicht. Zu den Fürsprechern eines Digitalministeriums gehören der Digitalverband Bitkom, der Bundesverband Digitale Wirtschaft e. V. (BVDW) (vgl. Dpa 2020) sowie der Bundesverband Deutsche Start-ups (vgl. Neuerer 2020). Wann immer der digitale Fortschritt hinter den Erwartungen zurückbleibt oder der Rückstand gegenüber anderen Nationen allzu deutlich wird, dann wird der Mangel an klaren Zuständigkeiten beklagt, und der Chor der Stimmen schwillt an, die öffentlich ein Digitalministerium fordern (vgl. European Center for Digital Competitiveness 2020).

Ob ein Digitalministerium alle damit verbundenen Hoffnungen und Erwartungen erfüllen kann, hängt wohl wesentlich davon ab, wie die Aufgaben des Ressorts genau zugeschnitten würden und ob es die Position und die Durchsetzungsfähigkeit hätte, im Konzert der Ministerien bei der Digitalisierung die erste Geige zu spielen.

Unter Führung des Kanzleramts könnte es die Aufgabe des Ministeriums sein, eine Zukunftsvision für Deutschland und eine übergreifende Digitalagenda zu entwickeln. Einzelne Punkte der digitalen Agenda abzuarbeiten und zu verwirklichen – etwa E-Health oder Ausbau der digitalen Infrastruktur – müsste weiterhin in den einzelnen Fachministerien liegen. Dort sitzt das notwendige Fachwissen. Wenn es an spezifischem Digital-Know-how in den Fach-Ressorts fehlt, könnte das Digitalministerium zeitweilig unterstützen, bis das notwendige Wissen aufgebaut ist. Denn ohne digitales Können und Wissen wird künftig kein Ministerium seine Aufgaben erfüllen können.

Für Aufgaben der Digitalisierung in den Fachministerien kann ein besonderes Digitalministerium nicht operativ verantwortlich sein. Das ginge weder vom Inhalt noch von den Mechanismen der Politik. Vielmehr wäre das Digitalministerium in kürzester Zeit überfordert. Es entstünde eine Dichotomie, in der die Fachministerien für das „Alte" und das Digitalministerium für das „Neue" zuständig wären. Das würde in einer gegenseitigen Blockade münden, in der noch mehr wertvolle Zeit verloren ginge.

Die Zukunft des Gesundheitswesens ist untrennbar mit E-Health verbunden, so wie die Zukunft der Infrastruktur mit den digitalen Netzen. Für die Vision und Strategie wäre ein Superministerium für Wirtschaft und digitale Infrastruktur das Mittel der Wahl, so wie einst aus der Agenda 2010 ein Superministerium für Wirtschaft und Soziales entstand. Damit der Bau einer zukunftsfähigen digitalen Infrastruktur ein Erfolg wird, müssen alle dazugehörigen Arbeiten in einem „klassischen" Ministerium gebündelt werden.

Eine Mischung aus inhaltlicher und koordinierender Verantwortung des Digitalministeriums lässt sich einzig für neue Querschnittsthemen denken. Daten und KI sind ein solches Querschnittsthema. Verantwortlich für die KI- und Daten-Strategie wäre das Digitalministerium. Einzelne Themen rund um Daten würden dann gemeinsam mit dem jeweiligen Fachministerium vorangetrieben. Für Datenschutz und Datenethik wäre der Partner das Bundesministerium der Justiz und für Verbraucherschutz. Digitale Identitäten brächte man gemeinsam mit dem Bundesministerium des Innern voran. Die Koordination der Daten-Agenda wäre als Teil der Digitalagenda eine Aufgabe des Digitalministeriums. Eine gesamthafte Steuerung behielte die Strategie im Blick und würde Doppelarbeiten vermeiden helfen, etwa bei Identifikations- und Legitimationsverfahren, die für die digitalen Bürgerkonten und die elektronische Gesundheitsakte gebraucht werden. Wenn für beide Leistungen eine einheitliche Technik entwickelt wird, spart das Geld und ist für die Nutzer erheblich komfortabler.

So vorzugehen könnte die Blaupause für alle neuen Schlüsseltechnologien und Infrastrukturen sein, in einem nächsten Schritt etwa für Quantencomputer und Distributed-Ledger-Technologien (DLT).

Einen Mehrwert kann das Digitalministerium dauerhaft nur dann liefern, wenn im Konfliktfall keine Entscheidung ohne es zustande kommt, und wenn es von den anderen Ministerien als unterstützend wahrgenommen wird: So objektiv der Nutzen sein kann, so subjektiv muss er erlebt werden.

Der unbefriedigende Fortschritt der vergangenen Jahre hat sicher viele Väter. Ein Mangel an Bereitschaft zu Veränderung, fehlende visionäre Kraft und die Furcht, Risiken einzugehen, zählen wohl dazu. Ein Digitalministerium wird den Gordischen Knoten aus strukturellen Widerständen und Denkblockaden nicht einfach durchschlagen können. Es braucht viel Überzeugung und, wenn es hart auf hart kommt, auch die Kompetenz, sich durchzusetzen.

Ein reines Digitalministerium wäre im tradierten Machtgefüge der klassischen Ministerien kein Schwergewicht. Weder verfügt es über ein vergleichbares, gewachsenes Netzwerk interner und externer Unterstützer wie die anderen Ministerien, noch kontrolliert es kritische Ressourcen. Dem Spielbein der Zukunft fehlt das Standbein in der Gegenwart. Ganz anders liegt der Fall beim Bundesministerium der Finanzen, das bereits heute im Regierungsapparat eine zentrale Rolle spielt und ausgeprägte Querschnittsfunktionen über alle Ministerien hinweg wahrnimmt.

Das Finanzministerium hat für die Digitalisierung eine enorme Bedeutung, ganz so wie der CFO im Unternehmen (vgl. Kap. 8). Hier liegt die Verantwortung für den Haushalt, für Nachtragshaushalte und Rettungsschirme. Das Finanzministerium überblickt sämtliche Investitionsvorhaben des Bundes. Es ist der Struktur nach die Zentrale, um den Schalter von Substanzerhalt umzulegen auf das Schaffen neuer Substanz. Die Strategie und die Investitionsplanung sind klassische Aufgaben eines CFO, weshalb es für Unternehmen sinnvoll ist, den Chief Digital Officer beim CFO anzudocken (vgl. auch Abschn. 8.5). Das macht den CFO überdies nicht zum Kontrolleur, sondern zum Pionier der Digitalisierung.

Übertragen auf die Politik wäre dies ein Ministerium für Finanzen und Digitales, sozusagen ein (zweites) Superministerium.

Das Spitzenpersonal des Ministeriums hätte damit ein erweitertes Stellenprofil, das an den Erfordernissen des digitalen Zeitalters ausgerichtet ist. Strategische Exzellenz und visionäre Kraft, Freude am Gestalten von Veränderung, persönliche Risikobereitschaft, Neugier und Zuversicht sollten zu den Eigenschaften des Bundesministers und seiner Beamten gehören (vgl. auch Themenblock V).

Ein(e) Bundesminister(in) für Finanzen und Digitales wäre ein(e) Grenzgänger(in) zwischen Bestehendem und Neuem. Er (sie) hätte gedanklich und mental ein Standbein in der Gegenwart und ein Spielbein in der Zukunft; er (sie) hätte ausreichendes Geschick im klassischen Politikbetrieb und möglichst großes Know-how im Digitalen. Es wäre jemand, dem die Zukunft ehrlich am Herzen liegt und der noch etwas vorhat. Jemand, der das eigene politische Schicksal mit dem Erfolg der digitalen Agenda verbindet. Ein starkes Signal für Politik, Wirtschaft und Gesellschaft in Deutschland wie im Ausland. Ein Signal, dass das Land an seiner Zukunft arbeitet.

Literatur

Bär, D. (o. J.): Die Staatsministerin für Digitalisierung, unter: https://www.bundesregierung.de/breg-de/bundesregierung/staatsministerin-fuer-digitalisierung/die-staatsministerin, abgerufen am 23.09.2021.

Dpa (2020): Bitkom fordert Digitalministerium, unter: https://www.sueddeutsche.de/politik/bundesregierung-bitkom-fordert-digitalministerium-dpa.urn-newsml-dpa-com-20090101-200110-99-418107, abgerufen am 23.09.2021.

European Center for Digital Competitiveness (Hrsg.) (2020): Digitalreport 2020, unter: https://digital-competitiveness.eu/wp-content/uploads/Digitalreport_2020-1.pdf, abgerufen am 23.09.2021.

Europäische Union (2020): Triprogramm des Rates der Europäischen Union (1. Juli 2020 – 31. Dezember 2021), unter: https://www.eu2020.de/eu2020-de/aktuelles/artikel/dreiervorsitz-deutschland-portugal-slowenien/2353558, abgerufen am 21.09.2021.

Institute for Management Development (o. J.): World Competitiveness Ranking, unter: https://www.imd.org/centers/world-competitiveness-center/rankings/world-competitiveness/, abgerufen am 29.09.2021.

Neuerer, D. (2020): Nach Aussagen von Staaatsministerin Bär: Debatte über Digitalministerium gewinnt an Fahrt, unter: https://www.handelsblatt.com/politik/deutschland/digitalisierung-nach-aussagen-von-staatsministerin-baer-debatte-ueber-digitalministerium-gewinnt-an-fahrt/25975344.html?ticket=ST-643793-WcoaCpCoCc7ItKHsddYm-ap1, abgerufen am 23.09.2021.

o. V. (2020): Tesla ist wertvoller als BMW, Daimler und VW zusammen, unter: https://www.handelsblatt.com/unternehmen/industrie/e-autohersteller-tesla-ist-wertvoller-als-bmw-daimler-und-vw-zusammen/25905882.html, abgerufen am 21.09.2021.

Riemensperger, F., Falk, S. (2019): Titelverteidiger – Wie die deutsche Industrie ihre Spitzenposition auch im digitalen Zeitalter sichert, München 2019.

Schwab, K. (2019): The Global Competitiveness Report 2019, unter: http://www3.weforum.org/docs/WEF_TheGlobalCompetitivenessReport2019.pdf, abgerufen am 16.09.2021.

Sommer, U. (2020): Apple ist jetzt wertvoller als alle DAX-Unternehmen zusammen, unter: https://www.handelsblatt.com/finanzen/anlagestrategie/trends/boersenwert-apple-ist-jetzt-wertvoller-als-alle-dax-unternehmen-zusammen/25484872.html?ticket=ST-806705-PXP3CO0dsjZlaBTQtcRY-ap1, abgerufen am 21.09.2021.

Stegherr, M. (2019): Die Akteure der Digitalisierung in der Bundesregierung, unter: https://www.politik-kommunikation.de/ressorts/artikel/die-akteure-der-digitalisierung-der-bundesregierung-1834844825, abgerufen am 23.09.2021.

Steingart, G. (2020a): Die unbequeme Wahrheit – Rede zur Lage unserer Nation, München 2020.

Steingart, G. (2020b): Morning Briefing vom 04.08.2020: Die Neuordnung der Welt, unter: https://www.thepioneer.de/originals/steingarts-morning-briefing/briefings/die-neuordnung-der-welt, abgerufen am 04.10.2021.

Themenblock IV

Die richtige Strategie für Unternehmen: Kerngeschäft digitalisieren und neue digitale Geschäftsmodelle aufbauen – strikt getrennt und konkurrierend

Die Digitalisierung revolutioniert die Technik, aber mehr noch revolutioniert sie die Strategie. Mit ihr entwickelt sich ein neues Angebot von Produkten und Dienstleistungen, von Prozessen und Wertschöpfungsketten. Sie rüttelt die Organisation auf und kalibriert die Denkweise neu.

Im Angesicht der Veränderungen müssen wir uns klar darüber werden: Wollen wir gestalten oder gestaltet werden? Wollen wir endlich die richtigen Dinge tun oder weiter „nur" die Dinge richtig tun? Wir müssen die Weichen für die Strategie jetzt stellen.

Wie können die richtige Vision und die digitale Unternehmensstrategie aussehen und was muss bei ihrer Entwicklung berücksichtigt werden (vgl. Kap. 7 bis Kap. 10)? Und welche spezifischen Anforderungen stellen sich an Vision und Strategie (vgl. Kap. 7)?

„Purpose" spricht es neuerdings aus Präsentationen und raunt es in den Meeting-Räumen von Unternehmen. Purpose ist der etwas modische Sprech für ein neues Verständnis von der Daseinsberechtigung und dem Wertbeitrag eines Unternehmens. Purpose ist nichts weniger als das Leitbild des Transformationsprozesses für die Digitalisierung. Mit diesem Leitbild nimmt das Unternehmen bei seinem Handeln alle Stakeholder in den Blick: Aktionäre, Kunden, Mitarbeiter, Geschäftspartner, die Gesellschaft und die Umwelt. Ein solcher Stakeholder-Ansatz – angeschoben von Digitalisierung und Nachhaltigkeit – löst schrittweise die auf kurze Zeiträume angelegte Shareholder-Value-Betrachtungsweise ab, die jahrzehntelang die Unternehmenswelt dominierte. Was gibt es darüber zu wissen? Und vor welchen Entscheidungen stehen Unternehmer und Manager bei diesem Thema (vgl. Abschn. 7.1)?

Der Übergang vom dritten in das vierte industrielle Zeitalter hat das Zeug dazu, die Grundfesten klassischer Unternehmen zu unterminieren. Strategie, Organisationsform, Erfolgskennzahlen und Know-how, die am Ende eines Innovationszyklus dafür taugen, die Dinge noch richtiger zu tun, sind am Anfang eines Innovationszyklus ungeeignet, um die richtigen Dinge zu tun. Warum braucht es zwei separate Strategien, eine für die digitale Transformation des Kerngeschäftes und eine andere für den Aufbau neuer Geschäftsbereiche? Und was hat es mit „strategischer Beidhändigkeit" auf sich (vgl. Abschn. 7.2)?

Eine von der digitalen Unternehmensstrategie getrennte Digitalstrategie ist zum Scheitern verurteilt. Sie kann keine Wirkung erzielen, weder im Gesamtunternehmen noch in einzelnen Bereichen wie Vertrieb, Produktmanagement, Operations oder IT. Eine zukunftsfähige Strategie ist eine digitale Unternehmensstrategie, und eine zukunftsfähige Organisation ist eine digitale Organisation. Was zeichnet die richtigen Strategien für Unternehmen im Digital-Zeitalter aus und wie werden sie handwerklich gut gemacht (vgl. Abschn. 7.3)?

Isolierte Digitalstrategien oder besondere Digitaleinheiten im Unternehmen sind oft gut gemeint, aber gut gemeint ist allzu häufig das Gegenteil von gut. Die richtige Strategie für das Kerngeschäft digitalisiert immer die gesamte Unternehmung und eben nicht nur einzelne Geschäfts- oder Infrastrukturbereiche (vgl. Kap. 8).

Vier Handlungsmaximen müssen die digitale Transformation des Kerngeschäftes leiten. Warum sind gerade sie geeignet, die Hand zu führen, die den Schalter umlegt von „die Dinge richtig tun" auf „die richtigen Dinge tun?"

- Eine digitale Unternehmensstrategie transformiert sämtliche Vertriebskanäle in einen Mix digitaler Zugangswege und sie baut nicht nur einzelne Apps. Sie nimmt statt der Produkt- die Kundenperspektive ein, sie wechselt von Multi-Kanal auf „Omni-Access".
- Sie konfiguriert die gesamte Wertschöpfungskette von Produkten und Prozessen neu – auch die internen. Wer die internen Prozesse nicht digitalisiert, wird die digitale Transformation der externen Produkte verfehlen und damit die Digitalisierung seines Unternehmens. Der Chief Financial Officer (CFO) nimmt eine Schlüsselrolle ein. Der CFO ist nicht die Kontrollinstanz, sondern arbeitet als Koordinator und Vorreiter an der Digitalisierung.
- Die digitale Unternehmensstrategie stärkt besonders die „Enden" der Wertschöpfungskette, die Kreation und Distribution, denn diese „Enden" sind für die Relevanz des Angebotes entscheidend.
- Sie transformiert die Wertschöpfungs- und Prozessarchitektur mithilfe neuer IT- und Dateninfrastrukturen. Sie macht das Wissen und Können im Umgang mit Daten zu einer universellen Fähigkeit im Unternehmen: Daten-Know-how ist nicht allein Sache eines Chief Data Office oder anderer Sonderfunktionen, sondern gehört zum Handwerkszeug in allen Geschäfts- und Infrastrukturbereichen. Das Selbstverständnis aller im Unternehmen als „taktische Kostenmanager" wird abgelöst durch die neue Identität des „smarten Datenmanagers".

Der Anspruch „*be relevant, be smart and go beyond*" ist richtig für die Strategie als Ganzes wie für jedes einzelne Handlungsfeld. Warum ist das so und wie lässt sich dieser Anspruch in der Praxis einlösen (vgl. Abschn. 8.1 bis Abschn. 8.4)?

Wie ist die Organisation im Sinne von „*structucre follows strategy*" richtig strukturiert (vgl. Abschn. 8.5)?

- Die digitale Unternehmensstrategie und ihre Umsetzung sind „Chefsache". Die Digitalisierung gehört in den Mittelpunkt des Unternehmens.
- Besondere Unternehmenseinheiten wie eine Digitalfabrik oder ein Chief Digital Office (CDO) haben zu Beginn der Transformation ihren Wert, sie können mithilfe agiler Methoden den Umbau fördern und unterstützen. Was sie nicht können, ist die Transformation stellvertretend für das gesamte Unternehmen verwirklichen oder gar verantworten. Wer die Verantwortung für die Digitalisierung an den Rand des Kerngeschäfts delegiert, der digitalisiert eben auch nur die Ränder, der Kern des Unternehmens bleibt dann unberührt.
- Besonders wachsam müssen Unternehmer und Manager sein, wenn darüber diskutiert wird, wo die Digitalisierung in der Organisation zu verankern ist. Diese Debatte ist meist eine Stellvertreter-Diskussion für die richtige Strategie und die richtigen handelnden Personen. Sie kostet nur wertvolle Zeit und Ressourcen und führt überallhin, nur nicht ins digitale Zeitalter.
- Für die Digitalisierung des Kerngeschäftes kann nur einer verantwortlich sein: der Leiter des Kerngeschäftes (vgl. Abschn. 8.5).

Die digitale Transformation des Kerngeschäftes ist notwendig, aber wahrscheinlich nicht hinreichend. Das Unternehmen braucht mit großer Wahrscheinlichkeit auch neue Geschäftsmodelle und Geschäftsfelder jenseits seines angestammten Terrains, damit es neuen Unternehmenswert schafft und in den Ökosystemen der Zukunft wettbewerbsfähig bleibt. Ein Portfolio-Ansatz in einer separaten „Division" verspricht beim Aufbau neuer Geschäftsfelder den größten Erfolg.

Welche Argumente sprechen für eine solche rechtlich selbstständige Unternehmenseinheit? Welche Ziele sollten ihr mindestens gesetzt werden? Und welche neuen Geschäftsmodelle und Aktivitäten können Gegenstand dieser Unternehmenseinheit sein (vgl. Kap. 9)?

Der beste Zeitpunkt dafür, sich in der Strategie für ein „new venture" zu entscheiden, mag in der Vergangenheit liegen. Der zweitbeste Zeitpunkt ist genau jetzt. Wer zuwartet, erhöht nicht die Sicherheit des Erfolges, sondern die des Scheiterns. Chancen für neue Geschäftsmodelle und Geschäftsfelder zu ergreifen, gehört genauso zu den Pflichten des Managers wie die digitale Transformation des Kerngeschäftes. Unternehmen sollten Konkurrenz und fairen Wettbewerb zwischen dem heutigen Kerngeschäft und neuen Geschäftsfeldern zulassen (vgl. Kap. 10).

Dann steht der Kunde tatsächlich einmal im Mittelpunkt – das (uneingelöste) Mantra vieler Unternehmen – und die wichtigen Anspruchsgruppen werden ernst genommen und entsprechend betreut (Stakeholder Management).

Der Rückstand ist aufgeholt und die Digitalisierung selbstverständlicher Alltag, wenn nicht mehr explizit von ihr gesprochen wird. So, wie heute niemand mehr von der Elektrifizierung etwa der Industrie spricht.

Neuer Daseinszweck, Beidhändigkeit und das Handwerk der Strategie

7

Handbücher für Strategie gibt es viele. Und Digitalstrategien sind nichts Besonderes mehr. Warum ist, was sich Digitalstrategie nennt, aber noch lange keine digitale Unternehmensstrategie (vgl. Abschn. 7.1 bis Abschn. 7.3)?

Der tiefgreifende digitale Wandel verbunden mit dem vom Menschen gemachten Klimawandel fordern von Unternehmen zusätzliche und überzeugende Antworten, was ihre Daseinsberechtigung und ihr gesellschaftlicher Beitrag sind, der sogenannte Purpose (vgl. Abschn. 7.1):

- Die schon lange diskutierte Abkehr vom *kurzfristigen Shareholder-Value*-Fokus und die Hinwendung zu einem *nachhaltigen Stakeholder*-Ansatz nehmen endlich Gestalt an. Nur Geld verdienen allein reicht nicht mehr und kurzfristig gedacht ist zu kurz gedacht.
- Eine gute CO_2-Bilanz wird so wichtig wie die Luft zum Atmen. Umwelt und Daten sind dann neben Arbeit und Kapital die Produktionsfaktoren 4.0.
- Weil die Digitalisierung große transformierende Kraft entfaltet und es immer dringender wird, mehr dafür zu tun, dass wir den Klimawandel bremsen, gilt mehr denn je das Bonmot von Erich Kästner: „Es gibt nichts Gutes außer: Man tut es." Statt Ob und Warum, fragen wir Wie. Das formt die Leitplanken für Strategie, Organisation und Denkweise.

Das Ende und der Anfang eines industriellen Zeitalters oder Innovationszyklus haben in der Strategie wenig gemeinsam. Eine getrennte Strategie für die Transformation des Kerngeschäftes und eine für die Entwicklung neuer Geschäftsbereiche versprechen deutlich mehr Erfolg (vgl. Abschn. 7.2):

- Am Ende eines Innovationszyklus sind die herkömmlichen oder klassischen Produkte und Prozesse ausgereift. Möglichst stabile Gewinne und steigende Effizienz sind das Ziel. Die Strukturen sind straff gestaltet und Abläufe nahezu perfektioniert. Im Mittelpunkt des Handelns steht, die Dinge richtig zu tun.
- Am Anfang eines Innovationszyklus sind die Reife von neuen Produkten und Dienstleistungen gering. Abläufe, Strukturen und die Organisation bieten Freiräume und Redundanz. Der Innovationsprozess besteht aus Tüfteln und Ausprobieren. Mit einem ganzen Bündel strategischer Wetten und Möglichkeiten sollen neue Märkte besetzt und neue Nutzer gewonnen werden. Langfristig Wert zu schöpfen, ist das Ziel und im Mittelpunkt steht, die richtigen Dinge zu tun.
- Diese entgegenstehenden Anforderungen an das Herkömmliche oder Klassische und das Neue im Unternehmen machen es nicht nur sehr unwahrscheinlich, dass sich das Neue organisch aus dem Klassischen entwickeln wird. Sie erzwingen geradezu, dass das Unternehmen beides strikt trennt. Nicht zuletzt neigt das Klassische nämlich regelmäßig dazu, wegen der strukturellen Unverträglichkeiten das Neue zerstören zu wollen.

Der Übergang ins digitale Zeitalter ist die hohe Zeit der Strategie und der Strategen. Was macht eine digitale Unternehmensstrategie aus (vgl. Abschn. 7.3)?

- *Sie partizipiert an den Chancen und geht kontrolliert Risiken ein.*
  Kein Risiko ist das größte Risiko. Keine Strategie ohne Raum für Zufall. Risikoverweigerer sind wie Hasardeure fehl am Platz. Strategie braucht eine abgewogene Mischung aus robustem digitalen Kerngeschäft und strategischen Wetten auf neue Geschäftsmodelle.
- *Sie formuliert mutig Thesen zu den Trends der Zukunft, stellt die richtigen Fragen in der Analyse und gibt dem weißen Elefanten im Raum einen Namen.*
  Nur wer für seine Strategie gute Fragen stellt, erhält auch gute strategische Antworten. Aus ihnen entwickelt er die richtigen Thesen für die Zukunft. Zehn Fragen, die zu stellen sich lohnt, und eine Liste von Thesen, bieten Unternehmern und Managern ein gutes Sprungbrett dafür, eine eigene digitale Unternehmensstrategie zu erarbeiten. Die Fragen und Thesen mögen für unterschiedliche Industrien unterschiedlich relevant sein. Für alle Industrien gleich bedeutsam ist es, sich über die künftige Wettbewerbsfähigkeit im Klaren zu werden sowie über die strategische Prespektive und die Relevanz des heutigen Kerngeschäftes.
- *Sie hat zwei Teile – einen für das heutige Kerngeschäft, einen für neue Geschäftsbereiche. Und sie ist beidhändig – gleich stark, gleich geschickt: Der Begriff dafür lautet Ambidextrie.*
  Ohne ein digital transformiertes und profitables Kerngeschäft würden die Investitionsmittel für neue Geschäftsmodelle fehlen. Das Tempo und die Ziele für Wachstum fielen vermutlich deutlich bescheidener aus. Und ohne ein Portfolio neuer Geschäftsmodelle würde der Verlust der Wettbewerbsfähigkeit drohen, besonders gegenüber neuen Konkurrenten. Das würde dem Schaffen neuer Unternehmenswerte enge Gren-

zen setzen. Kurz: Unternehmen brauchen (noch) beides. Und sie benötigen dafür Beidhändigkeit in Strategie, Organisation und Unternehmenskultur (vgl. auch Kap. 8 und 9).

Den eigenen Daseinszweck und die eigene Strategie für das Digitalzeitalter zu bestimmen, ist die Aufgabe jeder Unternehmung. Was an Überlegungen, Fragen und Thesen folgt, bietet Unternehmern und Managern entsprechende Leitplanken und Anregungen für die Strategie und den Weg in die digitale Zukunft – für die Transformation des Kerngeschäftes und für den Aufbau neuer Geschäftsfelder.

7.1   Neuer *„Purpose"* zum Nutzen aller Stakeholder

Hat der seit vielen Jahrzehnten in den meisten Unternehmen dominierende Zweck des kurzfristigen Geldverdienens ausgedient? Und wenn ja, was folgt? Was bedeutet das für den Daseinszweck („Purpose") und die Strategie der Unternehmen und was für das Handeln der Führungskräfte und Entscheider, die die Verantwortung tragen?

Es gibt gute Gründe dafür, warum zu Beginn des digitalen Zeitalters immer mehr Unternehmen den reinen Kurzfristfokus aufgeben. Und mehr und mehr wird der Shareholder-Ansatz zum sogenannten Multi-Stakeholder-Ansatz verbreitet, der Unternehmenszweck richtet sich also an den Interessen von Aktionären, Kunden, Mitarbeitern, Geschäftspartnern und der Umwelt aus.

Wie grundlegend sich das Werteversprechen eines Unternehmens wandeln kann, wenn der Multi-Stakeholder-Ansatz bestimmt, wie es geführt wird, das sehen wir beispielhaft am Stakeholder Umwelt. Klimaneutralität ist für Unternehmen zunehmend keine Frage des Ob mehr, sondern nur noch des Wann.

Je stärker die Umwelt für die Wirtschaft zur knappen, teuren Ressource wird, desto mehr wird sie zu einem Produktionsfaktor vergleichbar mit Arbeit oder Kapital. Ein nachhaltiger Unternehmenszweck, der von allen Stakeholdern akzeptiert wird, muss mit allen Produktionsfaktoren verantwortungsvoll umgehen und sie fair bezahlen. CO_2 mit einem Preis zu versehen, der den Gegenwert des Verbrauchs an sauberer Luft aus der Ressource Umwelt angemessen abbildet, ist deshalb absolut richtig. Für den Produktionsfaktor Daten werden wir das konzeptionell in gleicher Weise diskutieren müssen. Die Antworten auf die Fragen, wem Daten gehören und wie Privatpersonen oder Unternehmen ihre Daten selbst kommerzialisieren können, sind wichtig für die Zukunft von Wirtschaft und Gesellschaft (vgl. auch Themenblock I, Kap. 3 und Exkurs).

Wie funktioniert der Transfer von Theorie zur Praxis, also vom Warum zum Was und Wie des Handelns? Wir werden sehen, wie Geschäftsmodell, Steuerung und Organisation zu kalibrieren sind, damit das neue Werteversprechen fest verzurrt wird. Am Beispiel des Stakeholders Kunde in der Finanzdienstleistungsindustrie deklinieren wir durch, wie das Werteversprechen verändert werden kann und muss. Schließlich gibt es Antworten auf die Frage, warum die Führungskräfte den Wandel ohne Wenn und Aber vorleben müssen, damit er glaubwürdig ist und akzeptiert wird.

Die Idee des Shareholder Value hat lange Zeit treue Dienste geleistet, zumal am Ende des dritten industriellen Zeitalters. In die Zukunft und in die Transformation für das digitale Zeitalter weist sie aber nicht. Das digitale Zeitalter verlangt nachhaltigen Unternehmenswert, der die Interessen aller Anspruchsgruppen (Stakeholder) fair ausbalanciert.

Kurzfristig gedacht ist zu kurz gedacht
Die Vernetzung von Menschen und Maschinen mündet in neue Wertschöpfungsarchitekturen und -netzwerke. Sie lässt neue Märkte, Ökosysteme und Unternehmen entstehen, deren Wachstums- und Zukunftsaussichten mit hohen Bewertungen in Finanzierungsrunden und an der Börse belohnt werden.

Ökonomisch unter Druck geraten traditionelle, nicht-digitale Branchen und deren führende Unternehmen. Die Gefahr nimmt zu, dass durch den Strukturwandel Produktionsanlagen und Standorte zu gestrandeten Vermögenswerten werden. Und es steigt das Risiko für einen Teufelskreis, in dem Unternehmen ihre eigene Zukunft wegsparen. Menetekel für diesen Teufelskreis sind die im Branchenvergleich geringen Kurs-Gewinn-Verhältnisse oder Markt-zu-Buchwert-Verhältnisse klassischer Unternehmen.

Diese niedrigen Bewertungen sind oft Ausdruck der abnehmenden Profitabilität des Kerngeschäftes und des Fehlens von Chancen, im Digital-Zeitalter eine erfolgreiche und gestaltende Rolle zu spielen. Die Versuche der Unternehmen, über Effizienzprogramme das Ergebnis und die Profitabilität kurzfristig zu stabilisieren, erzeugen selten neue Zuversicht. Dringende Investitionen in die Zukunft des Unternehmens werden verschoben. Viele Fragen nach dem künftigen Geschäftsmodell und nach Wachstums- und Ergebnisquellen bleiben unbeantwortet. Wenn die nachgewiesenen Sanierungserfolge nicht zu spürbar höheren Bewertungen führen, wird der Sanierungskurs weiter verschärft – der Teufelskreis beginnt.

In den Anfangsjahren eines neuen Innovationszyklus ist der Schaden besonders groß, der aus diesem Teufelskreis aus niedrigen Bewertungen, Sanierungsbemühen, unterbleibenden Investitionen in die Digitalisierung und wieder niedrigen Bewertungen entsteht. Denn die führenden Positionen in den Schlüsseltechnologien, Kerninfrastrukturen und Ökosystemen des Digital-Zeitalters werden in den ersten Jahren und Jahrzehnten besetzt. Für die Unternehmen, die in dieser Zeit nicht in die Digitalisierung investieren können, weil sie mit Einsparungen Gewinne maximieren wollen, übersteigen die Kosten der kurzfristigen Gewinnmaximierung deren Nutzen bei Weitem. Der Fehler, vor dem Bill Gates einst warnte, kurzfristige Veränderungen zu über- und langfristige zu unterschätzen, ist am Beginn des digitalen Zeitalters besonders fatal:

> „We always overestimate the change that will occur in the next two years and underestimate the change that will occur in the next ten. Don't let yourself be lulled into inaction." Bill Gates, 1996

Neu ist die Kritik an der starken Kurzfristorientierung nicht. Bereits Alfred Rappaport, einer der Erfinder des Shareholder-Value-Ansatzes, warnte davor (sog. Short-Termism;

7.1 Neuer „*Purpose*" zum Nutzen aller Stakeholder

vgl. Rappaport und Bogle 2011; vgl. Winston 2019; zur Kritik am Short-Termism vgl. auch Goedhart und Koller 2020).

Eine Diskussion, ob die niedrige Bewertung die Ursache für den Fokus auf die kurzfristige Ergebnismaximierung oder die kurzfristige Ergebnismaximierung die Ursache für die niedrige Bewertung ist, führt überallhin, nur nicht ins Digitalzeitalter. Was am Ende des dritten industriellen Zeitalters richtig gewesen sein mag, ist für den Beginn des vierten industriellen Zeitalters mit Sicherheit falsch.

Nur Geld verdienen alleine reicht nicht mehr
Veröffentlicht wurde das richtungsweisende „*Statement on the Purpose of a Corporation*" (vgl. o. V. 2019) im August 2019 vom *Business Roundtable* (www.businessroundtable.org/about-us), einer Vereinigung von CEO führender Unternehmen aus den USA. Darin verpflichten sich die 181 unterzeichnenden Unternehmenslenker, ihre Unternehmen im Interesse und zum Nutzen aller Stakeholder zu führen – Aktionäre, Mitarbeiter, Kunden, Geschäftspartner, Gesellschaft und Umwelt. Bemerkenswert: Diese Erklärung ersetzt alle vorherigen Dokumente der Vereinigung, in denen durchgängig die Vorherrschaft und Dominanz der Aktionärsinteressen zum Ausdruck kam.

Jamie Dimon, CEO und Chairman von JPMorgan Chase & Co., begleitete die Veröffentlichung in der Funktion des Chairmans des Business Roundtables mit den Worten (o. V. 2019): „*Major employers are investing in their workers and communities because they know it is the only way to be successful over the long term. These modernized principles reflect the business community's unwavering commitment to continue to push for an economy that serves all Americans.*"

In der Stellungnahme verpflichten sich die Unterzeichner ausdrücklich gegenüber den einzelnen Interessengruppen. Dazu gehören Investitionen in die Qualifikation und Ausbildung der Mitarbeiter, eine faire Bezahlung sowie ein Bekenntnis zu Vielfalt und Inklusion. Dazu kommen ethisches und faires Verhalten gegenüber Geschäftspartnern und das Bekenntnis, Kunden Mehrwert zu bieten und deren Erwartungen zu übertreffen. Die Unterstützung und Förderung von Gemeinden zählen ebenso dazu wie der Schutz der Umwelt durch nachhaltige Geschäftspraktiken und ein stets verantwortungsvoller Einsatz von Ressourcen. Nur wenn die Interessen aller Gruppen bedient werden, könne es nachhaltige Wertschöpfung für Aktionäre geben.

Viele Experten stoßen ins gleiche Horn wie die CEO aus den USA. Marc Goedhart und Tim Koller von McKinsey schreiben in ihrem McKinsey Quarterly Article im März 2020 (vgl. Goedhart und Koller 2020): „*Value creation is inclusive. For companies anywhere in the world, creating long-term shareholder value requires satisfying other stakeholders as well.*"

Larry Fink, Chairman und CEO der Investmentgesellschaft Blackrock und einer der Unterzeichner des Business Roundtable Statements, hat im März 2020 die Themen Multi-Stakeholder-Management, Nachhaltigkeit und Klimawandel in den Mittelpunkt seines jährlichen Briefs an die CEO gestellt (Fink 2020): „*… a company cannot achieve long-term profits without embracing purpose and considering the needs of a broad range of* *stakeholders. ... actions that damage society will catch up with a company and destroy shareholder value ... Ultimately, purpose is the engine of long-term profitability."*

Eine gute CO_2-Bilanz ist so wichtig wie die Luft zum Atmen
Tim Cook, CEO von Apple und Mit-Unterzeichner des Business Roundtable Statements, gab im Juli 2020 für Apple das Ziel aus, bis 2030 klimaneutral zu sein (vgl. Apple 2020). Das schließt die Produkte, den Betrieb der heutigen Standorte sowie die gesamte Zulieferkette mit ein. CO_2-Emissionen sollen um 75 Prozent reduziert und parallel innovative Lösungen entwickelt werden, mit deren Hilfe sich die verbleibenden 25 Prozent bereinigen lassen (vgl. Apple 2020).

In der Medieninformation zur angestrebten Klimaneutralität unterstreicht Cook, wie positiv es sich auswirkt, wenn die unterschiedlichen Interessen der einzelnen Stakeholder unter einen Hut gebracht werden können. Er hoffe, dass möglichst viele dem Beispiel von Apple folgen, damit sich die positiven Effekte weiter verstärkten (vgl. Apple 2020): *„Der Klimaschutz kann die Grundlage für eine neue Ära an Innovationen sein, Arbeitsplätze schaffen und zu dauerhaftem Wirtschaftswachstum beitragen. Mit unserer Verpflichtung zur Klimaneutralität hoffen wir, wie ein Stein zu sein, der in einen Teich geworfen wird, und Wellen auszulösen, die viel größere Veränderungen bewirken."*

Auch Amazon geht in diese Richtung: Mit einem Venture Capital Fonds *„The Climate Pledge"*, im Juni 2020 mit einem Volumen von 2 Milliarden US-Dollar aufgelegt, investiert der Online-Händler in Unternehmen, die nachhaltige und dekarbonisierende Technologien entwickeln (vgl. Mattioli 2020). Gleichzeitig sollen diese einen wesentlichen Beitrag zur Klimaneutralität von Amazon leisten, die bis 2040 angestrebt wird (vgl. Palmer 2020).

„Es reicht nicht, auf den Klimaschutz nur zu hoffen. Unternehmen sollten kurzfristig die CO_2-Neutralität wagen", sagt Volkmar Denner, Vorsitzender der Geschäftsführung von Bosch (vgl. Bosch o. J.). Seit 2020 arbeitet Bosch in allen seinen 400 Standorten weltweit klimaneutral (vgl. Bosch o. J.). In einem ersten Schritt wurden dafür die Emissionen neutralisiert. In den kommenden Jahren steht dann die sukzessive Reduktion des CO_2-Fußabdrucks an (vgl. Eisenring 2019), und das erklärte Ziel bis spätestens 2050 ist es, zur Klimaneutralität der vor- und nachgelagerten Wertschöpfungsstufen beizutragen, die von Dritten kontrolliert werden.

In den Pflichtenheften von Politik, Gesellschaft, Wissenschaft und vieler Unternehmen sind die Reduktion des CO_2-Fussabdrucks und das Ziel der Klimaneutralität weit nach oben gerückt. Dementsprechend tagte das Weltwirtschaftsforum in Davos im Jahre 2020 unter dem Leitspruch *„Stakeholders for a Cohesive and Sustainable World"* (vgl. World Economic Forum o. J.) mit einem starken Schwerpunkt auf den Themen Klimawandel und Umweltschutz. Zu den Top 5 Bedrohungen der kommenden zehn Jahre zählen die Herausgeber des jährlichen WEF-*Global Risks Reports* das Scheitern der Klimamaßnahmen, Naturkatastrophen, Extremwetterereignisse und den Verlust der Biodiversität (vgl. World Economic Forum 2020).

Naturkatastrophen und Wetterextreme finden in den Medien viel Aufmerksamkeit. Wirklich Sorge bereitet aber der strukturelle Überverbrauch der nachwachsenden Ressourcen und Rohstoffe. Die Non-Profit-Organisation *Global Footprint Network* (www.footprintnetwork.org) ermittelt jährlich den sogenannten Erdüberlastungstag (*Earth Overshoot Day*). Gemeint ist damit der Tag, an dem der ökologische Fußabdruck der Menschen die Biokapazität überschreitet oder, anders ausgedrückt, der Tag, an dem der jährliche Verbrauch die jährliche Produktion übersteigt (vgl. Global Footprint Network o. J.). Im Jahr 2020 lag dieser Tag wegen der Pandemie leicht nach hinten verschoben im August (vgl. Römer 2020), die restliche Zeit des Jahres lebte die Menschheit ökologisch auf Pump. Der Überverbrauch natürlicher Ressourcen und die damit verbundenen Risiken und Bedrohungen haben erhebliche negative Folgen für große Teile der Erdbevölkerung – und für weite Teile der Wirtschaft.

Dabei sind die Schäden, die Versicherer und Rückversicherer jedes Jahr regulieren müssen, oder der Kampf der Nahrungsmittelproduzenten mit Ernteausfällen nur die offensichtliche Spitze des Eisbergs. Je häufiger und verbreiteter etwa Extremwetter und Naturkatastrophen werden, desto fragiler sind weltweite Wertschöpfungsketten. Es drohen deutliche Verlust bei Vermögenswerten in Städten und Regionen, die auf mittlere Sicht wegen ihrer Lage von steigenden Meeresspiegeln in ihrem Bestand gefährdet sind (vgl. Eceiza et al. 2020). Gleiches droht im Zuge der Energiewende der Infrastruktur der fossilen Energieträger. Experten sind der Meinung, dass deren wertlos werdende Vermögenswerte (sog. Stranded Assets) sogar das globale Finanzsystem in seinen Grundfesten erschüttern könnten (vgl. Rifkin 2019, S. 125 ff.).

Immer mehr Bürger erkennen, wie notwendig es ist, nachhaltig zu handeln und die Umwelt zu schützen. Gefragt, welche beiden Schwerpunktthemen die deutsche EU-Ratspräsidentschaft anpacken sollte, entschieden sich im Juni 2020 die Hälfte der Bürgerinnen und Bürger im „ARD Deutschland-Trend" für den Klimaschutz. Die Bewältigung der Pandemie folgte mit 39 Prozent auf Rang 2 und die Digitalisierung lag mit 25 Prozent auf Platz 4 (vgl. Suhr 2020).

Bei der Geldanlage und bei Investitionen gewinnen ökologische und soziale Aspekte substanziell an praktischer, ökonomischer Bedeutung. Der Begriff *ESG* hat sich für das Erfüllen von Standards in den Bereichen Umweltschutz (*Environment*), Soziales (*Social*) und gute Unternehmensführung (*Governance*) etabliert. Diese ESG-Kategorien sind Grundlage der bereits 2006 verabschiedeten Prinzipien für verantwortungsvolles und nachhaltiges Investieren (sog. UN Principles for Repsonsible Investment; vgl. Principles for Responsible Investment o. J. a). Sie wurden auf Initiative des damaligen UN-Generalsekretärs Kofi Annan von Investoren entwickelt und von 100 Institutionen unterzeichnet (vgl. Principles for Responsible Investment o. J. b). Mittlerweile ist die Zahl der Unterzeichner auf 3000 angewachsen (vgl. Principles for Responsible Investment o. J. b). Kaum eine Asset-Management-Gesellschaft kommt heute ohne ESG-konforme Anlagen in ihrem Portfolio aus – Tendenz weiter steigend (vgl. DWS o. J.; vgl. Blackrock o. J.). Letztlich ist das die Reaktion auf eine stetig anziehende Nachfrage durch die Anleger sowie Ausdruck der Überzeugung von immer mehr Investoren und Kapitalgebern, dass auf

Dauer die Wertschöpfung Hand in Hand mit nachhaltiger und verantwortungsvoller Unternehmensführung geht (vgl. Blackrock o. J.; vgl. Henisz et al. 2019).

Als Nabe im Rad der Wirtschaft, mit direktem Zugang zu Unternehmen unterschiedlichster Industriebranchen und Dienstleistungssektoren, können Finanzdienstleister hier viel bewirken. Banken und Versicherungen haben mit ihren Produkten und der Beratung ihrer Kunden starke Hebel in der Hand, um den Umbau zu einer dekarbonisierten Gesellschaft zu beschleunigen. Das Gleiche gilt für die Kapitalanlagegesellschaften und deren Investitionsentscheidungen. Wenn die Finanzdienstleister überdies so schnell wie möglich ihren eigenen CO_2-Fußabdruck in Richtung Klimaneutralität verkleinern, gehen sie ihren Kunden mit überzeugendem Beispiel voran.

Für den Schutz des Ökosystems Erde sind Wirtschaft, Politik und Gesellschaft insgesamt gefordert. Alle Unternehmen müssen ihren Beitrag leisten, um neben ihrer ökonomischen und gesellschaftlichen auch ihrer ökologischen Verantwortung gerecht zu werden (vgl. von Rohr 2020). Für nahezu jedes Unternehmen ist es nicht mehr entscheidend, ob es klimaneutral wird, sondern nur noch wann.

Kritiker, die mit den hohen Kosten für den Umbau und die Energiewende argumentieren, legen damit auch die Spur zur Lösung: Der „Produktionsfaktor Erde" braucht überall auf der Welt einen angemessenen Preis. Dann nämlich führt eine schlechte CO_2-Bilanz zu einem schlechteren Unternehmensergebnis, sei es unmittelbar durch die CO_2-Kosten oder durch eine Reputation, die in den Augen einer umweltsensiblen Kundschaft und Gesellschaft unter Druck gerät. Eine gute CO_2-Bilanz ist dann nicht nur eine ökologische, sondern auch eine ökonomische Notwendigkeit.

Walk-the-talk: Sage, was Du tust, und tue, was Du sagst
Viele Unternehmen wollen sich künftig stets zum Nutzen aller Stakeholder verhalten. Ist das bloß gut klingende PR oder folgen auch Taten? Bleibt es bei Lippenbekenntnissen oder sind tatsächlich Veränderungen erkennbar?

Politik und Gesellschaft, Kunden, Geschäftspartner und Mitarbeiter sind noch skeptisch. Schließlich beherrscht das Dogma vom Wert, der für die Aktionäre und nur für sie geschaffen werden muss, den Daseinszweck von Unternehmen seit mehr als 50 Jahren. Es war Milton Friedman, der 1970 erklärte, dass die soziale Verantwortung von Unternehmen die Gewinnsteigerung sei (vgl. Friedman 1970).

50 Jahre Shareholder Value haben das Erleben und Handeln von Wirtschaft, Gesellschaft und Politik im Kern tagtäglich geprägt. Als Sinnbilder einer übersteigerten Shareholder-Value-Orientierung haben sich Skandale und durch Fehlverhalten ausgelöste Naturkatastrophen besonders tief und hässlich ins kollektive Gedächtnis eingebrannt. Dies gilt für ganze Branchen wie für einzelne Unternehmen.

Eine Neuausrichtung des Unternehmenszwecks, so richtig und ernst gemeint sie auch ist, muss gegen das Erlebte und Wahrgenommene ankämpfen. So fragte die Harvard Business Review im August 2019, „*Is the Business Roundtable Statement Just Empty Rhetoric?*" (vgl. Winston 2019) und führte frühere Aktivitäten unterzeichnender Unternehmen auf, die aus Sicht des Magazins im Widerspruch zum Statement stehen.

Der Aufbau von Vertrauen und Glaubwürdigkeit sowie eine veränderte Wahrnehmung brauchen Zeit, Durchhaltevermögen und fundamentale Veränderungen: bei Strategien, Produkten und Prozessen. Diese Veränderungen müssen beim Kern des Werteversprechens ansetzen und die unterschiedlichen Stakeholder müssen sie durch eigenes Erleben als glaubwürdig einstufen. Halten die Antworten auf die folgenden Fragen dem Stakeholder-Value-Anspruch stand?

- Wie wichtig sind die Begeisterung der Kunden, das Engagement der Mitarbeiter und der CO_2-Fußabdruck für die interne Ressourcen-Allokation und wie wichtig sind sie für die Steuerung der unterjährigen Performance?
- Ist das Unternehmen bereit, den CO_2-Fußabdruck beim Erstellen und Nutzen des Produkts zum integralen Bestandteil der Produktbeschreibung zu machen und damit einen Vergleichsmaßstab für Konsumenten anzubieten – so wie heute der Kaufpreis?
- Welches Datenversprechen wird Kunden und Geschäftspartnern gegeben? Wie sollen Daten kommerzialisiert werden und welchen Anteil daran erhalten Kunden und Geschäftspartner?
- Sind der Schutz und die faire Bezahlung von Mitarbeitern ein K.O.-Kriterium bei der Auswahl von Geschäftspartnern?
- Bis wann sollen die einzelnen Geschäftsbereiche klimaneutral sein? Wird ein Verfehlen der Klimaziele kompensiert oder werden sogar einzelne Produkte und Dienstleistungen eingestellt?
- Wie ist der Stakeholder-Ansatz in der Organisation hinterlegt? Gibt es erweiterte Rollen für den CFO, das strategische Controlling oder Compliance? Wer ist die laute und mächtige Stimme für die Umwelt im Unternehmen?
- Ist das Erreichen von Klimazielen ebenso ausschlaggebend für die Bezahlung und Beförderung wie das Erreichen von Kosten- und Gewinnzielen?
- …

Je grundlegender die Veränderung ist, die das Unternehmen vornimmt, und je höher die Opportunitätskosten ausfallen, desto größer sind die möglichen Effekte. Kurzfristig kann sich das durchaus negativ auf die Erträge, Kosten und das Unternehmensergebnis auswirken. Allerdings kommen voraussichtlich vor allem jene Unternehmensbereiche unter Druck, die nach den Maßstäben des Stakeholder Value ohnehin nicht nachhaltig sind. Handelt das Unternehmen dann verantwortungsvoll zum Nutzen aller Stakeholder, wird das Problem des sogenannten Short-Termism gleich mitgelöst.

Heute sind Geschäftsberichte, Jahresabschluss- und Quartalsberichte als Vehikel, mit denen die Unternehmen gesetzlich vorgeschriebene Informationspflichten erfüllen, immer noch ganz auf die Informationsbedürfnisse von Aktionären zugeschnitten. Daran ändert auch nichts, dass sie laufend weiterentwickelt und um Themen wie beispielsweise Klimarisiken erweitert werden. Kennzahlenüberblicke konzentrieren sich meist auf die klassischen finanziellen Größen. Fortschritte beim CO_2-Fußabdruck, der Begeisterung der Kunden für die Produkte und Dienstleistungen oder beim Mitarbeiter-Engagement fehlen noch zu häufig. Darin schlummert die Chance, künftig in diesen Berichten Fortschritte bei Stakeholder-Value-Themen glaubhaft zu berichten oder sich bei Rückschlägen den Fragen der Stakeholder zu stellen und den Dialog zu gestalten.

Denn wenn sich Unternehmen mit gesellschaftlichen Fragen beschäftigen und klar Position beziehen, wird das von den Konsumenten durchaus geschätzt. In der YouGov-Studie aus dem März 2020 *„Klare Kante oder lieber Kopf in den Sand?"* gaben 66 Prozent der befragten Konsumenten an, dass Unternehmen und Marken Haltung zeigen und sich zu Themen ausdrücken können sollen (vgl. Inhoffen 2020).

Es droht Gefahr, wenn Fortschritte nicht kommuniziert und auch nicht aktiv Stellung bezogen wird. Dann dominieren schnell einzelne Negativ-Beispiele die öffentliche Wahrnehmung, zumal das menschliche Gedächtnis schlechte Erfahrungen viel besser erinnert als Positiv-Beispiele. Den passenden Verstärker finden solche Negativ-Beispiele leicht in den digitalen Kommunikations- und Informationsplattformen wie den Social-Media-Kanälen.

Die Chancen und Risiken im Zusammenhang mit der Definition und Kommunikation des neuen Unternehmenszwecks sind breit gefächert. Einige Beispiele illustrieren das:

Die Mineralölindustrie steht vor einer Reihe ganz besonders schwerer Aufgaben. Der Klimawandel, die Digitalisierung, neue Technologien und alternative Energie- und Antriebsformen machen ihr das Leben schwer. Fast wirken die Förderung und Verarbeitung von fossilen Energieträgern wie „aus der Zeit gefallen", während alle Welt CO_2-Neutralität anstrebt. Es hagelt Kritik von Umweltschützern, Medien und einer breiteren Öffentlichkeit. Umso wichtiger ist es, sich den Fragen und Forderungen der Gesellschaft aktiv zu stellen und den „Purpose" herauszustellen. So hat etwa British Petroleum im Februar 2020 sein Ziel des „Net-Zero" bis 2050 verkündet, einen ersten strategischen Maßnahmenplan und entsprechende Neuaufstellung inklusive (vgl. BP 2020). Öffentliche Reaktionen zeigen, dass es Zeit und messbare Aktivitäten benötigt, um die gewünschten Ziele zu erreichen (vgl. Watts 2020).

Existierende Produkte und Dienstleistungen können durch den Stakeholder-Ansatz und den damit breiteren Unternehmenszweck ins Schlingern geraten. Das gilt gerade für jene Produkte, die über viele Jahre genutzt werden oder bei denen Verträge über viele Jahre laufen. Dazu gehören zum Beispiel Versicherungen oder auch Kredit- und Anlageverträge. In der Beratung für solche Produkte stand und steht unmittelbar der spezifische Bedarf im Mittelpunkt, bei der Altersvorsorge etwa die individuelle Rentenlücke oder bei Baufinanzierungen der Wunsch nach den eigenen vier Wänden. Alles immer ausgerichtet auf die Einkommens- und Vermögenssituation des Kunden.

Wenn die Banken und Versicherungen ihre Stakeholder-Orientierung ernst nehmen, dann sollten sie das gesamte finanzielle Wohl des Kunden in den Blick nehmen und dürfen nicht einfach einen bestimmten Bedarf, ein bestimmtes Produkt isoliert beraten. Das wäre ein neues Beratungs- und Leistungskonzept. Bevor also noch die Frage nach der Absicherung des Langlebigkeitsrisikos – der wenig kundenfreundliche Fachterminus für Altersvorsorge – beantwortet wird, muss die Bank andere Risiken für den Kunden ansprechen, etwa die Sicherung laufenden Einkommens bei Alleinstehenden oder die Sicherung des

Lebens bei Familienvätern (vgl. Defino o. J.). Es gehört zu den Freiheiten des mündigen Bürgers, Risiken für Leben, Gesundheit, Berufstätigkeit usw. bewusst einzugehen. Für die Versicherungsunternehmen bietet sich hier die Chance, ihren Kunden ein neues Werteversprechen zu geben und dabei über Risiken aufzuklären und geeignete, faire Absicherungen vorzuschlagen. Digitale Technik kann dabei unterstützen.

Anstatt Risiken nur abzusichern, könnten Versicherungen ihren Unternehmenszweck im Sinne der Stakeholder dahin gehend erweitern, dass sie ihnen helfen, Risiken von vorneherein zu vermeiden. Das gilt ganz herkömmlich für Krankheit oder Unfälle, das geht aber auch im Bereich zur Vermeidung von Klimarisiken. Erste Versicherungen und Banken arbeiten beispielsweise an digitalen CO_2-Rechnern, die den individuellen CO_2-Ausstoß anzeigen und dem Kunden Vorschläge machen, wie er diesen reduzieren oder sogar ausgleichen kann.[1]

Auch aus Krisen kann ein neues Denken und Handeln erwachsen. Als Beispiel taugt der Dieselskandal in der Automobilbranche: Hier bestimmt der Ausgleich des finanziellen Schadens, der den Autokäufern entstanden ist, sowohl die Gerichtsverfahren als auch die Berichte in den Medien. Dagegen spielt der Ausgleich der zusätzlichen Umweltbelastung, die aus den höheren und unzulässigen Abgaswerten der Autos resultiert, überraschenderweise keine Rolle. Dabei besteht über diese zusätzliche Umweltbelastung weitgehende Transparenz, denn über die Anzahl der betroffenen Fahrzeuge und deren Fahrleistung könnte der zu kompensierende CO_2-Wert deutlich einfacher und schneller berechnet werden als der Schadensersatzwert in Euro.

Große Teile der Wirtschaft haben das Stakeholder-Value-Prinzip für sich bereits übernommen. Geist, Überzeugung und die Ziele des *Business Roundtables* sind in den USA, in Europa und Deutschland in den Unternehmen angekommen. Nur noch 7 Prozent der Fortune 500 CEO gaben in einer Befragung im Jahre 2019 an, dass der Zweck ihres Unternehmens im Kern der Profit ist und es sich nicht von gesellschaftlichen Zielen ablenken lassen sollte (vgl. Murray 2019, vgl. auch Gast et al. 2020). Während also die Unternehmen weitgehend in dem Ziel übereinstimmen, alle Anspruchsgruppen in ihrem Handeln zu berücksichtigen, ist der Weg dorthin noch nicht klar vorgezeichnet (vgl. Gast et al. 2020).

Der Anspruch der unterschiedlichen Stakeholder an den Unternehmenszweck wächst und das Gewicht der verschiedenen Stimmen nimmt auch durch die digitalen Medien ständig zu. Aber die Unternehmen sollten sich hüten, dem Druck dadurch nachzugeben, dass sie sich ein Nachhaltigkeits-Mäntelchen umhängen und darunter alles beim Alten lassen. Das fliegt im Digitalzeitalter besonders schnell auf. Und dann wäre das Vertrauen der Stakeholder wohl unwiederbringlich verspielt, besonders das von Aktionären und Investoren.

Wenn das Unternehmen für sich ein „Purpose Statement" formuliert, sollte das von Beginn an als Strategie- und Transformationsprozess mit Tiefgang angelegt sein. Die Stakeholder daran mitwirken zu lassen, fördert die Akzeptanz und Relevanz des neuen

---

[1] https://www.db.com/news/detail/20201201-deutsche-bank-app-zeigt-kunden-co2-ausstoss-auf-einen-blick? (Zugriff 01.12.2020)

Unternehmenszwecks. Ein wichtiger Treiber sind auch die Führungskräfte des Unternehmens. In einer idealen Welt verstehen sie etwas von Strategie, haben Empathie und arbeiten entscheidungsstark sowie mit einer guten Portion Fingerspitzengefühl (vgl. Gast et al. 2020):

- Strategie-Know-how für den Entwurf einer Vision, die Lust auf die Zukunft macht
- Empathie, um sich hineinzuversetzen in das, was Mitarbeiter antreibt, Kunden begeistert und die Gesellschaft erwartet
- Entscheidungsstärke bei einer Vielzahl von Kosten-Nutzen-Abwägungen etwa im Produktportfolio oder bei der Wahl der Geschäftspartner
- Fingerspitzengefühl für die richtige Geschwindigkeit und den richtigen Grad der Veränderung: Geht sie zu schnell zu weit, könnte sie die Organisation überfordern oder die Aktionäre gehen von der Fahne. Geht es beim Umbau dagegen nur in Trippelschritten voran, sind schnell die Authentizität und Glaubwürdigkeit dahin und der Transformationsprozess bricht.

Die Führungskräfte sind die Vordenker des neuen Unternehmenszwecks, sie sind Vorbilder und Identifikationsfiguren im Geschäftsalltag. Für sie heißt es „walk-the-talk": Sage, was Du tust, und tue, was Du sagst.

Der neue Unternehmenszweck gilt für alle Geschäftsbereiche universell – für bestehende Geschäftsmodelle, die im Übergang ins Digital-Zeitalter transformiert werden, und für die neuen Geschäftsmodelle des digitalen Zeitalters.

7.2 Ende und Anfang eines industriellen Zeitalters – Warum es beide Hände braucht

Strategie und Struktur, Denkweise und Herangehen, Kultur und Einstellung sind am Ende und zu Beginn eines Innovationszyklus grundverschieden.

Der Leitgedanke am Ende des Innovationszyklus ist, „die Dinge richtig zu machen", dagegen geht es am Beginn darum, „die richtigen Dinge zu tun". Der erste Abschnitt *„Wo das eine nichts mit dem anderen zu tun hat"* erklärt, worin genau der Unterschied besteht, an welchen Stellen beides sogar gänzlich unvereinbar ist und warum Peter F. Druckers Unterscheidung zwischen „Manager" und „Leader" aktueller denn je ist (vgl. Tab. 7.1).

Der zweite Abschnitt *„Warum zwei getrennte Strategien bei der Digitalisierung eher zum Ziel führen"* zeigt, wieso es wichtig ist, sich die Unterschiede immer bewusst zu machen. Und er begründet, warum eine Strategie für die Digitalisierung des Kerngeschäftes und eine separate für den Aufbau neuer digitaler Geschäftsmodelle viel eher zum Erfolg führen. Wenn eine Organisation beide Strategien gleichzeitig und gleich gut umsetzt, sprechen Experten von strategischer Beidhändigkeit oder nutzen den neulateinischen Begriff: Ambidextrie.

Tab. 7.1 Synopse der ganz unterschiedlichen Anforderungen zum Ende und zum Anfang eines Innovationszyklus (vgl. Pertlwieser 2020)

	Ende des Innovationszyklus/ „Klassisch"	Beginn des Innovationszyklus/„Neu"
Strategie	Singuläre, sichere Wetten	Bündel von Möglichkeiten
	Abgrenzung vs. Wettbewerber	Mehrwert durch Partnerschaften
	Branchenfokus & Produktbrille	Kundenbrille & Erlebnis für den Kunden
Produkte	Reife hoch	Reife gering/MVP
	Weiterentwicklung Inkrementell/linear	Weiterentwicklung Sprunghaft/exponentiell
Steuerung & KPI	Kurzfristige Gewinnsteigerung insb. durch Kostensenkung	Nutzergewinnung und langfristiges Wachstum/neue Märkte
	Aufwand minimieren	Ergebnis maximieren
	Effiziente Allokation interner Ressourcen	Effektives Zusammenspiel externer Partner
	5-Jahres-Plan	Seed, Series A/B/C/D
Organisation	Management	Leadership
	Funktionen, vertikal organisiert	Team of teams, horizontal organisiert
	Straffe Führung (command & control)	Vorbild sein und stark machen (role modeling & empowerment)
Mindset	Perfektion	Innovation
	Fehler vermeiden	Chancen nutzen
	Die Dinge richtig machen	Die richtigen Dinge machen

Wo das eine nichts mit dem anderen zu tun hat

Das letzte Jahrzehnt des 20. Jahrhunderts und die ersten Jahrzehnte des 21. Jahrhunderts gelten als Zeit des Übergangs vom dritten ins vierte industrielle Zeitalter. Die Erfindung und Kommerzialisierung des Internets in den 1990er-Jahren, die rasche Verbreitung des mobilen Internets sowie des *Smart Phones* in den 2000er-Jahre und das Aufkommen des Internets der Dinge im zweiten Jahrzehnt des neuen Jahrhunderts haben Menschen und Maschinen wie nie zuvor miteinander vernetzt.

Das Revolutionäre des vierten industriellen Zeitalters besteht darin, dass es die biologische, dingliche und digitale Welt miteinander verschmilzt. Daraus resultieren das Potenzial, die Reichweite und die Kraft, alle Wirtschaftssektoren grundlegend zu verändern (vgl. Mathuros 2016). Das war eine der zentralen Botschaften des 46. Treffens des Weltwirtschaftsforums in Davos im Jahr 2016 unter dem Motto *„Mastering the Fourth Industrial Revolution"* (vgl. Mathuros 2016).

In der vierten industriellen Revolution wird nicht mehr vorwiegend das verbessert, was bereits besteht, sondern etwas völlig Neues wird geschaffen. Gesellschaft und Wirtschaft benötigen zu Beginn eines Innovationszyklus andere Fähigkeiten und Strukturen, andere Herangehensweisen und Kulturen als am Ende eines Innovationszyklus.

Am Ende eines Innovationszyklus sind Produkte und Prozesse weitestgehend ausgereift und Fortschritte sind nur noch inkrementeller Art. Im Vordergrund steht meist, die

Effizienz zu erhöhen, den Aufwand herunterzufahren und über einen möglichst langen Zeitraum möglichst stabile Gewinne zu erzielen. Die Leistung des Unternehmens im Vergleich zu den wichtigsten Wettbewerbern wird mit Ergebnis- und Effizienz-Benchmarks der Branche gemessen. Die internen Strukturen sind funktional vertikalisiert und straff durchorganisiert. Nach vielen Jahren Erfahrung und laufend optimiert sind die Abläufe nahezu perfekt und das Management verantwortet vor allem, dass die Dinge richtig gemacht werden (vgl. Tab. 7.1).

Dafür sind Autofabriken und die Produktion von Fahrzeugen mit Verbrennungsmotor ein gutes Beispiel: Der Erfolg von Produkten und Prozessen wird vor allem daran abgelesen, dass es gelingt, den Wirkungsgrad des Antriebs weiter zu erhöhen oder Produktionszeiten und -kosten in der Herstellung und Montage zu reduzieren. Ähnlich ist es bei anderen Branchen, die sich (weitestgehend) am Ende des Innovationszyklus befinden: der Betrieb von Kohle- und Gaskraftwerken, das Management eines Deckungsstocks einer Versicherung oder eines Baufinanzierungsportfolios einer Bank oder die Massenproduktion von Kunststoffen, Zement und Stahl.

Am Anfang eines Innovationszyklus ist die Reife von Produkten und Dienstleistungen dagegen gering. Die Unternehmen analysieren ungelöste Probleme und unbefriedigte Bedürfnisse der Kunden. Für sie werden neue Produkte und wegweisende Dienstleistungen entwickelt. Das geschieht in einem Prozess aus Ausprobieren, Tüfteln und Verwerfen. Es werden Chancen erarbeitet und genutzt. Oft werden die Produkte und Dienste „sprunghaft" weiterentwickelt und Partner oder Dritte helfen dabei.

Der wichtigste Maßstab für die Relevanz oder auch die Irrelevanz des neuen Produktes oder der neuen Dienstleistung ist häufig, ob die Anzahl derer spürbar wächst, die es/sie nutzen. Folgerichtig sind auch das Scheitern und das Einstellen von neuen Produkten und Diensten zwingend Teil des Innovationsprozesses. An die Stelle singulärer Vorhaben mit 5-Jahres-Plan tritt ein Bündel von Möglichkeiten mit sequenzieller Finanzierung. So empfahl Jeff Bezos in seinem Brief an die Aktionäre in 2014, „Wetten mit unlimitiertem Potenzial" einzugehen (vgl. CB Insights 2020).

Dafür müssen die Abläufe, Struktur und die Organisation des Unternehmens Freiräume bieten und Redundanz zulassen. Es arbeiten interdisziplinäre Teams mit einem sehr breiten Spektrum an Wissen und Können zusammen (etwa zu Kunde, Markt, Produkt, Technologie, Recht); entschieden wird dezentral, das fördert die viel beschworene Agilität (vgl. Tab. 7.1).

Agilität meint eben auch, dass Mitarbeiter mehr führen und Führungskräfte mehr mitarbeiten. Die Führungskraft setzt dabei deutlich weniger auf die Kraft, die ihr aus der Hierarchie zuwächst, und bringt sich stärker durch Führen und Vormachen ein (vgl. ausführlich Themenbock V). Weil es zu Beginn eines Innovationszyklus besonders wichtig ist, die richtigen Dinge zu tun, geben digitale „Leader" eher die Richtung und Strategie sowie den Kontext und Rahmen vor (vgl. Hastings und Meyer 2020, S. 330 und S. 20). Oder wie der US-Ökonom Peter F. Drucker es einst formulierte: *„Management is doing things right; leadership is doing the right things."*

Es geht bei der Gegenüberstellung von „klassisch" und „neu" nicht um besser oder schlechter, wenn die Strategie und Organisation, die Struktur oder Einstellung miteinander verglichen werden. Sie passen einfach oder passen eben nicht. Unternehmer und Manager sollten sich dessen bewusst sein, wenn sie daran gehen, das herkömmliche Kerngeschäft zu transformieren, oder sich vornehmen, neue Geschäftsmodelle zu entwickeln. Erfolg oder Misserfolg ihrer Arbeit hängt wesentlich davon ab, dass sie sich für ihr Ziel aus dem passenden Werkzeugkasten bedienen.

Warum zwei getrennte Strategien bei der Digitalisierung eher zum Ziel führen
Am Markt erfolgreiche Unternehmen haben über Jahrzehnte das Know-how verbessert und die Tätigkeiten perfektioniert, die im dritten industriellen Zeitalter maßgeblich für ihre guten Geschäftsergebnisse waren. Die Globalisierung hat ihnen geholfen, ihren Erfolg bis weit ins 21. Jahrhundert hinein fortzuschreiben. Möglicherweise geschah das jedoch zu sehr hohen Opportunitätskosten bei der künftigen Wettbewerbsfähigkeit im digitalen Zeitalter.

Wenn die Unternehmen zu lange und zu verbissen daran festgehalten haben, das tradierte Geschäft zu optimieren und zu perfektionieren, und zu wenig Energie in das Neue gelenkt haben, dann ist die gesamte „Muskulatur" des Unternehmens – Struktur, Prozesse und Know-how – ausschließlich darauf trainiert.

Krisen, besonders solche, die quasi über Nacht auftreten und lebensbedrohlich sind, setzen dann fast automatisch einen weiteren Trainingsreiz in Richtung Effizienzsteigerung. Struktur, Prozesse und Know-how taugen in der Folge noch weniger dazu, neue Produkte, Dienstleistungen oder gar ein neues Geschäftsmodell voranzutreiben. Solche Krisen lockern die Muskulatur des Unternehmens also nicht, im Gegenteil, sie übersäuern jede Faser; das Problem verschwindet nicht, es verschärft sich. Und die indirekten Kosten der Krise – die verlorenen Jahre, in denen Innovation zugunsten von Effizienz unterblieben ist – können die direkten Kosten schnell übersteigen.

Gerne wird in diesem Zusammenhang gefragt, ob besonders gute oder ob besonders schlechte Unternehmensergebnisse die Entwicklung neuer Geschäftsbereiche fördern. Das mag für die Theorie interessant sein, für die Praxis ist es wertlos, denn die Antwort lautet, dass die Qualität der Ergebnisse keine Rolle spielt. Manager werden immer Gründe finden, die Effizienz zu erhöhen und das, was schon immer gemacht wurde, noch etwas besser zu machen. Das ist ja auch so gut wie immer notwendig, leider aber nie hinreichend.

Der Aufbau neuer Geschäftsbereiche wird für viele etablierte Unternehmen zur Herkulesaufgabe – nicht nur wegen der Investitionen, sondern vor allem bei Strategie, Organisation und der Unternehmenskultur. Weil die Anforderungen für das tradierte und das neue Geschäft einander entgegenstehen, wie Tab. 7.1 zeigt, ist es wenig erfolgversprechend, das Neue evolutionär aus dem tradierten Geschäft entwickeln zu wollen. Mehr noch, dieser Gegensatz erzwingt förmlich die strikte Trennung der beiden Geschäftsmodelle. Warum (vgl. Pertlwieser 2020)?

- Wenn das Management das neue Geschäftsmodell an den Maßstäben des klassischen misst – Umsatz, Ertrag oder Eigenkapitalrendite –, dann kann das neue Geschäftsmodell nie sein volles Potenzial bei Kundenzuwachs oder künftigen Erträgen entfalten.
- Im klassischen Geschäftsmodell sind die Arbeitsabläufe perfekt aufeinander abgestimmt und maximal optimiert. Für ein Ausprobieren, für Experimente ist in einem solch engen Korsett kein Platz – zumindest nicht, ohne dass die bewährten Arbeitsabläufe nachhaltig gestört werden.
- Die Menschen, die im klassischen Unternehmen hohe Leistung abliefern, „Nestwärme" finden und sich wohlfühlen, verzweifeln häufig an den neuen Arbeitsformen und gehen verloren. Das gilt mit umgekehrten Vorzeichen übrigens auch für jene Mitarbeiterinnen und Mitarbeiter, die mit neuen Arbeitstechniken gestartet sind; sie empfinden das „Alte" oft als bleiern, als nicht zeitgemäß und einengend.
- Wegen der strukturellen Unverträglichkeiten tendiert das „Alte" regelmäßig dazu, das „Neue" zerstören zu wollen oder wenigstens zu marginalisieren.

Die führenden B2C-Plattformen im Ökosystem *Smart Phone* sind fast ausnahmslos Neugründungen und keine Transformation klassischer Marktführer. Auch im Ökosystemen *Smart Car* ist es bislang keinem der klassischen Autobauer gelungen, sich in eine dominante Position hinein zu entwickeln. Zumindest einige der weltweit größten Hersteller (z. B. GM, VW) reagieren auf den neuen Wettbewerb von Tesla oder Waymo, indem sie autonom fahrende Fahrzeuge in separaten Unternehmenseinheiten entwickeln lassen, die gemeinsam mit externen Partnern betrieben werden (GM Cruise, VW bei ARGO AI).

Viele Manager in klassischen Unternehmen aus unterschiedlichen Branchen zerbrechen sich den Kopf darüber, wie sich ihre Firma einen Teil vom Kuchen der neuen digitalen Ökosysteme abschneiden kann. Erfolg verspricht, sich für eine Strategie zu entscheiden, die das Unternehmen selbst zum Plattformanbieter macht, künftig also anstelle des Verkaufs von Produkten, den Kunden Zugang dazu zu geben, das Produkt als Dienstleistung nutzen zu können (vgl. Abschn. 1.4 sowie Abschn. 4.2 bis Abschn. 4.4). Der Haken an der Sache: Zwar bieten die neuen Geschäftsmodelle sehr großes Wertschöpfungspotenzial (vgl. auch Abschn. 9.1), sie stehen jedoch potenziell im Wettbewerb mit dem bisherigen Kerngeschäft oder wenigstens wird es von vielen Führungskräften so empfunden.

Wenn neue Ökosysteme erschlossen werden sollten, dann ist es das beste, dafür auf eindeutig separierte Unternehmensvehikel zu setzen, die klar vom Kerngeschäft getrennt sind. Solche Unternehmenseinheiten vereinen eine ganze Reihe struktureller Vorteile auf sich, unter anderem die deutlich bessere Möglichkeit zur Kapitalbeteiligung erfolgskritischer Partner oder das Erschließen besonders interessanter Investorenkreise (vgl. auch Kap. 9).

Investoren schauen sehr unterschiedlich auf reife und auf neue Geschäftsmodelle. Es wäre deshalb falsch, alte und neue Geschäftsmodelle zu vermischen oder undifferenziert darzustellen, bei denen ein Teil am Ende und ein Teil am Anfang des Innovations- und Wachstumszyklus stehen. Das würde die Strategie diffus und die Kennzahlen unattraktiv machen. Die Folge wären schlechtere Unternehmensbewertungen und erhöhte Kapitalkosten, die dann womöglich dazu verleiten, Programme zur kurzfristigen Ergebnisstabilisierung aufzulegen, mit sehr negativen Auswirkungen auf die „neuen" Geschäftsbereiche. Eine Separierung ist noch kein Garant für den Erfolg, sie erhöht aber substanziell die strategische Klarheit, macht die Erfolge transparent und sorgt für eindeutige Verantwortlichkeiten.

Dies könnte der Grund dafür gewesen sein, dass sich Google 2015 in die Holding-Struktur Alphabet transformierte (vgl. Page o. J.; vgl. o. V. 2015; vgl. Rungg 2016). Getrennt wurden das „klassische" Suchmaschinen- und Werbegeschäft von den „neuen" Geschäftsbereichen wie Waymo beim autonomen Fahren, Nest im Ökosystem *Smart Home* oder Calico im Segment Gesundheit und Lifestyle. Und nebenbei wurde der Unternehmensslogan von „Don't be evil" in „Do the right things" geändert (vgl. Pakalski 2018).

Es ist in der Strategie eines der schwierigsten und am wenigsten praktizierten Verfahren, das klassische Kerngeschäft und neue Geschäftsmodelle sauber zu definieren und voneinander abzugrenzen. Eine solche „Positiv-Abgrenzung" neuer Wachstums- und Zukunftsbereiche in reifen Industrien wird bislang weit weniger umgesetzt als die „Negativ-Abgrenzung" zu Randbereichen des Unternehmens, die verkauft oder abgewickelt werden sollen.

Umso wichtiger ist es, für die zwei Schlüsselthemen der Strategie – die digitale Transformation des Kerngeschäftes und die Entwicklung neuer Geschäftsbereiche – die richtigen Planungen mit ausformulierten Zielen und den passenden Initiativen zu entwickeln. Es sind die zwei separaten Antworten auf die Chancen und Herausforderungen des Digital-Zeitalters. Die Zeit drängt, die Strategien für das Digital-Zeitalter zu finden und umzusetzen. Wie hoch der Druck auf die Unternehmen ist, hat Pierre Nanterme, CEO von Accenture (vgl. Hutt 2016), bereits 2016 auf dem Treffen des WEF auf den Punkt gebracht: *„Digital is the main reason just over half of the companies on the Fortune 500 have disappeared since the year 2000."*

7.3 Was eine digitale Unternehmensstrategie ausmacht

In der Strategie für die Digitalisierung ist nicht alles anders, aber doch einiges besonders. Worin liegen die Besonderheiten und wie sollten sie bei der Arbeit an der Strategie berücksichtigt werden?

- Es gibt keine Strategie ohne Wetten und Raum für Zufall: Ganz besonders groß sind Chancen und Risiken für klassische und neue Geschäftsmodelle zu Beginn des digitalen Zeitalters – im Guten wie im Schlechten.
- Die Analyse muss die richtigen Fragen stellen: Wie lange trägt das Kerngeschäft noch? Was begeistert unsere Kunden? Welche Defizite im Technologie-Know-how können die Existenz gefährden? Und welche Erwartungen haben die unterschiedlichen Stakeholder an das Unternehmen? Der Fragenkatalog für die Analyse ist noch länger, es sollte keine Tabus geben und alles muss einmal auf den Prüfstand. Denn im

Digital-Zeitalter verlieren über Jahrzehnte gültiges Wissen und gesammelte Erfahrungen sehr schnell an Wert.
- Es braucht mutige Hypothesen zu den Trends der digitalen Zukunft: Entwicklungen verlaufen sprunghaft. Trends erscheinen nur in der Rückschau folgerichtig. Sichere Prognosen für die digitale Zukunft gibt es nicht. Aber eine Strategie braucht zwingend wenigstens eine ungefähre Vorstellung von der Zukunft. Eine (gar nicht so) mutige Liste von möglichen Trends will Startpunkt und Impulsgeber sein, eigene Hypothesen zur digitalen Zukunft zu entwerfen.
- Es braucht eine digitale Unternehmensstrategie und keine Digitalstrategie: Eine Digitalstrategie ist Unsinn, weil sie schon semantisch neben der Unternehmensstrategie steht. Erfolg verspricht nur eine digitale Unternehmensstrategie. Und sie ist am Ziel, wenn sie das Digitale über die Zeit zu einer Selbstverständlichkeit im Unternehmen macht – so, wie seit vielen Jahrzehnten die Elektrifizierung.

Keine Strategie ohne Wetten und Raum für Zufall

Das Umfeld, in dem heute die Strategie entworfen wird, kennt einige sich rasch ändernde Faktoren: den Klimawandel, die immer schnellere Entwicklung digitaler Technik, ungebremstes exponentielles Wachstum von Datenmengen und Rechenleistung, Leistungssprünge Künstlicher Intelligenzen und das Verhalten der Kunden, das sich grundlegend wandelt. Die Pandemie und geopolitische Risiken erschweren Vorhersagen der Zukunft zusätzlich.

Der Essayist und Finanzmathematiker Nassim Nicholas Taleb sagt über Prognosen: *„Optionalität ist eine Möglichkeit – faktisch die einzige –, Ungewissheit zu domestizieren und rational vorzugehen, ohne die Zukunft zu verstehen"* (Taleb 2018, S. 295 f.). In seinen Büchern *„Der Schwarze Schwan"* und *„Antifragilität"* rät er zur sogenannten Hantelstrategie (vgl. Taleb 2008, S. 253). Die Hantel steht dabei für ein duales Vorgehen. Extreme Risikoscheu einerseits verbunden mit extremer Risikobereitschaft andererseits: In manchen Bereichen auf Nummer „sicher" gehen und in anderen Bereichen zahlreiche, kleine Risiken eingehen (vgl. Taleb 2018, S. 229). Dadurch wird das Gesamtrisiko limitiert und zugleich die Chance gewahrt, von großer Ungewissheit stark zu profitieren. Auf die Digitalisierung angewendet, macht die Hantelstrategie beides, sie entwickelt dual das Kerngeschäft evolutionär weiter und schafft gleichzeitig revolutionär ein Portfolio neuer Geschäftsmodelle.

Als anti-agil kategorisiert Taleb Konzepte, Ideen, Mechanismen und Systeme, die von Unsicherheit überproportional profitieren. Als fragil alles, was anfällig für Risiken oder auf Störungsfreiheit angewiesen ist (vgl. Taleb 2018, S. 48). Der Ursprung seines Konzepts stammt aus dem Wertpapierhandel, er übersetzt es in eine Vielzahl von Lebens- und Geschäftsbereichen (vgl. Taleb 2018, S 45). Das Silicon Valley ist seiner Ansicht nach anti-fragil, das Bankensystem hingegen fragil (vgl. Taleb 2018, S. 48).

Wer weit überdurchschnittliche Wertschöpfung anstrebt, muss mutige strategische Wetten eingehen. Das ist Teil der Erfolgsgeschichte der weltweit größten Unternehmen.

Jeff Bezos, Gründer und CEO von Amazon, schreibt in seinem Brief an die Aktionäre des Jahres 2014, dass *Amazon Marketplace, Amazon Prime* und *Amazon Web Services* allesamt mutige Wetten waren (vgl. Bezos 2014), und er verspricht seinen Aktionären „*we'll continue to make bold bets*".

Bei Alphabet ist die strategische Wette gar Teil des Namens. Anlässlich der Gründung von Alphabet schrieb Larry Page, Co-Gründer von Google, dass ihm der Name mitunter deshalb so gut gefalle, weil er auch „*alpha-bet*" bedeutet, das heißt, Wetten mit einem positiven Alpha und damit einer Investitionsrendite oberhalb der Benchmark (vgl. Page 2015).

Ein Instrument, um strategische Wetten umzusetzen, ist der aggressive Kauf oder der entschlossene Verkauf von Unternehmensteilen, deren Aussichten im Digital-Zeitalter besonders vielversprechend oder stark limitiert sind (vgl. Kap. 9). Traditionelle Unternehmen, die bereits einen erheblichen Teil ihrer Erlöse mit digitalen Geschäftsmodellen erwirtschaften, sind hier besonders aktiv, ergab eine Analyse von McKinsey & Company aus dem April 2020 (vgl. Blackburn et al. 2020).

Während strategische Wetten besonders das Profil neuer Geschäftsbereiche charakterisieren, betreffen Grundsatzentscheidungen der Strategie wie die Positionierung in der Plattformökonomie auch die Zukunft des heutigen Kerngeschäftes. Leiten lassen sollte man sich bei der Auswahl der Wetten oder bei Grundsatzentscheidungen der Strategie nie von statischen Zielbildern, sondern von Thesen und Glaubenssätzen. Es ist die Stunde der Visionen. Es geht nicht um richtig oder falsch und es wäre fatal, abwarten zu wollen, bis man Sicherheit gewinnt, Es geht darum, tüftelnd und risikobereit, unsere Wirtschaft zu gestalten und dabei Raum für Glück und Zufall zu lassen (vgl. Hawking 2021). Oder in den Worten des amerikanischen Computerwissenschaftlers Alan Kay (https://en.wiki-quote.org/wiki/Alan_Kay): „Die beste Möglichkeit die Zukunft vorherzusagen, ist sie zu gestalten."

Zehn richtige Fragen für die Analyse
Ohne gute Fragen keine guten Antworten. Eine Liste guter Fragen für die Strategie ist eine Kunst; sie sollte diese Anforderungen erfüllen:

- Limitiert die Anzahl der Fragen
- Weckt Neugier und regt zum Nachdenken an
- Spricht alle Stakeholder an
- Stellt Bestehendes infrage
- Dechiffriert die „weißen Elefanten" im Raum
- Provoziert Richtungsentscheidungen – es gibt nur Entweder-oder und kein Sowohl-als-auch

Die folgenden zehn Fragen können die Grundlage dafür sein, eigene Thesen, Szenarien, Visionen und Strategien zu formulieren:

1. Welche **Werte verspricht** das Unternehmen heute Kunden, Mitarbeitern und Umwelt; und was sind die Erwartungen der Stakeholder an das Wertversprechen von morgen?
2. Was sind die drei strukturellsten **Veränderungen bei Kundenbedarf und -verhalten**?
   - Welche Rolle spielt „persönlich" vs. „digital"?
   - Wie ist die Bedeutung von „Besitz vs. Zugang" oder von „CapEx" (= Capital Expenditures bzw. Investitionskosten) vs. „OpEx" (= Operational Expenditures bzw. Betriebsausgaben)
   - Wie wichtig ist Komfort vs. Einfachheit vs. Individualität vs. Sicherheit?
3. Welche Rolle spielen **Plattformen** und **Ökosysteme**?
   - Wie werden sich Kundenverhalten und Leistungsangebot durch das Entstehen von Plattformen und Ökosystemen verändern?
   - Wie hoch ist das Potenzial zur Disruption des Marktes und der Industrie durch Plattformen und Ökosysteme?
   - Wie attraktiv und wie realistisch ist eine Positionierung in einer Plattformökonomie: Plattformanbieter vs. Produkt-/Infrastrukturanbieter vs. beides vs. weder noch? Und warum?
4. Wie verändert sich der **Wettbewerb**?
   - Wer werden die härtesten Wettbewerber sein und wer die wichtigsten Partner?
   - Wo sortieren sich heutige Wettbewerber und wo Start-ups ein?
   - In welchen Bereichen sind Hyperscaler wichtige Partner und in welchen Bereichen potenzielle Wettbewerber? Wie verträgt sich das eine mit dem anderen?
5. Wie verändern sich **Wertschöpfungsketten** im **Digital-Zeitalter** – etwa durch das Zusammenwachsen von Branchen, das Entstehen von Ökosystemen sowie das stetig wachsende Bewusstsein für Nachhaltigkeit?
   - Welche Rolle spielt die Kundenbeziehung vs. das einzelne Produkt? Wie verschiebt sich die Wertschöpfung zwischen Distribution und Produktion?
   - Welche Rolle spielt der klassische Verkauf vs. Angebot von *„Everything-as-a-Service"*?
   - Welche Angebote und welche Geschäftspartner passen am besten zu einem Nachhaltigkeitsversprechen und wie gelangt man dorthin?
6. Welche **Kernprozesse** bieten das **größte Digitalisierungspotenzial**?
   - Wie verändern sich der Mix und das Zusammenspiel der Zugangswege? Welche Rolle spielen dabei Mobile und Voice?
   - Welche Produktgruppen werden im Digital-Zeitalter terminiert, optimiert und kreiert?
- Welche Rolle spielt dabei Eigenbau vs. Bau durch Dritte?
   - Welche Kernprozesse werden digital komplett neu gedacht und neu gebaut werden? Ist eine Ambition „Zero-Operation" realistisch und wenn ja, bis wann?
7. Was sind die **Schlüsseltechnologien** und welche **strategischen Chancen** und **Risiken** bieten sie?
   - Welche Technologie hat das Potenzial, den Kern des Unternehmens und der Industrie am fundamentalsten zu verändern? Und auf welche Weise?

- Welche Auswirkung auf die Wettbewerbsfähigkeit des Unternehmens hätte das Fehlen von Spitzen-Know-how im Cloud-Computing, bei Daten und Künstlicher Intelligenz oder im Internet der Dinge?
- Welches Potenzial haben welche IT-Architekturen für die Innovationskraft des Angebots einerseits und die Effizienz der Wertschöpfung andererseits?
- Bei welchen Technologien verfügt das Unternehmen nicht über ausreichend eigenes Können und Wissen für eine fundierte, strategische Beantwortung?

8. Wie ist die **Perspektive** des **Kerngeschäftes** im Digital-Zeitalter?
    - Wie entwickeln sich Markt, Wettbewerb und Nachfrage in den kommenden 3–5 Jahren?
    - Welche Investitionen und Ressourcen sind für den Erhalt des Status quo erforderlich und was sind die interessantesten Zukunfts-Investitionen?
    - Wie ist die mittelfristige Perspektive der Profitabilität und welche Entwicklungen könnten zu einem (weiteren) Strukturbruch führen?

9. Welches **Ziel** hat eine **höhere Priorität**?
    - Kurzfristige Steigerung des Shareholder Value vs. nachhaltiger des Stakeholder Value?
    - Steigerung der Effizienz vs. Marktanteilsgewinne und Volumenwachstum?
    - Stabilisierung des Kerngeschäftes vs. Ausbau des Portfolios an neuen Geschäftsideen? Und wie wäre die Sicht der unterschiedlichen Stakeholder, wenn jeweils nur eine der beiden Alternativen (ernsthaft) verfolgt werden würde?

10. …

Nicht alle Fragen mögen für alle Unternehmen aller Branchen gleich relevant sein. Aber man sollte sie nicht allzu leicht verwerfen, ein zweiter und dritter Blick auf das Thema lohnen sich. Wer für die Beantwortung der Fragen einen Zeithorizont von drei bis maximal fünf Jahren wählt, wird damit zu einem Ergebnis kommen, das sowohl ausreichend strategisch als auch ausreichend belastbar sein sollte.

Mutig Hypothesen zu den Trends der digitalen Zukunft formulieren
Den hundertprozentig sicheren Trend für die Zukunft zu finden, den bestenfalls sonst noch niemand erkannt hat, mag der Traum so manchen Managers sein. Allerdings ist das Einzige, was daran gewiss ist, dass es ein Traum bleibt. Denn je klarer eine Entwicklung zu beobachten ist, desto mehr ist sie bereits verbreitet. Und je visionärer und neuer die Vorstellung davon ist, was sich als Trend durchsetzen könnte, desto weniger ist sie zu belegen. So ist das mit den Trends der Zukunft. Eine Bewegung, eine Entwicklung als Allererster zu identifizieren und dabei bereits einen Beweis dafür zu liefern, dass sie sich durchsetzt, wäre die Quadratur des Kreises.

Es ist eine Sache der Psychologie und nicht der analytischen Brillanz, wenn dem Betrachter Entwicklungen im Nachhinein als unausweichlich, als völlig logisch erscheinen. Dieses Phänomen nennt Daniel Kahneman, Psychologe und Nobelpreisträger, den *Rückschaufehler* (vgl. Kahneman 2012, S. 251). Wegen der menschlichen Unfähigkeit, frühere

Überzeugungen zu rekonstruieren, unterschätzen Menschen in der Rückbetrachtung das Maß an Überraschung vergangener Ereignisse. Nassim Nicholas Taleb prägt dafür den Begriff der *narrativen Verzerrung* („narrative fallacy") – den Wunsch der Menschen, die Welt zu verstehen und Absicht und Begabung eine viel größere Bedeutung beizumessen als Zufall oder Glück (vgl. Taleb 2008).

Die Trends der Zukunft sind heute unsicher. Leider sind Abwarten und Beobachten, ob sich eine Entwicklung verfestigt und durchsetzt, keine Alternative. Das wäre so, als würde ein Boxer mit seiner Abwehr warten, bis er die Faust des Gegners klar und deutlich sieht. Dann ist es in der Regel zu spät. Trends neugierig vorwegzunehmen und mutig Hypothesen aufzustellen, gehört zu den elementaren Ingredienzien für digitale Unternehmensstrategien. Hier die Hypothesen des Autors:

A) Umwelt
- *Der Klimawandel ist das drängendste und bedeutendste Problem der kommenden Jahrzehnte.* Es ist nicht die Frage, ob CO_2-Neutralität kommt, sondern nur wann. Erst Kompensation von CO_2 (netto) und dann gar kein CO_2 mehr produzieren (brutto).
- ...

B) Kunde
- *Relevanz entscheidet.*
  - Individualisierung, Kontext, Komfort und Sicherheit treiben Relevanz.
  - Wer nicht täglich relevant ist, wird irrelevant
- *Das Angebot entwickelt sich von der digitalen Information über die digitale Transaktion zur digitalen Erlebniswelt.*
  - Der Kundenzugang zu Produkten oder Dienstleistungen ist fast immer digital und nur auf Kundenwunsch persönlich.
  - Sprachsteuerung (Voice) und erweiterte Realität (Augmented Reality) schaffen den nächsten Erfahrungshorizont – im Erlebnis und beim Komfort.
- *Das Bewusstsein, dass Datenschutz und Privatsphäre wichtig sind, nimmt zu, je mehr sich digitale Dienste auf hohem Vertrauensniveau verbreiten (u. a. im Gesundheitswesen). Gleichzeitig sind sich immer mehr Menschen bewusst und verstehen, welchen Wert die eigenen Daten haben.*
- *Zugang zu einem Produkt zu haben und es nutzen zu können, lösen den Kauf und den Besitz eines Produktes ab. Das gilt nicht nur für Privatkunden oder im B2C, sondern zunehmend auch für Geschäfts- und Firmenkunden oder im B2B. Es senkt den Kapitalbedarf und verkleinert den Fixkostenblock, wenn Investitionskosten (sog. Capital Expenditures, CapEx) durch laufende Betriebskosten (sog. Operational Expenditures, OpEx) ersetzt werden. Das ist in Krisen- und Pandemie-Zeiten noch relevanter und wird durch neue Geschäftsmodelle as-a-Service strukturell immer besser möglich.*
- *Der Kunde stellt sich selbst in den Mittelpunkt des Geschäftsmodells – wenn das nicht längst geschehen ist.*

- Die Kunden sind vorab viel besser informiert.
- Das nächste Angebot ist nur einen „Klick" oder einen Sprachbefehl entfernt.
- Die Kunden verfügen über eine immer größere Macht, Leistungen zu beurteilen („Feedback").

C) Geschäftsmodell
- *Die Optimierung des bestehenden Kerngeschäftes ist endlich!*
  - Globalisierung, die hohe Produktqualität und weltweite Netzwerke haben dabei geholfen, Erfolge in bestehenden Geschäftsmodellen über Jahrzehnte zu verlängern oder zu perpetuieren – zu den Opportunitätskosten, dass bislang zahlreiche Chancen des Digital-Zeitalters verpasst wurden.
- *Produkte sind immer besser zu vergleichen und leichter austauschbar.*
  - Dies gilt besonders für Unternehmen und Branchen mit geringem Innovationsgrad.
  - Das macht es noch wichtiger, dass das Unternehmen sich klar und herausragend positioniert: als Premiumproduktanbieter oder als effizientester Mengenanbieter.
- *Der relative Anteil der Wertschöpfung verschiebt sich immer weiter zur Kundenschnittstelle, das heißt weg vom Produzenten und hin zum Distributor – zu den Betreibern von Marktplätzen, Vergleichsplattformen, Portalen etc.*
  - Kundendaten und Kundenengagement sind werthaltige Währungen des Digital-Zeitalters, mit denen das Angebot individuell verbessert und erweitert werden kann.
  - Der Wettbewerb um den direkten Kontakt zum Endkunden wird intensiver und teurer;
    Zulieferer und Produktlieferanten drängen verstärkt in die direkte Beziehung zum Endkunden und werden so (auch) Wettbewerber.
- *Die Industrie realisiert die Dienstleistungsgesellschaft – Service-Innovation und Geschäftsmodell-Innovation gehen Hand in Hand.*
  - Die Dienstleistung wird vom Zusatz zum Kern des Angebots.
  - Ganze Ökosysteme von Diensten können dank dynamischer, branchenübergreifender Wertschöpfungsnetzwerke angeboten werden.
  - Die Qualität und Vielfalt der Dienstleistungen ist eine Funktion der Qualität und der Vielfalt der Partner.
- *Plattformen werden das dominierende Geschäftsmodell in allen Ökosystemen.*
  - Anbieter müssen eine strategische Grundsatzentscheidung treffen: Entweder sie werden selbst zum (Co-)Betreiber einer Plattform oder sie arbeiten als Produkt- und Infrastrukturanbieter der Plattform. Je nachdem, welche Wahl sie treffen, brauchen sie vollkommen unterschiedliche Fähigkeiten.
  - Zwischen allen Stühlen, im strategischen Niemandsland der Plattformökonomie sitzen sie, wenn sie sich im Status quo einrichten wollen; das ist auf Dauer das Schwierigste und wohl häufig nicht durchzuhalten.
- …

D) Daten
- *Datenschutz und Privatsphäre, die Transparenz der Datennutzung und der faire Anteil an den Erlösen der Kommerzialisierung dienen erst der Differenzierung und werden dann ein Hygienefaktor.*

– Wie ernst das Unternehmen Stakeholder Management nimmt, wird sich auch an diesem neuralgischen Punkt erweisen.
- *Daten werden in allen Geschäftsmodellen und Ökosystemen zum wichtigsten Produktionsfaktor des 21. Jahrhunderts.*
  – Geschäftsmodelle auf der Grundlage von Daten können besonders schnell und mit hoher Wertschöpfung skaliert werden: Daten sind mehr und mehr die Grundlage von Produkten oder auch die Dienstleistung selbst. Sie bestimmen zunehmend darüber, wie effizient und wie innovativ ein Unternehmen ist.
  – Maschinen werden zum größten Produzenten und Konsumenten von Daten (der digitale Zwilling als sog. Prosument[2]); Maschinelles Lernen heißt auch: Maschinen lernen von Maschinen.
  – Die Zusammenarbeit von Mensch und Maschine macht den Unterschied in der nächsten Evolutionsstufe etwa bei der Produktivität, der Kreativität oder der Entscheidungsqualität und -geschwindigkeit.
  – Know-how im Data Management wird bei der Besetzung von Führungspositionen so wichtig wie Erfahrung in der Mitarbeiterführung und vorherige Ergebnisverantwortung!
- …

E) Technologie
- *Künstliche Intelligenz wird zur Universaltechnologie und zum Kunststoff des 21. Jahrhunderts.*
  – Im Zusammenwachsen mit Cloud-Computing wird KI zum zentralen Wettbewerbsfaktor im Digital-Zeitalter.
- *Cloud-Computing wird das Rückgrat des Leistungsspektrums und unverzichtbar für eine effiziente Infrastruktur mit ZeroOperation.*
  – Cloud-Computing ist das neue Architekturprinzip – nicht nur für die Technologie, sondern auch für die Aufbau- und Ablauforganisation sowie das Produkt- und Dienstleistungsdesign.
- *Maschinen-zu-Maschinen-Identifikation, -Kommunikation und -Transaktionen/-Zahlungen verhelfen Blockchain-/Distributed-Ledger-Technologien (DLT) zum Durchbruch.*
  – Die Vernetzung von Maschinen und deren Dienstleistungsaustausch in Echtzeit wären dann endlich mal eine praktische Anwendung für Kryptowährungen als Zahlungsmittel. Bislang gab es bereits die Lösung – da wäre dann auch das Problem.
- *5G und Quantencomputer sind die Vorboten und machen den nächsten Entwicklungssprung im Digital-Zeitalter möglich.*
  – Achtung 1: Die kurzfristigen Effekte nicht über- und die langfristigen Effekte nicht unterschätzen!

---

[2] Zur Definition des Prosumenten (englisch prosumer) bei Privatkunden siehe https://wirtschaftslexikon.gabler.de/definition/prosument-54019

        – Achtung 2: Der Einsatz neuer Technik kann großen Nutzen stiften, aber auch verheerenden Schaden anrichten. Daher müssen für Quantencomputer gleichzeitig neue Sicherheitsverfahren entwickelt werden, denn die bisherigen Verschlüsselungsverfahren werden der schieren Rechenkraft von Quantencomputern nicht standhalten können.
- „Cyber-Risiken" werden das größte operative und finanzielle Risiko.
        – Cyber Security ist das wichtigste Kriterium und oberstes Gebot für die Qualitätskontrolle im Digital-Zeitalter.
- …

F) Wettbewerb

- *Die Jahre des Übergangs vom dritten ins vierte industrielle Zeitalter werden geprägt sein von der Konsolidierung und dem Verschwinden traditioneller Unternehmen und Geschäftsbereiche einerseits sowie dem Gründen und Wachsen neuer Unternehmen oder Geschäftsbereiche andererseits.*
        – Der Druck auf klassische Unternehmen nimmt deutlich zu, ihre Kerngeschäfte zu konzentrieren und zu konsolidieren.
        – Corporate Venture Capital wird ein zentraler Bestandteil der FuE-Aktivitäten und -Budgets, besonders für die Beteiligung an jungen Unternehmen oder für deren Übernahme.
        – Neue Geschäftsbereiche werden stärker als Joint Venture aufgebaut – für den Zugang zum notwendigen Know-how sowie zur Finanzierung der erforderlichen Investitionen.
- *Start-ups werden noch deutlich stärker die Innovation vorantreiben.*
        – Die Eintrittshürden für Start-ups werden weiter sinken und die Technologiezyklen beschleunigen sich noch mehr.
- *Die Halbwertzeit von großen Unternehmen in führenden Aktienindizes wird weiter sinken.*
- *Die 20er-Jahre des 21. Jahrhunderts werden das Jahrzehnt mit Rekordvolumina bei Fusionen & Übernahmen sowie bei Venture Capital und Private-Equity-Investitionen.*
- …

Die Zeit wird zeigen, dass einige dieser Thesen falsch waren. Dennoch ist es richtig, sie jetzt so offensiv zu formulieren. Ein strategisches Leitbild, gebaut auf einer ungefähren Vorstellung von der Zukunft auf der Basis von Thesen, ist allemal besser als kein Leitbild. Wenn „*all the trends were your friends*" das theoretische Optimum wäre, weiß der Praktiker, dass es ausreicht, bessere Hypothesen und damit bessere strategische Wetten als die Konkurrenz zu haben. Der Mut, in einigen Bereichen falschzuliegen, macht sich dann bereits mehr bezahlt.

Digitale Unternehmensstrategie statt einer Digitalstrategie
Wenn der Rückstand in der Digitalisierung groß und das Know-how dazu in der Breite gering ist, dann stellen Unternehmen gerne gesonderte Einheiten wie ein Chief Digital Office auf die Beine (vgl. auch Abschn. 8.5). Dessen erste Aufgabe: eine Digitalstrategie entwickeln.

Was übersehen wird: Eine von der digitalen Unternehmensstrategie getrennte Digitalstrategie ist zum Scheitern verurteilt. Sie kann keine Wirkung erzielen, weder im Gesamtunternehmen noch in einzelnen Bereichen wie Vertrieb, Produktmanagement, Operations oder IT.

Sollte es eine digitale Strategie für das Unternehmen oder einzelne Bereiche, aus welchen Gründen auch immer, nicht geben, dann muss sie dort entwickelt werden.

Eine digitale Strategie für das Produktmanagement etwa digitalisiert die Prozesse der heutigen Produkte und Dienstleistungen und entwickelt neue digitale Dienste und Produkte. Sobald die digitale Produktstrategie abgearbeitet ist, also das Produktmanagement transformiert wurde, hat das Unternehmen ein digitalisiertes oder digitales Produktportfolio.

Sollte das Produktmanagement an einer digitalen Produkt-Strategie scheitern, ist eine Bypass-Lösung nicht der richtige Weg. Eine separate Digitalstrategie für Produkte kann das Scheitern des Produktmanagements nicht heilen, sie verschlimmert den Zustand womöglich und ist nicht mehr als Beschäftigungstherapie. Das Gegenteil von gut ist gut gemeint.

Schuld daran, dass die Digitalisierung in Wort und Tat so herausgehoben wird, sind meist verpasste Chancen und viel verlorene Zeit, die dann um jeden Preis aufgeholt werden sollen.

Damit das gelingt, muss die Digitalisierung dann aber auch in den Mittelpunkt des Unternehmens und seiner Strategie. Separate Aktivitäten und besondere Einheiten können zu Beginn für den Aufbau von Know-how durchaus sinnvoll sein, mehr aber nicht. Das Gleiche ist richtig für andere „Top-Themen" wie die Nachhaltigkeit, Plattformen oder Big Data (vgl. auch Abschn. 8.5).

Das sicherste Anzeichen dafür, dass die Digitalisierung im Unternehmen – in Strategie, Organisation und Arbeit – selbstverständlich geworden ist, liegt darin, dass niemand mehr ausdrücklich davon spricht. Schließlich käme im 21. Jahrhundert auch niemand darauf, von elektrifizierten Prozessen oder Produkten zu reden. Zugegeben, bis dahin liegt noch ein bisschen Weg vor uns. Die digitale Unternehmensstrategie zeigt die richtige Richtung.

Literatur

Apple (2020): Pressemeldung: Apple verpflichtet sich zur 100-prozentigen Klimaneutralität seiner Zuliefererkette und seiner Produkte bis 2030, unter: https://www.apple.com/de/newsroom/2020/07/apple-commits-to-be-100-percent-carbon-neutral-for-its-supply-chain-and-products-by-2030/, abgerufen am 21.09.2021.

Literatur

Bezos, J. (2014): Letter to shareholders 2014, unter: https://s2.q4cdn.com/299287126/files/doc_financials/annual/AMAZON-2014-Shareholder-Letter.pdf, abgerufen am 21.09.2021.

Blackburn, S., LaBerge, L., O'Toole, C., Schneider, J. (2020): Digital strategy in a time of crisis, unter: https://www.mckinsey.com/business-functions/mckinsey-digital/our-insights/digital-strategy-in-a-time-of-crisis, abgerufen am 21.09.2021.

Blackrock (o. J.): Nachhaltiges Investieren mit Multi-Asset-ETFs, unter: https://www.blackrock.com/de/privatanleger/themen/nachhaltig-investieren/esg, abgerufen am 21.09.2021.

Bosch (o. J.): Unternehmensweiter Umweltschutz: Klimaneutralität seit 2020, unter: https://www.bosch.com/de/nachhaltigkeit/umwelt/, abgerufen am 23.09.2021.

BP (2020): Press Release: BP sets ambition for net zero by 2050, fundamentally changing organisation to deliver, unter: https://www.bp.com/en/global/corporate/news-and-insights/press-releases/bernard-looney-announces-new-ambition-for-bp.html, abgerufen am 21.09.2021.

CB Insights (2020): Jeff Bezos' Annual Letters To Shareholders, #2014, unter: https://www.cbinsights.com/research/bezos-amazon-shareholder-letters/#2014, abgerufen am 19.08.2020.

Defino (o. J.): Standards und Normen, unter: https://defino.de/initiativen/standards-und-normen/, abgerufen am 23.09.2021.

DWS (o. J.): Nachhaltige Geldanlage, unter: https://www.dws.de/informieren/themen/nachhaltige-geldanlage/, abgerufen am 21.09.2021.

Eceiza, J., Harries, H., Härtl, D., Viscardi, S. (2020): Banking imperatives for managing climate risk, unter: https://www.mckinsey.com/business-functions/risk-and-resilience/our-insights/banking-imperatives-for-managing-climate-risk, abgerufen am 21.09.2021.

Eisenring, C. (2019): Der Industriegigant Bosch will schon 2020 klimaneutral sein: Das tönt besser, als es ist, unter: https://www.nzz.ch/wirtschaft/bosch-will-2020-klimaneutral-sein-aber-was-heisst-das-ld.1480649?reduced=true, abgerufen am 21.09.2021.

Fink, L. (2020): Larry Fink's 2020 letter to CEOs, unter: https://www.blackrock.com/corporate/investor-relations/larry-fink-ceo-letter, abgerufen am 23.08.2020.

Friedman, M. (1970): The Social Responsibility Of Business Is To Increase Its Profits, unter: https://graphics8.nytimes.com/packages/pdf/business/miltonfriedman1970.pdf, abgerufen am 21.09.2021.

Gast, A., Illanes, P., Probst, N., Schaninger, B., Simpson, B. (2020): Purpose: Shifting from why to how, unter: https://www.mckinsey.com/business-functions/organization/our-insights/purpose-shifting-from-why-to-how, abgerufen am 21.09.2021.

Goedhart, M., Koller, T. (2020): The value of value creation, unter: https://www.mckinsey.com/business-functions/strategy-and-corporate-finance/our-insights/the-value-of-value-creation, abgerufen am 21.09.2021.

Global Footprint Network (o. J.): Data and Methodology, unter: https://www.footprintnetwork.org/resources/data/, abgerufen am 04.10.2021.

Hastings, R., Meyer, E. (2020): Keine Regeln: Warum Netflix so erfolgreich ist, Berlin 2020.

Hawking, S. (2021): Kurze Antworten auf große Fragen, Stuttgart 2021.

Henisz, W., Koller, T., Nuttall, R. (2019): Five ways that ESG creates value, unter: https://www.mckinsey.com/business-functions/strategy-and-corporate-finance/our-insights/five-ways-that-esg-creates-value, abgerufen am 21.09.2020.

Hutt, R. (2016): 9 quotes that sum up the Fourth Industrial Revolution, unter: https://www.weforum.org/agenda/2016/01/9-quotes-that-sum-up-the-fourth-industrial-revolution/, abgerufen am 21.09.2021.

Inhoffen, L. (2020): Brand Purpose: Konsumenten wünschen sich Marken mit Haltung, unter: https://yougov.de/news/2020/03/04/brand-purpose-konsumenten-wunschen-sich-marken-mit/, abgerufen am 21.09.2021.

Kahneman, D. (2012): Schnelles Denken, langsames Denken, München 2012.

Mathuros, F. (2016): 46th Annual Meeting of the World Economic Forum to Focus on Fourth Industrial Revolution, unter: https://www.weforum.org/press/2016/01/46th-annual-meeting-of-the-world-economic-forum-to-focus-on-fourth-industrial-revolution, abgerufen am 21.09.2021.

Mattioli, D. (2020): Amazon to Launch $2Billion Venture Capital Fund to Invest in Clean Energy, unter: https://www.wsj.com/articles/amazon-to-launch-2-billion-venture-capital-fund-to-invest-in-clean-energy-11592910001, abgerufen am 21.09.2021.

Murray, A. (2019): The 2019 Fortune 500 CEO Survey Results Are In, unter: https://fortune.com/2019/05/16/fortune-500-2019-ceo-survey/, abgerufen am 21.09.2021.

o. V. (2015): Google wird zu Alphabet, unter: https://www.tagesschau.de/wirtschaft/google-167.html, abgerufen am 21.09.2021.

o. V. (2019): Business Roundtable Redefines the Purpose of a Corporation to Promote 'An Economy That Serves All Americans', unter: https://www.businessroundtable.org/business-roundtable-redefines-the-purpose-of-a-corporation-to-promote-an-economy-that-serves-all-americans#, abgerufen, am 23.09.2021.

Page, L. (o. J.): G is for Google, unter: https://abc.xyz/, abgerufen am 21.09.2021.

Page, L. (2015): Larry's Alphabet Letter, unter: https://abc.xyz/investor/founders-letters/2015/index.html#2015-larry-alphabet-letter, abgerufen am 21.09.2021.

Pakalski, I. (2018): Google verabschiedet sich von "Don't be evil", unter: https://www.golem.de/news/verhaltenskodex-google-verabschiedet-sich-von-don-t-be-evil-1805-134479.html, abgerufen am 21.09.2021.

Palmer, A. (2020): Amazon is launching a $2 billion fund to invest in climate technologies, unter: https://www.cnbc.com/2020/06/23/amazon-launches-2-billion-fund-to-invest-in-climate-technologies.html, abgerufen am 21.09.2021.

Pertlwieser, M. (2020): Digitale Transformation, in: Bajorat, A., Brock, H., Oberle, S. (Hrsg.); Köpfe der digitalen Finanzwelt, Wiesbaden 2020.

Principles for Responsible Investment (o. J. a): What are the Principles for Responsible Investment?, unter: https://www.unpri.org/pri/what-are-the-principles-for-responsible-investment, abgerufen am 21.09.2021.

Principles for Responsible Investment (o. J. b): About the PRI: https://www.unpri.org/pri/about-the-pri, abgerufen am 21.09.2021.

Rappaport, A., Bogle, J. C. (2011): Saving Capitalism from Short-Termism, New York 2011.

Rifkin, J. (2019): Der globale Green New Deal, Frankfurt am Main 2019.

Römer, J. (2020): Ab Samstag lebt die Menschheit ökologisch auf Pump, unter: https://www.spiegel.de/wissenschaft/natur/erdueberlastungstag-ab-samstag-lebt-die-menschheit-auf-pump-a-d59ea57e-fadc-4774-9e4f-db7cdb66330a, abgerufen am 21.09.2021.

Rungg, A. (2016): Warum Google sich wirklich umbenannt hat, unter: https://www.manager-magazin.de/magazin/artikel/alphabet-warum-google-sich-wirklich-umbenannt-hat-a-1088043.html, abgerufen am 21.09.2021.

Suhr, F. (2020): Deutsche finden, Klimaschutz sollte wichtigstens EU-Thema sein, unter: https://de.statista.com/infografik/22197/umfrage-zu-schwerpunktthemen-der-deutschen-eu-ratspraesidentschaft/, abgerufen am 21.09.2021.

Taleb, N. M. (2008): Der schwarze Schwan, München 2008.

Taleb, N. M. (2018): Antifragilität, München 2018

Von Rohr, K. (2020): Unternehmen müssen Zukunft neu denken!, unter: https://www.linkedin.com/pulse/unternehmen-m%C3%BCssen-zukunft-neu-denken-karl-von-rohr/?articleId=6702546409784139776#comments-6702546409784139776&trk=public_profile_article_view, abgerufen am 21.09.2021.

Watts, J. (2020): BP's statement on reaching net zero by 2050 – what it says and what it means, unter: https://www.theguardian.com/environment/ng-interactive/2020/feb/12/bp-statement-on-reaching-net-zero-carbon-emissions-by-2050-what-it-says-and-what-it-means, abgerufen am 21.09.2021.

Winston, A. (2019): Is the Business Roundtable Statement Just Empty Rhetoric?, unter: https://hbr.org/2019/08/is-the-business-roundtable-statement-just-empty-rhetoric, abgerufen am 21.09.2021.

World Economic Forum (o. J.): World Economic Forum Annual Meeting, unter: https://www.weforum.org/events/world-economic-forum-annual-meeting-2020/, abgerufen am 23.09.2021.

World Economic Forum (2020): Shareable Infographics, unter: http://reports.weforum.org/global-risks-report-2020/shareable-infographics/, abgerufen am 23.09.2021.

Digitale Unternehmensstrategie für das Kerngeschäft – Be relevant, be smart und go beyond

Zuallererst meint Digitalisierung die Revolution der Strategie. Das Wesen des Revolutionären steckt im deutlich anderen Verhalten der Kunden, im Schatz aus Daten und in den neuartigen Netzwerken der Wertschöpfung.

Welche Wucht diese Revolution entfaltet, führt uns das Ökosystem *Smart Phone* seit mehr als einem Jahrzehnt deutlich vor Augen. Viele erkennen, dass das erst der Anfang der Disruption ist. *Smart Car*, *Smart Home* und *Smart Factory sind am Horizont bereits klar umrissen.*

Wer die strategische Revolution im Kerngeschäft in all ihren Facetten beschreiben wollte, würde sich unter Garantie verheben. Das passt wohl nicht zwischen zwei Buchdeckel, ganz sicher dann nicht, wenn es der Anspruch ist, die Analyse auch noch nach Branchen zu differenzieren. Das müsste jeden Autor überfordern, bräuchte er doch tiefes Fachwissen für jede einzelne Branche.

Eine solche Enzyklopädie der digitalen Revolution ist glücklicherweise gar nicht notwendig. Ihre Grundprinzipien lassen sich gut anhand der fünf folgenden typischen Handlungsfelder darstellen (vgl. Abschn. 8.1 bis Abschn. 8.5).

Die Themen in der hier aufgeführten Reihenfolge zu bearbeiten, empfiehlt sich nicht nur für das Lesen, sondern auch um die individuelle Strategie für das eigene Unternehmen zu entwickeln und sie umzusetzen. Was in Abschn. 8.1 erklärt wird, ist die Basis für die Abschn. 8.2 bis Abschn. 8.4. Und in Abschn. 8.5 finden sich nicht die Antworten auf die Fragen der Abschn. 8.1 bis Abschn. 8.4, sondern sie machen überhaupt möglich.

8.1 Leistungsversprechen und Positionierung in der Plattformökonomie

Will ich als Plattformbetreiber den Kunden den Zugang zu den besten Produkten geben? Oder bin ich selbst der, der die besten Produkte herstellt und sie unter anderem auch über Plattformen verkauft? Stark verkürzt ist genau das die strategische Grundsatzentscheidung zur Positionierung des eigenen Unternehmens in der Plattformökonomie.

Je austauschbarer das Produkt und je fragmentierter der Markt, desto stärker differenzieren sich die Produkte über den Preis. Und desto wahrscheinlicher ist es, dass sich Plattformen etablieren. Skalen und Effizienz in der Produktion entscheiden dann im Wettbewerb der Produzenten um das preislich beste Produkt und über den vorteilhaftesten Platz im „Regal" der Plattform.

Je klarer ein Produkt über ein Alleinstellungsmerkmal verfügt, desto eher kann das Unternehmen ein integriertes Geschäftsmodell aus Produktion und Distribution erfolgreich betreiben. Der in kürzester Zeit erfolgreich etablierte Streaming-Dienst Disney+ zeigt, wie es gehen kann (vgl. Brien 2020; vgl. Ha 2020).

Nur in Ausnahmefällen wird beides gleichzeitig in einem Unternehmen funktionieren: eine Positionierung als Plattformbetreiber und als Produzent. Reüssieren konnten mit einer solchen Strategie bislang nur sehr dominante Plattformen. Sei verstehen sehr genau, was ihre Kunden wünschen und brauchen, und können dieses Wissen einbringen und die entsprechenden Produkte gestalten. Die prominentesten Beispiele für eine solche Dualität in der Strategie sind Amazon und Netflix. Beide haben zunächst ihre Plattform etabliert und anschließend die Wertschöpfungstiefe um die Herstellung eigener Produkte und Filme ausgeweitet.

Was Plattformen erfolgreich macht und Beispiele dafür in den Ökosystemen *Smart Phone*, *Smart Car*, *Smart Home* und *Smart Factory* finden sich detailliert in den Themenblöcken I und II.

Außerhalb des klassischen Kerngeschäftes, also in den neuen Geschäftsbereichen, ist die Wahrscheinlichkeit deutlich höher, eine erfolgreiche eigene Plattform zu entwickeln, die sich vom Modell des Produktherstellers nicht zuletzt im Leistungsversprechen grundlegend unterscheidet (vgl. auch Kap. 9).

8.2 Perspektivenwechsel im Dialog mit dem Kunden erleben: Zugangsweg statt Multikanal

Nur der, der im Digital-Zeitalter relevant bleibt, wird nicht irrelevant. Relevanz entsteht aus Erreichbarkeit, Komfort, Individualität und Kontext. Damit eine relevante Interaktion mit dem Kunden stattfinden kann, sind digitale Zugangswege und digitales Marketing elementar. Dafür braucht es einen Wechsel der Perspektive im klassischen Vertrieb und der klassischen Werbung. Während der Umbruch mit den stark steigenden Umsätzen in der

Online-Werbung bereits in vollem Gange ist (vgl. Rabe 2021), hat die Corona-Pandemie den Nachholbedarf des digitalen Vertriebs in vielen Branchen erst richtig offengelegt.

Gerade im digitalen Vertrieb müssen sich die Unternehmen vor Fehlern hüten. Denn der Auf- und Ausbau von Online- und Mobile-Angeboten ist viel mehr als die Möglichkeit, lediglich außerhalb der klassischen Vertriebswege mehr Produkte an den Mann oder die Frau zu bringen. Sie sind der Katalysator oder auch der längst fällige Startpunkt, sowohl das eigene Angebot als auch die Prozesse aus dem Blickwinkel des Kunden vollkommen neu zu denken. Wer meint, Online und Mobile seien einfach eine Evolution des schon Jahrzehnte alten Multikanal-Ansatzes, der ist auf dem Holzweg. Multikanal nimmt gerade nicht die Position des Kunden, sondern die des Produzenten ein. Der befüllt unterschiedliche Vertriebskanäle und sortiert die Kunden nach ihrer Profitabilität in seine Vertriebskanäle ein. Dumm nur, dass die Kunden heute so gar keine Lust dazu haben, in irgendwelchen „Kanälen" zu landen, sondern ganz individuell den Zugang zum Angebot eines Unternehmens wählen möchten.

Die Kunden möchten mit Sicherheit nicht „kanalisiert" werden, sondern die Möglichkeit haben, nach ihrem Gusto den Zugangsweg zu den Leistungen des Unternehmens zu wählen. Die Unternehmen sollten also rasch damit beginnen, ihre Inhalte und ihre Sprache neu zu sortieren. Der Begriff des „Zugangswegs" steht in dieser Semantik stellvertretend dafür, wie der Kunde das Angebot des Unternehmens und den Kontakt zu ihm erlebt. Beratungs- und Produktabschlussstrecken müssen so einfach und verständlich gestaltet sein, dass Kunden sie intuitiv und selbstständig nutzen können. Dies ist in keinem anderen Zugangsweg zugleich so wichtig und so gut möglich wie auf dem *Smart Phone*. Eine strategische Herangehensweise, die diesen Anspruch konsequent gerecht werden will, ist *„Mobile first"*.

Mobile first wendet sich nicht von den klassischen Vertriebswegen ab, aber sie wechselt bei Produkten und Instrumenten zu einem Ansatz, der sich auf den Kunden konzentriert, statt wie bislang vom Berater oder Verkäufer aus zu denken. Werden die Instrumente in allen Zugangswegen konsistent eingesetzt – was für ein gleichbleibendes und angenehmes Erlebnis des Kunden zwingend ist –, profitieren auch die Mitarbeiter in Geschäften, Filialen und Call-Centern von der neuen Benutzerfreundlichkeit ihres Arbeitsplatzes. Ein komplexes Berater/Verkäufer-Instrument, das nur von einem erfahrenen und intensiv darauf trainierten Berater oder Verkäufer genutzt werden kann, fesselt weder den Kunden noch den Berater/Verkäufer.

Gut sind solche „*vom Kunden für den Kunden*" entwickelten Instrumente und Prozesse auch für die Aktionäre. Sie profitieren von sinkenden Prozesskosten und von steigendem Absatz und erhöhter Produktivität. Nur jene Mitarbeiter, die bislang für Produktprozesse und -instrumente verantwortlich waren, mögen einen Verlust empfinden, wandern doch Teile ihrer Verantwortung in einen übergreifenden Bereich wie ein Chief Design Office oder ein Chief Customer Experience Office. Wie wichtig ein solches Chief Design Office sein kann, hat nicht zuletzt Jonathan Ive, jahrelang Chief Design Officer von Apple, eindrucksvoll verkörpert (vgl. Knape 2019; vgl. Gurman 2019).

Über den Zugangsweg entscheidet in der digitalen Welt ausschließlich der Kunde. Präferenzen sind individuell unterschiedlich. Sie können je nach Situation oder Bedarf variieren (sog. hybrides Kundenverhalten).

Damit der Kunde den Kontakt mit dem Unternehmen durchgehend als gut und angenehm erlebt, sollten die Produkte und Dienstleistungen möglichst konsistent angeboten werden und die jeweiligen Stärken der Zugangswege zur Geltung bringen: Erreichbarkeit und Verfügbarkeit, die Breite des Sortiments, der persönliche Austausch oder die individuelle Betreuung. Die neuesten Entwicklungen in Künstlicher Intelligenz können das persönliche Erleben des Unternehmens für den Kunden nicht nur in Online und Mobile möglich machen, sondern bieten künftig auch immer mehr Anreize, ein Geschäft oder eine Filiale zu besuchen (vgl. Daugherty 2018, S. 91).

In vielen Branchen wachsen die Marktanteile der Zugangswege Online und Mobile stark – die Ausgangs- und Kontaktbeschränkungen während Corona-Pandemie haben diesen Trend beschleunigt. Gleichzeitig errichten immer mehr Unternehmen, die ursprünglich als reine Onliner gestartet sind, Outlets oder Beratungszentren aus Stein: Beispiele sind Zalando (vgl. www.zalando-outlet.de/outlets/) oder die Baufinanzierungsplattform Interhyp (vgl. www.interhyp.de/standorte/). Sogar Bankfilialen oder Geldautomaten, von einigen Jahren bereits totgesagt, spielen bei der Wahl der Bank eine ähnlich wichtige Rolle wie eine benutzerfreundliche App, und das selbst in der begehrten Zielgruppe der unter 24-Jährigen. Das sind starke Indizien dafür, dass „Mobile first" und nicht „Mobile only" vielfach das richtige Angebot ist (vgl. Suhr 2020).

Es mag kurzfristig im Interesse der Aktionäre und Mitarbeiter liegen, vonseiten des Unternehmens die Zugangswege zu begrenzen, die der Kunden nutzen kann (z. B. sog. „Call-Center-Kunden"), oder die Kunden in das Geschäft, den Verkaufsraum oder die Filiale zu zwingen. Für die Kunden schwindet damit die Relevanz des Angebots. Denn je stärker digitale Angebote neuer Wettbewerber in den Markt drängen, umso öfter wird das nächste Angebot nur einen Klick, einen Anruf oder Besuch entfernt sein. Segmentierungen aus Gründen der Profitabilität wie die reinen Call-Center-Kunden bei Finanzdienstleistern oder der Kaufabschluss nur im Autohaus wie bei Automobilherstellern kennen die führenden digitalen Anbieter nicht. Solches Geschäftsgebaren wird in den Augen der Kunden immer stärker ein Relikt des prä-digitalen Zeitalters sein.

Nicht das Unternehmen wird (in Zukunft) über den Kanal entscheiden, sondern der Kunde wählt seinen Zugang. Wenn Unternehmen versuchen, für ihre Kunden den Kanal vorzubestimmen, wird der Kunde immer öfter nicht den Zugang, sondern den Ausgang wählen.

Digitale Informationsdienste wie E-Mails oder „Push"-Nachrichten sind hervorragende Instrumente, um im B2C-Geschäft die Kunden im Kontakt mit dem Unternehmen zu halten („Pull"-Instrumente). Sie sind für das Wettrennen um die Relevanz im täglichen Leben der Kunden unverzichtbar.

Im vor-digitalen Zeitalter nutzten vor allem jene Branchen und Industrien einen sogenannten „Push"-Ansatz, deren Produkte nur relativ selten gekauft werden. Ihre Vertriebsmitarbeiter sprechen Kunden und Interessenten in Filialen, im Call-Center oder in mobilen

Vertrieben aktiv auf neue Produkte an. Diese aktive Ansprache soll den Bedarf der Kunden wecken, den Produktabsatz fördern und den Vertriebserfolg steigern.

Üblich ist ein solcher Vertrieb im Finanzdienstleistungssektor mit den klassischen Banken, Versicherern und Immobiliendienstleistern. Im Gegensatz zum Einkauf oder dem täglichen Nutzen digitaler Medien- und Unterhaltungsdienste spielen Finanzprodukte im Alltag der Kunden so gut wie keine Rolle. Das Bezahlen ist meist die einzige Gelegenheit, bei der die Bank im täglichen Leben des Kunden vorkommt oder vorkommen könnte, denn häufig leisten im Digitalen spezialisierte Zahlungsdienste-Anbieter und eben nicht die Banken diesen Dienst (vgl. o. V. 2020; vgl. Atzler und Schneider 2020). Und wenn das Bezahlen immer mehr zum Teil des Einkaufs wird, schwindet der „tägliche" Gedanke an die Bank bald vollständig.

Klassische Banken und Versicherungen – stellvertretend für Unternehmen mit einem Push-Ansatz – können auf digitale Dienste kaum mehr verzichten. Sie brauchen diese Dienste, wenn sie in einer immer deutlicher digital geprägten Informations- und Kommunikationswelt bestehen wollen, in der es auf die Bedeutung für den Kunden und den direkten Kontakt mit ihm ankommt.

Digitale, sogenannte Next-best-Offer-Angebote im Tages- oder Wochenrhythmus, im Online-Handel seit Langem selbstverständlicher Teil des Einkaufserlebnisses, sind bei Produkten des nicht-täglichen Bedarfs strukturell ungeeignet. Informationen wie „Kunden mit einer Kfz-Versicherung haben auch eine Haftpflichtversicherung" oder „Kunden mit einem Privatkredit haben auch ein Konto" sind wertlos. Ähnlich verhält es sich mit der Flut von Newslettern und nicht individualisierter Nachrichten, die die Postfächer ihrer Adressaten überschwemmen. Viele digitale Dienste werden selbst dann nicht geöffnet oder gelesen, wenn ihr Versandtermin nach Wochentag und Tageszeit oder ihr Inhalt nach individueller Sprach- und Bild-Präferenz des Empfängers optimiert ist. Und diese Dienste sind schon gar nicht in der Lage, für das Unternehmen eine Interaktion oder einen Dialog mit dem Kunden anzustoßen. Da macht auch mehr vom immer Gleichen die Sache nicht besser. Die digitalen Dienste, in der Kanal- oder Push-Logik konzipiert, gehen im Rauschen der täglichen Informationsflut unter, auch wenn der Versandmenge technisch quasi keine Grenzen gesetzt sind. Umgekehrt können reduzierte Versand-Rhythmen zwar den Grad der Belästigung verringern, relevanter werden sie für die Kunden dadurch nicht.

Kunden wissen meist am besten, was sie wirklich interessiert. So kann der wöchentliche Newsletter spannende Veranstaltungen enthalten, relevant ist der Beginn des Kartenvorverkaufs für das Konzert des Lieblingskünstlers. Die Wahrscheinlichkeit, dass eine solche Nachricht im täglichen Informationsbrei versinkt, ist deutlich geringer. Wenn die Anbieter solche Benachrichtigungsfunktionen prominent platzieren, werden sie von den Kunden intensiv genutzt.

Nach dem gleichen Prinzip können Informationen und Angebote zu den bevorzugten Reisezielen des kommenden Jahres funktionieren. Und während der Urlauber in den Tagen vor Reiseantritt eine ganze Palette von möglichen Aktivitäten am Urlaubsort vorgeschlagen bekommt, endet die individuelle Kommunikation mit dem Kunden nach der Rückkehr damit, dass das Reisebüro oder der Reiseveranstalter seine Rückmeldung zur

Qualität des Urlaubs abfragt. Und was spräche dagegen, bei dieser Gelegenheit wie selbstverständlich auch gleich die Frage nach dem nächsten Reiseziel zu stellen? Der weitere Dialog mit den Kunden wäre für ihn relevant und könnte darüber hinaus emotional positiv besetzt fortgeführt werden. Das Unternehmen hätte die Kundenbindung gesteigert und die Wahrscheinlichkeit für ein Folgegeschäft kosteneffizient erhöht.

Mit Funktionen wie einem Kontowecker, der sich meldet, wenn beispielsweise Gehalt eingeht, wenn größere Abbuchungen vorgenommen werden oder wenn das Konto ins Minus rutscht, gehen auch Banken in Richtung individueller digitaler Services (vgl. Sparkassen-Finanzgruppe o. J.; vgl. Deutsche Bank o. J. b). Die Bedeutung der Information, dass etwa das Konto im Minus steht, unterscheidet sich von Kunde zu Kunde je nach der Vermögenssituation, Finanzaffinität und Lebenseinstellung. So soll es ja sogar sparsame Schwaben geben, die mit einem negativen Kontostand von einigen Hundert Euro gut schlafen können, und auch lebenslustige Rheinländer, die bei wenigen Euro im Minus bereits unruhig werden.

Individuelle Wünsche der Kunden nach Informationen kann es auch für Kursschwankungen bei Wertpapieren, der Vorlaufzeit zur Prolongation einer Baufinanzierung oder zum Transaktionswert von Abbuchungen geben, von dem an ein Kunde automatisch benachrichtigt werden möchte. Je individueller die Nachricht, desto relevanter ist sie und umso größer ist die Wahrscheinlichkeit, dass der Empfänger sie liest und dadurch einen echten Mehrwert erfährt.

Die *InfoServices* der Deutschen Bank bieten so eine individuelle Möglichkeit zur Konfiguration von Bankinformationen (vgl. Deutsche Bank 2019). Sie werden von den Kunden intensiv verwendet, und außergewöhnlich hohe Öffnungsquoten von bis zu 80 Prozent sind ein starkes Indiz dafür, dass sie für die Kunden erhebliche Bedeutung haben. Zum Leistungsspektrum der *InfoServices* gehören auch automatisierte Benachrichtigungen etwa bei versehentlichen Doppelabbuchungen, bei einer Veränderung von sonst gleich bleibenden Lastschrifteinzügen oder wenn regelmäßig eingehende Gutschriften wegfallen (vgl. Deutsche Bank o. J. a). Der sogenannte *KontoSensor* schafft beim Kunden einen positiven Überraschungseffekt, selbst wenn die Information für sich genommen unerfreulich ist.

Gute Emotionen können die Relevanz deutlich steigern. Diesen Effekt zu erzielen, ist dann besonders herausfordernd, aber auch besonders differenzierend, wenn das bei Themen gelingen soll, die von den Kunden eher als mühsam empfunden werden. Bankgeschäfte sind für viele Menschen anstrengend und nur wenig geeignet, Euphorie zu verbreiten. Nicht umsonst spricht der Volksmund: „Ich gehe einkaufen" aber „Ich muss zur Bank."

Für Banken und Versicherungen wie für alle Branchen mit Produkten, die nur selten oder unregelmäßig gekauft oder verwendet werden, scheinen deshalb sogenannte *Next-Best-Information*-Dienste viel besser geeignet zu sein, die Relevanz des Angebots zu erhöhen, als *Next-Best-Buy*-Angebote.

Die Digitalisierung vereint Individualität und Effizienz. Unternehmen sollten die traditionelle aktive Ansprache („Push") mehr und mehr durch eine Möglichkeit des individuellen Informationszugangs („Pull") ablösen. Sie müssen weg davon, vom Produkt aus zu denken, und hin dazu, mit den Augen des Kunden zu sehen.

Die Direktkanäle der traditionellen Anbieter wurden häufig aus Gründen der Effizienz gebaut. Die Unternehmen sollten sie als Zugangswege für die Kunden im Digital-Zeitalter neu aufsetzen. Schaffen sie den Wechsel von Multikanal zu „Omni-Access" (vgl. Skinner 2020), dann können sie digitale Beratungs- und Verkaufsprozesse bereits weit vor der Produktberatung beginnen und schließen den Kontakt zum Kunden – wenn überhaupt – erst weit danach ab.

Wenn der Zugang zu einer Dienstleistung an die Stelle des Kaufs eines Produktes tritt, dann erobert der vom Kunden bestimmte Zugang zum Unternehmen („Omni-Access") nach dem B2C- auch das B2B-Geschäft. Auch hier verändern sich die Wertschöpfungsketten und ihre Kommerzialisierung. *„Be relevant"* wird zum bestimmenden Faktor, nach dem die Zugangswege in allen Branchen und Industrien ausgerichtet werden.

8.3 Produkte und Prozesse: Re-Konfiguration der Wertschöpfungsketten

Die Vielfalt von Produkten und Dienstleistungen wächst exponentiell: Es entstehen digitale Marktplätze für Übernachtungsmöglichkeiten, Plattformen für Reisen und Veranstaltungen, für Strom, Gas, Bank- und Versicherungsprodukte. Streaming-Dienste für Video und Musik etablieren sich, neue Industrien wie E-Gaming mit E-Sports, neue Mobilitätsdienste wie EHailing und EScooter finden immer mehr Kunden. Dazu kommen elektrisch angetriebene und autonom fahrende Fahrzeuge, das sprachgesteuerte, intelligente Zuhause, Machine-as-a-Service, Precision Farming oder vernetzte Fabriken. Die Liste ließe sich leicht noch verlängern, weil immer weitere Lebens- und Wirtschaftsbereiche von der Digitalisierung erfasst werden, traditionelle Industrien in Ökosystemen zusammenwachsen und neue Branchen und Dienste entstehen.

Zunehmend verschwimmt die Grenze zwischen Produkt und Dienstleistung. Nach und nach ersetzt eine haptische Dienstleistung den ursprünglichen Verkauf eines haptischen Produktes einschließlich der daran anschließenden Wartung und Reparatur. Von ihrer Struktur her als besonders attraktiv erscheinen rein virtuelle Produkte und Dienstleistungen. Sie können mit hoher Effizienz bei den Kosten nahezu beliebig oft reproduziert und nahezu beliebig stark individualisiert werden. Selbst Basis-Infrastrukturen wie Rechenzentren, Speichermedien oder intelligente Software im Bereich der Datenanalyse und KI können mithilfe von Cloud-Computing als Dienstleistung flexibel gebucht und jederzeit von überall abgerufen werden.

Wenn Produkte und Dienstleistungen derart umfassend digitalisiert werden, dann stärkt das die Wertschöpfungskette an ihren Enden, das heißt bei Kreation und Distribution, und erfindet sie neu. Voraussetzung dafür ist, dass auch die internen Prozesse im Unternehmen digitalisiert sind.

Der Datenstrom aus Betriebs-, Leistungs- und Nutzungsdaten wird für das digitale Unternehmen so elementar wie einst der Zugang zu Elektrizität für die Unternehmen des vorhergehenden Industrie-Zeitalters. Ein möglichst effektiver und effizienter Einsatz von Daten wird so bestimmend für das Design der Wertschöpfungsketten und Infrastrukturen, wie es früher nur Arbeit und Kapital waren (vgl. Abschn. 8.4).

Die Digitalisierung macht es möglich, dass Prozesse vollständig neu gebaut und ganz andere Kostenstrukturen erreicht werden können. Im digitalen Zeitalter bestimmt nicht mehr das taktische Management der Kosten das Prozessmodell, sondern das Prozessdesign kreiert eine neue Kostenstruktur.

Neu konfiguriert werden der Kern der Wertschöpfung und die dazugehörigen Wertschöpfungsketten. Zwar ist die Entwicklung noch am Anfang, aber erste Muster und Handlungsfelder sind bereits klar zu erkennen. Drei dieser Handlungsfelder beschreiben die folgenden Abschnitte.

Schlüsselbereiche der „Wertschöpfungskette" verschieben sich in Richtung der „Enden" – von der Produktion zur Kreation und Distribution

Den direkten Kontakt zum Endkunden kann die Digitalisierung erst ermöglichen, entscheidend verkürzen oder im ungünstigen Fall schmerzhaft verzögern. Wichtig ist, dass die Mischung der Zugangswege stimmt. Die Prozesse für den Dialog mit den Kunden sollten schlank und für den Kunden intuitiv sein, die Abläufe für das Angebot und den Abschluss müssen schnell und stabil arbeiten – im B2C- und im B2B2C-Bereich. Das ist vor allem dann richtig, wenn Produkte und Dienstleistungen über Marktplätze, Plattformen oder in Ökosystemen zugänglich gemacht werden. In den Ranglisten der Vergleichsportale sind die Prozessexzellenz beim Produktangebot und beim Produktabschluss neben Preis und Kondition die wichtigsten Kriterien.

Etablierte Unternehmen, die bei Produkten höherer Vertrauensniveaus zwischen Bestands- und Neukundenprozessen unterscheiden, packen in der Digitalisierung bevorzugt zunächst den weniger aufwendigen Bestandskundenprozess an. Neue Wettbewerber, die keine Bestandskunden haben, erfinden ihren Neukundenprozess und wirken am Markt damit deutlich moderner, was ihnen viel Aufmerksamkeit in den Medien beschert. Etablierte Unternehmen erscheinen im Vergleich dazu häufig unattraktiv, sie wachsen schwächer und geraten in die Defensive. Design und Bau der Kernzugangsprozesse beginnend mit dem Zugangsweg, der die höchsten Ansprüche an Einfachheit, Bequemlichkeit, Schnelligkeit und Stabilität stellt, kann große Vorteile für alle Zugangswege bringen. Das heißt für das Unternehmen, immer mit dem Neukunden-Prozess zu beginnen. An einem solchen „idealen" Prozess erfreuen sich auch die Bestandskunden und sie honorieren das mit Vertrauen, Loyalität und weiterer Produktnutzung.

Das andere Ende der Wertschöpfungskette, der Ursprung der Produkte eines Unternehmens, nämlich Forschung und Entwicklung, sind offensichtlich zu Beginn eines Innovationszyklus besonders wichtig. Neue Technik zu erforschen und anzuwenden, geht Hand in Hand damit, innovative Produkte und Dienstleistungen zu entwickeln und neue Geschäftsmodelle auszuarbeiten und zu erproben. Spitzen-Know-how in Technologie, neuen Märkten oder neuen Geschäftsmodellen ist extrem begehrt, und der Hebel, neuen Stakeholder Value zu schaffen, ist außergewöhnlich groß.

Weil in der Digitalisierung Maschinen, Unternehmen und Wertschöpfungsketten vernetzt werden, gewinnt die unternehmensübergreifende Zusammenarbeit in Forschung und Entwicklung weiter an Bedeutung. Wer systematisch mit Start-ups kooperiert, deren Subsektor besonders innovativ ist, kann seine eigenen FuE-Aktivitäten skalieren, was sowohl bei neuen Technologien (u. a. KI) als auch bei neuen Produkten und Dienstleistungen (u. a. Fintechs) wertvoll ist. Dabei ist es gleichgültig, ob FuE schon immer ein zentraler Baustein der Unternehmens-DNA ist, wie etwa in der Autoindustrie, oder ob der Sektor seit Jahrzehnten ohne (explizite) FuE-Abteilungen und -Aktivitäten arbeitet, wie beispielsweise die Banken.

Wenn die Branchen zusammenwachsen und neue Dienstleistungen an den bisherigen Branchengrenzen in den Ökosystemen entstehen, dann werden FuE-Partnerschaften mit Start-ups und Dritten immer wichtiger. Die Entwicklung im Ökosystem *Smart Phone* ist besonders weit fortgeschritten. Hier sind die App Stores von Apple und Google zwei herausragende Beispiele für ein „3rd-party-Research & Development". Das Gros der Anwendungen und Dienstleistungen in den App Stores entwickeln Dritte. Dass die Entwicklungen in den Ökosystemen des *Smart Car* oder *Smart Home* ähnlich weit gehen, ist nicht nur denkbar, sondern ist in Ansätzen bereits zu sehen.

Technologisches Know-how, Kreativität und Erfindergeist haben die Start-ups im Gepäck, was sie brauchen, um ihre Ideen zu validieren und zu skalieren, ist der Zugang zu Kunden und Daten. Viele Unternehmen aus unterschiedlichen Branchen taugen zum Partner von Start-ups, auch Banken. Die Finanzdienstleistungsbranche hat Zugang zu Millionen von Privat- und Firmenkunden und wacht im Interesse ihrer Kunden über einen enormen Schatz an Daten.

In den vergangenen Jahren haben immer mehr größere und große Banken neue Dienstleistungen Dritter in ihr Angebot integriert, darunter Innovationen, die dem Geschäft der Bank näher, aber auch solche, die eher bankfern sind. In der Finanzbranche nennt sich dieser Ansatz „Open Banking" (vgl. Johnson 2020; vgl. Cortet 2018). Die Banken sehen darin einen Weg, sowohl ihre tägliche Relevanz als auch das jährliche Ergebnis des digitalen Angebots zu steigern. Die Integration der Drittanbieter und externen Entwickler läuft über Entwicklerportale mit sogenannten Anwendungs-Programmierschnittstellen („Application Programing Interface" – API). BBVA (www.bbvausa.com/our-story.html), BNP Paribas (https://developer.bnpparibasfortis.com/), Deutsche Bank (https://developer.db.com/), ING (https://developer.ing.com/openbanking/home) haben solche Portale.

Wenn externe Entwickler neue Dienstleistungen über die öffentlich zugänglichen API programmieren (vgl. Bitkom 2019), liegt es ganz in der Hand der Kunden, ob sie den neuen Dienst ihrer Bank nutzen und dafür den begrenzten Zugriff auf ihre individuellen Daten freigeben möchten. Die Bank ist dafür verantwortlich, für die Kunden interessante Dienstleistungen Dritter vorauszuwählen und den Grad der technischen und geschäftlichen Integration festzulegen. Schließlich muss die Bank noch die Sicherheit, Zuverlässigkeit und den Datenschutz der Angebote Dritter gewährleisten. Der Clou daran: Die Bank entwickelt und „baut" nicht proprietär das Produkt, sondern ihr Produktmanagement sorgt für die Kuratierung der neuen Dienstleistungen auf der Bankplattform (vgl. Johnson 2020).

Das Beispiel der Banken führt zu der Frage, die im Digital-Zeitalter alle Unternehmen beantworten müssen: Was ist der Kern unserer Leistungen und öffnen wir unser eigenes Angebot für innovative Dienstleistungen, die über den bisherigen Kern hinausreichen? Viele Unternehmen verfügen (heute) weder über die internen Kapazitäten noch das Knowhow, das für ein so definiertes Portfolio neuer Dienste gebraucht wird. Nicht einmal Apple oder Google wäre in der Lage, den größeren Teil der Anwendungen in ihrem App Store selbst zu entwickeln. Deswegen brauchen Unternehmen ein skaliertes Kooperationsmanagement mit externen Entwicklern und Start-ups. Dazu gehören ein industrialisierter „Onboarding"-Prozess für die externen Partner und eine leistungsstarke API.

Das bekannte *„make-or-buy"* für das Produkt- und Dienstleistungsportfolio muss erweitert werden um das *„go-beyond-and-provide"* des Digital-Zeitalters. Und wenn das Unternehmen Letzteres positiv entschieden hat, dann bekommt ein separates Produktmanagement den Auftrag *„be relevant and go beyond"*.

Erst die Digitalisierung der internen Prozesse macht die Unternehmung und die Wertschöpfungskette bereit für das digitale Zeitalter

Als interne Kernprozesse werden die Abläufe in einem Unternehmen bezeichnet. Die internen Kernprozesse sind wichtig, damit die Gesamtunternehmung funktioniert, und sie unterstützen das Geschäft mit den Kunden mittelbar oder unmittelbar, betreffen aber nicht die direkte Interaktion mit dem Kunden. Dazu gehören etwa die Vertriebsunterstützung und -steuerung, der Einkauf, Personal, Finanzen, Risiko sowie Compliance und Audit.

Die Digitalisierung der internen Kernprozesse

1. gibt den internen Abläufen eine grundsätzlich neue Richtung, nämlich „das Richtige tun"
2. sorgt dafür, dass an jedem Arbeitsplatz die Produkte und Dienstleistungen mit den Augen des (internen) Kunden gesehen werden
3. verbessert die Qualität der Entscheidungen und automatisiert schrittweise auch kognitive Tätigkeiten

Ad 1) Die Digitalisierung der internen Kernprozesse gibt den internen Abläufen eine grundsätzlich neue Richtung, nämlich „das Richtige tun".

Es war das dritte industrielle Zeitalter, in dem fast alle heute bekannten Kernprozesse entwickelt, optimiert und in Teilen fast perfekt gemacht wurden. In diesen Arbeitsabläufen greift ein Zahnrad reibungslos ins nächste, die Effizienz wird immer noch ein bisschen mehr gesteigert und das Risiko minimiert: auf keinen Fall den falschen Mitarbeiter einstellen. Bloß kein Projekt freigeben, das nicht einen detaillierten Mehr-Jahres-Business-Plan auf Monatsbasis vorweisen kann und das nicht „sicher" funktioniert. Kooperationen nur mit Unternehmen, die selbst über ein in allen Facetten durchdachtes operationelles Risikomanagement verfügen.

Man kann die Unternehmer und Manager verstehen, die mit diesem Maximalanspruch daran arbeiten, die Dinge noch „richtiger" zu machen. Das Tragische ist, dass er in der Digitalisierung verhindert, dass sie die richtigen Dinge machen:

- Um Spitzentalente für die Digitalisierung zu gewinnen, ist es viel sinnvoller, mehrere geeignet erscheinende Kandidaten einzustellen und sich im Zweifelsfall von dem einen oder anderen nach den ersten Monaten wieder zu trennen, als durch eine Vielzahl von Interviews den vermeintlich besten Kandidaten zu identifizieren.
- Damit Unternehmen an den Geschäftschancen des Digital-Zeitalters teilhaben können, ist ein Portfolioansatz mit 12- bis 18-monatigen, stufenweisen Finanzierungsrunden der adäquate Rahmen. Das Investitionsrisiko wird limitiert und zugleich bewusster eingegangen. Den einen detaillierten 5-Jahresplan für jedes Projekt gibt es dann nicht mehr – und die Wahrnehmung mag sein, dass mehr Projekte scheitern.
- Kooperationen mit Start-ups brauchen Freiraum bei Zeit, Finanzen und in der Ausführung, innerhalb deren das gemeinsame Produkt entwickelt und getestet werden kann. Wer die Instrumente und Prozesse, die in der Zusammenarbeit mit Top-Zulieferern eingesetzt werden, ohne Abstriche auf solche Kooperationen überträgt, erdrückt jedes Start-up. Damit sind Anforderungen an das Risikomanagement des jungen Geschäftspartners ebenso aus der Welt wie die Erwartung eines perfekten „Business Continuity Managements".

Es ließen sich viele weitere Beispiele anfügen, die alle eines gemeinsam haben: Sie zeigen, dass die internen Prozesse der Unternehmen darauf ausgelegt sind, Fehler 1. Ordnung so gut wie auszuschließen. Also den falschen Kandidaten einzustellen, ein nicht erfolgreiches Projekt zu genehmigen oder eine risikobehaftete Kooperation freizugeben. Das führt unausweichlich dazu, dass sich Fehler 2. Ordnung häufen: einen geeigneten Kandidaten abzulehnen, ein potenziell erfolgreiches Projekt oder eine vielversprechende Kooperation in einem zukünftig stark wachsenden Markt o. Ä. abzuwürgen.

Die strategischen Kosten dieser Fehler 2. Ordnung sind zu Beginn des Innovationszyklus besonders hoch. Deshalb ist es so wichtig, die zentralen internen Prozesse für Fehler 2. Ordnung so stark wie möglich zu sensibilisieren und damit die üblicherweise vorherrschende und ultimativen Fixierung des Unternehmens zu durchbrechen, die darauf zielt, Fehler 1. Ordnung um jeden Preis zu vermeiden. Es muss Unternehmern und Managern in Fleisch und Blut übergehen, dass es viel schädlicher und existenzbedrohender ist, einen großen Trend oder Markt nicht zu besetzen, Kooperationen für die Zukunft nicht einzugehen oder Spitzen-Talente nicht einzustellen, als den einen oder anderen operativen Misserfolg verkraften zu müssen.

Zu den Kernprozessen des Unternehmens, die im digitalen Zeitalter darauf geeicht werden müssen, das Richtige zu tun, gehören: Strategie, Investition, Planung und Steuerung, Führung und Coaching, Beförderung und Vergütung sowie Revision. Wenn einer dieser Kernprozesse oder die dazugehörige Metrik auf inkrementeller Optimierung stehen bleibt, springt das Unternehmen höchstwahrscheinlich nie ins Digital-Zeitalter, denn der rückständigste Prozess bestimmt den Digitalisierungsgrad der gesamten Wertschöpfungskette. Ohne innovative interne Kernprozesse keine innovativen Zugangswege und Produkte.

Ad 2) Die Digitalisierung der internen Kernprozesse sorgt dafür, dass an jedem Arbeitsplatz die Produkte und Dienstleistungen mit den Augen des (internen) Kunden gesehen werden.

Wenn wir privat Apps und Webseiten nutzen, erwarten wir, dass das einfach und komfortabel geht, intuitiv funktioniert und uns das Design anspricht. Enttäuscht die App oder Webseite unsere Erwartungen, löschen wir sie oder besuchen sie nicht mehr. Warum sollte das für Unternehmensanwendungen anders sein?

Dennoch sind geschäftliche Anwendungen von solchen Standards häufig Lichtjahre entfernt. Daten eingeben und navigieren ist mühsam. Der Nutzer wird mit Komplexität gepeinigt, die dem Niveau der dahinterliegenden Geschäftsprozesse entspricht. Und die unterschiedlichen Designs der internen Instrumente lehren einen mitunter das Gruseln und verbergen geflissentlich, dass sie aus ein und demselben Unternehmen oder gar Bereich stammen. Die Folge: Die Produktivität der genervten Mitarbeiter sinkt und sie machen in der Bedienung Fehler – alles wegen eines Dickichts letztlich elektrifizierter Formulare. Wäre man nicht von Berufs wegen gezwungen, dieses benutzerunfreundliche Sammelsurium zu bedienen, kein Mitarbeiter käme auf die Idee, auch nur eine Minute auf solche Anwendungen zu verschwenden.

Für die Qualität interner und externer Instrumente und Anwendungen in einem Unternehmen sollte die Begeisterung der Mitarbeiter der Maßstab sein – und nicht die Freude eines Entwicklers an dem Funktionsumfang seiner Programmierung. Das Prinzip, vom Endkunden oder vom internen Kollegen aus zu denken und zu entwickeln, sollte identisch für alle internen Nutzergruppen gelten. Gerade für Mitarbeiter im Kontakt mit dem Kunden erleichtert eine einheitliche Design-, Nutzungs- und Prozesswelt das Leben enorm, ganz gleich ob im Dialog mit dem Kunden oder bei internen Abläufen. Sie sparen Zeit und ihre Produktivität steigt.

Das Unternehmen kann dafür einen übergreifenden Standard für Design und Nutzerführung sowie für Kunden- und Mitarbeiteranwendungen festlegen. Damit das funktioniert, sollten die Zuständigkeiten für Design und die Bedienungserfahrung („Experience"), üblicherweise in den Abteilungen des Unternehmens verstreut, in einem „Chief Employee Experience Office" zusammengeführt und ins „Chief Customer Experience Office" integriert werden.

Keine Angst vor den damit verbundenen technischen Aufgaben – sie sind meist überschaubar. Wenn das Unternehmen die klassischen Applikationsmonolithe mithilfe interner API und moderner Frontend-Technologien aufbricht, lassen sich leichter als gedacht über alle Anwendungen hinweg „Employee Journeys" bauen.

Mehr Arbeit wartet bei der Kultur und Organisation. Damit die Chancen im Unternehmen gewahrt werden und die Signale auch gehört, sollte das Unternehmen Einzelfälle auch einzeln lösen. Das Design und die Bedienerfreundlichkeit interner Instrumente sind viel mehr als die Domäne einer Einheit von Spezialisten. Es sind Leuchttürme der Digitalisierung für die internen Prozesse und Anwendungen, die

- die Mitarbeiter als Anwender der internen Prozesse und Applikationen den Mehrwert der Digitalisierung Tag für Tag erleben lassen
- digitales Know-how auch in den kundenfernen Bereichen fördern und fordern
- einen unbestreitbaren Nachweis für den gelebten Multi-Stakeholder-Ansatz liefern, bei dem nicht allein Aktionäre und Kunden von der Digitalisierung profitieren

Jeder Mitarbeiter ist im Idealfall zugleich Produzent und Konsument digitaler Lösungen. Von einer deutlich schnelleren und breiteren Digitalisierung des Unternehmens profitieren die Lösungen für die Kunden und für die Mitarbeiter wechselseitig.

Ein vergleichbar starkes Symbol und Katalysator ist der digitale Arbeitsplatz. Die (gefühlte) Diskrepanz zwischen der Leistungsfähigkeit des privaten *Smart Phones* und der in die Jahre gekommenen Hardware des Arbeitsplatzes ist häufig ähnlich groß wie die zwischen den Apps auf dem eigenen *Smart Phone* und den Programmen am Arbeitsplatz.

Damit Offenheit, Affinität und Begeisterung für Digitales aus dem Privaten ins Berufliche durchschlagen, ist der digitale Arbeitsplatz ein ganz entscheidendes Vehikel. Nur wenn die Mitarbeiter für Neues zu begeistern sind, kann ihre daraus entstehende Veränderungsbereitschaft auch die Digitalisierung des Unternehmens voranbringen. Digitalisierung lässt sich nicht top-down verordnen und es gibt auch keine „silver bullets", die ein Unternehmen digital machen. Die Digitalisierung eines klassischen Unternehmens ist ein tiefgreifender Veränderungsprozess von den Mitarbeitern für die Mitarbeiter.

Das Leitmotiv eines solchen digitalen Veränderungsprozesses oder Kulturwandels könnte die Frage an jeden Mitarbeiter sein: Wie kann ich mithilfe der Digitalisierung das eigene Produkt für den Kunden oder Kollegen noch relevanter machen? Die Antwort darauf kann weder ein digitales Expertenteam noch die Technologie oder eine Maschine geben, sondern ausschließlich der jeweilige Mitarbeiter selbst.

Damit sie diese Frage für sich auch wirklich beantworten können und sich ihr Verhalten dementsprechend ändert, muss das Unternehmen den Mitarbeitern nicht nur ein Grundverständnis über die Kerntrends, die Veränderung von Geschäftsmodellen und die Wirkungsweisen von neuen Technologien vermitteln. Die Mitarbeiter brauchen besonders ein Umfeld, das sie unterstützt. Dazu gehören etwa gegenseitiges Coaching-on-the-Job als Säule des lebenslangen Lernens, eine Kultur und Kernprozesse, die Verhaltensänderungen fördern, und Karriere- und Vergütungssysteme, die das belohnen.

Klinken sich einzelne Unternehmensbereiche aus der digitalen Transformation aus, werden schnell Bruchstellen bei der Zusammenarbeit entstehen. Das wechselseitige Verständnis für die Denk- und Handlungsweisen wird sinken und die Kollegen werden beginnen, sich als entweder Draufgänger oder Blockierer in Schubladen zu sortieren. In Präsentationen und Diskussionen fällt viel Licht auf die Digitalisierungserfolge bei Zugangswegen und Produkten. Aber Erfolg in der Digitalisierung steht immer auf zwei Beinen: externe Produkte und interne Prozesse.

Ad 3) Die Digitalisierung der internen Kernprozesse verbessert die Qualität der Entscheidungen und automatisiert schrittweise auch kognitive Tätigkeiten.

Die Unternehmensbereiche Finanzen und Risikomanagement sind Schlüsselfunktionen für die interne Digitalisierung, denn sie sind verantwortlich für zahlreiche Kernprozesse der Unternehmenssteuerung. Wenn Finanzen und Risikomanagement die Digitalisierung des Unternehmens nicht voll unterstützen, muss sie scheitern. Schließlich verantworten Finanzen und Risikomanagement etwa die strategische Ressourcenallokation, den Risikoappetit sowie die laufende Bewertung des Portfolios der Digitalisierungsmaßnahmen.

Nicht zuletzt kann die Digitalisierung dieser beiden Funktionen wie kaum ein anderer interner Bereich das Unternehmen deutlich produktiver und effizienter machen. Weil der Großteil ihrer Aufgaben und Arbeitsabläufe auf Daten und kognitiven, wiederkehrenden Tätigkeiten beruht, verbessern neue Technologien der Datenanalyse deutlich die Auswertung, Überwachung und Entscheidungen, zum Beispiel mit Mustererkennung mithilfe Maschinellen Lernens. Einsetzen lässt sich die Technik beim Erstellen von Reports, für die laufende Betrugsüberwachung oder die Risikoanalyse von Geschäftspartnern bis hin zu Frühindikatoren für den Rückgang von Vertriebs- und Geschäftsaktivität. Wenn es gelingt, regelmäßig wiederkehrende Tätigkeiten und Prozesse zu beschleunigen oder sogar zu automatisieren, dann winkt viel zusätzliche Effizienz – und der CFO oder CRO geht mit gutem Beispiel voran.

Erfolge bei der Digitalisierung sind in diesen Abteilungen gleich mehrfach besonders wertvoll. Der Nutzen leistungsstarker und kosteneffizienter interner Bereiche liegt auf der Hand. Mit digital kompetenten Finanz- und Risikofunktionen steigt die Qualität der strategischen Diskussion und bei der Auswahl der „richtigen Themen" für das gesamte Unternehmen. Und die Manager, die für das operative Geschäft verantwortlich sind, können sich auf Kunden und Wettbewerb konzentrieren, anstatt innerhalb des Unternehmens digital „missionieren" zu müssen.

Interne Funktionen haben mitunter einen ähnlich hohen Bedarf, verändert zu werden, wie Zugangswege, Produkte und Dienstleistungen. Richtig unterwegs ist auch her derjenige, der darüber nachdenkt, wie mithilfe der Digitalisierung das eigene Produkt für den Kunden, also den Kollegen, verbessert werden kann. Wer braucht etwa die vielen Berichte – derjenige, der sie erstellt, oder der, der sie empfängt? Digitalisierte Berichte, die nicht geöffnet oder nach wenigen Sekunden wieder geschlossen werden, sind so relevant wie E-Mails oder Newsletter, die das gleiche Schicksal teilen. Digitalisierung kann auch hier die Qualität von Entscheidungen verbessern: Der Empfänger eines Berichts entscheidet, was relevant ist. Auch hier gilt: Was nicht relevant ist, ist irrelevant.

Scheitern die Digitalisierung und der entsprechende Aufbau von Know-how in diesen beiden Bereichen, übersteigt der mittelbare Schaden für das gesamte Unternehmen die unmittelbaren Effizienzverluste der beiden Bereiche bei Weitem. Die digitale Unternehmensstrategie, das Design künftiger Geschäftsmodelle, die Wachstums- und Kostenpläne etc. atmen dann zwangsläufig den Geist des zu Ende gehenden dritten industriellen Zeitalters.

Vom taktischen Kostenmanagement als Kernzweck zu neuen Kostenstrukturen als willkommenes Nebenprodukt
In Industrien und Branchen, die am Ende des Innovationszyklus stehen, ist taktisches Kostenmanagement meist Teil der Management-DNA. Der Werkzeugkasten von Unternehmern und Managern ist dafür gut gefüllt: Produktportfolios werden fokussiert, man schließt unprofitable Filialen und Werke und optimiert und automatisiert Produktionsstraßen und -prozesse, schließlich werden die Zahl der Zulieferer verkleinert und Lieferantenverträge nachverhandelt, nicht zu vergessen der Abbau von Stellen um 10 bis 20 Prozent, um nur die gängigsten Instrumente zu nennen. Die Höhe der Kosten wird um einige Prozentpunkte gesenkt, die Profitabilität um einige Prozentpunkte erhöht, unglücklicherweise bleibt die Struktur der Kosten im Kern häufig unangetastet.

Mit dem Auftauchen neuer Wettbewerber mit schlankeren und flexibleren Kostenstrukturen auf den Märkten steigt der Druck auf die Margen des Kerngeschäftes, und obwohl die Unternehmen darauf mit immer neuen, inkrementellen Kostensenkungen reagieren, verbessert sich ihre Wettbewerbsposition nicht nachhaltig. Nicht selten wird das taktische Kostenmanagement noch über digitale Technik forciert – und doch bleibt die Kostenstruktur selbst wie zementiert. Die Enttäuschung darüber entlädt sich intern dann an der Digitalisierung, die damit im Unternehmen dauerhaft desavouiert ist.

Als Antwort auf die enger werdenden Margen und die neuen Wettbewerber sind neue Denkmuster und Herangehensweisen gefragt. Der für die Entwicklung neuer Geschäftsideen etwa von Larry Page und Elon Musk propagierte „Moonshot-" oder „10x-Ansatz" (vgl. Schmidt o. J.; vgl. Stiren 2020) kann dahin gehend angepasst werden, dass mit ihm die Wertschöpfungs- und Prozessketten neu gestaltet und plötzlich andere Kostenstrukturen verwirklicht werden können. Eine um den Faktor 10 verbesserte Kostenposition mag in einem traditionellen Kerngeschäft ein „Moonshot" sein, aber er taugt doch mindestens für einige Kernbereiche der Wertschöpfung dazu, den richtigen Anreiz zu setzen: Prozesse werden nicht mehr verbessert, sondern gleich vollständig überflüssig gemacht.

Nehmen wir das Beispiel der Vergabe von Ratenkrediten im Bankwesen: Verbesserte Scanverfahren oder „Robotic Process Automation" beschleunigen den Prozess der Kreditprüfung und die Verarbeitung von Gehaltsnachweisen und Kontoauszügen auf Papier. Durch einen X2A-basierten digitalen Zugriff auf Online-Banking-Informationen bei Dritt-Instituten überspringt die Kreditprüfung dagegen eine Reihe von Prozessschritten und selbst Neukunden bekommen eine Kreditzusage nahezu in Echtzeit. Es gibt bereits Vergleichsplattformen für Kreditprodukte und Banken, die das anbieten. Was zunächst wie ein „Moonshot" aussah, erscheint dann in der Praxis wenig überirdisch.

Ein weiteres Beispiel – und zwar für jede Branche – sind die Raum- und Arbeitsplatzkosten. War vor der Corona-Pandemie das Arbeiten von zu Hause eine Variante, die höchstens an einigen Tagen im Jahr für bestimmte Arbeitnehmer möglich war, wurde „work from home" in der Pandemie über Nacht zum Breitenphänomen (vgl. Brandt 2020). Schon denken nicht wenige Unternehmen darüber nach, das Arbeiten von zu Hause wenigstens an einigen Tagen der Woche den Mitarbeitern dauerhaft zu erlauben; wenn es so kommen sollte, dann werden die Effekte auf die Kosten ein Vielfaches dessen ausmachen, was sich erreichen ließe, wenn die Unternehmen bloß ihr Standort-Portfolio oder ihr Mietvertragsmanagement optimieren.

Auch im Kostenmanagement ist es also wichtig „die richtigen Dinge" zu tun und nicht nur die bisherigen Dinge noch „richtiger". Mit digitalen Technologien wie dem Cloud-Computing können neue Wertschöpfungsarchitekturen entwickelt und dadurch neue Kostenstrukturen realisiert werden. Der Fixkostenblock wird reduziert, die Kostenbasis flexibilisiert. Das Beantworten häufig gestellter Fragen von Kunden und die Bearbeitung immer wieder geäußerter Anliegen können ebenso vollständig digitalisiert werden wie wiederkehrende, datengestützte Verwaltungs- und Abwicklungstätigkeiten.

Digitale Technologien sind dabei nur das Mittel zum Zweck. Entscheidend ist ein Prozess- und Datenmodell, das neu gebaut werden muss. Es setzt auf der Geschäftsstrategie auf und ist wie Produkte und Dienstleistungen vom Standpunkt des Kunden aus zu entwickeln (sog. front-2-back oder end-2-end). Neue Strukturen bei den Kosten sind nicht wie beim taktischen Kostenmanagement ein Selbstzweck, sondern das Ergebnis der neuen Prozesse und Wertschöpfungsketten, die zum Nutzen von Aktionären und Kunden etabliert werden.

Die Datenarchitektur ist der Schlüssel; sie öffnet den Ausgang aus dem Teufelskreis fragmentierter Prozesse und Daten. Sie ist dann ein differenzierender Wettbewerbsfaktor auf der Leistungs- wie auf der Kostenseite.

Weil sich die Kosten- und Datenstrukturen klassischer Unternehmen, so wie sie heute sind, über viele Jahrzehnte evolutionär entwickelt haben, gibt es kaum Aussicht auf Erfolg, sie evolutionär ins Digitalzeitalter zu überführen. Der Abstand zu den digitalen Plattformchampions ist ein schlagender Beweis dafür, wie unzulänglich die Dinge in den vergangenen Jahren angepackt wurden. Richtige Datenstrukturen bauen auf der richtigen Datenstrategie und dem richtigen Daten-Know-how auf.

8.4 Daten: Von „jeder ist ein Kostenmanager" zu „jeder ist ein Datenmanager"

Am Ende eines Innovationszyklus ist es den Mitarbeitern in Fleisch und Blut übergegangen, den Verbrauch von Ressourcen und die Kosten zu senken – das gilt im Routinegeschäft und umso mehr in Krisen. Wenn Erträge oder Margen geringer ausfallen als erwartet und das Unternehmen hier vom Plan abweicht, dann wird die Schraube für die Kostenziele angezogen. Scharen von Mitarbeitern kümmern sich in den Unternehmen um das taktische Management der Kosten; keine andere Funktion ist im Unternehmen so verbreitet wie die des Kosten- oder Business Managers: Viel Leidenschaft, Kreativität und Akribie also, die Tag für Tag dem Produktionsfaktor Kosten gewidmet werden.

Diese Leidenschaft, Kreativität und Akribie sollten die Unternehmen auf den „Produktionsfaktor" Daten verwenden, damit sie im digitalen Zeitalter wettbewerbs- und zukunftsfähig werden und bleiben. Zum Selbstverständnis jedes Managers muss die Facette Datenmanager gehören, denn ohne Know-how bei Daten kein Wirtschaftswissen und -können.

Wer für die Aktionäre und Kunden neuen Wert schaffen will, kommt um die intelligente Nutzung von Daten ohnehin nicht herum. Wie kann das klappen?

- Das Datenwertversprechen, das Kunden für die Nutzung ihrer Daten explizit erhalten, muss definiert,
- Rolle, Umfang und Einsatz von Daten in den heutigen und künftigen Kerngeschäftsvorfällen müssen beschrieben (sog. Use Cases)
- und eine Vision und ein Ambitionsniveau für das Datenmanagement müssen entwickelt werden.

Wenn Daten wichtiger werden, dann fusioniert das Datenversprechen mit dem Kern des Versprechens an den Kunden. Das Datenversprechen bezieht sich auf den Schutz der Privatsphäre, die Transparenz und Selbstbestimmung darüber, wie die Daten genutzt werden, sowie darauf, ob die Daten wirtschaftlich verwertet werden und wie der Kunde daran teilhat. Dazu kommen Maßnahmen der Datensicherheit. Als zentraler Wettbewerbs- und Produktionsfaktor brauchen Daten eine Vision und ein Ambitionsniveau des Datenmanagements, die immer bestimmender werden für die Vision und das Ambitionsniveau des gesamten Unternehmens.

Die Vision und das Ambitionsniveau dürfen weder zu kleinteilig noch zu abstrakt ausfallen. Das gilt besonders dann, wenn das Potenzial von Daten für das Geschäftsmodell des Unternehmens groß ist und das Unternehmen deutlich hinter den Wettbewerbern und seinen Zielen zurückliegt. Nur wenn sich alle Stakeholder direkt angesprochen fühlen und für sich jeweils einen handfesten Mehrwert aus der Datenstrategie erkennen, können Daten zum entscheidenden Treibstoff der Transformation des Geschäftsmodells und des gesamten Unternehmens werden.

Ein Rahmen, der für viele Industrien passt, damit sie Vision und Ambitionsniveau des Datenmanagements definieren können, sind die fünf Stufen des autonomen Fahrens (vgl. Volkswagen 2019; vgl. BMW 2020). Der Mehrwert jeder Stufe ist leicht zu verstehen und kann teilweise bereits buchstäblich erfahren werden. Auf jeder Stufe kommen weitere Funktionen hinzu, die direkt verknüpft sind mit zusätzlichen technischen Fähigkeiten. Der Grad der Vernetzung der Instrumente und Sensoren wächst von Stufe zu Stufe. Damit wachsen auch das Spektrum, die Individualisierung und Intelligenz der Dienste und verändern das Zusammenspiel von Mensch und Maschine. Während das System auf den Stufen 1 und 2 noch im Wesentlichen reagiert, agiert es ab Stufe 3 immer selbstständiger. Es erstellt Prognosen und trifft zunehmend intelligente Entscheidungen. So sinkt die Notwendigkeit des menschlichen Eingreifens bis hin zum vollkommen autonomen Fahren auf Stufe 5.

Ein solcher Rahmen (vgl. Bertoncello et al. 2018; vgl. Davenport 2020) unterstützt nicht nur die systematische Definition des Anspruchs, er ist auch gut dafür, die eigenen Fähigkeiten zu diagnostizieren und den Fortschritt zu messen, den man macht. Schließlich deckt dieser Rahmen auch Defizite des eigenen Unternehmens auf gegenüber heutigen und künftigen Konkurrenten.

Defizite beim Datenmanagement kann es bei der Verfügbarkeit geben, beim Zugang zu den Daten oder ihrer Organisation und nicht zuletzt auch in der Leistungsfähigkeit der Analyse oder darin, wie weit sie genutzt werden kann. Zwischen dem, was ist, und dem, was grundsätzlich möglich wäre, liegen oft Welten. Defizite nur der Defizite wegen aufzuholen, ist nicht der Weg. Dies würde Ressourcen vergeuden, kaum Wirkung erzielen und die damit beauftragten Teams schnell „verbrennen".

Besser kommen Unternehmen zum Ziel, wenn sie die wichtigsten Geschäftsvorfälle in ein Prozess- und Datenmodell übersetzen und dafür ein Datenarchitekturmodell entwickeln, das entlang der Daten-Wertschöpfungskette die wichtigsten Funktionen und Technologien definiert. Dazu muss das Unternehmen vieles evaluieren:

- Inwiefern sollen interne oder strukturierte Daten um externe oder unstrukturierte Daten erweitert werden? Externe Daten bieten neue Einblicke, stellen jedoch höhere Anforderungen etwa bei Speicherung und Analyse.
- Welche Silo-Datenbanken, die es heute bereits gibt, können in einem sogenannten Daten-See zusammengeführt werden? In einem Daten-See, der in der Cloud liegt, können Daten viel einfacher verknüpft und viel leichter verfügbar gemacht werden. Voraussetzung dafür sind die Migration der Daten, und dass die davon betroffenen Programme und Systeme angepasst werden.
- Ob und wenn ja, welche „low-code"- oder „no-code"-Instrumente zur Datenanalyse sollen auf Basis der Cloud künftig verwendet werden? Hierzu zählen „open source"-Instrumente wie *Python*, Cloud-Anwendungen wie *TensorFlow* von Google und *Alteryx* als Beispiel einer Low-code-Anwendung mit vorgefertigten Modellen. Sie alle haben gemeinsam, dass sie für die Nutzer einfach zu handhaben sind und im Unterschied zu vielen Instrumenten, die heute verwendet werden, häufig keine Lizenzgebühren fällig werden.
- Diese Instrumente zur Datenanalyse können jedoch nur dann eingesetzt werden, wenn die Daten in der Cloud oder in modernen Datenbanken mit entsprechendem multiplen Nutzerzugriff zur Verfügung stehen.
- Inwieweit will man statische, nutzerspezifische Datenbereitstellungen durch Daten in Echtzeit ablösen, die ohne Programmierkenntnisse und dynamisch für jedermann zu nutzen sind (sog. nutzeragnostische Bereitstellung)? Mit ihrer Hilfe können neuartige Dienstleistungen entwickelt sowie die Breite und Vielfalt der Geschäftspartner viel leichter skaliert werden. Das setzt voraus, dass interne und externe Standardschnittstellen (sog. API) installiert und Daten-Speicher- und -Analyseinstrumente auf Cloud-Basis verwendet werden.

Je höher der Anspruch an das Datenmanagement, desto größer ist der daraus folgende Entwicklungssprung. Wenn das Unternehmen beim Auf- oder Ausbau von Daten-Knowhow – bei seinen Mitarbeitern und in der Technik – vorankommen will, gibt es keine Alternative dazu, hierhin auch einen großen Teil der Investitionen im gesamten Unternehmen wie in einzelnen Geschäfts- und Infrastrukturbereichen zu lenken. Dabei sollte die Fortentwicklung menschlicher und technologischer Fähigkeiten synchron vonstattengehen und in der Spitze wie in der Breite der Organisation wirken.

Als Organisationsstruktur empfiehlt sich ein zentrales „Chief Data Office" mit dezentralen Datenmanagern in den Geschäfts- und Infrastrukturbereichen. Alles dezentral zu organisieren und quasi mit der Gießkanne die Mittel im Unternehmen zu verteilen, würde voraussichtlich nicht den notwendigen Know-how- und Qualitätsschub bringen. Dagegen könnte eine Gruppe von Experten, die ausschließlich zentral arbeitet, die gewünschte Veränderung in der Breite des Unternehmens wohl nicht durchsetzen.

Chief Data Office als organisatorischer Nukleus und Taktgeber
Zu den Rollen und Tätigkeitsfeldern eines Chief Data Office gehören ein Datenstratege, ein Datenarchitekt, ein Qualitätsmanager für Daten sowie ein Data Scientist. Sie brauchen Fachwissen und -können im Daten-Sourcing, im Design und der Implementierung von Prozess- und Datenarchitekturmodellen sowie im Entwickeln, Testen und in der Überwachung quantitativer Modelle einschließlich der Wahl der geeigneten Programme und Systeme. Alle Querschnittstätigkeiten mit Bezug zu Daten, die es heute schon im Unternehmen gibt und bei denen Standards, Einheitlichkeit und Konsistenz zu einer Know-how- oder einer Kapazitätssynergie führen, sollten im Chief Data Office zusammengeführt werden.

Das Chief Data Office – im Unterschied zu den Chief Digital Offices (vgl. hierzu nachfolgendes Kapitel) – ist keine vorübergehende Einrichtung, sondern auf Dauer angelegt. Nimmt die Bedeutung. des Produktionsfaktors Daten weiter zu, dann wird Know-how in der Datenarchitektur zum Standbein und Erfahrung in der Datenanalyse zum Spielbein im Wettbewerb mit alten und neuen Konkurrenten.

So notwendig Spitzen-Know-how in einem Chief Data Office für die Wettbewerbsfähigkeit ist, so wenig reicht das allein aus. Damit das Wertschöpfungspotenzial von Daten im Kerngeschäft für Kunden und Aktionäre fruchtbar gemacht werden kann, brauchen auch die Führungskräfte und Mitarbeiter der Geschäfts- und Infrastrukturbereiche Grundkenntnisse der Daten-Ökonomie und Daten-Technologie.

Wenn die Teams in diesen Bereichen das Potenzial, das in Daten liegt, nicht verstehen, dann wird dieses Potenzial nicht gehoben. Sind die Teams nicht bereit, die Transformation mitzumachen, wird es keine Transformation geben. Damit ist die Digitalisierung interner Prozesse ebenso gestorben wie die Entwicklung moderner Zugangswege oder der Bau innovativer Produkte und Dienstleistungen.

Der Auftrag der Daten-Spezialisten im Unternehmen ist es, die Transformation funktional zu unterstützen, das Vorgehen zu strukturieren oder den Prozess zu beschleunigen. Es hat keinen Sinn, dass diese Spezialisten die Verantwortung für die Transformation übernehmen. Fehlt in den Geschäfts- und Infrastrukturbereichen ausreichendes Daten-Know-how, dann muss es auf- oder ausgebaut werden. Das Unternehmen muss die Zuständigkeiten und Tätigkeiten der Mitarbeiter in diesen Bereichen um die „Datendimension" erweitern und ein verbindliches Modell der Zusammenarbeit mit den zentralen Daten-Experten etablieren. Die Führungskräfte und Mitarbeiter der Geschäfts- und Infrastruktureinheiten benötigen ein Grundverständnis der Datenwertschöpfungsketten sowie der

Datenströme in den Kernprozessen, die in ihrer Verantwortung liegen: Ist- und Soll-Zustände der Datenquellen, der Analyse-Instrumente und Datenmodelle, des Datenaustausches mit Nachbarbereichen sowie des Datenkreislaufes mit Geschäftspartnern und Endkunden etc.

Sobald das erreicht ist, kann das Unternehmen neue Produkte oder Dienstleistungen aus Sicht des Nutzers entwickeln und mit dem Wissen eines Datenarchitekten bauen. Dadurch, dass alle Produkte und Prozesse im Datenarchitekturplan verankert sind, ist ein effizienter Datenfluss gesichert. Das erleichtert es, die in den Daten enthaltenen Informationen effektiv zu gewinnen und zu verwenden, was die Relevanz der Produkte, Prozesse und Dienstleistungen weiter erhöht.

Damit das klappt, muss die Zusammenarbeit zwischen zentralen Daten-Experten und dezentralen Geschäfts- und Infrastruktureinheiten reibungslos laufen. Dabei hilft eine Aufgabenteilung, die auf klare Zuständigkeiten setzt. Zentral entschieden werden das unternehmensweite Datenarchitekturmodell ebenso wie die Methoden und Instrumente von Datenspeicherung und -analyse. Das gilt auch für die fachliche Führung und das Training aller, bei denen Daten-Know-how oder Datenmanagement zum Kompetenz- und Tätigkeitsprofil gehören. In den Geschäfts- und Infrastrukturbereichen dezentral werden die Prozesse ausgewählt, die mit einem digitalen Datenmanagement zu transformieren sind, und die Produkte und Dienstleistungen festgelegt, die auf Grundlage von Daten entwickelt werden sollen.

Viele Argumente für eine zentrale und für eine dezentrale Aufhängung mag es bei der Frage geben, wer die Mitarbeiter führt, die die Datenmodelle bauen (sog. Data Scientists). Viel entscheidender ist allerdings, dass diese Profile etabliert und mit fähigen Leuten besetzt werden und die Mitarbeiter dann ein Umfeld vorfinden, in dem sie wirken und voneinander lernen können. Räumliche und inhaltliche Nähe ist für diese Spezialisten viel wichtiger als die Entscheidung, wo sie in der Aufbauorganisation ihren Platz finden. Diese Spezialisten, die oft von außen kommen, kündigen so schnell, wie sie ihre Arbeitsverträge unterschrieben haben, wenn sie isoliert über die Geschäfts- und Infrastrukturbereiche verteilt werden und sich das negativ bei Know-how und Kreativität niederschlägt.

Wirklich bedeutsam an der Frage nach der disziplinarischen Aufhängung ist, wann und wie sie gestellt wird. Wird sie früh oder emotional gestellt, ist die Antwort fast schon gleichgültig, weil sie signalisiert, dass das Potenzial der Daten nicht ausreichend gesehen oder die digitale Transformation nicht gewollt ist. Intellektuell richtig und redlich ist die sequenzielle Diskussion der Geschäftsstrategie, der Datenstrategie, des erforderlichen Könnens und Wissens, der Rollen und Kapazitäten, der funktionalen Organisation und erst ganz am Ende die Frage nach der disziplinarischen Verortung.

Nur weil ein zentrales Chief Digital Office eingerichtet wird, ist es deshalb nicht weniger wichtig, das Daten-Know-how in der Breite des Unternehmens zu stärken. Fatal wäre die Einstellung: „Wenn sich das Chief Data Office um das Thema Daten kümmert, dann müssen sich alle anderen damit nicht beschäftigen."

Um damit zu beginnen, das Daten-Know-how in den Geschäfts- und Infrastrukturbereichen zu stärken, eignen sich unter anderen die Bereiche, die im Unternehmen als Chief of

Staff, Business Development, Chief Operating Officer oder Business Management bezeichnet werden. Sie haben unmittelbaren Zugang zu den Entscheidungsträgern, sind stark mit der Organisation verwoben und verfügen über viele Generalisten, deren Aufgaben heute viel mit taktischer Kosteneffizienz zu tun haben. Wenn sich diese Mitarbeiter mit strategischer Überzeugung, inhaltlichem Know-how und einer gehörigen Portion Begeisterung für die Digitalisierung des Kerngeschäftes auf Grundlage von Daten starkmachen, dann steigen damit gewaltig die Chancen für einen Identitäts- und Perspektivwechsel: vom taktischen Kostenmanager zum strategischen Datenmanger oder vom „die Dinge richtig tun" zu „die richtigen Dinge tun".

8.5 Organisation: Die Struktur folgt der Strategie – Über die Aufstellung der Teams und den Aufbau digitaler Einheiten

„Structure follows strategy" lautet die Quintessenz des 1962 von Alfred D. Chandler veröffentlichten Management-Standardwerks *Strategy and Structure* (vgl. Kirkland 1962; vgl. Chandler 1998). Fast 60 Jahre später ist diese so grundlegend wie einfach lautende Beziehung von Strategie und Struktur unverändert gültig. Im Übergang vom dritten ins vierte industrielle Zeitalter erscheint sie sogar richtiger denn je.

So drohen reine Debatten zur Organisation, ohne strategischen Überbau als wirkungslose Stellvertreter-Diskussion zu verpuffen. Die gleiche Gefahr droht dem Versuch, die digitale Unternehmensstrategie ohne parallele Ausrichtung der Organisationsstruktur und ohne einen Mobilisierungs- und Veränderungsprozess in der Breite umzusetzen. Wenn es ganz schlimm kommt, erhält wegen dieses Misserfolgs die Digitalisierung das falsche Etikett „überschätzt" oder „gescheitert" angeheftet.

Digitale Unternehmensstrategien zu entwickeln und umzusetzen, unterscheidet sich strukturell von klassischen Projekt- und Linientätigkeiten. Digitale Unternehmensstrategien kommen mit neuen, agilen Denk- und Arbeitsweisen daher. Und es ist kein Projekt, solche agilen Teams aufzustellen und digitales Können und Wissen aufzubauen. Vielmehr ist es ein fortlaufender Prozess, mit dem die Strategie verwirklicht wird, und Teil der neuen digitalen Normalität.

Digitallabore oder Digitalfabriken taugen als Leuchttürme einer agilen Denk- und Arbeitsweise. Sie sind erste Magnete für externe Talente und tragen zu Beginn viel Wertvolles zur Digitalisierung des Unternehmens bei. Ihr mittelbarer Wert als Vorreiter, Trainer und Multiplikator wird vermutlich den unmittelbaren Wert als Ort der ersten digitalen Innovationen bei Produkten und Dienstleistungen bei Weitem übertreffen. Fünf Faktoren machen Digitalfabriken erfolgreich: ein klarer und unternehmensweit geteilter Auftrag zur Umsetzung der Unternehmensstrategie, ein explizites Sponsoring durch die beauftragenden Geschäfts- und Infrastrukturfunktionen, die Einbettung der Kontroll- und Konzernfunktionen in die agilen Teams sowie ein finanzieller und organisatorischer Rahmen, der den Teams so viel Führung wie nötig und so viel Autonomie wie möglich gibt.

Das Chief Digital Office (CDO) kann in der Leitung als fachliche Querschnitts- und Unterstützungsfunktion viel dazu beitragen, die Digitalisierung des Kerngeschäftes zu beschleunigen und zu professionalisieren. Ein CDO ist grundsätzlich eine Organisationseinheit auf Zeit, die sich spätestens dann überflüssig gemacht hat, wenn der Rückstand in der Digitalisierung aufgeholt und das Kerngeschäft digitalisiert ist. Sie ist wegen Bedeutung und Inhalt der Aufgabe dann besonders erfolgreich, wenn sie als Stabsfunktion direkt beim CEO oder beim CFO verankert ist. Es ist nicht sinnvoll, dass sie Linienverantwortung für die Digitalisierung des Kerngeschäftes übernimmt. Diese muss untrennbar vom Tagesgeschäft bei den jeweiligen Verantwortlichen der Geschäfts- und Infrastrukturfunktionen liegen, und zwar nicht nur bei Erfolgen, sondern auch bei Misserfolgen.

Wie die Digitalisierung in den Mittelpunkt der Unternehmensstrategie gehört, so gehört die Verantwortung in die Mitte der Organisation: Ihre Umsetzung ist „Chefsache". Die verantwortliche Führungskraft benötigt die richtige Einstellung (vgl. auch Themenblock V) – und das richtige Führungsteam (vgl. auch Kap. 12). Andernfalls zementiert das Unternehmen mit der Struktur und in der Konsequenz auch in der Strategie lediglich den Erhalt der heutigen Führungsrollen und der handelnden Personen.

Keine Stellvertreterdiskussion, wenn die richtige Strategie fehlt!
Kaum ein Thema wird in Unternehmen so leidenschaftlich und so häufig diskutiert wie Anpassungen an den klassischen Organisationsstrukturen. Gefragt, warum das so ist, nennen die Beteiligten dann gerne Motive wie näher und informierter am Kunden zu sein, das Streichen hierarchischer Ebenen, das Zentralisieren von Funktionen für mehr Effizienz, das Eliminieren von Doppelfunktionen für reibungslosere Abläufe usw. Meist ist die Halbwertzeit der auf Folien umsortierten Kästchen und Organisationsstrukturen kurz – trotz oder vielleicht gerade wegen der hohen Emotionalität und Beteiligung vieler. Häufig ist nach der Veränderung der hierarchischen Organisation schon wieder vor der Veränderung der hierarchischen Organisation.

Die leidenschaftlichen Debatten zur Organisation beim Eintritt ins digitale Zeitalter münden in vielen Unternehmen in die Gründung von Innovationslaboren, Digitalfabriken oder die Etablierung von Chief Digital Offices. Gefährlich werden diese Diskussionen, wenn sie Gespräche und Beschlüsse zur Unternehmensstrategie in den Hintergrund drängen oder sogar ersetzen, die unbedingt vorher geführt und gefällt werden müssten. Stellvertreterdiskussionen zur Organisation anstelle von Entscheidungen zur Strategie führen das Unternehmen nie und nimmer ins digitale Zeitalter.

Neue, extra für diesen Zweck ins Leben gerufene Abteilungen können ohne eine beschlossene digitale Unternehmensstrategie aus sich heraus keine digitale Transformation des Unternehmens stemmen. Erstens fehlt dafür ein gemeinsam verabschiedetes und getragenes Ziel. Und zweitens sind diese Abteilungen häufig organisatorische „Inseln", die von festen überkommenen Strukturen umgeben sind. Das Gleiche gilt im umgekehrten Fall: Eine grundlegend neue Strategie umzusetzen, ohne dass fundamentale Veränderungen an der Organisationsstruktur vorgenommen werden, funktioniert in der Regel ebenfalls nicht.

Neue Strategie + alte Struktur = alte Strategie + alte Struktur
Organisationsstrukturen klassischer Unternehmen sind oftmals das Ergebnis, Spiegelbild und Antreiber des vorherrschenden Effizienzgedankens der letzten Jahre und Jahrzehnte:

- Produkte, Abläufe und Prozesse sind vielfach optimiert und der Ressourcenaufwand immer weiter reduziert.
- Funktionales Know-how wie Recht, Finanzen oder Personal sind straff vertikal organisiert (sog. Funktionssilos), um über die Grenzen einzelner Bereiche hinweg möglichst effizient zu arbeiten. Kern der Identität und Heimat der Mitarbeiter ist besonders die jeweilige funktionale Organisationseinheit.
- Projekte und Produkte, die kurzfristig einen negativen Ergebnisbeitrag haben, werden dank engmaschiger Kontroll- und Genehmigungsprozesse zielsicher identifiziert und bei kurzfristigem Ergebnisdruck treffsicher eliminiert.
- Führung ist hierarchisch geprägt. Sie orientiert sich weitgehend an Ergebnissen und Entscheidungskompetenzen sind stark zentralisiert. Steuerungsmechanismen und Vergütungsstrukturen belohnen das konsequente Vermeiden und eben nicht das bewusste Eingehen von Risiken.

Die Strategie hat über einen langen Zeitraum die Organisationsstruktur geprägt und umgekehrt. Jahr für Jahr wurden in dieser innigen Wechselwirkung von Struktur und Strategie die Dinge immer noch ein wenig richtiger gemacht.

Verkümmert ist in dieser Unternehmensphysis häufig der „Innovationsmuskel". Können, Wissen und Einstellungen wie strategisches Denken, Begeisterung und Neugierde, Design-, Daten- und Technologie-Know-how, Risikobereitschaft und der Wille, Dinge auszuprobieren, sind schwach und kaum vorhanden. Sie werden gebraucht, um in der Digitalisierung die richtigen Dinge zu tun, aber die überkommenen Strukturen behindern ein erfolgreiches Training und die Stärkung des Innovationsmuskels.

Wenn ein Unternehmen die digitale Unternehmensstrategie mit der bestehenden Organisationsstruktur umsetzen will, wird es absehbar scheitern. Denn das dafür notwendige Agieren seiner Mitarbeiter belohnt es nicht und seine tradierten Arbeitsformen schrecken externe Talente ab. Das führt dazu, dass seine Innovationen bei Produkten und Dienstleistungen oft den Geist interner Kompromisse und des inneren Widerstands der alten Organisation in sich tragen. Sie sind deshalb im Wettbewerb unterlegen und die Kunden lassen sie einfach links liegen. Wenn die digitale Strategie mit den Schablonen des Erfolgs aus dem dritten industriellen Zeitalter bewertet wird, von einer alten Organisationsstruktur, die in ihrer Innensicht seit Jahren „erfolgreich" ist, dann muss die neue Unternehmensstrategie der alten ähneln. Mit dem daraus folgenden Trugschluss, die Digitalisierung habe offensichtlich ihre ganzen Versprechungen nicht gehalten.

▶ Kurz: Wenn die digitale Unternehmensstrategie erfolgreich abgearbeitet werden soll, muss auch die Aufbauorganisation verändert werden. Und das ist nicht weniger grundlegend als die Veränderung von Ablauforganisation und Wertschöpfungsketten.

Innovationslabore und Digitalfabriken als Nukleus des agilen Arbeitens
Produkte und Dienstleistungen aus Sicht des Kunden zu entwickeln meint nichts anderes, als sie gemeinsam mit dem Kunden zu entwickeln. Regelmäßig testet und bewertet der Kunde dann die Zwischenergebnisse der Entwicklung und sein Urteil fließt direkt in den iterativen Weiterentwicklungsprozess ein. Einzelne Funktionen und wie Produkte oder Prozesse ausgestaltet sind, stehen nicht vor Beginn der Umsetzung bereits fest, sondern werden erst im Laufe der Umsetzung entwickelt.

Das Team von Entwicklern, das unmittelbar mit den Kunden arbeitet, trifft die Entscheidung, wie und in welcher Reihenfolge die Rückmeldungen des Kunden in das Produkt oder den Prozess eingebaut werden. Das Team hat auch das letzte Wort über das sogenannte Minimum Viable Product (MVP). Damit bezeichnet man die funktionalen Mindestfähigkeiten eines Produktes zum Angebotsstart, um dem Kunden einen Basisnutzen zu bieten. Mit dem Produktstart endet die Entwicklung aber noch lange nicht, im Gegenteil, sie beginnt danach erst richtig. Der Kreis der Nutzer und derer, die Rückmeldung zum Produkt geben, wird deutlich erweitert, wodurch die Quantität und die Qualität der Rückmeldungen erheblich steigen. Auf dieser Grundlage nimmt dann die Weiterentwicklung des Produktes intensiv Fahrt auf.

Dieser dynamische und interaktive Entwicklungsprozess braucht viel Interaktion und Kommunikation. Damit die Teams erfolgreich arbeiten, sind bei ihrer Organisation und Struktur einige Dinge zu beachten. Informelle Meetings wie morgendliche „Stand-ups" gehören dazu; der Großteil der Mitglieder sollte Vollzeit im Team arbeiten, dabei die Teams bestimmte Größen nicht überschreiten und entsprechende Techniken und neue Methoden zum Alltag gehören (u. a. Task Boards, Use Cases, Time Boxing; vgl. Haufe Online Redaktion 2020).

Die agile Arbeitsweise hat gegenüber klassischen Herangehensweisen zahlreiche Vorteile (zur Gegenüberstellung der agilen vs. klassischen Herangehensweisen vgl. Haufe Online Redaktion 2020). Die Zeit, die zwischen der Idee und der Einführung eines neuen Produktes liegt, kann erheblich verkürzt und die Zahl der jährlichen Weiterentwicklungen deutlich erhöht werden. Oft liegt der größte Vorteil beim Kunden: Er erlebt beim Verwenden große Sprünge, in denen das Produkt verbessert wird und die das Ergebnis neuer Arbeitsmethoden sind.

Agile Arbeitsweisen und klassische Projekt- und Linientätigkeiten unterscheiden sich strukturell. Beim agilen Arbeiten fallen die Entscheidungen viel dezentraler, es entsteht durch die gemeinsame Verantwortung und durch die enge Zusammenarbeit ein hohes Maß an Identifikation mit dem Produkt und dem Team. Das löst die überkommene Identifikation mit dem Fachbereich und der Funktion ab oder drängt sie mindestens in den Hintergrund.

Unternehmen, die agiles Arbeiten für die gesamte Organisation einführen, müssen dementsprechend durch einen tiefgehenden Transformationsprozess, der mehrere Jahre in Anspruch nehmen kann. Viele Unternehmen haben in jüngster Zeit damit begonnen, mit solchen agilen Arbeitsweisen zu experimentieren, erste Erfahrungen zu sammeln und Know-how aufzubauen. Nukleus des agilen Arbeitens sind oft Innovationslabore oder Digitalfabriken (Die Begriffe werden mitunter synonym verwendet. Eine eindeutige Begriffsdefinition hat sich noch nicht etabliert.). Diese Labore und Fabriken haben parallel zu ihrem Auftrag der Geschäftsmodell-, Produkt- und Prozessinnovationen auch den kommunikativen Zweck, die digitale Aufholjagd für interne und externe Stakeholder an einem Ort anfassbar und erlebbar zu machen. Nach Jahrzehnten der Optimierung kämpfen nicht wenige klassische Unternehmen mit dem wenig schmeichelhaften Image, gar nicht mehr innovativ sein zu können.

Viele Labore und Fabriken wurden in den vergangenen fünf Jahren gegründet. So hat das Wirtschaftsmagazin „Capital" seine jährliche Analyse deutscher Digitallabore im Jahr 2017 begonnen und damals rund 100 für den deutschen Markt gezählt (vgl. Kreimeier 2017). Auch im Jahre 2020 wurde die Studie von „Capital" wieder durchgeführt. Digitallabore sind immer noch sehr verbreitet, allerdings attestieren die Autoren – unabhängig von der Ausnahmesituation durch die Corona-Pandemie – vielen von ihnen eine eher enttäuschende Bilanz (vgl. Kreimeier 2020).

Nach mehreren Jahren mit praktischen Erfahrungen im Einsatz von Digitallaboren und Digitalfabriken lassen sich Muster und Faktoren für Erfolg und Misserfolg immer besser identifizieren (vgl. Khanna et al. 2020). Sie liegen zum Teil in der Fabrik selbst, aber auch ganz wesentlich in der Breite des Unternehmens, dort, wo auch der eigentliche Nutzen der Fabrik liegt. Fünf Faktoren entscheiden letztlich über Wohl und Wehe der Fabriken und Labore:

▶ Die nachfolgenden Faktoren 2) bis 5) gelten nur für Digitalfabriken, die Teil des Kerngeschäftes sind. In einer separaten Division „New Ventures", die auch im Wettbewerb zum Kerngeschäft agiert (vgl. hierzu Kap. 9), stellen sich die nachfolgenden Fragen nicht.

1. *Gibt es einen unternehmensweit geteilten strategischen Auftrag für die Digitalfabrik und wie passt er in die Gesamtstrategie des Unternehmens?*

Ein klarer, in der Unternehmensstrategie verankerter strategischer Auftrag ist für Fabriken und Labore der Rahmen, den sie brauchen, um erfolgreich zu sein. Das mögliche Spektrum des Auftrags ist breit: Es reicht von der digitalen Transformation der Prozesse und Produkte des Kerngeschäftes über die Entwicklung neuer Produkte und Dienstleistungen nah am Kerngeschäft bis hin zur Entwicklung neuer Geschäftsmodelle im Wettbewerb zum Kerngeschäft. Die Definition des Auftrags sollte möglichst klar und spitz sein, von ihm hängt schließlich ab, wie die Fabrik oder das Labor in der Organisation verankert ist und welche Mittel und Zuständigkeiten sie/es hat:

- Labore und Fabriken nah am Kerngeschäft benötigen oftmals internes Know-how für die Digitalisierung bestehender Produkte und Prozesse. Viele interne Mitarbeiter aus den Geschäftseinheiten und der IT sind Teil der Teams, das organisatorisch im Geschäftsbereich verankert ist.
- Bei Laboren fern vom Kerngeschäft (vgl. auch Kap. 9) ist der Anteil branchenfremder Experten und Mitarbeiter deutlich höher. Wegen der potenziellen Wettbewerbssituation und wegen des notwendigen Know-hows liegt die organisatorische Verankerung außerhalb des Geschäftsbereiches.

Während ein klarer strategischer Auftrag den operativen Fokus schärft und die Aussicht erhöht, dass die Fabrik den gewünschten Beitrag auch liefert, ist die Fabrik überfordert, wenn der Auftrag zu breit formuliert ist. Die Zahl der Partner in den Linienorganisationen wird schnell groß und deren Wünsche und Ansprüche sind komplex. Wenn die Ziele verfehlt werden und der Auftrag diffus ist, schwinden Unterstützung und Verständnis für eine digitale Fabrik.

Für deutsche Labore berichtet die „Capital"-Studie aus dem Jahr 2020, dass viele mit radikalen Ideen gestartet sind und mittlerweile nah am Kerngeschäft positioniert sind (vgl. Kreimeier 2020). Wenn man bedenkt, dass dafür jeweils sehr unterschiedliche Kompetenzen, Strukturen und Einstellungen gebraucht werden, ist diese Neu-Positionierung der Labor ebenso bemerkenswert wie risikoreich. Funktionieren wird dieser strategische Schwenk nur, wenn der neue Auftrag in der Unternehmensstrategie (dieses Mal) zentral verankert ist. Vom strategischen Schwenk unberührt bleibt es, die Ziele zu erreichen, und dass Fabrik und Linie eine gemeinsame Verantwortung tragen.

2. *Gibt es ein explizites Sponsoring der Digitalfabrik durch die beauftragenden Geschäfts- und Infrastrukturfunktionen und sind Mitarbeiter aus deren Linienorganisationen auch Mitglieder der Fabrik-Teams?*

Wie ein Kunde das Unternehmen erlebt, welche Mischung von Zugangswegen es für ihn gibt und wie attraktiv und modern die Produkte für ihn sind, dafür ist der Leiter des Geschäftsbereiches verantwortlich. Wenn die digitalen Angebote des Unternehmens im Markt führend sind, dann ist dies genauso Teil seiner Leistung und Verantwortung, wie wenn sie nicht wettbewerbsfähig sind und die Chancen der Digitalisierung nicht adäquat genutzt werden.

Stets als Dienstleister arbeitet die Digitalfabrik, sie bringt ihr methodisches und funktionales Können und Wissen bestmöglich dazu ein, dass die Geschäfts- und Unternehmensstrategie umgesetzt werden können. Bleibt das Potenzial der Digitalisierung in der Strategie für den Geschäftsbereich, die Zugangswege oder die Produkte aus Sicht der Experten der Digitalfabrik hinter den Möglichkeiten zurück, dann ist ihre Perspektive ein wertvoller Beitrag, um die entsprechenden Strategien weiterzuentwickeln. Nicht mehr und nicht weniger.

Wenn die Strategien – warum auch immer – nicht fortentwickelt werden, dann muss im Unternehmen eskaliert werden. Folgt aus der Eskalation kein neues Handeln, dann bleibt das Potenzial der Digitalisierung ungenutzt. Entscheiden und verantworten müssten das die Leiter der Geschäftseinheiten und nicht das Team der Digitalfabrik.

Wollte die Digitalfabrik die Lücke im Angebot eigenständig schließen, müsste sie scheitern. Denn wenn die Angebote nicht zur Strategie der Geschäftseinheiten passen oder in diesen nicht wirklich willkommen sind, dann werden sie den Kunden nicht aktiv angeboten. Der Absatzerfolg muss begrenzt bleiben – unabhängig davon, ob die digitalen Angebote den Nerv der Kunden treffen oder nicht. Keine Vermarktung und kein direkter Kundenzugang limitieren den Absatzerfolg immer enorm. Oder wie es Peter Thiel, Gründer von PayPal, in seinem Buch „*From Zero to One*" auf den Punkt bringt: *„No matter how strong your product is, you must still support it with a strong distribution plan."*

> „Poor sales rather than bad product is the most common cause of failure. Superior sales and distribution by itself can create a monopoly, even with no product differentiation. The converse is not true" (Thiel 2015, S. 130).

Für die Digitalisierung von Zugangswegen, Produkten und Prozessen braucht es stets eine klare Aufteilung der Rollen und ausdrückliches Sponsoring der Verantwortlichen in der Linie. Das ist der Garant dafür, dass alles, was in der Digitalisierung und für die Digitalisierung unternommen wird, zur Geschäftsstrategie passt und sobald es verfügbar ist, im Interesse der Kunden und Aktionäre auch bestmöglich eingesetzt wird. Und es stellt sicher, dass die besten Mitarbeiter in die Digitalfabrik entsendet werden, um mit den dortigen Experten gemeinsam in agilen Teams zu arbeiten. Mit dieser temporären Entsendung von Mitarbeitern der klassischen Linienfunktionen in die Digitalfabrik wird zudem agiles Know-how aufgebaut, und zwar über den engeren Kreis der Mitarbeiter in der Digitalfabrik hinaus. Die so weitergebildeten Mitarbeiter der Linienfunktionen sind dann „agile Pioniere", die in der Organisation Verständnis fördern und Begeisterung wecken können, wenn das Unternehmen sich später entschließt, agiles Arbeiten und entsprechende Organisationsstrukturen für alle einzuführen.

Ein erfolgreiches Arbeiten der Digitalfabrik setzt ein Grundverständnis über Ziel und Wesen der agilen Arbeitsweisen voraus, nicht allein in den Geschäftsbereichen, sondern in allen Bereichen des Unternehmens: Das meint besonders die Kontroll- und Konzernfunktionen Recht, Risiko, Compliance, Finanzen oder Einkauf.

3. *Sind die Kontroll- und Konzernfunktionen in die agilen Teams der Digitalfabrik eingebettet?*

Agile Teams benötigen in ihrer Mitte alle zur Entscheidung erforderlichen Kompetenzen und Funktionen. Sobald eine davon nicht im Team vorhanden ist und damit nicht Teil des iterativen Entwicklungsprozesses, ist die Agilität gefährdet. Alles, was das agile Team entwickelt hat, steht dann unter dem Vorbehalt der Mitsprache und Zustimmung der Funktion, die nicht im Team mitarbeitet. Damit bestimmt der am wenigsten agile Teil das Niveau der Agilität des gesamten Teams, im übertragenen Sinne definiert also das schwächste Glied die Stärke der Kette.

Mitarbeiter aller Funktionen wie Recht, Risiko, Compliance, Finanzen oder Einkauf sollten von Beginn an Teil des Teams sein und sich auch selbst so verstehen. Ihre Aufgabe ist es, das Produkt oder den Prozess für den Kunden bestmöglich zu realisieren und mögliche Risiken zu beherrschen. Es ist nicht ihre Aufgabe, das Team zu kontrollieren oder Risiken kategorisch auszuschließen.

Wenn die Linien-Mitarbeiter ihre funktionale Berichtslinie und Abteilungszugehörigkeit beibehalten, sollten sie den Großteil ihrer Zeit in der Digitalfabrik oder an Ort und Stelle im Team verbringen. Das hilft der agilen Zusammenarbeit und stärkt die Identifikation mit dem Team und dem Produkt.

In Summe nimmt die Arbeitsbelastung nicht zu. Was sich strukturell ändert, sind ihre Arbeitsweise und der inhaltliche Beitrag, den sie leisten. So sollte etwa die Rechtsabteilung laufend die Arbeitsschritte im Entwicklungsprozess juristisch würdigen. Die Ergebnisse, zu denen die Justiziare dabei kommen, werden sich im Laufe dieser Entwicklungszusammenarbeit sehr wahrscheinlich verändern; das dürfte sowohl für die Mitarbeiter der Rechtsabteilung als auch für die Entwickler eine neue Erfahrung sein, die zunächst gewöhnungsbedürftig ist.

Eine abschließende Freigabe durch die Rechtsabteilung benötigt auch ein agiler Entwicklungsprozess. Agiles Entwickeln meint gerade nicht, dass das Team interne Richtlinien oder gar gesetzliche Vorschriften in den Wind schlagen kann (vgl. Khanna et al. 2020). Sie gelten ohne Abstriche. Der Witz an der laufenden Mitarbeit der Haus-Justiziare im agilen Team liegt vielmehr darin, dass ein später Stopp der Entwicklung oder ein „Alles-zurück-auf-Anfang"-Drehen viel unwahrscheinlicher wird – die Juristen hatten ja laufend die Gelegenheit, rechtliche Einwände und Hinweise einzubringen. Damit ist ein Scheitern des agilen Arbeitens wegen juristischer Bedenken auf der Zielgeraden der Produkt- oder Prozesseinführung so gut wie ausgeschlossen.

4. *Schafft das Top-Management für Strategie, Finanzen und Organisation ein Gerüst, das den Teams so viel Führung wie nötig und so viel Autonomie wie möglich bietet?*

Es ist Aufgabe des Senior Managements, den strategischen Auftrag der Digitalfabrik und ihre Ausstattung mit Ressourcen festzulegen. Zu den Ressourcen zählen die internen Kapazitäten der Digitalfabrik, die Mitarbeiter, die von den Geschäfts-, Infrastruktur- und Kontrollfunktionen zu den jeweiligen Themen entsendet werden, und die Ausstattung mit Kapital.

Die Kapitalausstattung gibt es nicht über ein umfassendes Projekt-Budget, das im Projektverlauf mehrmals nachgebessert oder wegen übergreifender Kostenziele zwischenzeitlich gekürzt wird, sondern sie folgt der Stufen-Logik einer Venture-Capital-Investition. Weil die agile Entwicklung von Produkten, Prozessen oder auch Geschäftsmodellen in einzelnen Phasen oder Stufen (sog. Stages) abläuft, wird am Ende jeder Stufe das Erreichte bewertet und über die Fortsetzung entschieden. Das Team definiert Inhalte und

Ziele, die auf der nächsten Entwicklungsstufe erreicht werden sollen, und wie viel Geld dafür zur Verfügung gestellt muss (sog. Funding). Die Finanzierungslogik wird mit der Entwicklungslogik synchronisiert – und folgt damit dem Prinzip des klassischen Projektansatzes und Projektbudgets.

Über das nächste „Stage-Gate-Funding" entscheidet das Senior Management und gerade nicht die Digitalfabrik; andernfalls wäre die Digitalfabrik in der verführerischen Lage, ihren inhaltlichen und finanziellen Rahmen selbst zu setzen. Zu den Pflichten des Senior Managements gehört auch, dass es die Performance der Digitalfabrik überwacht. Gemessen wird die Leistungsstärke einer Digitalfabrik wie bei jeder anderen Fabrik auch an der abgelieferten Produktionsqualität und -quantität sowie mit operativen Indikatoren wie Durchfluss, Produktivität und Kosten. Bei einer Digitalfabrik können das sein: die Anzahl der Produkt- und Prozessinnovationen, neuartige Erlebnisse für die Nutzer, eine höhere Entwicklungsgeschwindigkeit oder auch reduzierte Kosten in der Entwicklung neuer Produkte oder Prozesse.

Die Performance der Digitalfabrik sollte regelmäßig gemeinsam vom Senior Management und der Leitung der Digitalfabrik diskutiert werden. Wichtig ist, dass das Senior Management Team möglichst breit ausgewählt ist. Schließlich liegen die Hebel dafür, die Leistung der Fabrik zu steigern, nicht allein in der Digitalfabrik selbst, sondern auch in den Linienorganisationen der Geschäfts-, Infrastruktur- und Kontrollfunktionen und in der Zusammenarbeit zwischen Fabrik und Linie.

Für nachvollziehbare Eskalations- und klare Entscheidungswege, integriert in der Governance des Unternehmens, bietet sich ein „Digital Factory Operating Committee" (DFOC) an (vgl. Khanna et al. 2020). Sind in diesem Gremium alle Unternehmensbereiche vertreten und haben ihre Repräsentanten die Kompetenz für Entscheidungen zum strategischen und finanziellen Rahmen, für Performance Review, Eskalations-Clearing usw., kann das DFOC effektiv und effizient steuern.

Die operative Leitung der Digitalfabrik gehört nicht zu den Aufgaben des Senior Managements oder des DFOC. Darum kümmert sich die Leitung der Digitalfabrik, die dafür interne Ressourcen wie Designer, Entwickler, Prozess- und Datenarchitekten steuert und sie auch den einzelnen Initiativen zuteilt. Das Senior Managements nimmt auch nicht Steuerungs- oder Lenkungskreisen auf Ebene einzelner Initiativen teil, weil es die in der agilen Entwicklung weder braucht noch gibt.

Design- oder Feature-Diskussionen werden mit dem Kunden im Team geführt, weit weg vom Top-Management. Ohne das wäre der Leitgedanke, mit dem Kunden für den Kunden zu entwickeln, nicht anzuwenden und strukturell sogar ad absurdum geführt. Genauso sollte die Auswahl geeigneter Technologien sowie von Start-ups als Kooperationspartner von der Digitalfabrik selbst getroffen werden. Die beste Lösung für den Kunden und nicht das effizienteste Verwenden bestehender Systeme und Partnerschaften steht im Vordergrund. Für einen sinnvollen und einen schonenden Umgang mit Ressourcen braucht es keinen separaten Steuerungsimpuls von außen. Er ist bereits integraler Bestandteil des Stage-Gate-Funding-Ansatzes, denn ein verschwenderischer Verbrauch von Mitteln verringert die Chancen für eine Folge-Finanzierung und disqualifiziert für die Mitarbeit in weiteren Initiativen.

Agiles Arbeiten übt häufig auf die Mitarbeiter eine deutlich größere Anziehungskraft aus als auf ihre Führungskräfte. Manager der mittleren Führungsebenen sehen durch agiles Arbeiten ihre Insignien und Instrumente hierarchisch legitimierter Macht schwinden, denn die Entscheidungskompetenz geht zur Fachkompetenz ins Team und im Führungsalltag ist Agilität das Gegenteil von Führungsspanne. Wenn ein Manager seine Rolle als Führungskraft hingegen im „Mitmachen und Vormachen" sieht, bietet agiles Arbeiten viele Vorteile und neue „alte" Möglichkeiten.

5. *Werden die Teams der Digitalfabrik durch ein zentrales Team mit Know-how unterstützt und von administrativen Tätigkeiten befreit?*

Fachwissen im Datenmanagement sowie darin, das Erlebnis für den Kunden zu gestalten, wird von allen Teams benötigt. Eine über alle Produkte und Prozesse hinweg durchgängige Datenarchitektur sowie ein konsistentes Design sind die wichtigsten Faktoren für die Relevanz des Angebots, das die Digitalfabrik entwickelt. Ein *Chief Data Office* oder ein *Chief Design Office* sind bereits heute Kernfunktionen erfolgreicher Unternehmen. Experten dieser Bereiche gehören notwendigerweise in die Digitalfabrik beziehungsweise in ihre Teams. Wenn diese Bereiche im Unternehmen noch fehlen, dann sollten sie aufgebaut werden, eventuell auch als Teil eines zentralen Teams der Digitalfabrik. Sonst mangelt es den Teams am jeweiligen Spezial-Know-how, die Produktivität leidet und Design und Datenarchitektur werden uneinheitlich und nicht wettbewerbsfähig umgesetzt.

Wenn die entsprechenden Experten Teil der Teams sind, können sie diese nicht nur unterstützen, sondern auch viele neue Erkenntnisse gewinnen und Best Practices untereinander austauschen. Davon profitieren die Teams doppelt: Sie können Best Practices verwenden und sich zugleich voll auf die Entwicklung ihres Produktes oder Prozesses konzentrieren.

Damit wirklich alle Kraft in die Entwicklung fließt, müssen die Teams in der Digitalfabrik von Verwaltungsaufwand so weit wie möglich verschont werden. Denn obwohl die Digitalfabrik von der Organisation räumlich und kulturell getrennt ist, bleibt sie dennoch Teil der Rechtseinheit und der Gesamt-Organisation. Eine lange Liste von Richtlinien und Vorgaben muss unverändert erfüllt werden: Kontrollen sind zu durchlaufen, administrative Tätigkeiten zu leisten und Freigaben einzuholen. Darunter fallen interne Verfahren zur Genehmigung neuer Produkte, das formale „Onboarding" interner oder externer Mitarbeiter, die Vereinbarung der Zusammenarbeit mit Start-ups konform zu den Richtlinien oder die bilanzielle Abbildung von gebauter oder eingekaufter Software.

Es ist klug, fünf bis zehn Prozent der Digitalfabrik-Ressourcen in einem solchen zentralen Team anzusiedeln, denn das verschafft den Entwicklungsteams deutlich mehr als fünf bis zehn Prozent zusätzliche Zeit für die Entwicklung neuer Produkte und Prozesse. Mag ein solches zentrales Team „Organisations-Feinschmeckern" konzeptionell unnötig erscheinen, praktische Erfahrung lehrt das Gegenteil.

Wichtig ist, dass die Mitglieder dieses zentralen Team a) viele Jahre Erfahrung in den unternehmensweiten Administrations- und Kontrollprozessen mitbringen, b) die Notwendigkeiten und Prinzipien des agilen Arbeitens im Detail kennen und c) Freude daran haben, sich zwischen den beiden Welten zu bewegen. Je mehr agiles Arbeiten über die Digitalfabrik hinaus Usus wird, desto stärker werden Richtlinien und unternehmensweite Prozesse mit der Zeit angepasst, und das zentrale Team wird dann überflüssig. Das wird aber geraume Zeit dauern und bis dahin ist das Verwaltungsteam vermutlich die Investition mit dem höchsten mittelbaren Produktivitätseffekt.

Diese fünf Faktoren unterstreichen, dass Erfolg oder Misserfolg nicht nur in den Händen der Digitalfabrik selbst liegt, sondern ganz wesentlich von Managern und Mitarbeiter des gesamten Unternehmens bestimmt wird.

Liefert die Digitalfabrik unbefriedigende Ergebnisse, dann sollte die Analyse der Ursachen unbedingt in der Digitalfabrik beginnen, aber sie darf dort auf keinen Fall enden. Das Ergebnis einer breiten Ursachenanalyse legt dann die neuralgischen Bereiche einer unternehmensweiten digitalen Transformation offen und bietet dem Unternehmen wertvolle Information für eine spätere Einführung agiler Arbeitsmethoden.

Am Anfang steht, Defizite zu korrigieren und eine erfolgreiche Digitalfabrik zu schaffen. Denn was im geschützten kleinen Raum nicht klappt, wird im großen ungeschützten Raum auf gar keinen Fall funktionieren. Ein Signalfeuer für das gesamte Unternehmen wird nur eine positiv besetzte Digitalfabrik entfachen. Darin, die Saat für die digitale Transformation der Arbeits- und Denkweisen im gesamten Unternehmen auszubringen, liegt der eigentliche, mittelbare Wert einer Digitalfabrik, die Ergebnisse bringt und Anziehung ausübt.

Der wirkliche Schaden, der entsteht, wenn die Digitalfabrik scheitert, liegt nicht in der Fabrik selbst, sondern im Kern des Unternehmens. Wertvolle Zeit bei der Umsetzung der digitalen Strategie ist verstrichen, Know-how wurde nicht aufgebaut und in der Mannschaft sind Zuversicht und Neugier gesunken. Tief in der digitalen Unternehmensstrategie und im digitalen Transformationsprogramm sollte ein Digitallabor oder eine Digitalfabrik verankert sein. Das Gleiche gilt für ein Chief Digital Office (CDO).

Chief Digital Office als Stabsstelle oder separate Business-Funktion, aber bitte nichts dazwischen

„Die Veränderungswirkung grundlegend, das Know-how-Defizit erheblich und der Rückstand beträchtlich." So oder so ähnlich klang oder klingt manche Situationsanalyse zur Digitalisierung. Das Durchdringen der Inhalte, die Stärkung von Know-how und das Aufholen des Rückstandes münden in eine Dichte möglicher Aufgaben, die eine separate Management-Funktion rechtfertigen. Oft waren sie der Anstoß, ein Chief Digital Office (CDO) ins Leben zu rufen. Nur am Rande bemerkt: Vergleichbare Überlegungen und Entwicklungen gibt es in jüngster Zeit für das „Chief Sustainability Office" (CSO).

Richtet das Unternehmen ein CDO ein, gibt es viele infrage kommende Aufgabenschwerpunkte und dementsprechend auch viele mögliche Zuschnitte der Verantwortung sowie der organisatorischen Verankerung. So gut wie alle diese Aufgaben gab es bereits im prä-digitalen Zeitalter. Und für alle diese Aufgaben gibt es auch schon Funktionen und Funktionsträger, die für sie verantwortlich sind. So sind für Produkte und Vertriebskanäle die Geschäftsbereiche zuständig. Die Qualifizierung der Mitarbeiter liegt in den Händen von Personal, und um Strategie oder IT kümmern sich entsprechende Organisationseinheiten unter gleichem Namen.

Sollen diese Bereiche digitalisiert werden, dann kann die Verantwortung dafür nur bei der entsprechenden Leitungsfunktion oder beim jeweiligen Funktionsträger liegen. Die Verantwortung für die Digitalisierung der jeweiligen Bereiche an das CDO zu übertragen, führt nicht zum Ziel. Der Bereich Strategie ohne Digitalisierung ist kein Strategie-Bereich mehr. IT ohne digitale Technologien bedeutet bestenfalls Stillstand und die Weiterentwicklung eines Geschäftsbereiches, die die Digitalisierung ausklammert, kann nur nach hinten losgehen. Ein vergleichbares Strukturproblem gibt es für so gut wie alle Unternehmensbereiche.

Die Alternative dazu – ein Führungsmodell der gemeinsamen Verantwortung aus dem Management der Linie und dem CDO – ist in hierarchisch geprägten Unternehmen ebenfalls zum Scheitern verurteilt. In der internen Zusammenarbeit der beiden Funktionen ergibt sich aus den Rollen eine Vielzahl von Bruchstellen, und nach außen entsteht rasch der Eindruck, der eine Teil sei für die „Vergangenheit", der andere für die „Zukunft" zuständig.

In der Digitalisierung des Kerngeschäftes hat das CDO ausschließlich unterstützende Querschnittsfunktion. Es bearbeitet die Programm-Steuerung der digitalen Transformation, es betreibt einen „Think Tank" oder ein funktionales „Center of Competence". Aufgabe eines Think Tanks kann es sein, das Management und die Strategieabteilung dabei zu unterstützen, wenn sie Purpose, Vision und Strategie weiterentwickeln. Als Teil der funktionalen Verantwortung eines Centers of Competence könnte stehen, die Leiter der Digitalfabrik oder Digitallabore fachlich zu führen. Die disziplinarische Verantwortung für die Digitalfabrik oder das Digitallabor sollte bei den Leitern der Geschäfts- oder Infrastrukturbereiche liegen.

Je nach Aufgabenschwerpunkt ist es naheliegend, den CDO entweder intern zu besetzen (bei starkem Fokus auf Programmsteuerung) oder einen Externen zu berufen (bei starkem Fokus auf Think Tank und funktionaler Expertise).

Wenn die Neugier auf das Digitale und die Veränderungsbereitschaft im Senior Management und in den Geschäfts- und Infrastrukturbereichen groß sind, dann kann der CDO wertvolle Unterstützung leisten. Ist die Veränderungsbereitschaft jedoch gering und es gibt Widerstand, ist die Durchsetzungskraft seiner Rolle schwach. Er verantwortet in den Augen der überkommenen Funktionen ja keine Ressourcen, die für den Erfolg unverzichtbar sind, und seine Rolle ist nicht Teil der klassischen Entscheidungs- und Machtstrukturen. Der CDO mag ein einflussreicher Berater sein. Was ihm im Unternehmen fehlt, ist eine operative Hausmacht.

Dieses Manko ließe sich beseitigen, wenn der Chief Digital Officer/das Chief Digital Office als Stabsfunktion unmittelbar dem CEO oder CFO zugeordnet ist. Das würde auch zu den Querschnittsthemen passen, die in seinem Aufgabenportfolio sind, und zusätzlich die Relevanz der Digitalisierung für das gesamte Unternehmen unterstreichen.

Die Zuordnung zum CFO ist gleich doppelt von Vorteil. Sie gibt direkten Zugang zur strategischen Diskussion und zum Zentrum der Ressourcenverteilung und sie setzt einen wichtigen Veränderungsimpuls für das Selbstverständnis des CFO. Er nimmt mit einem Mal die Rolle des Vorreiters der digitalen Transformation im Unternehmen an. Stehen heute in tradierten Unternehmen die klassische Optimierung und Kostensenkung ganz vorne im Pflichtenheft, gehört dorthin längst die digitale Transformation. Außer dem CEO selbst gibt es keine Position im Unternehmen als den CFO, die besser dafür sorgen kann, dass die Digitalisierung den Stellenwert bekommt, den sie haben sollte.

Auf ein Gegenargument, dass nämlich der aktuelle CFO des Unternehmens nicht der richtige ist, den CDO zu führen, muss man unbedingt hören. Das hat jedoch nichts grundsätzlich mit der Funktion zu tun, sondern würde allenfalls schlagen, wenn die amtierende Person mit der Digitalisierung und allem, was damit zusammenhängt, persönlich fremdelt.

Das CDO im Reich des Chief Information Officers zu verankern, könnte auf den ersten Blick plausibler erscheinen. Die technologische Dimension der Digitalisierung spricht ja auch dafür. Aber diesen Vorteil können gewichtige Nachteile zunichtemachen. Wenn nämlich die Technik zu stark in den Vordergrund drängt, dann werden die Potenziale der Geschäftsstrategie nicht ausgeschöpft. Es könnte passieren, dass der überfällige Wechsel der Perspektive erschwert wird, Produkte und Dienstleistungen endlich vom Kunden aus zu entwickeln. Und der immer noch kräftige Impuls, einfach weiterhin aus der Tiefe der Organisation zum Verkaufskanal hin zu bauen, bekäme neue Nahrung.

Die Organisationsstrukturen müssen stets vor dem Hintergrund der Strategie und des Know-hows und der Talente, die zur Verfügung stehen, definiert werden. Organisationsstrukturen sind Mittel zum Zweck und kein Selbstzweck. Funktioniert die Digitalisierung des Kerngeschäftes, dann ist das in erster Linie das Verdienst und in der Verantwortung der Führungskräfte aus den Geschäfts- und Infrastrukturbereichen des Kerngeschäftes. Der CDO ist unterstützt dabei und hat seinen Beitrag geleistet. Er ist aber weder ein digitaler Messias noch der Blitzableiter, wenn der Erfolg ausbleibt.

Wenn die Digitalisierung scheitert, hat das Unternehmen ein fundamentales Problem und seine Zukunft ist bedroht. Die Verantwortung dafür tragen die Führungskräfte der Geschäfts- und Infrastrukturbereiche. Die Ursachenanalyse schaut auf den Beitrag des CDO und aller Führungskräfte. Es kann notwendig werden, die Strategie, die Organisationen und die Verantwortlichen zu ändern. Zuständigkeit und Verantwortung gehören im Erfolg wie im Misserfolg untrennbar zueinander.

Einen Bereich, der keine operative Zuständigkeit für das Tagesgeschäft hat, dafür verantwortlich zu machen, dass die digitale Transformation scheitert, ist eine Exkulpation zulasten Dritter. Sie hilft (fast) niemandem. Wertvolle Zeit verstreicht, und das Risiko, dass Wettbewerber das Unternehmen abhängen, wird Gewissheit.

Über eine unterstützende Stabsfunktion hinaus kann ein CDO den Auftrag zum Aufbau neuer Geschäftsmodelle jenseits des Kerngeschäftes übernehmen (vgl. auch Kap. 9). In dieser Konstellation wird der CDO zum CEO dieser neuen Einheit und für das Digitale. Sind die neuen Geschäftsmodelle vom Moment der Gründung an digital, haben sie keinen

CDO wie oben beschrieben. Keines des führenden Digitalunternehmen der GAFAM oder der BAT hat einen CDO und auch Start-ups kennen diese Funktion nicht.

Das CDO ist eine Organisationseinheit auf Zeit, die einen wertvollen Beitrag leisten kann, wenn die digitale Unternehmensstrategie und die digitale Transformation des Kerngeschäftes umgesetzt werden – immer vorausgesetzt, der Zuschnitt und die Verankerung sind richtig gewählt. Oder in den Worten von Alfred D. Chandler: *Die digitale Struktur folgt der digitalen Strategie.*

Literatur

Atzler, E., Schneider, K. (2020): Investoren stürzen sich auf Zahlungsdienstleister, unter: https://www.handelsblatt.com/finanzen/banken-versicherungen/banken/finanz-start-ups-investoren-stuerzen-sich-auf-zahlungsdienstleister/26164590.html, abgerufen am 20.09.2021.

Bertoncello, M., Husain, A., Möller, T. (2018): Setting the framework for car connectivity and user experience, unter: https://www.mckinsey.com/industries/automotive-and-assembly/our-insights/setting-the-framework-for-car-connectivity-and-user-experience#, abgerufen am 20.09.2021.

Bitkom (2019): Open API – offene Daten professionell anbieten und nutzen, unter: https://www.bitkom.org/sites/default/files/2019-10/20191022_leitfaden_openapi-offene-daten-professionell-anbieten-und-nut.pdf, abgerufen am 20.09.2021.

BMW (2020): Die fünf Stufen bis zum autonomen Fahren, unter: https://www.bmw.com/de/automotive-life/autonomes-fahren.html, abgerufen am 23.09.2021.

Brandt, M. (2020): Homeoffice wird zur Dauerlösung; unter: https://de.statista.com/infografik/22490/beschaeftigte-in-der-deutschen-informationswirtschaft-die-im-homeoffice-arbeiten/, abgerufen am 20.09.2021.

Brien, J. (2020): Nur 9 Monate nach dem Start hat Disney Plus schon 60,5 Millionen Abonnenten, unter: https://t3n.de/news/nur-9-monate-start-hat-disney-1307025/, abgerufen am 20.09.2021.

Chandler, A. D. (1998): Struktur folgt der Strategie, in: Management Gurus, Wiesbaden 1998.

Cortet, M. (2018): Mastering Open Banking: How the "Masters in Openness" create value, unter: https://www.innopay.com/en/publications/mastering-open-banking-how-masters-openness-create-value, abgerufen am 20.09.2021.

Daugherty, P. (2018): Human + Machine, München 2018.

Davenport, T. (2020): Chief Data Officers Go Virtual At MIT, unter: https://www.forbes.com/sites/tomdavenport/2020/08/28/chief-data-officers-go-virtual-at-mit/?sh=4017404e9307, abgerufen am 20.09.2021.

Deutsche Bank (o. J. a): KontoSensor – für mehr Sicherheit & Transparenz, unter: https://www.deutsche-bank.de/pk/digital-banking/digitale-zugangswege/sicherheitsverfahren/kontosensor.html, abgerufen am 23.09.2021.

Deutsche Bank (o. J. b): InfoServices, unter: https://www.deutsche-bank.de/pk/lp/infoservices.html, abgerufen am 04.10.2021.

Deutsche Bank (2019): Benachrichtigungsservice, unter: https://www.deutsche-bank.de/pk/lp/infoservices.html, abgerufen am 23.09.2021.

Gurman, M. (2019): Inside Apple's Long Goodbye To Design Chief Jony Ive, unter: https://www.bloomberg.com/news/articles/2019-06-28/inside-apple-s-long-goodbye-to-design-chief-jony-ive, abgerufen am 20.09.2021.

Ha, A. (2020): Disney+ grows to more than 60.5M subscribers, unter: https://techcrunch.com/2020/08/04/disney-grows-to-more-than-60-5m-subscribers/, abgerufen am 20.09.2021.

Haufe Online Redaktion (2020): Agile Methoden und Techniken im Überblick, unter: https://www.haufe.de/personal/hr-management/agile-methoden-definition-und-ueberblick_80_428832.html, abgerufen am 20.09.2021.

Johnson, A. (2020): The Stories We Tell Ourselves About Open Banking, unter: https://thefinanser.com/2020/02/30976.html/, abgerufen am 20.09.2020.

Khanna, S., Konstantynova, N., Lamarre, E., Sohoni, V. (2020): Welcome to the Digital Factory: The answer how to scale your digital transformation, unter: https://www.mckinsey.com/business-functions/mckinsey-digital/our-insights/welcome-to-the-digital-factory-the-answer-to-how-to-scale-your-digital-transformation#, abgerufen am 20.09.2021.

Kirkland, E. C. (1962): Review of: Strategy and Structure: Chapters in the History of the Industrial Enterprise by A. D. Chandler, unter: https://academic.oup.com/ahr/article-abstract/68/1/158/72234?redirectedFrom=fulltext, abgerufen am 20.09.2021.

Knape, A. (2019): Warum Apples Star-Designer geht, unter: https://www.manager-magazin.de/unternehmen/industrie/jonathan-ive-apple-designer-angeblich-enttaeuscht-a-1275382.html, abgerufen am 20.09.2021.

Kreimeier, N. (2017): Deutschlands beste Digilabs, unter: https://www.capital.de/wirtschaft-politik/ranking-digitalisierung-deutschlands-beste-digital-labore-lufthansa-daimler-man-9067, abgerufen am 20.09.2021.

Kreimeier, N. (2020): Digitallabore tun sich schwer mit Kommerzialisierung, unter: https://www.capital.de/wirtschaft-politik/digitallabore-tun-sich-schwer-mit-kommerzialisierung, abgerufen am 20.09.2021.

o. V. (2020): 5 of the Top 10 Financial Institutions are now platforms, unter: https://blog.cfte.education/5-of-the-top-10-financial-institutions-are-now-platforms/, abgerufen am 20.09.2021.

Rabe, L. (2021): Prognose der Ausgaben für Online-Werbung weltweit bis 2024, unter: https://de.statista.com/statistik/daten/studie/185637/umfrage/prognose-der-entwicklung-der-ausgaben-fuer-online-werbung-weltweit/, abgerufen am 20.09.2021.

Schmidt, H. (o. J.): Die Rezepte im Silicon Valley für Tempo und Innovation, unter: https://www.volkswagenag.com/de/group/intern/think-10x.html#, abgerufen am 20.09.2021.

Skinner, C. (2020): The Omniaccess Future, unter: https://thefinanser.com/2020/12/the-omniaccess-future.html/, abgerufen am 20.09.2021.

Sparkassen-Finanzgruppe (o. J.): Kontowecker, unter: https://www.sparkasse.de/unsere-loesungen/privatkunden/rund-ums-konto/online-banking/kontowecker.html, abgerufen am 04.10.2021.

Stiren, T. (2020): „10X Thinking" von Google: Die Mondschussfabrik, unter: https://netzversteher.de/das-10-x-thinking-von-google/, abgerufen am 20.09.2021.

Suhr, F. (2020): Was junge Kunden von ihrer Bank erwarten, unter: https://de.statista.com/infografik/22814/was-junge-kunden-von-ihrer-bank-erwarten/?, abgerufen am 20.09.2021.

Thiel, P. (2015): Zero to one, London 2015.

Volkswagen (2019): Die fünf Level bis zum autonomen Fahren, unter: https://www.volkswagen.de/de/elektrofahrzeuge/elektromobilitaet-erleben/elektroauto-technologie/5-level-bis-zum-autonomen-fahren.html, abgerufen am 23.09.2021.

9. Digitale Unternehmensstrategie für den Aufbau neuer Geschäftsfelder – „It's a corporate venture!"

Mit Geschäftsfeldern jenseits des Kerngeschäftes lässt sich im digitalen Zeitalter neuer Wert für das Unternehmen schaffen. Die Chancen dafür sind groß (vgl. Abschn. 9.1). Zurzeit entstehen am Markt immer mehr Innovationen für Geschäftsmodelle, die zum heutigen Kerngeschäft der Unternehmen in den Wettbewerb treten. Für solche neuen Geschäftsmodelle ist ein Portfolio-Ansatz das richtige Vorgehen, denn innovative Geschäftsmodelle bergen auch ein erhebliches Risiko des Scheiterns. Und paradoxerweise muss das Portfolio von Unternehmensgründungen („New Ventures") genau dann als gescheitert angesehen werden, sollte keines der neuen Geschäftsmodelle darin scheitern. Denn dann war das Portfolio nicht aggressiv oder besser, nicht innovativ genug aufgestellt. Zu Forschung und Entwicklung gehören Fehlschläge wie die Henne zum Ei – FuE gibt es nie mit Erfolgsgarantie (vgl. Abschn. 9.2).

Der beste Zeitpunkt, sich strategisch für den Aufbau neuer Geschäftsfelder zu entscheiden, liegt in der Regel in der Vergangenheit. Der zweitbeste Zeitpunkt ist genau jetzt und überwunden wird das New-Venture-Entscheidungsparadoxon (vgl. Abschn. 9.2).

Mit dem richtigen Anspruch an das, was man mit dem neuen Geschäftsmodell erreichen will, wird ganz zu Beginn bereits die Weiche in Richtung Erfolg oder Misserfolg gestellt. Unternehmer und Manager sollten sich mindestens vornehmen, dass das neue Geschäftsmodell in der Unternehmensgründung in wenigen Jahren einen bedeutenden Anteil am Gesamtwert des Unternehmens ausmacht. Die Faustregel lautet: Nur wenn ein Scheitern des New Venture mit spürbar negativen Konsequenzen für die Gesamtunternehmung verbunden ist, gibt es eine echte Aussicht auf Erfolg (vgl. Abschn. 9.3).

Um die Ausgründung zum Erfolg zu führen, muss sie unbedingt richtig organisiert sein, am besten als separate Rechtseinheit unter Beteiligung externer Partner und Investoren. Eine solche Organisation erleichtert den Zugang zu externem Kapital, zu Talenten und Know-how. Vor allem immunisiert sie die Unternehmensgründung mit neuem Geschäftsmodell gegen die Entscheidungsstrukturen des Gesamtunternehmens und räumt interne Bremsklötze aus dem Weg.

Eine solche „Brandmauer" läuft sicher dem Wunsch des Managements des Gesamtunternehmens zuwider, das New Venture vollständig zu kontrollieren und die Steuerlast kurzfristig über einen Beherrschungs- und Gewinnabführungsvertrag zu optimieren. Erfolg in der vierten industriellen Revolution hat aber nicht derjenige, der seine internen Ressourcen am effizientesten verwaltet, sondern derjenige, der sein Netzwerk externer Partner am besten orchestriert.

Über eine separate Struktur und Erfolgsmessung – auch in externen Finanzierungsrunden – kann das „New Venture" so eine eigene Unternehmensbewertung erlangen und damit den Wert des gesamten Unternehmens hebeln (vgl. Abschn. 9.4).

9.1 Unternehmenswert entsteht insbesondere in neuen digitalen Geschäftsmodellen

Die Digitalisierung stampft laufend neue Geschäftsmodelle aus dem Boden. Sie bieten Kunden ganz neue Dienstleistungen, für Gründer und Mitarbeiter tun sich attraktive Aufgaben und Verdienstmöglichkeiten auf und die Aussicht auf hohe Renditen für das eingesetzte Risikokapital lockt Investoren an.

Welche ungeheuren Unternehmenswerte mit den neuen Geschäftsmodellen geschaffen werden können, zeigt die Liste der weltweit wertvollsten Unternehmen, die von Plattform- und Technologiekonzernen dominiert wird (vgl. PWC 2020). Auch das Gros der mehr als 400 Start-ups, die heute mit mehr als einer Milliarde US-Dollar bewertet werden (sog. Unicorns), arbeitet mit innovativen Geschäftsmodellen auf der Grundlage digitaler Technik (vgl. CB Insights o. J.). Angeheizt werden diese Dynamik und die Innovationskraft junger, digitaler Unternehmen von Venture-Capital-Investitionen, die allein in den Jahren 2018 und 2019 weltweit ein Volumen von 300 Milliarden US-Dollar hatten (vgl. Rowley 2020).

Für das erste Halbjahr 2020 liegt dieses Investitionsvolumen zwar 18 Prozent unter dem vergleichbaren Wert des Vorjahres – die Corona-Pandemie hinterlässt ihre Spuren – (vgl. o. V. 2020) und die Geschäftsmodelle einzelner Branchen wie etwa im Bereich Mobilität sind deutlich eingebrochen (was für die klassischen Anbieter nicht weniger gilt). Aber die relative Attraktivität digitaler gegenüber klassischen Geschäftsmodellen nimmt gerade wegen der Pandemie weiter zu. Denn auch über die Zeit der Pandemie hinaus verstetigt sich beim Einkauf, in der Unterhaltung oder bei der Arbeit die erhöhte Nutzung digitaler Kanäle (vgl. Statista Research Department 2020).

Wenn sich der Schumpetersche Prozess der kreativen Zerstörung – allen staatlichen Hilfsmaßnahmen zum Trotz – durch die Pandemie nicht verzögert, sondern stetig beschleunigt, dann verkürzen sich die Halbwertzeiten großer klassischer Unternehmen in den Börsenindizes weiter (vgl. Finch 2019). Für klassische Unternehmen besteht die

Notwendigkeit und bietet sich die Chance, nicht nur das Kerngeschäft zu digitalisieren, sondern gleichzeitig in neue Geschäftsmodelle und -felder zu investieren.

Notwendig deshalb, weil nur so der Angriff aggressiver neuer Wettbewerber abgewehrt werden kann, die sich zwischen den Kunden und dem Unternehmen positionieren, und nur so die Wettbewerbs- und Zukunftsfähigkeit der Gesamtunternehmung gesichert wird. Und die Chance liegt darin, eigene Stärken wie Marktwissen, Marke und Kundenkontakt einzubringen, um damit neu entstehende Märkte zu erschließen, mit Partnern neue Geschäftsmodelle aufzubauen oder sich an neuen digitalen Unternehmen zu beteiligen.

Alle Stakeholder, die nicht allein auf kurzfristige Erfolge und Erträge schauen, müssen ein Interesse daran haben, dass das Unternehmen die strategische Entscheidung trifft, neue digitale Geschäftsmodelle und Geschäftsfelder in einem New Venture aufzubauen.

9.2 Neue Geschäftsmodelle und Beteiligungen jenseits des (profitablen) Kerngeschäfts

Wenn ein Unternehmen die Chancen der Digitalisierung nutzen möchte, braucht es ein Portfolio ausgewählter Wetten und Optionen. Eine einzige Option oder eine einzige Wette genügt nicht. Gefordert ist ein „Corporate Venture Capital"-Ansatz ohne Denkverbote in der Strategie. Das Tabu muss gebrochen und es muss vollständig durchdacht werden, dass selbst das digitalisierte, heutige Kerngeschäft nicht dauerhaft überlebensfähig sein könnte oder ist. Der Entschluss des Unternehmens, das eigene Kerngeschäft mit einem digitalen Geschäftsmodell selbst anzugreifen, ist keine Beschäftigungstherapie. Es ist eine sehr wichtige Perspektive dafür, neuen Unternehmenswert zu schaffen.

Ein solcher „digitaler" Angriff auf das eigene Kerngeschäft kann direkt oder indirekt vonstattengehen: entweder, indem das Unternehmen eigene neue Geschäftsmodelle entwickelt, oder, indem es sich ausschließlich finanziell an solchen neuen Geschäftsmodellen beteiligt. Beide Instrumente sind strategische Defensive und strategische Offensive in einem. Sie sichern das Unternehmen ab gegenüber einem rückläufigen Kerngeschäft einerseits und wetten auf neue Geschäftsmodelle und Märkte andererseits.

Zur Liste dieser neuen Geschäftsmodelle, die auch in Konkurrenz zum Kerngeschäft treten, gehören:

- *Digitaler Attacker:* Er verbindet – dank schlanker Kostenbasis und „Mobile only" – ein preisaggressives Angebot mit einem modernen Erlebnis für die Kunden und tritt in direkten Wettbewerb zum Kerngeschäft.
- *Aggregator:* Er bietet den Kunden alles aus einer Hand. Das können Strom- oder Gasversorgung sein, Reisen- oder Unterkünfte, Bankkonten, Kreditkarten oder Versicherungen, Loyalitäts- oder Bonusprogramme usw. Die App oder das Online-Portal des Aggregators ist die erste und einzige digitale Anlaufstelle für den Nutzer. Die digitalen Zugangswege, die das Kerngeschäft des Unternehmens anbietet, können dadurch irrelevant werden und das Engagement der Kunden versiegt.

- *Plattform:* Erweitert der Aggregator sein Angebot um eigene Produkte und bietet bequeme Eröffnungs- und Wechselmöglichkeiten zu Angeboten von Wettbewerbern des Kerngeschäftes, dann wird der Aggregator zur Plattform und das Kerngeschäft zu einem Produktlieferanten unter vielen.
- *X-as-Service:* Der Zugang zum Produkt in Form einer Dienstleistung tritt an die Stelle des Produktverkaufs. Beispiele sind E-Hailing-Angebote anstelle des Auto-Verkaufs oder „Power by the Hour" anstelle des Verkaufs der Maschinen (u. a. Turbinen, Druckmaschinen, Abfüllanlagen).
- Im ersten Schritt ist „X-as-a-Service" Konkurrenz für den klassischen Produktvertrieb und reduziert das Kerngeschäft auf die Rolle des exklusiven Produktlieferanten. Wenn die Produkt-Infrastruktur für Dritte geöffnet wird, ist das der Schritt in Richtung Plattform, die dann komplett in Konkurrenz zum Kerngeschäft arbeitet.
- *Infrastruktur-as-a-Service:* Das meint die Öffnung der eigenen Infrastruktur für Dritte oder auch ihren Neubau mit dem Ziel, die Infrastruktur als eigenes Geschäftsfeld nicht nur dem eigenen Kerngeschäft, sondern auch Dritten anzubieten. Dadurch wird das Kerngeschäft weitgehend auf Kunde und Vertrieb fokussiert, und die Differenzierung im Wettbewerb kann einzig darüber erfolgen.

Wenn klassische Unternehmen sich ausschließlich finanziell an neuen Geschäftsmodellen beteiligen, können sie besonders ihr Marktwissen und ihre Finanzkraft einbringen. Damit es das Gründerteam oder die technologische Basis des Start-ups besser beurteilen kann, könnte es dem Unternehmen helfen, mit einem Venture Capital Fund zusammenzuarbeiten, der über einschlägige Erfahrungen und über besonders guten Zugang zu Erfolg versprechenden Neugründungen verfügt.

Es ist das eine, theoretisch zu durchdringen, dass es grundsätzlich sinnvoll ist, neue Geschäftsmodelle und Geschäftsfelder zu erschließen – nach Jahrzehnten der Effizienzsteigerung und Fokussierung auf das Kerngeschäft. Etwas anderes ist es, den dafür richtigen Zeitpunkt zu finden: *Solange die Unternehmen sich ein neues digitales Geschäftsmodell noch leisten können, glauben sie nicht, dass sie es brauchen. Und wenn die Unternehmen schließlich überzeugt sind, dass sie es doch brauchen, glauben sie, dass sie es sich nicht mehr leisten können.* Es ist dieses vermeintliche New-Venture-Paradoxon, das die Unternehmen überwinden müssen.

Wenn das Unternehmen die Entscheidung zu lange hinauszögert, ist das Ergebnis des Kerngeschäftes schon geschwächt, die Mittel, die investiert werden können, sind bereits knapp. Neue Wettbewerber sitzen fest im Sattel und sind hoch bewertet. Dann braucht es viele Ressourcen, selbst ein neues Geschäftsmodell zu etablieren, und ein möglicher Kauf von Anteilen an neuen Geschäftsmodellen ist entsprechend teuer.

Ist der beste Zeitpunkt zur Investition in neue Geschäftsmodelle für das Unternehmen bereits verstrichen, hat sich seine Ausgangssituation zwar verschlechtert. Aber das ändert nichts daran, dass es eine solche Investition dringend machen muss, sie ist dann sogar wichtiger denn je. Denn wenn Unternehmen beim Übergang ins digitale Zeitalter den

Blick von Geschäftsmodellen und Bereichen jenseits des klassischen Kerngeschäftes abwenden, verlieren sie buchstäblich ihre eigene Zukunft aus den Augen.

Externe Partner und Investoren können maßgeblich dabei helfen, den Blick für die Notwendigkeiten zu schärfen und den Aufbau eines eigenständigen Geschäftsbereiches als separate Division „New Ventures" zu befördern.

9.3 Richtiges Ambitionsniveau

Der richtige Anspruch daran, welchen Unternehmenswert man mit dem Aufbau neuer digitaler Geschäftsfelder schaffen will, stellt bereits direkt zu Beginn die Weiche in Richtung Erfolg oder garantiertem Misserfolg.

Das Unternehmen sollte es vermeiden, übertriebene Erwartungen zu wecken. Noch schlechter ist allerdings, aus Vorsicht den Anspruch sehr tief zu hängen oder erst gar keinen zu formulieren. Ist die Ambition gering, ist es das Ergebnis auch.

Sowohl innerhalb wie außerhalb des Unternehmens werden Investitionen in neue Geschäftsfelder und -modelle erst dann verstanden, wenn sie ein materielles Ziel verfolgen und das Verfehlen dieses Ziels schmerzhafte Konsequenzen hat. Ohne ein solches Ziel führen die üblichen Mechanismen externer Bewertung und interner Ressourcenallokation dazu, dass die Strategie und die Taktik ständig hinterfragt und Ressourcen ein ums andere Mal gekürzt werden. Mit dem Ergebnis einer sich selbst erfüllenden Prophezeiung, dass kein Wert geschaffen wird und die neuen Geschäftsfelder verdorren.

Damit das Ganze Substanz hat, ernsthaft und glaubwürdig ist, sollte die Ambition des neuen Unternehmens so hoch gesetzt werden, dass dieses in absehbarer Zeit einen bedeutsamen Anteil zum Gesamtwert des Unternehmens beisteuert – beispielsweise rund 15 bis 20 Prozent in ca. 3 Jahren.

Die neuen Geschäftsfelder oder neuen Geschäftsmodelle sind potenziell ein zweites Standbein des Unternehmens und keine Marginalie. Sie sollten deshalb mutig, entschlossen und mit strategischem Weitblick positioniert werden. Ein sehr starkes Signal nach außen wie nach innen kann es sein, einzelne, passende Vermögenswerte, Beteiligungen oder Tochterunternehmen aus dem Kerngeschäft in das New Venture zu überführen. Das stärkt die Substanz und Relevanz der neuen Geschäftsfelder und -modelle ganz im Sinne „think big and scale fast". Das Gleiche gilt für die Akquisition einzelner Start-ups als Nukleus der neuen Aktivitäten.

Von Anfang an sollten die neuen Geschäftsfelder und -modelle in Analystenkonferenzen und in internen Planungsprozessen ausdrücklich eine prominente Rolle bekommen und nicht als versteckte Davon-Größe fungieren. Die umgekehrte Logik, dass nämlich die neuen Aktivitäten, sobald sie groß genug sind, eine prominente Rolle im Konzert der Divisionen und Geschäftsbereiche des Kerngeschäftes spielen, ist der viel schwierigere Weg, das Henne-Ei-Problem zu lösen.

Die Unternehmensstrategie in Bezug auf New Ventures ist eine wegweisende Grundsatzentscheidung für etwas Neues. Sie fällt nicht gegen das klassische Kerngeschäft, aber für etwas jenseits davon. Diese Entscheidung führt kurzfristig dazu, dass sich Ressourcen innerhalb des Unternehmens spürbar verschieben, und mittelfristig ändert sie die Identität, Kultur und Strukturen des Unternehmens.

Wenn die Struktur der Strategie folgt, dann werden nicht nur zwei separate Strategien gebraucht, sondern auch zwei separate Organisationen: eine für das klassische Kerngeschäft und eine für die neuen Geschäftsfelder und -modelle. Das Unternehmen sollte einen separaten Unternehmensbereich oder eine separate Division „New Ventures" ins Leben rufen, der oder die gleichberechtigt zum bisherigen Kerngeschäft positioniert ist, idealerweise auf Ebene des Vorstands. Damit liegt dann der Erfolg von New Ventures ebenso wie der des Kerngeschäftes in der Verantwortung des gesamten Vorstands oder der gesamten Geschäftsleitung.

9.4 Separate Division „New Ventures" mit externen Partnern

Klassisches und Existierendes sind mit dem Revolutionären und Neuen meist unvereinbar. Das weiß die Ökonomie, das weiß auch die Philosophie. So schreibt Yuval Noah Harari (vgl. Harari 2019, S. 295): *„Revolutionäre Erkenntnis schafft es nur selten in die Mitte, denn die Mitte besteht aus bereits existierendem Wissen. Die Hüter der alten Ordnung bestimmen üblicherweise, wer in die Zentren der Macht gelangt, und sie sortieren in der Regel diejenigen aus, die irritierende, unkonventionelle Ideen im Gepäck haben."*

Eine Division New Ventures benötigt für ihren Erfolg in der Strategie die Freiheit, völlig neue Geschäftsmodelle entwickeln zu dürfen, den Zugang zu Talent, Know-how und Kapital und nicht zuletzt auch eine Kultur des Scheiterns. Operativ ist sie auf adäquate Erfolgskennziffern, schlanke Unternehmensprozesse und kurze Entscheidungswege angewiesen.

Ihr strategischer Auftrag, neue Geschäftsfelder und -modelle zu entwickeln oder sich an vielversprechenden Start-ups zu beteiligen, muss ihre Organisation vorgeben. Die Division New Ventures sollte intern den bestmöglichen Zugang zu Know-how und Ressourcen erhalten, die es braucht: digitale Talente, Markt- und Branchenwissen und auch Zugang zur existierenden Kundenbasis des Unternehmens (vgl. hierzu Kap. 10). Ausdrücklich ausgenommen vom strategischen Auftrag sind Kostensynergien und Skaleneffizienz, die sich ergeben, wenn die herkömmliche IT-Infrastruktur oder die Kernprozesse der Konzern- und Gruppenfunktionen konsequent genutzt werden. Insofern sollte New Ventures frei darin sein, den Zentraleinkauf zu beauftragen oder interne Ausschreibungs- und Besetzungsverfahren zu nutzen.

Der dafür am besten geeignete Rahmen ist wohl eine separierte Division möglichst in einer separaten Rechtseinheit. Dadurch kann der Zugang zu den erforderlichen Produktionsfaktoren organisiert werden und die Aktivitäten von New Venture sind wirksam immunisiert gegen die auf Effizienz und Kerngeschäft getrimmten Unternehmenssteuerungs- und Kontrollmechanismen.

9.4 Separate Division „New Ventures" mit externen Partnern

Mit der separaten Rechtseinheit können Entscheidungsprozesse noch klarer getrennt und externe Partner mit Kapital deutlich einfacher beteiligt werden. Diese Beteiligung externer Partner und Investoren ist in der Lage, Zugang und Immunisierung exponentiell zu verstärken:

- Externes Risikokapital, externes Technik-Know-how oder einschlägige Erfahrung im Entwickeln und Etablieren innovativer Geschäftsmodelle sind für New Ventures sehr wertvoll.
- Mit der externen Beteiligung etwa als Joint Venture nimmt die Verbindlichkeit des Unterfangens New Venture nochmals deutlich zu, indem Ambition, Strategie und Finanzierungszusage explizit vertraglich vereinbart werden. Damit steigt zum einen die Attraktivität für interne wie externe Spitzen-Talente. Zum anderen verringert sich die Gefahr, dass Innovationen aus opportunistischen oder taktischen Gründen zu früh aufgegeben werden. Besonders stark auf Effizienz ausgerichtete tradierte Unternehmen neigen dazu.

Es ist besonders wichtig, bereits früh klare Signale zu senden, dass man im Unternehmen entschlossen ist, Neuland zu betreten. Der Effizienzgedanke ist gerade bei Unternehmen am Ende des Innovationszyklus tief verankert, und es gibt vermutlich wenig Wissen und Können dafür, wie ein New Venture gegründet und etabliert wird. Auch dazu eignet sich die Diskussion über die Beteiligung externer Investoren sehr gut. Denn das Unternehmen muss rasch eine grundsätzliche Entscheidung treffen: Welches Gewicht hat der mittel- bis langfristige Erfolg gegenüber der kurzfristigen Ergebnis- und Steueroptimierung über einen Beherrschungs- und Gewinnabführungsvertrag? Viele Unternehmen und Manager wissen zwar noch aus ihrem Studium, dass man keine strategische Entscheidung nur wegen der steuerlichen Vorteilhaftigkeit fällen sollte. In der harten Wirklichkeit mit ihrem kurzfristigen Ergebnisdruck verblasst dieses Wissen aber leider allzu schnell und die strategische Überzeugung muss bis zum nächsten Quartal pausieren.

Eine getrennte Organisation hat zudem den enormen Vorteil, dass sie sich viel besser separat steuern lässt, ihr Erfolg spezifisch gemessen wird und sie einen separaten Unternehmenswert hat. Der Grund dafür liegt in den völlig unterschiedlichen Erfolgskennziffern, die an das klassische Kerngeschäft und an die neuen Geschäftsfelder und -modelle angelegt werden. Die „Key Performance Indicators" (KPIs) klassischer Kerngeschäfte schauen stark auf das Ergebnis und die Effizienz: Ergebnis vor Steuern, Eigenkapital- und Umsatzrentabilität, Kostensenkungs- und Mitarbeiterabbauziele. KPIs neuer Geschäftsmodelle hingegen schauen viel stärker auf Aktivitäten und Wachstum: Nutzerwachstum, Nutzungsaktivitäten und -zeiten, Transaktionsvolumina etc.

Wären die neuen Geschäftsfelder eine Unterabteilung oder Davon-Position des Kerngeschäftes, würden sie dessen KPIs verwässern und sich negativ auf den Wert des Kerngeschäftes auswirken. Umgekehrt limitieren Effizienzmaßnahmen, die dazu dienen, die KPIs des Kerngeschäftes zu erreichen, ganz besonders die Wachstumsdynamik und damit die Zukunftsaussichten neuer Geschäftsfelder.

Dabei sind die Grenzen, Erfolge richtig zu bewerten, in einem integrierten Organisationsmodell häufig nur ein nachgelagertes Problem, denn neue Geschäftsmodelle entstehen unter dem Dach des Kerngeschäftes erst gar nicht. Schließlich sind etwa digitale Marktplätze und Plattformen eine fundamental neue Strategie. Wenn sie für Dritte geöffnet werden, entstehen dem heutigen Kerngeschäft unmittelbare Wettbewerber.

Eine integrierte Organisation der separaten Strategien und Strukturen innerhalb einer Division oder eines integrierten Geschäftsbereiches sind deshalb aus vielen Gründen nicht sinnvoll. Dabei sticht das Argument sogar, dass ein separiertes externes Reporting von New Venture, wie es bei einer separaten Division zwangsläufig ist, den Erfolgsdruck sehr früh erhöht. Allerdings kann externer Erfolgsdruck ganz im Unterschied zu verdecktem internen Widerstand höchst förderlich sein. Externer Erfolgsdruck macht die Leistung des New Venture für die externe Beurteilung des gesamten Unternehmens relevant, und mit einem Mal verschiebt sich die intern wahrgenommene Positionierung vom Rand in Richtung Mitte.

Ist das New Venture ein Erfolg und zu einer veritablen Unternehmung geworden, dann ist das noch lange nicht der richtige Zeitpunkt, um die Einheit mit dem ursprünglichen Kerngeschäft zusammenzuführen. Die Unterschiede in Strategie, Struktur und Kultur werden wohl weiterbestehen. Das New Venture ist in sich eine strategische Wette und möglicherweise das geeignetere Geschäftsmodell für das digitale Zeitalter.

Eine Erfolgsgarantie gibt es für ein separiertes New Venture nicht. Aber es startet direkt mit allen Chancen des neuen Industriezeitalters und ohne die Bürden der Vergangenheit. Das verbessert strukturell seine Erfolgsaussichten erheblich. Schließlich sind die führenden Technologiekonzerne, die Betreiber globaler Plattformen und neue digitale Wettbewerber des vierten industriellen Zeitalters nicht evolutionär hervorgegangen aus den klassischen Kerngeschäften der Schwergewichte des dritten industriellen Zeitalters: Sie sind beinahe ausnahmslos Neugründungen des Digital-Zeitalters.

Literatur

CB Insights (o. J.): The Complete List Of Unicorn Companies, unter: https://www.cbinsights.com/research-unicorn-companies, abgerufen am 28.09.2021.

Finch, C. (2019): History of Companies and Industries Listed on the S&P 500, unter: https://www.qad.com/blog/2019/10/sp-500-companies-over-time, abgerufen am 20.09.2021.

Harari, Y. N. (2019): 21 Lektionen für das 21. Jahrhundert, München 2019.

o. V. (2020): Venture Capital Funding Report Q2 2020, unter: https://www.cbinsights.com/research/report/venture-capital-q2-2020/, abgerufen am 23.09.2021.

PWC (2020): Ranking der 100 wertvollsten Unternehmen der Welt, unter: https://www.pwc.de/de/kapitalmarktorientierte-unternehmen/ranking-der-100-wertvollsten-unternehmen-der-welt-2020.html, abgerufen am 20.09.2020.

Rowley, J. D. (2020): The Q4/EOY 2019 Global VC Report, A Strong End To A Good, But Not Fantastic, Year, unter: https://news.crunchbase.com/news/the-q4-eoy-2019-global-vc-report-a-strong-end-to-a-good-but-not-fantastic-year/, abgerufen am 20.09.2021.

Statista Research Department (2020): Umfrage zur Nutzungshäufigkeit von digitalen Kanälen während der Corona-Pandemie 2020, unter: https://de.statista.com/statistik/daten/studie/1121110/umfrage/aenderung-der-nutzungshaeufigkeit-von-digitalen-kanaelen-waehrend-der-corona-pandemie/, abgerufen am 20.09.2021.

10 Kannibalisieren Sie sich!

Spätestens wenn „ihre" Kunden innovative Produkte und Dienstleistungen aus den neuen Geschäftsfeldern angeboten bekommen, werden die Verantwortlichen für das Kerngeschäft richtig ungemütlich. Gerne argumentieren die Manager dann, dass es selbstzerstörerisch sei, das eigene Kerngeschäft mit dem neuen Geschäftsmodell anzugreifen und dass die Profitabilität des Kerngeschäftes gegen eine aktive Vermarktung der neuen Produkte und Dienstleistungen geschützt werden müsse. Ein K.O.-Argument.

Grundlage dieser Argumentation ist häufig eine Mischung aus Fachwissen und persönlicher Betroffenheit. In Wirklichkeit liegen jedoch der Grad der gefühlten und der tatsächlichen Bedrohung oft weit auseinander. Die materiellen Auswirkungen auf das Kerngeschäft bleiben in den meisten Fällen über viele Jahre gering. Aber die erbittert geführte Debatte über eine „Kannibalisierung" des Kerngeschäftes durch die neuen Geschäftsfelder und -modelle lenkt von der digitalen Transformation und dem externen Wettbewerb ab. Darin liegt die eigentliche Gefahr.

Umgekehrt wird ein Schuh draus: Es ist enorm wichtig, dass es ein paralleles Angebot aus klassischen Produkten und neuen Dienstleistungen gibt. Und zwar für das Unternehmen als Ganzes und für das New Venture. Wenn das Unternehmen den nachhaltigen Stakeholder-Ansatz ernst nimmt, ist ein solches paralleles Angebot geradezu ein Muss.

Vernunft und Emotion stehen bei kaum einem Thema der Betriebswirtschaft so unversöhnlich gegeneinander wie im Fall der vermeintlichen Kannibalisierung. Es lohnt deshalb, Gefühle herauszunehmen und zu versuchen, die verknoteten Fäden der Diskussion zu entwirren. Zunächst auf der Meta-Ebene.

Wenn die Kunden das Angebot von New Venture als weniger nutzbringend und gut und damit als weniger relevant empfinden als das Angebot des klassischen Kerngeschäftes des Unternehmens, dann endet die Diskussion, noch bevor sie beginnt.

Schafft es das New Venture dagegen, für einzelne Segmente ein attraktiveres Angebot zu entwickeln, dann bestätigt dies den Mehrwert des neuen Angebots und das Funktionieren des gewählten Ansatzes der Beidhändigkeit. Die Wettbewerbssituation des Kerngeschäftes bleibt – in vielen Industrien und Branchen – jedoch faktisch unverändert. Das gilt auch dann, wenn die betroffenen Manager dies deutlich anders empfinden mögen:

- Neue Märkte, Segmente oder Ökosysteme wachsen zwar stark, sie sind absolut gesehen aber zunächst klein. Strukturelle Marktveränderungen, die Verbreitung neuer Dienstleistungen und das Entstehen von Ökosystemen langlebiger Wirtschaftsgüter und Dienstleistungen brauchen mitunter viele Jahre. So ist es in den Bereichen *Smart Car*, *Smart Home* und *Smart Factory*. Das gilt auch für die Branchen Banken und Versicherungen. Schnelle Strukturbrüche und Übergänge sind eher ein Phänomen im Bereich der täglichen Konsumgüter.
- Die hohe Aufmerksamkeit, die neue Geschäftsmodelle bekommen, speist sich aus den hohen Bewertungen, die wiederum Ausdruck großer Wachstumserwartungen und optimistischer Zukunftsaussichten sind. Die operative Herausforderung des Kerngeschäftes durch erste Markterfolge neuer Geschäftsmodelle ist dagegen zunächst verschwindend gering. Der (theoretische) Rückgang im Fahrzeugabsatz in der Autoindustrie durch erste Erfolge neuer Mobilitätsdienste dürfte eine zu vernachlässigende Größe sein. Gleiches gilt für den Maschinenbau, wo erste Erfolge von Machine-as-a-Service-Angeboten das Fundament für neue Geschäftsfelder und -modelle legen, ohne dass der herkömmliche Verkauf von Maschinen dadurch implodiert. Ein weiteres Beispiel ist die persönliche Anlageberatung bei Banken. Digitale Vermögensverwaltungen helfen, neue Kunden-Segmente zu erschließen oder weiteres Geld von bestehenden Kunden zu gewinnen. Das Fondsgeschäft mit klassischen Ausgabeaufschlägen wird bis auf Weiteres in seinen Grundfesten nicht erschüttert werden.
- Was dem Kerngeschäft bei Inhalt und Gefühlen solche Schmerzen bereitet, ist wohl weniger das attraktivere Angebot der neuen Geschäftsmodelle selbst als vielmehr die darin verpackte Botschaft, dass die Wettbewerbsfähigkeit des Kerngeschäftes im Digital-Zeitalter unter Druck gerät und das Ende des Innovationszyklus' klassischer Technologien und Geschäftsmodelle in Sichtweite kommt.

Fatal wäre es, wenn das Unternehmen den Kannibalisierungssorgen des Kerngeschäftes nachgäbe und das neue Angebot gegenüber den Kunden des Kerngeschäftes zurückhielte. Das hieße, die Strategie des gesamten Unternehmens ad absurdum zu führen und auch noch gegen das Interesse der Kunden zu handeln. Dann blieben Autobauern, die ihren Pkw-Kunden neue Mobilitätskonzepte vorenthalten wollten, nur die Bestandskunden der Nutzfahrzeugsparte als interne potenzielle Zielgruppe. Das wäre genauso wenig erfolgversprechend wie ein aktives Angebot von digitalen Vermögensverwaltungen ausschließlich an Bankkunden ohne Wertpapier-Besitz oder Anlagebedarf.

Das Unternehmen, das in einem funktionierenden, fragmentierten Markt so vorginge, müsste geradezu lebensmüde sein. Denn wenn das eigene New Venture ein attraktiveres

Angebot entwickeln kann, dann wird dies sehr wahrscheinlich in absehbarer Zeit auch einem externen Wettbewerber möglich sein.

Das Kerngeschäft des Unternehmens sollte vielmehr den externen klassischen Wettbewerb ins Visier nehmen und nicht in das eigene Unternehmen hineinschauen, wenn es seine Profitabilität und Wettbewerbsfähigkeit erhalten will. Gerade in fragmentierten Märkten, Branchen und Industrien gibt es durch Marktanteilsgewinne weiterhin ausreichend Geschäfts- und Wachstumschancen. Die wichtigste Voraussetzung dafür ist die digitale Transformation eben dieses Kerngeschäftes.

Aus Sicht des Gesamtunternehmens ist der Wechsel eines Kunden vom Kerngeschäft in Richtung New Venture (rational gesehen) allemal viel besser als ein Abwandern in Richtung eines externen Wettbewerbers. Die Entscheidung, ob klassisches Angebot oder innovative Dienstleistung, entzieht sich ohnehin immer stärker der Hand der Anbieter. Die Digitalisierung verschiebt das Heft oder wenn man so will den „Klick" des Handelns immer weiter in Richtung des gut informierten und selbst bestimmenden Kunden.

Wenn die neuen Geschäftsmodelle direkten Zugang zur Kundenbasis des Kerngeschäftes erhalten, dann kann das gleich in zweierlei Hinsicht entscheidend zum Erfolg des New Venture beitragen:

- Neue Geschäftsmodelle können deutlich schneller und deutlich günstiger skaliert werden.
- Der Zugang zu den Kunden des Kerngeschäftes, in vielen Fällen der wertvollste Vermögenswert des Kerngeschäftes, erhöht die Attraktivität des New Venture für externe Investoren und Partner.

Für das Unternehmen insgesamt gibt es darüber hinaus nach innen und außen kein glaubwürdigeres Signal, dass es den kurzfristigen Shareholder-Ansatz durch den nachhaltigen Stakeholder-Ansatz ablöst, als wenn es ausdrücklich zulässt, dass sein Kerngeschäft vermeintlich durch eigene neue Geschäftsmodelle kannibalisiert wird.

Oder, etwas weniger analytisch und dafür etwas emotionaler, aber dadurch nicht weniger substanziell zusammengefasst: Wer die vermeintliche Kannibalisierung zwischen Kerngeschäft und neuen Geschäftsbereichen unterbindet, hat das Wesen der Digitalisierung nicht verstanden. Er vergibt die Chance, langfristig Wert zu schaffen, und enthält dem Kunden das beste Angebot vor. Damit steht der Kunde – wie so gerne vollmundig postuliert – ganz sicher nicht im Mittelpunkt des Geschäftsmodells und des unternehmerischen Handelns. Und das ist weder im Sinne der Kunden noch im Sinne der Aktionäre. Der neue Unternehmenszweck wäre schlicht verfehlt.

Themenblock V

Die richtige Einstellung: Was Führung im digitalen Zeitalter ausmacht

In den Themenblöcken I bis IV stand das „Was" der Digitalisierung im Vordergrund, der abschießende Themenblock V diskutiert das „Wie". Die wesentliche Zutat, um die richtigen Strategien zu entwickeln und sie erfolgreich umzusetzen, ist die richtige Einstellung: des Einzelnen wie der Wirtschaft und der Gesellschaft als Ganzes.

Anerkennung und Unterstützung bereiten Innovationen und ihren Erfindern den Weg. Dagegen blockieren das Verlangen nach Perfektion, Schadenfreude oder gar die Unterstellung von Inkompetenz diesen Weg. Wir müssen weg davon, dass es weniger wertgeschätzt wird, etwas Neues zu erfinden, als etwas Erfundenes groß zu machen oder gar etwas Bestehendes abzuwickeln. Das gilt in der Öffentlichkeit wie auch intern im Unternehmen.

In den Unternehmensalltag übersetzt heißt das: Der Innovator und Erneuerer rangiert gleichwertig neben dem Vertriebsprofi und dem Restrukturierungsexperten. Wenn Führungspositionen besetzt werden, braucht das Unternehmen einen Erfahrungs- und Qualifikationsmix aus GuV- und FuE-Verantwortung. Es gibt keine Vielfalt im Management-Team ohne Team-Mitglieder mit ausgewiesenem Innovations-Know-how etc.

Bekommen die „Spitzenathleten" aus Forschung und Entwicklung – wie ihre Pendants in der Betriebswirtschaft und im Sport – die interne und externe Bühne, können sie den Nachwuchs ansprechen und für entsprechende Karrieren motivieren (vgl. Kap. 11).

Wenn wir einen solchen Wandel in den Einstellungen wollen, dann brauchen wir digitale Wegbereiter, die den Wandel anstoßen und dann vorangehen – in der Gesellschaft und der Wirtschaft, in der Spitze wie in der Breite. Diese Wegbereiter mit visionärer Kraft, strategischen Fähigkeiten sowie mit Kunden- und Technologie-Know-how stehen für Entscheidungsfreude und bewusste Risikobereitschaft, für Empathie und Zuversicht sowie für Neugier und Ungeduld.

Es reicht ihnen nicht, den Status quo zu erhalten oder zu verteidigen. Neugier auf Neues und die Ungeduld, dieses Neue zu verstehen und zu nutzen, treiben sie im Denken und Handeln täglich an. Sie sehen die Einmaligkeit der Chance und nehmen die damit einhergehenden persönlichen Risiken bewusst in Kauf. Digitale Wegbereiter warten nicht ab, bis ihnen gesagt wird, was die Digitalisierung für sie bedeutet. Sie erkunden sie und probieren sie selbst aus. Zum Nutzen der Gesellschaft und zum Nutzen der Wirtschaft und ihrer Unternehmen in Deutschland. Digitale Wegbereiter verkörpern ein neues Rollen- und Selbstverständnis (vgl. Kap. 12).

HIPPO hat ausgedient (vgl. Abschn. 12.1). Führungskraft zu sein, bedeutet im digitalen Zeitalter, viel stärker mit Fachwissen und -können und menschlicher Empathie zu führen statt mit der Kraft, die einem die klassische Hierarchie verleiht. Wenn Produkte und Dienstleistungen mit dem Kunden für den Kunden gebaut werden sollen, dann gehört die Entscheidungskompetenz ins Team. Führungskräfte arbeiten im Digitalen mehr mit und Mitarbeiter führen mehr (vgl. Abschn. 12.2). Das verlangt von Führungskräften neue Fähigkeiten (vgl. Kap. 13).

Langsames Denken, bewusstes Eingehen von Risiken, die Vermutung von Können und Wissen beim Gegenüber, „German Zuversicht" statt „German Angst" sowie Neugier und Ungeduld. (vgl. Abschn. 13.1 bis Abschn. 13.4). Mit diesen Denkmustern kann die Wirtschaft eigenständig neu kodiert und die Zukunft selbstbestimmt gestaltet werden.

11 Erneuerer und Innovatoren werden zu gefragten Führungskräften und zu gefeierten Helden

Das Spektrum an Talenten, Fähigkeiten und Tätigkeiten, das Unternehmen benötigen, ist breit: Natur- und Geisteswissenschaftler, Informatiker und Betriebswirte, Forscher und Controller, Produktentwickler und Verkäufer. Die relative Wichtigkeit dieser Typen und Funktionen variiert in Abhängigkeit zur Lebens- und Entwicklungsphase des Unternehmens. Am Ende des Innovationszyklus, wenn es vordringlich darum geht, die Effizienz zu erhöhen und das Ergebnis zu maximieren, sind die betriebswirtschaftlichen Fähigkeiten besonders wichtig, die helfen, die Ressourcen optimal einzusetzen. Dagegen scheinen zu Beginn eines Innovationszyklus technologische Fähigkeiten besonders entscheidend zu sein, die dazu dienen, neue Produkte, Dienstleistungen oder Verfahren zu entwickeln. In beiden Phasen braucht es jeweils beides mit stark unterschiedlicher Gewichtung.

Während sich diese Gewichtung im Laufe eines Innovationszyklus im Unternehmen fließend verschiebt, ist der Beginn eines neuen Innovationszeitalters eine abrupte Zäsur. Je länger der Pfad, das Bestehende weiter zu optimieren, bereits beschritten wurde, desto einschneidender und schwieriger gestalten sich Übergang und Eintritt ins digitale Zeitalter: für das Unternehmen als Ganzes wie auch für viele Führungskräfte als Individuen.

Die Karriere vieler Manager auf den mittleren Führungsebenen ist geprägt vom Aus- und Rückbau des Kerngeschäftes. Weltweit neue Absatzmärkte zu erschließen und neue Produktionsstandorte zu eröffnen, gehört genauso dazu wie die Restrukturierung und Reorganisation. Jedoch gehören das Eröffnen und Schließen von Niederlassungen oder das Abspalten von Unternehmenseinheiten fast schon zum Karriere-Alltag, aber das Erschließen neuer Geschäftsfelder oder das Entwickeln neuer Geschäftsmodelle ist viel seltener zu finden. Betriebswirtschaftlich voll austrainiert sind bei den Managern zumeist die Muskeln der Perfektion und Exekution – der Muskel der Innovation ist meistens deutlich schwächer.

Für die Vita erfolgreicher Manager ist es selbstverständlich, für die Ergebnisse in unterschiedlichen Bereichen und Regionen verantwortlich gewesen zu sein. Praktische Erfahrungen in Forschung und Entwicklung (FuE) oder im Aufbau neuer Geschäftsfelder haben nur wenige gesammelt. Das ist kein Versäumnis der Führungskräfte. Es ist schlicht das Ergebnis der strategischen und organisatorischen Ausrichtung vieler Unternehmen am Ende des Innovationszyklus.

Wenn Unternehmen den Übergang ins digitale Zeitalter erfolgreich hinbekommen möchten, dann sollten sie also nicht nur entsprechende Innovationseinheiten ausbauen und die dazugehörigen Führungspositionen schaffen, sondern sie sollten Management-Erfahrung in diesen Innovationseinheiten als selbstverständliche Stationen im Karriereweg ihrer Führungskräfte vorschreiben, so wie es heute üblich ist, dass Manager Auslandserfahrung haben. Zur Vielfalt in der Führungsmannschaft gehören neben soziodemografischen Faktoren auch unterschiedliches Know-how und Talente. Das muss im Digital-Zeitalter deutlich breiter und stärker auf die Zukunft gerichtet verstanden werden. Ohne technologisches Wissen und Können geht es künftig nicht mehr. Dazu gehört auch ein Grundverständnis von FuE für die Definition des Unternehmenszwecks, die Entwicklung von Vision und Strategie sowie für den glaubwürdigen Dialog mit den unterschiedlichen Stakeholdern.

Ingenieure und Naturwissenschaftler an der Unternehmensspitze und in der Breite des Managements können dafür eine wichtige Vorbildfunktion übernehmen. Künftige Bewerber für Führungspositionen im Unternehmen sollten nicht allein nach ihrer bisherigen GuV-Verantwortung gefragt werden, sondern auch nach einschlägiger FuE-Verantwortung. Höher bewertet werden sollten im Auswahlprozess entsprechende Zusatzqualifikationen wie die eines „Executive Masters of Science".

Weil die digitale Zukunft klassischer Unternehmen mehr und mehr in den Händen innovativer Köpfe liegt, sollten die Unternehmen ihrem Wirken und ihrer Leistung deutlich mehr Aufmerksamkeit schenken, und zwar intern wie extern. Der große Beitrag von Gründern, Forschern und Erfindern zu Wachstum, Wohlstand, Gesellschaft, Gesundheit und Umwelt sollte breiter bekannt gemacht werden und viel mehr Wertschätzung erfahren. Ohne ihren Erfindergeist und Ideenreichtum werden die großen Fragen der Menschheit wie Nachhaltigkeit, Krankheit, Hunger oder Zugang zu Bildung nicht zu beantworten sein.

Innovatoren sind in Wirtschaft und Gesellschaft die „Influencer" von morgen. Damit sie Scharen von Followern gewinnen und den Innovations- und Erfindergeist in der Gesellschaft verbreiten, brauchen sie analoge und digitale Bühnen. Heute sind bei Führungskräfte-Konferenzen häufig Spitzensportler faszinierende Redner und Impulsgeber. Sie können anschaulich schildern, wie sie mit Disziplin und Ausdauer Spitzenleistungen erbringen und immer noch ein bisschen besser werden. Einzelnen Sportlern gelingt durch eine neue Technik oder Herangehensweise ein großer Leistungssprung. Dick Fosbury, der erstmals in Rückenlage die Hochsprunglatte überquerte, oder Jan Boklöv, der Erfinder der V-Haltung im Skispringen, gehören dazu.

Mindestens so beeindruckend und bahnbrechend ist häufig die Leistung von Spitzenforschern und Spitzen-Technikern. Die „große" Bühne bietet man ihnen jedoch selten. Ihre Welt ist vielleicht nicht so glamourös und nicht so leicht zugänglich, neue Rekorde und Bestleistungen stellen sie aber auch auf. Spitzenforscher und Erfinder können ganz neue Welten und Perspektiven erschließen. Sie sollten Inspiration für aktuelle und zukünftige Generationen von Führungskräften sein.

Etwas Neues zu erfinden sollte nicht weniger Anerkennung erhalten, als etwas Erfundenes groß zu machen. Aus Sicht der Aktionäre formuliert: Die Kunst der ersten Million oder Milliarde an Ergebnis ist mindestens so groß wie die einer zusätzlichen.

Eines muss dabei klar sein: Der Weg zur nächsten, womöglich bahnbrechenden Erfindung ist gepflastert mit Rückschlägen und Richtungsänderungen. Jede Führungskraft, jeder Investor oder Journalist sollte sich die Frage stellen, wie oft er bei Innovationen das Glas halb voll und wie oft halb leer gesehen hat. Er sollte in sich hineinhorchen, wie oft er die erfolgreichen Unterfangen gelobt und wie oft gescheiterte Unterfangen mit Häme und Unverständnis bedacht hat.

Die Aufgabe des Innovators oder des digitalen Wegbereiters muss reizvoll sein. Es ist entscheidend, dass diese Menschen Vertrauen genießen und Anerkennung für ihre Arbeit bekommen. Jeder kann seinen Teil für ein solches Umfeld des Vertrauens und der Zukunftszuversicht beitragen. Im Guten wie im Schlechten.

Dabei wird die öffentliche Wahrnehmung ganz wesentlich durch die Form der Berichterstattung in den Medien geprägt. Auf Meinungsänderungen von Wissenschaftlern und Virologen wie beim Maskenschutz in der Pandemie-Bekämpfung wird mit weit mehr Unverständnis reagiert als bei laufenden Korrekturen von DAX- oder BIP-Prognosen. Für Letzteres sind schnell Erklärungen und Verständnis gefunden.

Technische Durchbrüche etwa in der Entwicklung selbstfahrender Autos schaffen es maximal in die Spezialformate des Fernsehens zu nachtschlafender Zeit. Unfälle selbstfahrender Autos sind dagegen schrille Schlaglichter in den Primetime-Formaten der medialen Berichterstattung.

Neues zu entwickeln ist fast immer mühsam und schwierig. Ein überbordender Anspruch der Perfektion an das Neue ist dessen sicheres Ende. Das Neue muss nicht perfekt sein, sondern nur besser als das Bestehende!

Die Tragweite technischer Neuerung ist beim Einsatz selbstfahrender Autos besonders hoch. Aber das Phänomen, dass Neues erst dann Bestehendes ablöst, wenn es perfekt ist, findet sich im wirklichen Leben auch bei deutlich weniger kritischen Themen. Ruft man sich als Manager etwa noch einmal die Diskussionsbeiträge der vergangenen Meetings ins Gedächtnis, bei denen es darum ging, Produktinnovationen einzuführen, die dazu geeignet sind, bestehende Produkte zu ersetzen und zu verdrängen, dann taucht vor dem inneren Auge unweigerlich das eine oder andere explizite oder implizite Gegenargument des „Nicht-Perfekt-Seins" auf, das im Meeting geäußert wurde.

Dabei sollte es doch darum gehen, im Interesse des Unternehmens nicht den möglichen Fehler oder die Lücke bis zur Perfektion zu kritisieren, sondern den Innovatoren für den

Versuch und den bereits zurückgelegten Weg zu danken. Das ist die Einstellung, die Innovation fördert. Innovation funktioniert nur miteinander, nie gegeneinander.

Die Kosten zu senken oder mehr Produkte zu verkaufen sind ehrenwerte und hoch geschätzte Tätigkeiten. Neues zu entwickeln, das zunächst Kosten verursacht, aber eben auch die Chance erarbeitet, künftig neue Erträge und neuen Nutzen zu schaffen, ist selbstverständlich auch ehrenwert und hoch einzuschätzen. Wer zu Beginn des digitalen Zeitalters die richtigen Dinge tun will, muss das sogar zwingend so halten. Kurz: Der Stellenwert des Innovators sollte im Unternehmen mindestens auf dem Niveau des „Sanierers" oder „Vertriebsprofis" liegen.

Eine solche Perspektive erfordert in der gesamten Führungsmannschaft ein verändertes Selbst- und Rollenverständnis (vgl. Kap. 12), neue Fähigkeiten und veränderte Denkmuster (vgl. Kap. 13).

Neues Selbstbild und Rollenprofil

12

Die Strategien und Organisationsformen der vergangenen Jahrzehnte prägen in den Unternehmen auch die Rollenprofile und das Selbstbild von Führungskräften. Beides, das Verständnis der Führungskräfte von sich selbst und die Organisation des Unternehmens, waren zwei Seiten einer Medaille. Mit dem Entstehen neuer digitaler Geschäftsmodelle und Wertschöpfungsketten gehen die klassischen Strategien und Strukturen des Unternehmens und mit ihnen auch die Rollenprofile und das Selbstverständnis von Führung ihrem Ende entgegen: Neue Rollenprofile entstehen im digitalen Zeitalter und auch ein neues Selbstbild der Führungskräfte. Auch diesmal geschieht das in engem Konnex zu Strategie und Organisation im digitalen Unternehmen. Das passiert nicht über Nacht, es ist vielmehr ein fließender Übergang.

Tradierte Strukturen, Profile und Selbstbilder lassen sich im Unternehmensalltag vielfach beobachten. Neue Strukturen, Profile und Selbstbilder, die in der Digitalisierung entstehen, können nicht exakt vorhergesagt und beschrieben werden. Letztere unterliegen selbst einem eigenen Entwicklungsprozess des Ausprobierens und Scheiterns.

Stark hierarchische Strukturen mit zentralisierter Entscheidungskompetenz sind für digitale Unternehmensstrategien ungeeignet. Entscheidungen kraft der hierarchischen Position zu fällen, mag die Effizienz erhöhen, vergibt aber die Chance auf Neues. Die bekannte „Führungsspanne" klassischer Unternehmensstrukturen passt nicht zum Arbeitsprinzip agiler Teams. Wenn die Meinung der am besten bezahlten Person im Raum bei Entscheidungen den Ausschlag gäbe, wäre eine Entwicklung von Produkten und Dienstleistungen vom Kunden für den Kunden strukturell unmöglich. Die sogenannte HIPPO kommt an ihr Ende (HIPPO = Highest Income Paid Person's Opinion; vgl. McAfee und Brynjolffson 2017, S. 45) (vgl. Abschn. 12.1).

Sobald die digitale Unternehmensstrategie das Ziel verfolgt, die richtigen Dinge zu tun, und die Struktur des Unternehmens sich an ihr orientiert, rücken die Kernprozesse ins

Zentrum der Organisation: bei Strategie und Vision und bei der Entwicklung neuer Produkte und Dienstleistungen. Für alle diese Punkte ist die Frage nach dem Wertversprechen an den internen wie an den externen Kunden zu beantworten, und zwar auf allen Ebenen und von jeder Funktion.

In der Digitalisierung ist Führung die Summe aus fachlichem Können und Wissen und menschlichem Einfühlungsvermögen. Führung begleitet und unterstützt die Arbeit und beurteilt nicht alleine die Ergebnisse. Sie ist deutlich weniger geprägt durch die funktionale Hierarchie eines Unternehmens. Die Führungskräfte leben vor und machen vor, sie prägen die Kultur und erzeugen „Followership". „Leader" wecken Neugier und geben Zuversicht. Und wer ein Leader ist, bestimmt nicht der Leader selbst, sondern die Gruppe der Follower.

Führungskraft im digitalen Zeitalter zu sein bedeutet schlicht, viel mehr Führung und bedeutend weniger Kraft (vgl. Abschn. 12.2).

12.1 HIPPO hat ausgedient

Herkömmliche Organisationen, stark hierarchisch geprägt und vertikal strukturiert, sind auf Effizienz und Risikominimierung konditioniert. Die Funktionen der Infrastruktur sind über die Geschäftsbereiche hinweg gebündelt und darauf ausgerichtet, interne Synergie- und Kostenziele zu erreichen. Die organisatorische Heimat der Mitarbeiter ist der interne Funktionsbereich, in dem Entscheidungen strikt in der jeweiligen Hierarchie getroffen werden.

Horizontal strukturierte Organisationen mit einem starken Fokus auf den Kunden fördern Wachstum und Innovation, sie arbeiten agil. Die emotionale Heimat der Mitarbeiter ist das interdisziplinär besetzte Team. Seine Mitglieder bringen ihr jeweiliges funktionales Know-how in das Team ein. Sie arbeiten an dem gemeinsamen Ziel, das Produkt, die Dienstleistung oder den Prozess entscheidend zu verbessern oder neu zu erfinden. Zu diesen Teams gehören etwa Experten für Daten, Technologie oder Design; sie sind damit Teil des regelmäßigen Austauschs im Team. Entscheidungen trifft das Team stets zusammen mit den Kunden.

Für Führungskräfte, aufgestiegen in den herkömmlichen Strukturen, ist dieses agile Arbeiten mitunter wenig attraktiv – ganz im Gegensatz zu ihren Mitarbeitern. Bisweilen erkennen Führungskräfte nicht die einmalige Chance der Digitalisierung für sich und das Unternehmen und haben stattdessen ganz klassisch ihren nächsten Karriereschritt im Auge. So ganz verübeln kann man es ihnen nicht. Gerade Manager auf den mittleren Führungsebenen sehen durch agiles Arbeiten ihre Verdienste, die Symbole ihrer Macht und ihre Karrierepläne in Gefahr. Denn Agilität im Führungsalltag ist das Gegenteil von Führungsspanne, und die Entscheidungskompetenz wandert zum Fach-Know-how ins Team.

Führungskräfte sind beim agilen Arbeiten Teil der Teams, sie machen vor und arbeiten mit. Mitarbeiter agieren selbstständiger, probieren mehr aus, entscheiden und führen mehr.

Agile Führungskräfte steuern nicht durch die Kraft der Hierarchie, sondern geben Führung durch Inhalt und Empathie.

Wenn Entscheidungen an Schreibtischen oder in Sitzungssälen der Unternehmenszentrale fallen – weit weg vom Kunden und seinen Bedürfnissen –, werden sie höchstwahrscheinlich alles sein, nur nicht „kundennah". Mit solchen Entscheidungsmechanismen Top-Mitarbeiter für das Unternehmen zu gewinnen, ist ebenfalls schwerlich möglich. Im Interesse aller Stakeholder des Unternehmens sollte das beste Argument den Ausschlag für eine Entscheidung geben – und nicht die persönliche Meinung der am besten bezahlten Person im Raum (sog. HIPPO).

Lange eingeübte und in der Vergangenheit durchaus funktionierende Verhaltensmuster aufzugeben, verlangt jedem Manager viel ab. Ein erster Schritt dahin kann es sein, vor sich selbst ehrlich Rechenschaft abzulegen über das eigene Wissen und Können, aber auch über Defizite. Bloß im Status quo zu verharren, hilft jedenfalls weder dem betroffenen Manager noch den anderen Stakeholdern des Unternehmens. Leider richten wenige Blockierer häufig deutlich mehr Schaden an, als eine Gruppe von agilen Pionieren Gutes bewirken kann (vgl. Taleb 2018, S. 412; vgl. Chamorro-Premuzic 2019, S. 63).

Für die Verfechter der HIPPO gilt wie für jeden anderen auch: Wer nicht mit der Zeit geht, der geht mit der Zeit.

12.2 Führungskraft – Mehr Führung und weniger Kraft

Wenn die Ablauf- und Aufbauorganisation die digitale Unternehmensstrategie widerspiegeln, ist am besten dafür gesorgt, dass die Strategie auch konsequent abgearbeitet wird. Zunächst sollte das Unternehmen die Ablauf- und erst dann die Aufbauorganisation entwerfen; sonst könnte die heutige Aufbauorganisation das Design der alten Ablauforganisation übernehmen. Damit wäre agiles Arbeiten kaum möglich, digitale Innovationen blieben Mangelware.

Die Kernprozesse sind die Eckpfeiler der Ablauforganisation. Und die Mitarbeiterprofile, ihre Entscheidungskompetenzen und Berichtslinien sind die Eckpfeiler der Aufbauorganisation.

Zu Beginn eines Innovationszyklus sind Vision und Strategie als Kernprozess besonders wichtig. Alle Hierarchie-Ebenen und Unternehmensbereiche müssen sich darüber klar werden, welches Wertversprechen sie durch die Digitalisierung externen oder internen Kunden künftig geben wollen. Wenn das von der Unternehmensspitze ausgeht, dann kommt ein echter Veränderungsprozess in Gang. Dabei formen Vision und Strategie des gesamten Unternehmens den Rahmen und geben der Veränderung die Richtung. Impulse für den Wandel kommen anschließend ganz wesentlich aus der Breite und der Tiefe der Organisation, vorausgesetzt, das Unternehmen lässt eine offene Diskussion über die unterschiedlichen Hierarchie-Ebenen hinweg zu. Die Wertversprechen der unterschiedlichen Bereiche, Abteilungen und Teams kommen dann aus diesen selbst.

Dieser Arbeit kann das Unternehmen weder ausweichen noch sie delegieren. Veränderungen, von außen induziert, sind selten erfolgreich. Die Führungskräfte müssen die Mitarbeiter neugierig auf das Neue machen und Zuversicht vermitteln, dass der Wandel klappen kann. Wenn sie selbst das gewünschte veränderte Verhalten vorleben, kommt das bei den Mitarbeitern nicht nur gut an, sondern wirkt auch.

Digitalisierung ebenso wie Nachhaltigkeit lassen sich nicht von oben verordnen. Da hilft die straffste Hierarchie nicht. Es bringt auch nichts, die Mobilisierung der Mitarbeiter an eine unternehmensinterne Speerspitze aus „Digital Natives" zu delegieren. Auch wenn diese Gruppe viel Fachwissen hat und für die Sache der Digitalisierung brennt, wird sie wohl im Unternehmen nicht mit offenen Armen empfangen werden. Noch weniger wird es den jungen digitalen Wegbereitern gelingen, die Ängste älterer Mitarbeiter vor Überforderung abzubauen. Das Gegenteil ist eher wahrscheinlich. Argumente über die Vorzüge und Chancen der Digitalisierung verfangen dann am besten, wenn sie von sogenannten Peers vorgetragen werden, also von Kollegen aus der jeweiligen Abteilung oder dem jeweiligen Bereich.

Jeder im Unternehmen hat den Führungsauftrag, Neugier auf die Digitalisierung zu wecken und Zweifler und Zauderer zu überzeugen. Wer darauf wartet, dass andere das für ihn tun, vergibt eine einmalige Chance und wird letztlich seiner Verantwortung für sein Team, seine Abteilung und das Unternehmen nicht gerecht. Wegbereiter der Digitalisierung werden auf allen Ebenen und in allen Funktionen des Unternehmens gebraucht. Das „peer-to-peer"-Prinzip hat sich bewährt und kann auch der richtige Weg sein, um die Mitarbeiter zu mobilisieren.

Es ist paradox, dass Führungskräfte und Mitarbeiter im Privaten alles Digitale ganz selbstverständlich nutzen, aber damit im beruflichen Kontext fremdeln: Kontakt hält man in der Familie längst übers Smartphone und unterschiedliche Apps, in den Sozialen Medien postet man Berufliches und Privates, und digitale „gadgets" für jede Freizeitaktivität sind gang und gäbe. Dagegen gibt es am Arbeitsplatz nicht selten eine Blockade, entweder inhaltlich oder mental, die dringend gelöst werden muss. Ein erster wichtiger Schritt dahin, diese Blockade zu lösen, ist es, gemeinsam eine Vision und eine digitale Unternehmensstrategie zu entwickeln, damit im gesamten Unternehmen die Digitalisierung verstanden und entsprechendes Know-know aufgebaut wird.

Als nächster Schritt und als ein Kernprozess folgt die Entwicklung neuer Produkte, Dienstleistungen oder Prozesse. Soll das agil passieren, also „mit dem Kunden für den Kunden", muss die Kompetenz für Entscheidungen im Entwicklungsteam gestärkt werden. Sonst bleibt der Wunsch, sich ganz auf den Kunden zu konzentrieren, nichts als ein Wunsch. Weil die neue Zuständigkeit dafür, wer entscheidet, nicht nur die Rollenprofile im Team verändert, sondern alle Führungsebenen erfasst, hat das Senior-Management im Unternehmen einiges vor der Brust:

- Es muss den Rahmen bei Vision und Strategie setzen und für die notwendige Quantität und Qualität bei den Ressourcen sorgen.
- Es muss als Ratgeber, Problemlöser und neutrale Eskalationsinstanz agieren.

12.2 Führungskraft – Mehr Führung und weniger Kraft

- Es sollte ein inspirierendes Umfeld und eine Innovationskultur schaffen, die es zulässt, dass bewusst und gewollt Risiken eingegangen werden, Projekte erprobt werden und scheitern dürfen und die Mitarbeiter für eine gemeinsame Zukunft an einem Strang ziehen.
- Es muss die Zuständigkeit für operative Entscheidungen in den Teams verankern, die an den Projekten arbeiten.

▶ Kurz: Gefragt ist mehr Makro- und deutlich weniger Mikro-Management oder mehr Führung und weniger Kraft.

Führungskräfte arbeiten (viel mehr) mit und Mitarbeiter führen (viel mehr). Die Stärken von Team-Mitgliedern und Führungskräften sind menschliches Einfühlungsvermögen plus Fachwissen. Beides hilft dabei, die Wünsche der Kunden zu verstehen und die für ihn passenden Lösungen zu bauen.

Wenn das Unternehmen seine Produkte und Dienstleistungen für die Kunden digitalisiert, dann verändert das die Art und Weise, wie im Unternehmen geführt wird. Den gleichen Effekt hat auch die Digitalisierung interner Kernprozesse.

So müssen etwa die internen Bereiche wie Finanzen, Risiko und Recht damit zurechtkommen, dass das Unternehmen bewusst bislang unbekannte Risiken eingeht, statt wie bisher konsequent bekannte Risiken zu vermeiden, um auch noch die letzten Effizienzgewinne aus den Prozessen herauszukitzeln. Innovationen verlangen einfach einen höheren Risikoappetit. Führung in den internen Bereichen Finanzen, Risiko und Recht muss sich also deutlich stärker an spezifischen Aufgaben und Fällen orientieren und weniger an Kennzahlen und Ergebnissen, weil für vieles noch Erfahrungswerte fehlen und quantitative Steuerungsgrößen und -parameter erst noch entwickelt werden müssen. Neue Führung bedeutet dann, nicht anhand von Zahlen zu beurteilen, sondern entlang von Aktivitäten inhaltlich zu begleiten. Dass es eine veränderte Erwartung an ihr Handeln gibt, werden die Mitarbeiter in den internen Funktionen erst glauben, wenn sie es erleben. Führungskräfte mit dem notwendigen Fachwissen und der richtigen Portion eigener Neugier auf das Digitale sind auch hier der Schlüssel zum Wandel: Sie machen und leben vor, was die Mitarbeiter sich noch aneignen sollen.

Die Digitalisierung stellt Führungskräfte in den digitalen Zugangswegen, im Bereich Technologie und in allen anderen Unternehmensfunktionen vor vergleichbare Herausforderungen. Sie bietet ihnen auch vergleichbare Chancen, zu wachsen und sich persönlich weiterzuentwickeln. Die Bereitschaft und die Freude an lebenslangem Lernen sind für Manager aller Generationen und aller Stufen im digitalen Zeitalter wichtiger denn je. Gelernt wird täglich „on-the-job" und es kann durch digitale Lern-Bausteine verstärkt werden. Gerade für die digitalen Lerninhalte gibt es mittlerweile ein sehr breites Spektrum an Angeboten – von führenden Universitäten, aber auch von speziell dafür gegründeten Online-Akademien (z. B. Udacity, https://www.udacity.com/). Für das Drücken der

„digitalen Schulbank" braucht es den Willen und die Freude daran, das gesammelte Wissen aus der „Kreidezeit" laufend zu aktualisieren.

Umgekehrt gilt: Wer nicht laufend dazulernt, der läuft bei der Geschwindigkeit der digitalen Revolution schnell Gefahr, abgehängt zu werden. Das ist kein exklusives Problem von Führungskräften, sondern ist auch für die Mitarbeiter gültig. Diffuse Ängste können ihre Veränderungsbereitschaft lähmen. Sie speisen sich meist aus einem mangelnden Durchdringen des Digitalen im Grundsätzlichen oder auch der digitalen Initiativen des Unternehmens im Speziellen. Die Folge ist dann eine sich selbst erfüllende Prophezeiung des „sich abgehängt fühlens". Mitarbeiterbefragungen in Unternehmen berichten von einer wachsenden Zahl von *disengaged employees* und zeigen, dass dieser Prozess bereits im Gange ist. Aufgabe von Führung im Tagesgeschäft ist deshalb auch, feine Antennen für die Sorgen und Ängste der Mitarbeiter in der Digitalisierung zu haben. Die Mitarbeiter müssen bei Inhalten und Emotionen aufgefangen werden, sie brauchen verständliche Informationen zu den Chancen, aber auch den Risiken und last, but noch least benötigen sie viel Unterstützung. Ohne eine Mannschaft, die für Veränderung offen und der Zukunft zugewandt ist, wird die Digitalisierung des Kerngeschäftes stecken bleiben.

Klassische Themen der Mitarbeiterführung wie Qualifizierung und Training, Arbeitsschutz und Arbeitszeiten sowie Vergütung werden mit der Digitalisierung nicht weniger wichtig. Sie müssen allerdings im Dialog mit den Sozialpartnern im Unternehmen pragmatisch und dynamisch ständig angepasst werden. Zu einer ehrlichen Kommunikation gegenüber den Mitarbeitern gehört eben auch das Bekenntnis, dass sich etwa das künftige Zusammenspiel von menschlicher und Künstlicher Intelligenz heute nur höchst unvollkommen vorherbestimmen lässt. Führung im digitalen Zeitalter heißt deshalb nicht, die Zukunft präzise vorhersagen zu können, sondern sie verantwortungsvoll zu gestalten. Führung meint mitmachen. Verbote, Neues zu denken, funktionieren nicht, schon allein deshalb, weil sie nur auf altem Wissen beruhen.

Nur auf der Basis von praktisch Erprobtem und Gelerntem können die Mitarbeiter im Veränderungsprozess bestmöglich unterstützt werden. Interne Instrumente wie Trainingsangebote, Arbeitszeit- und Vergütungsmodelle verändern sich dabei laufend. Die Verantwortung dafür hat die Personalabteilung, Human Resources, die damit die einmalige Chance hat, das Image des Abwicklers der Vergangenheit gegen das des Pioniers der Zukunft einzutauschen.

Das Prägen einer Transformationskultur ist neben dem Gestalten einer Transformationsstruktur die Kernaufgabe von Führung. Die richtige Struktur ist für eine erfolgreiche Transformation notwendig, aber nicht hinreichend. Erst die richtige Kultur belohnt gewünschtes und limitiert unerwünschtes Verhalten. Sie schafft eine Arbeitsatmosphäre des Miteinanders und sie fördert die Offenheit, Bestehendes im Unternehmen infrage stellen zu können. Die richtige Kultur gibt den notwendigen Raum, Neues ohne Risiko auszuprobieren und auch produktiv zu scheitern. Und sie weckt bei den Mitarbeitern die Neugier auf Innovation und stärkt die Zuversicht, die Zukunft nach den eigenen Vorstellungen gestalten zu können.

Wer als Führungskraft eine solche Kultur glaubwürdig verkörpert und sie die Mitarbeiter täglich erleben lässt, der ist das, was man einen „Leader" nennt, und er erzeugt „Followership" bei den Mitarbeitern. Sie folgen dann nicht allein aufgrund äußeren Drucks oder hierarchischen Zwangs, sondern mit innerer Überzeugung und Begeisterung. Eine solche Kultur brauchen die Unternehmen in jedem Fall, wenn sie Talente halten und neue Talente gewinnen wollen.

Nicht der Leader, sondern seine Follower entscheiden, was gute und richtige Führung im digitalen Zeitalter ausmacht. Die Möglichkeit, moderne Führung im digitalen Zeitalter selbst zu gestalten, hat jede Führungskraft, sie zu beurteilen nicht. Leader werden von unten („bottom-up") bestimmt, Führungskräfte von oben („top-down") ausgewählt.

In einer idealen Welt kommen beide Verfahren zum selben Ergebnis. Eine möglichst deckungsgleiche Vorstellung von den erforderlichen Fähigkeiten sowie der richtigen Denkweise von Führungskräften im digitalen Zeitalter (vgl. Kap. 13) ist dafür eine wichtige Voraussetzung.

Literatur

Chamorro-Premuzic, T. (2019): Why do so many incompetent men become leaders (and how to fix it), La Vergne 2019.

McAfee, A., Brynjolffson, E. (2017): Machine Platform Crowd – Harnessing our digital future, New York 2017.

Taleb, N. M. (2018): Antifragilität, München 2018.

13 Bewusst genutzte Fähigkeiten und ein veränderter Mindset

Vieles von dem, was erfolgreiche Führungskräfte im digitalen Zeitalter brauchen, ist nicht neu: analytische und kommunikative Brillanz, Entscheidungs- und Durchsetzungsstärke, Konflikt- und Stressresistenz, Team- und Kritikfähigkeit, um nur ein paar Punkte zu nennen. Mit Beginn des neuen Innovationszyklus und der Digitalisierung kommen einige besondere Kenntnisse und Fähigkeiten hinzu, die wichtig werden:

- Ein Grundverständnis der Wirkkräfte der Digitalisierung auf Gesellschaft und Wirtschaft, der Funktionsweisen der Schlüsseltechnologien sowie der strategischen Bedeutung der kritischen Infrastrukturen (vgl. auch Themenblock I)
- Ein präzises Verständnis der Wettbewerbsdynamik in den entstehenden Ökosystemen und Schlüsseltechnologien sowie eine klare und selbstkritische Sicht auf die eigene Wettbewerbsposition (vgl. auch Themenblock II)
- Strategische und konzeptionelle Fähigkeiten zur Transformation der heimischen Wirtschaft sowie zur Transformation des Kerngeschäfts im einzelnen Unternehmen und für das Entwickeln neuer Geschäftsmodelle (vgl. auch Themenblock III und Themenblock IV)

Damit sie sich diese Kenntnisse und Fähigkeiten rasch und so gut wie möglich aneignen oder sie ausbauen können, brauchen Führungskräfte eine neue Denkweise (vgl. Abschn. 13.1), die als langsames Denken bezeichnet werden soll, sowie neue Verhaltensmuster (vgl. Abschn. 13.2 bis Abschn. 13.4).

Langsames Denken in der Digitalisierung meint weniger Raum für die Hektik des Tagesgeschäftes und mehr Raum für echte Strategie. Langsames Denken steht für überlegteres Entscheiden und weniger Bauchgefühl, bei dem womöglich die eigene Intuition überschätzt wird. Langsames Denken ist dann besonders wichtig, wenn das Unternehmen mit seiner Strategie Neuland betritt.

Für langsames Denken ist es wichtig, sich vor Augen zu halten, warum alte Denk- und Entscheidungsmuster unbewusst für alte, nicht-digitale Unternehmensstrategien votieren und welche kognitiven Verzerrungen bewusst ausgeschaltet werden müssen, damit man sich für die richtige digitale Unternehmensstrategie entscheiden kann. Dafür wird auf die Erkenntnisse von Daniel Kahneman zurückgegriffen, Nobelpreisträger und Autor des Werkes „Langsames Denken, schnelles Denken". Eine Auswahl seiner Erkenntnisse wird auf die Fragen angewendet, die sich in der Digitalisierung stellen.

Treffen die aufgebauten Kenntnisse und Fähigkeiten auf die richtigen Verhaltensmuster, dann können sie bestmöglich zur Gestaltung der Zukunft eingesetzt werden.

13.1 Langsamer denken

Umsatzrentabilität, Ergebniswachstum, Marktanteilsveränderungen von Kern-Wettbewerbern, IT-Kosten und der Anzahl der Mitarbeiter etc. Das sind Kennzahlen, die den Managern und Unternehmern in jeder Branche und jeder Industrie in Fleisch und Blut übergegangen sind. Jahrelang eingeübt, können bereits geringe Abweichungen blitzschnell erkannt und sofort in Maßnahmen wie Standort- und Portfolio-Konsolidierungen, Restrukturierungs- oder Verkaufsförderprogramme, Modelloffensiven etc. übersetzt werden. Denken in bekannten Kategorien und Instrumenten geht schnell.

Dagegen kommen neue Märkte und neue Geschäftsmodelle sowie innovative Technologien im Gleichschritt mit neuen Wirkmechanismen. Zu Beginn weiß noch niemand, welche Muster wirklich Erfolg versprechen. Neue Kennzahlen, die Aufschluss darüber geben, müssen erst noch entwickelt werden. Und auf Erlebtes und Erfahrenes kann auch niemand zurückgreifen. Plattformen, Cloud-Computing, die Monetarisierung von Daten und KI etc. sind in vielen Industrien und Branchen zunächst unbekanntes Terrain. Und auf unbekanntem Terrain funktioniert Denken nur langsam.

Wen wollte es da wundern, dass es kognitiv ziemlich herausfordernd ist, eine neue digitale Unternehmensstrategie zu entwickeln: eine Aufgabe, hochkomplex und mit einer großen Portion Unsicherheit belastet. Und noch immer treffen Menschen solche strategischen Entscheidungen, Digitalzeitalter hin oder her. Menschen arbeiten aber nicht nur streng nach Regeln. Sie entscheiden auf Grundlage persönlicher Einschätzungen und nutzen dafür auch Wahrscheinlichkeiten, beides maßgeblich bestimmt von der biologischen Funktionsweise des menschlichen Gehirns. Dementsprechend sind solche von Menschen getroffenen Entscheidungen keineswegs immer rational, sondern unterliegen kognitiven Verzerrungen. Je stärker man sich dieser Verzerrungen bewusst wird und sie sich eingesteht, desto besser kann man ihren Einfluss auf Entscheidungen einhegen.

Wer den Schalter der Strategie in Richtung Digitalisierung umlegen möchte, der muss den Schalter seines Gehirns in Richtung „Langsames Denken" umlegen. Vater des Konzepts des „Langsamen Denkens" ist der in diesem Bereich der Psychologie weltweit führende Wissenschaftler Daniel Kahneman. Er beschreibt die grundsätzliche Funktionsweise des Gehirns mit den Metaphern der Systeme S1 und S2. S1 denkt schnell, automatisch und ohne willentliche Steuerung (vgl. Kahneman 2012, S. 33 und S. 136). Es ist immer aktiv und sein Einsatz ist mühelos. S2 denkt langsam, logisch und bewusst. Es ist selten aktiv und sein Einsatz strengt an. S1 steht für schnelles Denken, S2 für langsames Denken (vgl. Kahneman 2012, S. 25). S1 hat die Antwort für 2 mal 2, S2 berechnet die Lösung von 17 mal 24.

Kahneman beschreibt anhand einer Vielzahl von Experimenten, wie und warum S1 und S2 zu unterschiedlichen Ergebnissen kommen. Die Denkweisen des S1 bezeichnet er als Heuristiken und seine abweichenden Ergebnisse als kognitive Verzerrungen.

▶ Kahneman illustriert die Vielzahl an kognitiven Verzerrungen und die daraus u. a. resultierende Selbstüberschätzung zum großen Teil anhand von Alltagssituationen; einzelne Facetten erläutert er auch anhand von Beispielen der Wirtschaft.

Um Manager und Unternehmer zu unterstützen, eigenen kognitiven Verzerrungen nicht zu erliegen oder diese bei Kollegen und Kolleginnen dechiffrieren zu können, werden im Folgenden zunächst vier ausgewählte Heuristiken aus dem Buch von Kahneman kurz vorgestellt. Anschließend werden ihre potenziellen Wirkweisen auf die Debatten um die Digitalisierung angewendet. Diese vier Heuristiken sind „*kognitive Leichtigkeit*", „*eine leichtere Frage beantworten*", „*Verfügbarkeitsheuristik*", „*Illusion des Verstehens und der Gültigkeit*" (vgl. Kahneman 2012, S. 81 ff., S. 127 ff., S. 164 ff., S. 247 ff., S. 295 ff.).

Es wäre sehr wertvoll, die Erkenntnisse Kahnemans über die Funktionsweise des menschlichen Gehirns auf die Denk-, Urteils-, Entscheidungs- und Handlungsweisen bei der digitalen Transformation vollständig anzuwenden. Das bräuchte jedoch umfassende empirische Untersuchungen und das würde den Rahmen hier sprengen.

Zu den vier Heuristiken:

- *Kognitive Leichtigkeit* gibt es in den Ausprägungen hoch bis gering. Bei Dingen, die sich vertraut und gut anfühlen, die wahr und mühelos erscheinen, erlebt man eine größere kognitive Leichtigkeit. Wörter und Bilder, die schon einmal gesehen wurden, werden leichter wiedererkannt, sind dadurch vertrauter und erscheinen dadurch wahrer (vgl. Kahneman 2012, S. 84). S1 weckt den Eindruck der Mühelosigkeit und Vertrautheit und S2 stützt sich auf diesen Eindruck für ein Wahr-Falsch-Urteil (vgl. Kahneman 2012, S. 83). Eine Eigenschaft von S1 ist, dass kognitive Leichtigkeit mit einem guten Gefühl einhergeht. Ist die kognitive Anstrengung des S2 hingegen groß, dann nimmt die Leichtigkeit ab und das gute Gefühl schwindet. „Kognitive Leichtigkeit ist sowohl Ursache als auch eine Folge einer positiven Gemütslage" (vgl. Kahneman 2012, S. 93).
- *Eine leichtere Frage beantworten*: „Wenn eine befriedigende Antwort auf eine schwierige Frage nicht schnell gefunden wird, findet S1 eine ähnliche Frage, die leichter ist, und beantwortet diese" (vgl. Kahneman 2012, S. 127). Dies macht die sogenannte mentale Schrotflinte des Gehirns laufend, automatisch und unbemerkt (vgl. Kahneman

2012, S. 129). Beispielsweise wird die Frage nach der Beurteilung von Fähigkeiten und Kompetenz durch die nach Sympathie und Gefühl ersetzt. Oder auf die Frage nach der zukünftigen Entwicklung wird als Antwort die aktuelle Situation gegeben. Das träge S2 agiert dabei weniger als Kritiker und Kontrolleur denn als Fürsprecher und Unterstützer (vgl. Kahneman 2012, S. 134). Die Suche nach Argumenten beschränkt sich oftmals auf Informationen, die mit bestehenden Überzeugungen im Einklang stehen und möglichst mühelos verfügbar sind. Die mühsame Suche nach Informationen und Argumenten zur Beantwortung der schwierigen Frage wird dagegen zugunsten der kognitiven Leichtigkeit vermieden.

- *Verfügbarkeitsheuristik* ist der Prozess der Einschätzung von Häufigkeit eines Ereignisses anhand der Leichtigkeit, mit der Beispielfälle erinnert werden (vgl. Kahneman 2012, S. 164). Das flüssige Abrufen von Beispielen ist dabei wichtiger als ihre schiere Anzahl. Bei geringen Wahrscheinlichkeiten wie bei Pandemien oder Terroranschlägen ist die Verfügbarkeitsheuristik oftmals anfällig für Verzerrungen. Dies gilt insbesondere für Menschen, die sich stark von S1 lenken lassen, und weniger für Menschen, die in einem Zustand hoher geistiger Reaktionsschnelligkeit leben (vgl. Kahneman 2012, S. 171).
- *Illusion des Verstehens und der Gültigkeit*: Die Rekonstruktion vergangener Wissenszustände und Überzeugungen ist Teil der Beschränkungen des menschlichen Geistes (vgl. Kahneman 2012, S. 251). Tritt ein unvorhergesehenes Ereignis ein, wird die Sicht der Welt korrigiert. Dadurch wird zum einen die Überraschung berücksichtigt, zum anderen jedoch das Ausmaß der Überraschung unterschätzt (sog. Rückschaufehler) (vgl. Kahneman 2012, S. 250). Je drastischer die Auswirkungen des unvorhergesehenen Ereignisses sind, umso größer ist der Rückschaufehler – im Guten wie im Schlechten: ob bei großartigen Erfolgen oder Katastrophen, ob in der Gesellschaft, der Politik oder der Wirtschaft.
- Das menschliche Gehirn versucht, mithilfe aller verfügbaren Informationen („what-you-see-is-all-there-is") ein kohärentes Bild zu erstellen. Dadurch entsteht die Illusion, dass das, was in der Rückschau Sinn ergibt, auch vorhersagbar war. Die Illusion, die Vergangenheit zu verstehen, fördert die Überschätzung der eigenen Fähigkeit, die Zukunft zu planen (sog. Planungsfehlschluss) (vgl. Kahneman 2012, S. 308) oder vorherzusagen (sog. Kompetenzillusion). Dabei wird die Rolle von Kausalität, die das Gefühl von Verstehen zusätzlich fördert, über- und die des Glücks und Zufalls systematisch unterschätzt.

Das digitale Zeitalter, das neue Technologien, neue Wertschöpfungsketten und neue Arbeitsweisen bringt und vieles infrage stellt, was wir an Strukturen, Überzeugungen und Erfahrungen kennen, vermittelt wohl kaum jemandem das Gefühl der kognitiven Leichtigkeit. Viele Wörter, Begriffe oder Grafiken sind vollkommen neu. Das gilt auch für die Geschäftsmodelle und die Gruppe der neuen Wettbewerber. Nichts davon ist vertraut. Das vollkommen Neue einzuschätzen, erfordert viel mehr Mühe und Anstrengung, als das bei tradierten Modellen oder klassischen Wettbewerbern der Fall ist. Der geschulte Blick der

Experten findet in der digitalen Welt innovativer Produkte, Dienstleistungen und Wertschöpfungsketten keinen Halt mehr wie gewohnt. Die „Dinge noch etwas richtiger zu machen" ist viel vertrauter und geht deutlich müheloser von der Hand als „die richtigen Dinge zu tun". Entsprechend hoch oder eben gering ist die kognitive Leichtigkeit. Wenn sich nun der Entscheidungsprozess für die Unternehmensstrategie in seinem Urteil zu „Wahr" oder „Falsch" besonders auf den Eindruck der Mühelosigkeit und Vertrautheit stützt, dann neigt dieser Entscheidungsprozess – ohne den erheblichen kognitiven Mehraufwand des langsamen Denkens – stets zur Strategie, die Dinge noch etwas richtiger zu machen.

Unternehmer und Manager sollten diesen kognitiven Mehraufwand, das langsame Denken, darauf verwenden, die wirklich kniffeligen strategischen Fragen zu stellen und zu beantworten und keinesfalls die vereinfachte Variante davon (vgl. auch Abschn. 7.3):

- Wie wettbewerbsfähig und profitabel ist das heutige Kerngeschäft in 3 bis 5 Jahren?
  Leichtere Fragen: War das Kerngeschäft in der Vergangenheit profitabel? Wird das Kerngeschäft auch in 3 bis 5 Jahren noch profitabel sein?
- Welche Chancen und Risiken bieten Investitionen in neuartige Produkte, Dienstleistungen und Geschäftsmodelle?
  Leichtere Fragen: Waren bisherigen Investitionen in neue Produkte, Dienstleistungen oder Geschäftsmodelle alle erfolgreich? Wie sicher ist der Erfolg neuer Produkte, Dienstleistungen und Geschäftsmodelle?
- Welchen Anteil machen kurz- bis mittelfristig neue Produkte und Geschäftsfelder am Umsatz, am Ergebnis und am Unternehmenswert der Gesamtunternehmung aus?
  Leichtere Frage: Trägt das Kerngeschäft oder die neuen Geschäftsfelder kurz- bis mittelfristig mehr zum Unternehmensergebnis bei?
- Verfügen das Unternehmen und sein Management über die erforderlichen Talente für die digitale Transformation?
  Leichtere Frage: Ist das Management erfahren und durchsetzungsstark im Umbau von Unternehmen?

Die „leichteren" Fragen zu beantworten, ist kognitiv viel weniger mühsam. Die möglichen Antworten, die auf diese Fragen gegeben werden können, wirken vertrauter und erscheinen dadurch wahrer.

Unternehmern und Managern drängen sich vermutlich die Beispiele förmlich auf, die die Attraktivität des Klassischen gegenüber dem Neuen zu belegen scheinen. Jahre, in denen das Kerngeschäft erfolgreich lief, gab es in der Vergangenheit naturgemäß viele. Sonst wäre das Unternehmen wohl schon längst von der Bildfläche verschwunden. Das Gleiche gilt für die damit verbundenen Karrieren.

Erfolgreiche Beispiele für neue Geschäftsmodelle gibt es gerade zu Beginn nur wenige. Und das Scheitern von Innovationen gehört zum Innovationsprozess wie die Henne zum Ei. Das Urteil der Verfügbarkeitsheuristik im Übergang vom alten ins neue industrielle Zeitalter wäre eindeutig: Lieber die Dinge noch etwas richtiger machen.

Der Rückschaufehler verstärkt dieses Urteil der Verfügbarkeitsheuristik zusätzlich. Die früheren Erfolge des Kerngeschäftes erscheinen so folgerichtig, erklärbar und unausweichlich wie die Misserfolge der ersten neuen Geschäftsmodelle. In dem Bestreben, die Welt zu verstehen, erstellt das menschliche Gehirn ein kohärentes Erklärungsbild aus den getroffenen Maßnahmen und den beobachtbaren Ergebnissen. Die geringeren Risiken in der Weiterentwicklung des Kerngeschäftes werden in der Rückschau als nicht existent deklariert. In der Wahrnehmung wurde ja nicht zuletzt dank eigenes Know-hows und harter Arbeit vorab sichergestellt, dass die Kunden begeistert, die Mitarbeiter überzeugt und die Prozesse funktionstüchtig waren. Im Kontrast dazu werden in der Rückschau die größeren Risiken neuer Geschäftsmodelle im Falle des Scheiterns als quasi auswegslos eingestuft. Urteile wie „Das Produkt konnte ja nicht funktionieren" oder „Das investierte Geld wurde mit Ansage verbrannt" sind Ausdruck dieses Rückschaufehlers.

Wenn man den Verstand nicht gehörig malträtiert, bleibt diese Verzerrung im Dunkeln. Oder, weniger polemisch formuliert, ohne eine explizite kognitive Anstrengung führen Verfügbarkeitsheuristik und Rückschaufehler zu fatalen Fehlschlüssen für das zukünftige Portfolio von Geschäftsfeldern und -modellen.

Wer die letzten Abschnitte konzentriert gelesen hat, der mag die Stirn runzeln bei der Unterstellung, selbst ähnlichen kognitiven Verzerrungen zu unterliegen. Aber das liegt vermutlich vor allem daran, dass bei ihm S2 intensiv daran beteiligt ist, das Gelesene zu verarbeiten. Im Ernstfall, also im Eifer der täglichen Geschäfte, in hitzigen Diskussionen oder in endlos langen Meetings übernimmt aber häufig S1 das Ruder in unserem Verstand. Umso wichtiger erscheint es, Strategie-Diskussionen ausgeruht und abseits des Tagesgeschäftes zu führen. Und es ist hilfreich, in der Diskussion genau zu dechiffrieren, wann man selbst oder wann die Kolleginnen und Kollegen unter der Führung von S2 oder S1 agieren.

Für die Selbstdisziplin und die laufende Analyse der Argumente der Gesprächspartner braucht es ebenfalls S2 oder genauer: seine immerwährende Stimulation. Ein hervorragender permanenter Stimulus dieses langsamen Denkens ist die Neugier.

Nur mit S2 können die richtigen Fragen gestellt und die richtigen Dinge entschieden werden. Andernfalls macht S1 die Dinge, die schon immer getan wurden, einfach noch etwas besser.

13.2 Risiko eingehen und Fähigkeiten vermuten

Ein Werteversprechen der Perfektion ist im weltweiten Wettbewerb Stärke und Schwäche zugleich. Für klassische Industrien können die Perfektion und die daraus resultierende Spitzen-Qualität Grundlage für Erfolg rund um den Globus sein. Sollen neue Geschäftsfelder und -modelle entwickelt werden, könnte das Streben nach Perfektion jedoch eine kaum zu überwindende Hürde sein. Die überkommene Nullfehlertoleranz und klassische Risikovermeidung bieten einfach keinen Platz für die Kultur des Tüftelns, Ausprobierens und Scheiterns, die für Innovationen so wichtig ist.

Gerade das herkömmliche Vermeiden von Fehlern ist trügerisch und gefährlich, wenn Entscheidungen unter Unsicherheit getroffen werden müssen. Ein solches Vorgehen ist dann weder möglich noch sinnvoll, denn es vermeidet nicht nur Fehler, sondern auch gleich die künftige Wettbewerbsfähigkeit des Unternehmens.

Der Grund dafür sind jene Strukturen, Denk- und Handlungsweisen, die sich durch das einseitige Streben nach Effizienz etabliert haben. Wer aktiv handelt und Fehler macht, dessen Fehler wird durch interne, perfektionierte Instrumente und Prozesse identifiziert, analysiert und sanktioniert. Wer nicht aktiv handelt und dadurch implizite Fehler begeht, dessen Fehler bleiben zunächst unbemerkt. Implizite Fehler durch Untätigkeit sind auch weit weniger relevant für die etablierten internen Steuerungs-, Vergütungs- und Beförderungsprozesse: Das gilt für den Kauf von Unternehmen oder Beteiligungen, für die Entwicklung neuer Geschäftsfelder und -modelle und für das Einstellen neuer Mitarbeiter. Die handelnden Manager haben viel weniger Nachteile, wenn sie Unternehmensübernahmen nicht durchführen, Geschäftsmodellinnovationen nicht versuchen oder externe Top-Talente nicht einstellen, verglichen damit, wenn ihre Unternehmensübernahmen nicht erfolgreich waren, ihre Geschäftsmodell-Innovationen gescheitert sind oder sie Fehler bei der Einstellung gemacht haben.

Der These „Wer nichts macht, macht nichts falsch" ist unbedingt die Antithese „Wer nichts falsch macht, macht viel Richtiges nicht" entgegenzustellen. Denn Risiken einzugehen ist Teil eines zukunftsgerichteten Unternehmens. Genauso wie es Teil des Innovationsprozesses ist, Fehler zu machen. „*Failure and invention are inseparable twins. To invent you have to experiment, and if you know in advance that it's going to work, it's not an experiment*", sagt Jeff Bezos, Gründer von Amazon (vgl. Kim 2020). Forschung und Entwicklung mit Erfolgsgarantie gibt es nicht. Ohne Risiko keine Zukunftsrendite.

Alle in der Organisation müssen bereit sein, Risiken einzugehen. Nach Jahrzehnten, in denen die Effizienz gesteigert wurde, ist es hart, im Kopf den Schalter umzulegen. Jeder ist gefordert, sich grundlegend zu verändern. Das Schultern von Risiken ist ungewohnt, und scheitert jemand, wird das schnell mit Versagen gleichgesetzt. Es ist ja auch so einfach, ein zusammenhängendes und leicht verständliches Bild aus Scheitern und Unfähigkeit zu zeichnen.

Dabei ist Scheitern gerade nicht ein Mangel an Wissen oder Können, sondern deren Quelle. Erfahrungen aus Misserfolgen sind die Grundlage zukünftiger Erfolge; vorausgesetzt, man hält Misserfolge aus und lernt daraus. Nur wo gescheitert wird, kann dazugelernt werden. Dort gilt es, Fähigkeiten zu vermuten, und nicht, Unfähigkeit zu unterstellen. Sonst hat Innovation keine Chance.

Gerade wenn die ersten Innovationen nicht erfolgreich sind, ist es wichtig, interne und externe Kritik auszuhalten. Wer deshalb seinen Risikoappetit zurückfährt, der reduziert auch seinen Innovationsanspruch. Erfolgsquoten vermeintlicher Innovationen können nicht nur zu klein, sondern auch zu groß sein. In beiden Fällen wären sie Ausdruck fehlender Innovationskraft.

Nur wer Risiken eingeht und damit auch scheitert, kann in der digitalen Welt erfolgreich sein. Es zählt zum Kern des digitalen Know-hows, die richtigen Risiken einzugehen:

13.3 „German Mut" statt „German Angst"

Wer abwartet und zögert, geht nicht den Risiken, sondern den Chancen aus dem Weg. In immer kürzer werdenden Zeitabständen verlieren bislang ausreichende Stärken an Bedeutung. Wissenslücken wachsen und der Rückstand auf den Wettbewerb nimmt zu.

Keine Frage, das Umfeld ist volatil, unsicher, komplex und mehrdeutig (sog. VUCA; in Anlehnung an die multilaterale Welt nach dem Kalten Krieg): Die Meta-Trends Digitalisierung und Nachhaltigkeit wirken immer intensiver und ständig kommen neue Technologien auf. Es entstehen sogenannte kritische Infrastrukturen und neue Arbeits- und Denkweisen etablieren sich.

Gründe sind schnell gefunden, sich mit den Themen nicht jetzt, sondern irgendwann später zu beschäftigen, wenn das Umfeld weniger VUCA ist. Ein Abwägen des Für und Wider als Argumente für ein Abwarten, wofür das Ausland den Begriff „German Angst" geprägt hat, führt jedoch nicht in die Zukunft.

Es braucht Ziele und nicht Gründe. Der richtige Weg ist zu überlegen, wie die Ziele mit den beschriebenen Trends, Technologien und Arbeitsweisen erreicht werden und wie trotz eines VUCA-Umfelds neue Perspektiven und neue Chancen erarbeitet werden können. Unternehmer und Manager müssen dafür zuerst im Kopf umschalten von „German Angst" auf „German Mut" und mit Zuversicht auf die Digitalisierung schauen. Richard David Precht drückt es so aus: „*Wer etwas verändern will sucht Ziele, wer etwas verhindern will, hat Gründe. Und seit mindestens zwei Jahrzehnten, eher länger, leben die Menschen bei uns in einer Diktatur der Gründe über Ihre Ziele.*" (Precht 2018, S. 44).

Stärken, die heute zählen, wie ein globales Netzwerk an Partnern und Kunden, eine tiefe Kenntnis der Märkte, technologisches Know-how erscheinen in neuem Licht, wenn der Schalter im Kopf erst einmal betätigt ist. Der alte Pioniergeist kann dann neu geweckt werden.

Je stärker der Hunger, die Neugier und die Ungeduld ausprägt sind, in diesem VUCA-Umfeld durchzustarten, desto stärker wird der Geist des Aufbruchs zu neuen Ufern wehen. Mit Mut und neuer Zuversicht werden dann Unternehmer und Manager ihr eigene und die Zukunft des Unternehmens gestalten wollen, indem sie die Wirkungsweisen, Abhängigkeiten und Zusammenhänge der einzelnen Themen zu verstehen suchen.

13.4 Mit Neugier und Ungeduld

„Neugier und Ungeduld": Das antworten Bewerber regelmäßig auf die Frage nach ihrer großen Stärke und ihrer großen Schwäche. Ob zu Recht oder nicht, viele Unternehmen benötigen Neugier plus Ungeduld. Und das in großer Quantität und möglichst höchster

13.4 Mit Neugier und Ungeduld

Qualität. Neugier im Sinne von Interesse und Freude an Neuem; und Ungeduld als drängendem Impuls der Vorfreude, das Neue auszuprobieren. Neugier plus Ungeduld können permanenter Antrieb und Energiequelle sein, die Zukunft selbst zu gestalten.

Berufliche Neugierde im digitalen Zeitalter hat viele Gesichter:

- *Wissbegierde* - Nach den Wirkweisen der Meta-Trends Digitalisierung, Nachhaltigkeit und Plattformökonomie; nach den neuen Technologien mobiles Internet und 5G, Künstliche Intelligenz und Cloud oder zu kritischen Infrastrukturen wie digitale Identitäten.
- *Offenheit, die Bereitschaft und der Wunsch zur grundlegenden Neugestaltung* - Nicht mehr nur die Dinge noch etwas richtiger zu machen, sondern die richtigen Dinge zu machen. Eine digitale Unternehmensstrategie der Beidhändigkeit entwickeln und umsetzen mit der Lizenz zur Kannibalisierung. Den Unternehmenszweck neu denken und leben. Eine neue Organisationsstruktur aus der digitalen Unternehmensstrategie ableiten und digitales Know-how in der Breite auf- und ausbauen.
- *Vordenken und vormachen* - Neue Arbeits- und Führungsmethoden vorleben. Fachliches Wissen stärken und Empathie noch bewusster im Interesse der Kunden und Mitarbeiter einsetzen. Scheitern als Quell neuer Erkenntnisse nutzen und lebenslanges Lernen zum Teil des eigenen Selbstverständnisses machen.

Was menschliche Neugierde erreichen kann, zu welchen Leistungen und Erkenntnissen sie anspornt, dafür sei zitiert, was Albert Einstein dazu gesagt hat (vgl. Weinzierl 1982, S. 135): „*Ich habe keine besondere Begabung, sondern bin nur leidenschaftlich neugierig.*"

Digitalisierung basiert zwar auf Atomphysik, ist aber glücklicherweise keine Raketenwissenschaft. Sie funktioniert nicht in Modellen, sondern ist unser Alltag im Privatleben wie im Beruf. Daraus speist sich eine schier unerschöpfliche Quelle der Inspiration für die Digitalisierung des bestehenden Kerngeschäftes und für die Entwicklung neuer Geschäftsmodelle. Neugier weitet den Blick und ist der beste Antrieb für ein beständiges Wachsen des eigenen Wissens und der eigenen Fähigkeiten.

Wahre Neugier sucht nicht nach Bestätigung bestehenden Wissens, sondern nach Neuem und stellt Bestehendes ausdauernd infrage. Es lohnt sich also mehr denn je, beim Bewerber im Gespräch nachzufragen, was seine Neugier als Stärke auszeichnet. Und das Nachbohren nach dem, was aufgrund der Neugier praktisch geleistet wurde, ist zugleich ein sehr guter Indikator, wie groß und tief die Ungeduld tatsächlich ist.

Ungeduld meint nicht Hektik, Geduld aber auch nicht „Gut Ding will Weile haben". Geduld und Trägheit liegen beim Übergang ins digitale Zeitalter ganz nahe beieinander. Abwarten ist gefährlich, besonders dann, wenn weiter gilt, was in der Digitalisierung als „*The-winner-takes-it-all*"-Phänomen beobachtet werden kann – und dieses Phänomen seine Gültigkeit sogar noch auf weitere Bereiche ausweiten sollte.

Ungeduld bedeutet nicht, schnell zu gehen, sondern im Sinne Daniel Kahnemans langsam zu gehen. Ungeduld besagt, die Diskussion um die richtigen Dinge zu suchen und zu befeuern, Konflikten nicht aus dem Weg zu gehen und Risiken bewusst einzugehen, auch dann, wenn es um die persönliche Karriere geht. Oder vielleicht besser für die persönliche Karriere?!

Die Lektüre dieses Buch könnte bereits ein starkes Indiz für eine ausgeprägte Neugier sein. Und wer sich während der Lektüre viele Notizen gemacht hat, damit er anschließend Impulse zur Digitalisierung des eigenen Aufgabenbereichs hat und diese dann unmittelbar umsetzt, der könnte die richtige Portion Ungeduld mitbringen.

Der Autor des Buches jedenfalls ist neugierig auf die Rückmeldungen der Leser und erwartet mit Ungeduld Berichte zu ihren Erfahrungen in der Digitalisierung.

Literatur

Kahneman, D. (2012): Schnelles Denken, langsames Denken, München 2012.
Kim, E. (2020): Jeff Bezos: 'We are the best place in the world to fail', unter: https://www.businessinsider.com/amazon-ceo-jeff-bezos-best-place-in-the-world-to-fail-2016-4?r=DE&IR=T, abgerufen am 20.09.2021.
Precht, R. D. (2018): Jäger, Hirten, Kritiker – Eine Utopie für die digitale Gesellschaft, München 2018.
Weinzierl, U. (1982): Carl Seelig, Schriftsteller, Wien 1982.

MIX
Papier aus verantwortungsvollen Quellen
Paper from responsible sources
FSC® C105338

If you have any concerns about our products,
you can contact us on
ProductSafety@springernature.com

In case Publisher is established outside the EU,
the EU authorized representative is:
**Springer Nature Customer Service Center GmbH
Europaplatz 3, 69115 Heidelberg, Germany**

Printed by Libri Plureos GmbH
in Hamburg, Germany